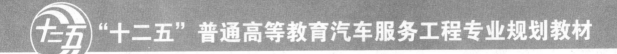

"十二五"普通高等教育汽车服务工程专业规划教材

（第二版）

汽车发动机原理

Qiche Fadongji Yuanli

颜伏伍　主　编
侯献军　副主编
张志沛　主　审

人民交通出版社股份有限公司
China Communications Press Co.,Ltd.

内 容 提 要

本书是"十二五"普通高等教育汽车服务工程专业规划教材,主要内容包括:发动机的性能、发动机的换气过程、发动机的燃料及其燃烧、汽油机混和气的形成和燃烧、柴油机混合气的形成和燃烧、发动机的特性、发动机新型燃料及新型燃烧方式、车用发动机废气涡轮增压、发动机排气污染及其控制及新型汽车动力装置,共十章。

本书为汽车服务工程专业和车辆工程专业的教材,也可作为能源与动力工程专业的教学参考书,还可供从事汽车发动机设计、制造和运用的工程技术人员参考。

图书在版编目(CIP)数据

汽车发动机原理/颜伏伍主编. —2版. — 北京:
人民交通出版社股份有限公司,2014.6
ISBN 978-7-114-11522-6

Ⅰ.①汽… Ⅱ.①颜… Ⅲ.①汽车—发动机—理论—教材 Ⅳ.①U464

中国版本图书馆 CIP 数据核字(2014)第 147911 号

"十二五"普通高等教育汽车服务工程专业规划教材

书 名:	汽车发动机原理(第二版)
著作者:	颜伏伍
责任编辑:	夏 犇
出版发行:	人民交通出版社股份有限公司
地 址:	(100011)北京市朝阳区安定门外外馆斜街3号
网 址:	http://www.ccpress.com.cn
销售电话:	(010)59757973
总 经 销:	人民交通出版社股份有限公司发行部
经 销:	各地新华书店
印 刷:	北京市密东印刷有限公司
开 本:	787×1092 1/16
印 张:	18.5
字 数:	430 千
版 次:	2007年9月 第1版
	2014年9月 第2版
印 次:	2020年7月 第3次印刷
书 号:	ISBN 978-7-114-11522-6
定 价:	42.00元

(有印刷、装订质量问题的图书由本公司负责调换)

前 言

自21世纪以来,伴随国家汽车产业发展政策的调整,我国汽车产业进入健康、持续、快速发展的轨道。市场需求强劲旺盛,产销数量快速增长,新品上市步伐加快,车型品种不断丰富,民族品牌悄然崛起,初步实现与国际接轨。在汽车工业大发展的同时,汽车消费主体日益多元化,广大消费者对高质量汽车服务的渴求日益凸显,汽车厂商围绕提升服务质量的竞争业已展开,市场竞争从产品、广告层面提升到服务层面,这些发展和变化直接催生并推进了一个新兴产业——汽车服务业的发展与壮大。

当前,我国的汽车服务业正呈现出"发展快、空间大、变化深"的特点。"发展快"是与汽车工业本身的发展和社会汽车保有量的快速增长相伴而来的。"空间大"是因为我国的汽车普及率尚不够高,每千人拥有的汽车数量还不及世界平均水平的1/3,汽车服务市场尚有很大的发展潜力,汽车服务业将是一个比汽车工业本身更庞大的产业。"变化深"一方面是因为汽车后市场空前繁荣,蓬勃发展,大大拉长和拓宽了汽车产业链,汽车技术服务、金融服务、销售服务、物流服务、文化服务等新兴的业务领域和服务项目层出不穷;另一方面是因为汽车服务的新兴经营理念不断涌现,汽车服务的方式正在改变传统的业务分离、各自独立、效率低下的模式,向服务主体多元化、经营连锁化、运作规范化、业务集成化、品牌专业化、技术先进化、手段信息化、竞争国际化的方向发展。特别是我国加入WTO汽车产业相关的保护政策均已到期,汽车服务业实现全面开放,国际汽车服务商加速进入,以上变化必将进一步促进汽车服务业向纵深发展。

汽车工业和汽车服务业的发展,使得汽车厂商和服务商对高素质的汽车服务人才的需求比以往任何时候都更为迫切,汽车服务业将人才竞争视作企业竞争致胜的关键因素。在这种背景下,全国高校汽车服务工程专业教学指导委员会(筹)顺应时代的呼唤,组织全国高校汽车服务工程专业的知名教授,编写了汽车服务工程专业规划教材。

本套教材总结了全国高校汽车服务工程专业的教学经验,注重以本科学生就业为导向,以培养综合能力为本位。教材内容符合汽车服务工程专业教学改革精神,适应我国汽车服务行业对高素质综合人才的需求,具有以下特点:

1. 本套教材是根据全国高校汽车服务工程专业教学指导委员会审定的教材编写大纲而编写,全面介绍了各门课程的相关理论、技术及管理知识,符合各门课程在教学计划中的地位和作用。教材取材合适,要求适当,深度适宜,篇幅符合各类院校的要求。

2. 教材内容努力做到由浅入深,循序渐进,并处理好了重点与一般的关系;符合认知规律,便于学习;条理清晰,文字规范,语言流畅,文图配合适当。

3. 教材努力贯彻理论联系实际的原则。教材在系统介绍汽车服务工程专业的科学理论与管理应用经验的同时,引用了大量国内外的最新科研成果和具有代表性的典型例证,分析了发展过程中存在的问题,教材内容具有与本学科发展相适应的科学水平。

4. 教材的知识体系完整,应用管理经验先进,逻辑推理严谨,完全可以满足汽车服务行业对综合性应用人才的培养要求。

《汽车发动机原理》是汽车服务工程专业规划教材之一,其第一版由武汉理工大学颜伏伍教授担任主编,武汉理工大学侯献军教授担任副主编,武汉理工大学罗马吉、田韶鹏、徐阳、曹正策、肖合林、段海涛、邹斌,重庆交通大学刘建勋、武汉科技大学王维强共同编写了本教材,长沙理工大学张志沛教授担任主审。为保证本教材按计划出版,张志沛教授在百忙之中,抽出宝贵时间对全书进行了审阅,提出了许多中肯和宝贵的意见,为本教材的质量提高做出了重要贡献,编者表示真诚的感谢。

本书作为普通高等学校汽车服务工程专业的规划教材,对本专业和相关专业的教学起到了促进作用。自第一版出版以来,得到了同行专家的认可,被武汉科技大学等多所院校的相关专业选为教材,被东风汽车公司等汽车企业选为其职工培训的教材。应广大读者要求,对本教材进行了再版修订工作,武汉理工大学刘志恩、阮杰参加了第二版的修订工作。在本次修订中,更正了第一版中错误和疏漏;对发动机电控技术、排放控制技术内容进行了适当充实;增加和完善了现代车用汽油机外特性、电控柴油机外特性、汽车万有特性的相关内容;对汽车新型燃料及新型燃烧方式、汽油机废气涡轮增压技术的内容进行了重点修订。

由于编者水平有限,本教材定有许多不尽人意的地方,敬请广大读者和同仁使用后批评指正,以便教材再版时修正。

编　者
2014 年 5 月

目 录
Mulu

第一章　发动机的性能 ··· 1
　第一节　发动机理论循环 ··· 1
　第二节　四冲程发动机的实际循环 ·· 5
　第三节　实际循环的评定——指示指标 ··· 10
　第四节　发动机动力性和经济性评定——有效指标 ·························· 12
　第五节　发动机的环境指标 ··· 15
　第六节　发动机的机械损失 ··· 16
　第七节　发动机的热平衡 ·· 22
　复习思考题 ··· 26

第二章　发动机的换气过程 ·· 28
　第一节　四冲程发动机的换气过程 ·· 28
　第二节　四冲程发动机的充量系数 ·· 32
　第三节　减少进气系统的阻力 ·· 36
　第四节　合理选择配气定时 ··· 40
　第五节　可变技术 ··· 42
　第六节　二冲程发动机的换气过程 ·· 47
　复习思考题 ··· 52

第三章　发动机的燃料及其燃烧 ·· 54
　第一节　发动机的燃料 ··· 54
　第二节　燃料的使用特性 ·· 56
　第三节　燃烧热化学 ·· 60
　第四节　燃烧的基本知识 ·· 63
　复习思考题 ··· 71

第四章　汽油机混合气的形成和燃烧 ·· 72
　第一节　汽油机的燃烧过程 ··· 72
　第二节　汽油机电控汽油喷射系统概述 ·· 80
　第三节　电控汽油喷射空气供给系统 ··· 86
　第四节　燃油供给系统 ··· 90
　第五节　电子控制系统 ··· 94
　第六节　燃油喷射的控制 ·· 100

  第七节 汽油机的燃烧室……………………………………………………… 105
  复习思考题………………………………………………………………… 113
第五章 柴油机混合气的形成和燃烧……………………………………………… 114
  第一节 柴油机的燃烧过程………………………………………………… 114
  第二节 柴油的喷射及雾化………………………………………………… 119
  第三节 混合气的形成及燃烧室…………………………………………… 126
  第四节 燃烧过程的影响因素……………………………………………… 133
  第五节 柴油机电控………………………………………………………… 139
  复习思考题………………………………………………………………… 148
第六章 发动机的特性…………………………………………………………… 149
  第一节 发动机的工况……………………………………………………… 149
  第二节 发动机台架试验…………………………………………………… 151
  第三节 发动机的负荷特性………………………………………………… 160
  第四节 发动机的速度特性………………………………………………… 163
  第五节 调整特性…………………………………………………………… 168
  第六节 万有特性…………………………………………………………… 172
  第七节 发动机与车辆的匹配……………………………………………… 175
  复习思考题………………………………………………………………… 182
第七章 汽车新型燃料及新型燃烧方式…………………………………………… 183
  第一节 发动机新型燃料…………………………………………………… 183
  第二节 气体燃料汽车……………………………………………………… 187
  第三节 燃料供给系统……………………………………………………… 191
  第四节 发动机新型燃烧方式……………………………………………… 201
  复习思考题………………………………………………………………… 208
第八章 车用发动机废气涡轮增压……………………………………………… 209
  第一节 概述………………………………………………………………… 209
  第二节 废气涡轮增压器的工作原理与特性…………………………… 212
  第三节 废气能量的利用…………………………………………………… 218
  第四节 车用增压柴油发动机的性能…………………………………… 223
  第五节 汽油机增压概述…………………………………………………… 229
  复习思考题………………………………………………………………… 230
第九章 发动机排气污染及其控制……………………………………………… 231
  第一节 概述………………………………………………………………… 231
  第二节 有害排放物的生成…………………………………………………… 232
  第三节 影响汽油机有害排放物生成的主要因素……………………… 233
  第四节 影响柴油机有害排放物生成的主要因素……………………… 235
  第五节 有害排放物的控制…………………………………………………… 238
  第六节 排放法规与试验方法……………………………………………… 247
  复习思考题………………………………………………………………… 263
第十章 新型汽车动力装置……………………………………………………… 265

第一节　概述 ………………………………………………………………………… 265
第二节　纯电动汽车动力装置 ……………………………………………………… 266
第三节　混合动力电动汽车动力装置 ……………………………………………… 274
第四节　燃料电池汽车动力装置 …………………………………………………… 278
复习思考题 …………………………………………………………………………… 285

参考文献 …………………………………………………………………………… 286

主 要 符 号

A_a——空气消耗量
B——燃油消耗量
BDC——下止点
b_e——有效燃油消耗率
b_i——指示燃油消耗率
C_m——活塞平均速度
c_p——比定压热容
c_v——比定容热容
D——汽缸直径
F_i——示功图面积
K——传热系数
H_u——燃料低热值
i——汽缸数
k——等摘指数
I_0——化学计量空燃比
L_0——化学计量空燃比
n——发动机转速
n_1——压织多变指数
n_2——膨胀多变指数
P_e——有效功率
P_i——指示功率
P_L——升功率
P_{mm}——机械损失功率
p——压力
p_a——环境压力
Δp_a——进气系统流阻损失
p_b——增压压力
p_{max}——最高燃烧压力
p_{me}——平均有效压力
p_{mi}——平均指示压力
p_{mm}——平均机械损失压力
p_t——循环平均压力

S——活塞行程
TDC——上止点
T_r——残余废气温度
T_{tq}——曲轴转矩
V_a——汽缸总容积
V_c——汽缸压缩容积
V_s——汽缸工作容积
V_L——层流火焰传播速度
V_T——湍流火焰传播速度
W——循环功
W_i——循环指示功
W_e——循环有效功
ε_c——压缩比
η_t——循环热效率
η_{et}——有效热效率
η_{it}——指示热效率
η_m——机械效率
ρ_0——初始膨胀比
λ_p——压力升高比
Ω——涡流比
φ——曲轴转角
ϕ——增压度
ϕ_a——过量空气系数
ϕ_c——充量系数
ϕ_r——残余废气系数
ϕ_s——扫气系数
ϕ_k——过量扫气系数(给气比)
π_k——增压比
τ——冲程数
τ_i——着火落后期
μ——转矩储备系数

第一章　发动机的性能

发动机的性能指标主要有动力性能指标(功率、转矩、转速)、经济性能指标(燃料与润滑油消耗率)、运转性能指标(冷起动性能、排放物成分和噪声水平)和耐久可靠性指标(大修或更换零件之间的最长运行时间与无故障长期工作能力)等。衡量发动机的质量就是对这些性能指标进行评定。当然，评定时必须根据结构工艺性、使用维修性、生产条件以及使用特点等实际情况有所偏重，并把各种性能要求合理地统一起来。

本课程是以发动机的动力性、经济性、排放、振动、噪声等性能为研究对象，深入到发动机工作过程的各个阶段，分析影响这些性能的各种因素，从中找出提高性能的一般规律。

第一节　发动机理论循环

一、三种基本循环

1. 进行理论循环分析的目的

发动机的理论循环是将实际循环进行若干简化，忽略一些次要的影响因素，并对其中变化复杂、难于进行细致分析的物理、化学过程(如可燃混合气的准备与燃烧过程等)进行简化处理，从而得到便于进行定量分析的假想循环或简化循环。通过对理论循环进行研究，可以达到以下目的：

(1)用简单的公式来阐明发动机工作过程中各基本热力参数间的关系，以明确提高以理论循环热效率为代表的经济性和以循环平均压力为代表的动力性的基本途径；

(2)确定循环热效率的理论极限，以判断实际发动机工作过程的经济性和循环进行的完善程度以及改进潜力；

(3)有利于分析比较发动机各种热力循环方式的经济性和动力性。

2. 建立理论循环的简化假设

在进行理论循环研究之前，首先必须对发动机的实际过程进行必要的简化假设，这是建立理论循环的一个重要依据。最简单的理论循环是空气标准循环，其简化条件为：

(1)假设工质是理想气体，其物理常数与标准状态下的空气物理常数相同；

(2)假设工质是在闭口系统中作封闭循环；

(3)假设工质的压缩及膨胀是绝热等熵过程；

(4)假设燃烧是外界无数个高温热源定容或定压向工质加热，工质放热为定容放热。

3. 三种基本循环

根据加热方式不同，发动机有三种基本空气标准循环，即定容加热循环、定压加热循环和混合加热循环,图1-1 示出三种循环的 $p-V$ 图,图中,$a-c$ 为绝热压缩,$c-z$ 为等容或等压加热,$z-b$ 为绝热膨胀,$b-a$ 为等容放热。习惯上的处理方式为,汽油机混合气燃烧迅速,近似为定容加热循环;高增压和低速大型柴油机,由于受燃烧最高压力的限制,大部分燃料在上止点以后燃烧,燃烧时汽缸压力变化不显著,所以近似为定压加热循环;高速柴油机介于两者之间,其燃烧过程视为定容、定压加热的组合,近似为混合加热循环。

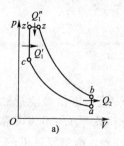 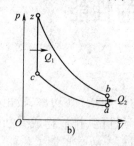 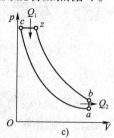

图 1-1 发动机理论循环
a)混合加热循环;b)定容加热循环;c)定压加热循环

对混合加热循环及其两个极端情况即定容加热循环和定压加热循环进行对比分析,有利于准确、全面地理解理论循环及其影响因素的物理实质。因此,发动机的理论循环分析传统上就是指这三种循环的对比分析。

评定理论循环采用循环热效率 η_t 和循环平均压力 p_t。

二、循环热效率 η_t

η_t 是工质所做循环功 $W(J)$ 与循环加热量 $Q_1(J)$ 之比,用以评定循环经济性。

$$\eta_t = \frac{W}{Q_1} = \frac{Q_1 - Q_2}{Q_1} = 1 - \frac{Q_2}{Q_1}$$

式中:Q_2——工质在循环中放出的热量,J。

按工程热力学公式,混合加热循环热效率为:

$$\eta_{tm} = 1 - \frac{1}{\varepsilon_c^{k-1}} \cdot \frac{\lambda_p \rho_0^k - 1}{(\lambda_p - 1) + k\lambda_p(\rho_0 - 1)} \tag{1-1}$$

式中:ε_c——压缩比,$\varepsilon_c = V_a/V_c = (V_s + V_c)/V_c = 1 + V_s/V_c$,其中,$V_a$ 为汽缸总容积,V_c 为汽缸压缩容积,V_s 为汽缸工作容积;

λ_p——压力升高比,$\lambda_p = p_z/p_c$;

ρ_0——初始膨胀比,$\rho_0 = V_z/V_z'$;

k——等熵指数。

定容加热循环($\rho_0 = 1$)热效率为:

$$\eta_{tV} = 1 - \frac{1}{\varepsilon_c^{k-1}} \tag{1-2}$$

定压加热循环($\lambda_p = 1$)热效率为:

$$\eta_{tP} = 1 - \frac{1}{\varepsilon_c^{k-1}} \cdot \frac{\rho_0^k - 1}{k(\rho_0 - 1)} \tag{1-3}$$

由上述公式可见,影响 η_t 的因素如下所述。

1. 压缩比 ε_c

随着压缩比的增大,三种循环的 η_t 都提高。因为提高了 ε_c,所以可以提高循环平均吸热温度,降低循环平均放热温度,扩大循环温差,增大膨胀比,如图1-2所示。图1-3表示定容加热循环热效率随压缩比变化的情况。在 ε_c 较低时,随着 ε_c 的提高,η_t 增长很快;在 ε_c 较大时,再增加 ε_c 则效果较小。

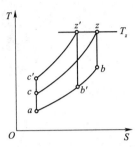

图1-2 最高温度相同时,提高压缩比 ε_c 对循环的影响

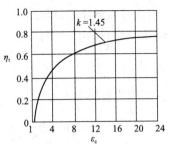

图1-3 定容加热循环热效率 η_t 与压缩比 ε_c 的关系

2. 等熵指数 k

等熵指数 k 对 η_t 的影响如图1-4所示。随 k 值增大,η_t 将提高。k 值取决于工质的性质,双原子气体 $k=1.4$,多原子气体 $k=1.33$。

3. 压力升高比 λ_p

在定容加热循环中,随着循环加热量 Q_1 的增加,λ_p 值成正比增大。若 ε_c 保持不变,则工质的膨胀比也不会变化,这样,循环放热量 Q_2 亦相应增加,而 Q_2/Q_1 不变,η_t 亦不变。

在混合加热循环中,当循环总加热量 Q_1 和 ε_c 不变时,λ_p 增大,则 ρ_0 减小,即平均膨胀比 $V_b/[(V_z-V'_z)/2]$ 增加,图1-5中 $z-b$ 变到 $z'-b'$,相应的 Q_2 减少,η_t 提高。

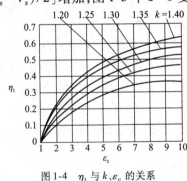

图1-4 η_t 与 k、ε_c 的关系

图1-5 λ_p、ρ_0 对 η_t、p_t 的影响

4. 初始膨胀比 ρ_0

在定压加热循环中,随着加热量 Q_1 的增加,ρ_0 值加大。若 ε_c 保持不变,由式(1-3)可知,因平均膨胀比减小,放出的热量 Q_2 增加,η_t 下降。

在混合加热循环中,当循环总加热量 Q_1 和 ε_c 保持不变,ρ_0 值增大,意味着定压加热部分增大(图1-5),同样 η_t 下降。

三、循环平均压力 p_t

p_t(kPa)是单位汽缸容积所做的循环功,用来评定循环的做功能力,其计算公式为:

$$p_t = \frac{W}{V_s}$$

式中:W——循环所做的功,J;

V_s——汽缸工作容积,L。

根据工程热力学公式,混合加热循环的平均压力为:

$$p_{tm} = \frac{\varepsilon_c^k}{\varepsilon_c - 1} \cdot \frac{p_{de}}{k-1} \cdot \left[(\lambda_p - 1) + k\lambda_p(\rho_0 - 1) \right] \cdot \eta_t \quad (1-4)$$

式中:p_{de}——进气终点的压力,kPa。

定容加热循环的平均压力为:

$$p_{tV} = \frac{\varepsilon_c^k}{\varepsilon_c - 1} \cdot \frac{p_{de}}{k-1} \cdot (\lambda_p - 1) \cdot \eta_t \quad (1-5)$$

定压加热循环的平均压力为:

$$p_{tP} = \frac{\varepsilon_c^k}{\varepsilon_c - 1} \cdot \frac{p_{de}}{k-1} \cdot k(\rho_0 - 1) \cdot \eta_t \quad (1-6)$$

可见,p_t 随进气终点压力 p_{de}、压缩比 ε_c、压力升高比 λ_p、初始膨胀比 ρ_0、等熵指数 k 和循环热效率 η_t 的增加而增加。

在混合加热循环中,如果循环加热量 Q_1 不变,增加 ρ_0 即减少 λ_p,定压加热部分增加,而定容加热部分减少,η_t 下降,因而 p_t 也降低。

理论上能够提高发动机理论循环热效率和平均压力的措施,往往受到发动机实际工作条件的限制。

(1)结构条件的限制。尽管从理论循环的分析可知,提高发动机的压缩比 ε_c 和压力升高比 λ_p 对提高循环热效率 η_t 和循环平均压力 p_t 均起着有利的作用,但 ε_c 和 λ_p 的增加将导致最高燃烧压力 p_{max} 和压力升高率 $dp/d\phi$ 的升高,使发动机的负荷水平、振动和噪声大大增加,因而受到发动机结构及强度的限制。为保证发动机的可靠性和使用寿命,考虑发动机的制造成本,在实际选择上述参数时,须根据具体情况权衡利弊而定。

(2)机械效率的限制。发动机的机械效率 η_m 与汽缸中的最高燃烧压力 p_{max} 密切相关,而 p_{max} 决定曲柄连杆机构的设计。相同转速下,p_{max} 的增加不仅会使活塞与汽缸套之间的摩擦损失增加,也使得活塞、连杆等运动件的质量及其惯性力增加,轴承的承压面积加大,从而进一步增加发动机的摩擦损失,因此不加限制地提高 ε_c 或 λ_p,将导致机械效率 η_m 的下降,从有效性能指标上看,使得由压缩比 ε_c 和 λ_p 提高而获得的收益得而复失。这一点,对于本来压缩比就已经很高的柴油机来说更为明显。

(3)燃烧方面的限制。若压缩比定得过高,汽油机将会产生爆震、表面点火等不正常燃烧的现象。对于柴油机而言,过高的压缩比将使压缩终了时的汽缸容积变得很小,燃烧室的设计和制造难度增加,也不利于混合气的形成和燃烧的高效进行。

(4)排放方面的限制。循环供油量的增加取决于实际吸入汽缸内的空气量,即有空燃比的限制,否则将导致燃烧不完全而出现冒烟、热效率下降和发动机的 HC、CO 排放激增。另外,发动机压缩比的上升,使最高燃烧温度和压力上升,发动机的 NO_x 排放物增加,振动噪声增加。

四、三种基本循环的比较

图 1-6 给出当加热量 Q_1 相同时,三种理论循环的比较。

图 1-6a) 为 ε_c 相同时,三种循环中 $Q_{2p} > Q_{2m} > Q_{2V}$,则

$$\eta_{tV} > \eta_{tm} > \eta_{tp}$$

故欲提高混合加热循环热效率,应增加定容部分的加热量(即增大 λ_p)。

图 1-6b)为最高燃烧压力 p_{max} 相同时,$Q_{2V} > Q_{2m} > Q_{2p}$,则

$$\eta_{tp} > \eta_{tm} > \eta_{tV}$$

故对高增压这类受零件强度限制,其循环最高燃烧压力不得过大的情况。提高 ε_c,同时增大定压加热部分的热量有利。

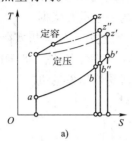
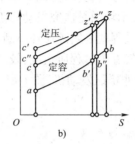

图 1-6 加热量相同时,三种理想循环的比较
a)压缩比 ε_c 相同;b)最高燃烧压力 p_{max} 相同
$aczb$-定容加热循环;$ac'z'b'$-定压加热循环;$ac''z''b''$-混合加热循环

第二节 四冲程发动机的实际循环

发动机工作过程中燃料燃烧产生的热量是通过汽缸内所进行的工作循环转化为机械功的,即汽缸中工质的燃烧压力作用在活塞顶上,通过曲柄连杆机构,在克服了发动机内部各种损耗后,对外做功。因此,要研究发动机的动力性能和经济性能,应首先对发动机的一个工作循环中热功转换的质和量两方面加以分析。

发动机汽缸内部实际进行的工作循环是非常复杂的,为获得正确反映汽缸内部实际情况的试验数据,通常利用不同形式的示功器或发动机数据采集系统来观察或记录相对于不同活塞位置或曲轴转角时汽缸内工质压力的变化,所得的结果即为 $p-V$ 示功图或 $p-\phi$ 示功图。如图 1-7 所示,图 1-7a)为 $p-V$ 示功图,图 1-7b)为 $p-\phi$ 示功图。$p-V$ 图和 $p-\phi$ 图可以利用发动机曲柄连杆机构中的活塞位移和曲轴转角之间的几何关系互相转换。

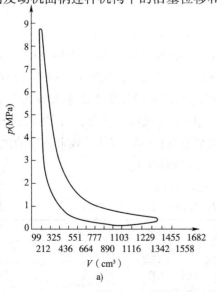
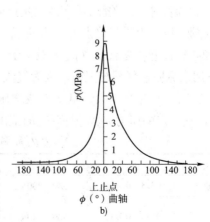

图 1-7 四冲程单缸试验柴油机的 $p-V$ 图及 $p-\phi$ 图

$p-V$ 图上曲线所包围的面积表示工质完成一个实际循环所做的有用功,该图称为示功图,$p-\phi$ 图称为展开示功图。由示功图可以观察到发动机工作循环的不同阶段(压缩、燃烧、膨胀)以及进气、排气行程中的压力变化,通过数据处理,运用热力学知识,将它们与所积累的试验数据进行分析比较,可以对整个工作过程或工作过程的不同阶段进展的完善程度做出判断。因此,示功图是研究发动机工作过程的一个重要依据。

发动机的工作过程就是实际循环不断重复进行的过程。发动机实际循环是由进气、压缩、燃烧、膨胀和排气五个过程所组成,较之理论循环复杂得多,图1-8为四冲程发动机示功图,其中图1-8a)为非增压发动机,图1-8b)为废气涡轮增压发动机。

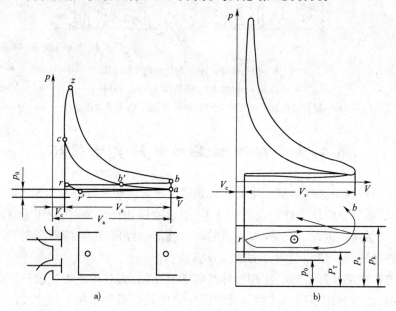

图1-8 四冲程发动机示功图
a)非增压;b)增压

V_c-压缩终点汽缸容积;V_s-汽缸工作容积;V_a-汽缸总容积;p_K-增压压力;p_T-排气压力;p_0-大气压力

一、进气过程

为了使发动机连续运转,必须不断吸入新鲜工质,即是进气过程(图1-8a中的ra线)。此时进气门开启,排气门关闭,活塞由上止点向下止点移动。首先是上一循环留在汽缸中的残余废气膨胀,压力由排气终点的压力 p_r 降到压力 p'_r,然后新鲜工质才被吸入汽缸。由于进气系统的阻力,进气终点压力 p_{de} 一般小于大气压力 p_0 或增压压力 p_K,压力差($p_0 - p_{de}$)或($p_K - p_{de}$)用来克服进气系统阻力。因为气流受到发动机高温零件及残余废气的加热,进气终点的温度 T_{de} 也总是高于大气温度 T_0 或增压器出口温度 T_k。

一般进气终点的压力 p_{de} 和温度 T_{de} 的范围见表1-1。

压力 p_{de} 和温度 T_{de} 的范围   表1-1

发动机类型	p_{de}	T_{de}	发动机类型	p_{de}	T_{de}
汽油机	$(0.8\sim0.9)p_0$	340~380K	增压柴油机	$(0.9\sim1.0)p_k$	320~380K
柴油机	$(0.85\sim0.95)p_0$	300~340K	汽车发动机增压压力	$(1.3\sim2.0)p_0$	

二、压缩过程

发动机进行压缩过程时,进、排气门均关闭,活塞由下止点向上止点移动,缸内工质受到压缩,温度、压力不断上升,工质受压缩的程度用压缩比 ε_c 表示。

压缩过程(图 1-8a 中的 ac 线)的作用是增大工作过程的温差,获得最大限度的膨胀比,提高热功转换效率,同时也为燃烧过程创造有利的条件。在柴油机中,压缩后气体的高温是保证燃料着火的必要条件。

在理论循环中,假设压缩过程是绝热的。实际上,发动机的压缩过程是个复杂的多变过程。压缩开始,新鲜工质的温度较低,受缸壁加热,多变指数 $n_1' > k$;随着工质温度上升,某一瞬间与缸壁温度相等,$n_1' = k$;此后,由于工质温度高于缸壁,向缸壁传热,$n_1' < k$。因此在压缩过程中,多变指数 n_1' 是不断变化的,如图 1-9 所示。

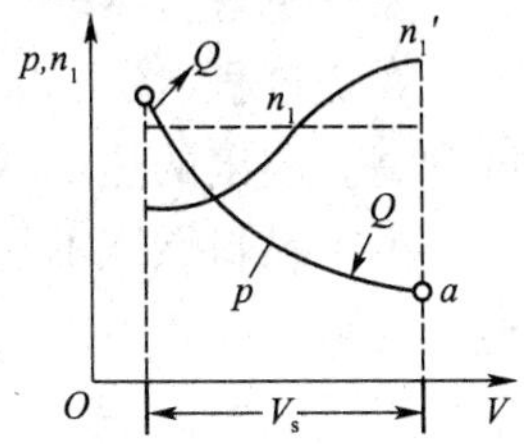

但在实际的近似计算中,常用一个不变的、平均的多变指数 n_1 来取而代之,只要以这个指数 n_1 计算而得的多变过程,其始点 a 和终点 c 的工质状态与实际压缩过程的初、终状态相符即可。n_1 称为平均压缩多变指数。

图 1-9 压缩过程及多变压缩指数

试验测定 n_1 的大致范围见表 1-2。

平均压缩多变指数 n_1 的大致范围   表 1-2

发动机类型	n_1	发动机类型	n_1	发动机类型	n_1
汽油机	1.32~1.38	高速柴油机	1.38~1.40	增压柴油机	1.35~1.37

n_1 主要受工质与缸壁间的热交换及工质泄漏情况的影响。当发动机转速提高时,因热交换的时间缩短,向缸壁的传热量及汽缸泄漏量减少,所以 n_1 增大。当负荷(即阻力矩变化而引起发动机节气门的增减)增加、采用空气冷却以及汽缸直径较大时,汽缸温度增高及相对的传热量和泄漏量减少,n_1 增大。而当泄漏量增加或汽缸温度降低时,n_1 减小。

压缩终了的压力和温度可用下式计算:

$$p_{co} = p_{de}\varepsilon_c^{n_1} \tag{1-7}$$

$$T_{co} = T_{de}\varepsilon_c^{n_1-1} \tag{1-8}$$

p_{co}、T_{co} 的大致范围见表 1-3。

p_{co} 和 T_{co} 的大致范围   表 1-3

发动机类型	p_{co}(MPa)	T_{co}(K)	发动机类型	p_{co}(MPa)	T_{co}(K)
汽油机	0.8~2.0	600~750	增压柴油机	5.0~8.0	900~1100
柴油机	3.0~5.0	750~1000			

压缩比 ε_c 是发动机的一个重要的结构参数。在汽油机中,为了提高热效率,希望增加压缩比,但受到汽油机不正常燃烧的限制,压缩比 ε_c 不能过大。

在柴油机中,为保证喷入汽缸的燃料能及时自燃以及冷起动时可靠着火,必须使压缩终点有足够高的温度,因此要求较高的压缩比。

ε_c 的大致范围见表 1-4。

表1-4 ε_c 的大致范围

发动机类型	ε_c	发动机类型	ε_c	发动机类型	ε_c
汽油机	7~11	柴油机	14~22	增压柴油机	12~15

在使用中,对压缩过程而言,主要应注意汽缸的密封。如果密封不良,将使压缩终点的工质温度、压力下降,以致起动困难,功率减小。因此,实际工作中,常以实测的压缩压力来检查发动机的技术状况,发现压缩压力降低时,应查明原因,及时检修。

三、燃烧过程

发动机进行压缩过程时,进、排气门均关闭,活塞处在上止点前后。

燃烧过程(图1-8a中的cz线)的作用是将燃料的化学能转变为热能,使工质的压力、温度升高。放出的热量越多,放热时越靠近上止点,热效率越高。

由于燃料燃烧不是瞬时完成的,因此,在汽油机的燃烧过程中,汽油与空气形成的可燃混合气是在上止点前由电火花点火而燃烧(图1-10b中的c'点),火焰迅速传播到整个燃烧室。工质的压力、温度剧烈上升,整个燃烧过程接近于定容加热,如图1-10b)中的cz段。

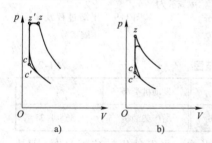

图1-10 发动机实际循环的燃烧过程
a)柴油机;b)汽油机

燃烧过程中,柴油机应在上止点前就开始喷油(图1-10a中的c'),柴油微粒迅速蒸发而与空气混合,并借助于汽缸中被压缩的具有很高内能的空气的热量而自燃,开始,燃烧速度很快,而汽缸容积变化很小,所以工质的压力、温度剧增,接近于定容加热,如图1-10a)中的cz'段;接着,是一面喷油,一面燃烧,燃烧速度缓慢下来,且随着活塞向下止点移动,汽缸容积增大,所以汽缸压力升高不大,而温度继续上升。该过程接近于定压加热,如图1-10a)中$z'z$段。

燃烧的最高爆发压力及最高温度的大致范围见表1-5。

表1-5 p_{max} 和 T_{max} 的大致范围

发动机类型	p_{max}(MPa)	T_{max}(K)	发动机类型	p_{max}(MPa)	T_{max}(K)
汽油机	3.0~6.5	2200~2800	增压柴油机	9.0~13.0	
柴油机	4.5~9.0	1800~2200			

可见,柴油机因压缩比高,燃烧的最高爆发压力p_{max}很高,但因相对于燃油的空气量大(即柴油机的过量空气系数ϕ_a相对于汽油机大),所以最高燃烧温度T_{max}值反而比汽油机低。

四、膨胀过程

发动机进行膨胀过程时,进、排气门均关闭。高温、高压的工质推动活塞,由上止点向下止点移动而膨胀做功,气体的压力、温度迅速降低。

膨胀过程(图1-8a中的zb线)比压缩过程更为复杂,除有热交换和漏气损失外,还有补燃(即一些燃料不能及时燃烧,在膨胀行程中继续燃烧)等现象。因此,膨胀过程也是一个多变过程,多变指数n_2'是不断变化的。膨胀过程初期,由于补燃,工质被加热,$n_2'<k$;到某一

瞬时,对工质的加热量与工质向缸壁等的散热量相等,$n'_2 = k$;此后,工质向缸壁散热,$n'_2 > k$,如图 1-11 所示。

如同压缩过程一样,为简便起见,在计算中常用一个不变的平均膨胀多变指数 n_2 来取而代之,只要以这个指数 n_2 计算的多变过程,其始点 z 与终点 b 的状态与实际膨胀过程始、终点状态相同即可。

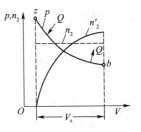

图 1-11 膨胀过程及多变膨胀指数

n_2 的一般范围见表 1-6。

n_2 主要取决于补燃的多少、工质与缸壁间的热交换及漏气情况。当转速增加,补燃增多,传热和漏气的时间缩短时,n_2 减小;混合气形成与燃烧不好,补燃增加,n_2 减小;当缸壁、活塞环磨损量大,漏气增加以及汽缸直径小,相对散热表面积加大,工质传出热量增加时,n_2 增大。

n_2 的一般范围　　　　　　　　　　表 1-6

发动机类型	n_2	发动机类型	n_2
汽油机	1.23 ~ 1.28	柴油机	1.15 ~ 1.28

膨胀终点的压力 p_{ex}(kPa)、温度 T_{ex}(K)可用下式计算:

汽油机

$$p_{ex} = p_{max}\left(\frac{V_z^{n_2}}{V_b}\right) = \frac{p_{max}}{\varepsilon_c^{n_2}} \tag{1-9}$$

$$T_{ex} = T_{max}\left(\frac{V_z^{n_2-1}}{V_b}\right) = \frac{T_{max}}{\varepsilon_c^{n_2-1}} \tag{1-10}$$

柴油机

$$p_{ex} = p_{max}\left(\frac{V_z^{n_2}}{V_b}\right) = \frac{p_{max}}{\delta^{n_2}} \tag{1-11}$$

$$T_{ex} = T_{max}\left(\frac{V_z^{n_2-1}}{V_b}\right) = \frac{T_{max}}{\delta^{n_2-1}} \tag{1-12}$$

式中:δ——后膨胀比,$\delta = V_b/V_z$。

p_{ex}、T_{ex} 的大致范围见表 1-7。

p_{ex} 和 T_{ex} 的大致范围　　　　　　　　　　表 1-7

发动机类型	p_{ex}(MPa)	T_{ex}(K)	发动机类型	p_{ex}(MPa)	T_{ex}(K)
汽油机	0.3 ~ 0.6	1200 ~ 1500	柴油机	0.2 ~ 0.5	1000 ~ 1200

可见,由于柴油机膨胀比大,转化为有用功的热量多,热效率高,所以膨胀终了的温度和压力均比汽油机小。

五、排气过程

当膨胀过程接近终了时,排气门打开,废气开始靠自身压力自由排气;膨胀过程结束时,活塞移动由下止点返回上止点,将汽缸内的废气排除。

排气过程(图 1-8a 中的 br 线)中,由于排气系统有阻力,排气终了的压力 p_r 大于大气压力 p_0,压力差 $p_r - p_0$ 用来克服排气系统的阻力。阻力越大,排气终了的压力 p_r 越大,残留在汽缸中的废气就越多。

排气温度是检查发动机工作状况的一个参数。因为排气温度低,说明燃料燃烧后,转变为有用功的热量多,工作过程进行得好。如果发现排气温度偏高,应立即查明原因。

排气终了的压力 p_r(MPa)、T_r 温度(K)范围见表 1-8。

表 1-8 p_r 和 T_r 的大致范围

发动机类型	p_r	发动机类型	T_r
汽油机和柴油机	$(1.05 \sim 1.2)p_0$	汽油机	$900 \sim 1100$
废气涡轮增压柴油机	$(0.75 \sim 1.0)p_k$	柴油机	$700 \sim 900$

实际循环由上述五个过程组成。在图 1-8 所示示功图中,闭合曲线 $bb'czb$ 所包围的面积 A_i',代表工质对活塞所做的功,故是正功。曲线 $rb'ar'r$ 所包围的面积 A_1 称为泵气损失,对非增压发动机是负功;对于增压发动机,由于进气压力高于排气压力,故是正功。$A_i' \pm A_1$ 为实际循环有用功。

第三节 实际循环的评定——指示指标

发动机的指示指标用来评定实际循环的质量,它是以工质对活塞做功为基础的指标。指示指标不受发动机动力输出过程中机械摩擦和附件消耗等各种外来因素的影响,直接反映由燃烧到热功转换的工作循环进行的好坏,因而在发动机工作过程的分析研究中得到广泛的应用。

一、指示功 W_i 和平均指示压力 p_{mi}

指示功是指汽缸内完成一个工作循环所得到的有用功 W_i。指示功的大小可以由 $p-V$ 图中闭合曲线所占有的面积求得,图 1-12 中示出了四冲程非增压和增压发动机以及二冲程发动机的示功图。

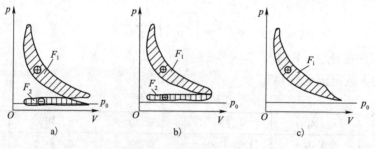

图 1-12 发动机的 $p-V$ 图
a) 四冲程非增压发动机;b) 四冲程增压发动机;c) 二冲程发动机

图 1-12a)中四冲程非增压发动机的指示功面积 F_i,它是由相当于压缩、燃烧、膨胀行程中所得到的有用功面积 F_1 和相当于进气、排气行程中消耗的功的面积 F_2(即泵气损失)相减而成,即 $F_i = F_1 - F_2$。在四冲程增压发动机中(图 1-12b),由于进气压力高于排气压力,在换气过程中,工质是对外做功的,因此,换气功的面积 F_2 应与面积 F_1 叠加起来,即 $F_i = F_1 + F_2$。在二冲程发动机中(图 1-12c),只有一块示功图面积 F_i,它表示了指示功的大小。

F_i 可用燃烧分析仪通过采集缸内示功图计算求得,然后用下式计算 W_i(N·m 或 J)值。

$$W_i = \frac{F_i ab}{10^6} \tag{1-13}$$

式中：F_i——示功图面积，cm^2；
　　a——示功图纵坐标比例尺，Pa/cm；
　　b——示功图横坐标比例尺，cm^3/cm。

指示功 W_i 反映了发动机汽缸在一个工作循环中所获得的有用功的数量，它除了和循环中热功转换的有效程度有关外，还和汽缸容积的大小有关。为了比较不同大小汽缸的做功能力，需要排除尺寸的影响，而引入平均指示压力 p_{mi} 的概念。平均指示压力 p_{mi}（MPa）是发动机单位汽缸工作容积一个循环所做的指示功，计算公式为：

$$p_{mi} = \frac{W_i}{V_s}$$

式中：W_i——指示功，kJ；
　　V_s——汽缸工作容积，L。

循环指示功 W_i（kJ）可以写成：

$$W_i = p_{mi} V_s = p_{mi} \frac{\pi D^2}{4} S \times 10^{-3} \tag{1-14}$$

式中：D——活塞直径，cm；
　　S——活塞行程，cm。

由式（1-14）可以引出：假如以一个假想的、大小不变的压力 p_{mi} 作用在活塞上，使活塞移动一个行程，其所做的功等于循环的指示功，则此假想的压力即为平均指示压力，如图 1-13 所示。

平均指示压力是从实际循环的角度评价发动机汽缸工作容积利用率高低的一个参数。p_{mi} 越高，同样大小的汽缸容积可以发出更大的指示功，汽缸工作容积的利用程度越佳。平均指示压力是衡量发动机实际循环动力性能的一个很重要的指标。

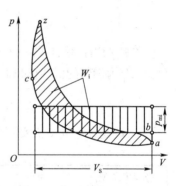

图 1-13 指示功与平均指示压力

p_{mi} 的一般范围见表 1-9。

p_{mi} 的 一 般 范 围　　表 1-9

发动机类型	p_{mi}(MPa)	发动机类型	p_{mi}(MPa)	发动机类型	p_{mi}(MPa)
汽油机	0.8～1.5	柴油机	0.7～1.1	增压柴油机	1～2.5

二、指示功率 P_i

发动机单位时间所做的指示功，称为指示功率 P_i。设发动机的汽缸数为 i，缸径为 D（cm），行程为 S（cm），每缸工作容积为 V_s（L），转速为 n（r/min），平均指示压力为 p_{mi}（MPa），则每缸、每循环工质所做的指示功（kJ）为：

$$W_i = p_{mi} V_s = p_{mi} \frac{\pi D^2}{4} S \times 10^{-3}$$

发动机指示功率（kW）（每秒所做指示功）为：

$$P_i = W_i \frac{n}{60} \frac{2}{\tau} i = \frac{p_{mi} V_s i n}{30\tau} \tag{1-15}$$

式中：τ——冲程数，四冲程 $\tau=4$，二冲程 $\tau=2$。

四冲程发动机为：

$$P_i = \frac{p_{mi}V_s in}{120} \tag{1-16}$$

二冲程发动机为：

$$P_i = \frac{p_{mi}V_s in}{60} \tag{1-17}$$

三、指示热效率 η_{it} 和指示燃料消耗率 b_i

指示热效率 η_{it} 是实际循环指示功与所消耗的燃料热量之比值，即：

$$\eta_{it} = \frac{W_i}{Q_1}$$

式中：Q_1——得到指示功 W_i(kJ)所消耗燃料的热量,kJ。

指示燃料消耗率 b_i（简称指示比油耗）是指单位指示功的耗油量,通常以每千瓦小时的耗油量表示。当试验测得发动机指示功率 P_i(kW)以及每小时耗油量 B(kg/h)时,指示燃料消耗率[g/(kW·h)]为：

$$b_i = \frac{B}{P_i} \times 10^3 \tag{1-18}$$

按热功当量得,$1\,kW·h = 3.6 \times 10^3 kJ$,而 $1\,kW·h$ 的功需要消耗的热量是($b_i H_\mu/1000$)(kJ),H_μ 为燃料的低热值(kJ/kg),则按 η_{it} 的定义,得：

$$\eta_{it} = \frac{3.6}{b_i H_\mu} \times 10^6 \tag{1-19}$$

b_i、η_{it} 是评定发动机实际循环经济性的重要指标。它们的大致范围见表 1-10。

η_{it} 和 b_i 的大致范围　　　　表 1-10

发动机类型	η_{it}	b_i[g/(kW·h)]	发动机类型	η_{it}	b_i[g/(kW·h)]
汽油机	0.3~0.4	205~320	柴油机	0.4~0.5	170~205

从统计范围可以看出：柴油机的指示热效率高于汽油机。

第四节　发动机动力性和经济性评定——有效指标

发动机的有效指标是以曲轴对外输出的功率为基础,代表了发动机整机的性能。有效指标常用来直接评定发动机实际工作性能的优劣,因而在生产实践中获得广泛的应用。

一、发动机动力性指标

1. 有效功率 P_e

发动机的指示功率 P_i 并不能完全对外输出,功在发动机内部的传递过程中,不可避免有损失,这些损失包括以下方面。

(1)发动机内部运动零件的摩擦损失。如活塞、活塞环对缸壁的摩擦,曲柄连杆机构轴承的摩擦,气阀机构的摩擦等。这部分损失所占比例最大。

(2)驱动附属机构的损失。如驱动水泵、机油泵、喷油泵、风扇、发电机等。

(3)泵气损失,指进排气过程所消耗的功,如图 1-8 中的 $rb'ar'r$。在实际测定时,常将泵气损失与其他损失一起测得。

上述损失所消耗的功率称为机械损失功率 P_m。指示功率减去机械损失功率,才是发动机对外输出的功率,称为有效功率 P_e(kW),所以:

$$P_e = P_i - P_m$$

发动机有效功率 P_e 由试验测得。

2. 有效转矩 T_{tq}

发动机工作时,由功率输出轴输出的转矩称为有效转矩 T_{tq}。

发动机的有效功率 P_e(kW)可以利用各种形式的测功器和转速计分别测出发动机在某一工况下曲轴的输出转矩 T_{tq} 及在同一工况下的发动机转速 n,按以下公式求得:

$$P_e = T_{tq}\omega = \frac{2\pi n T_{tq}}{60 \times 1000} = \frac{T_{tq}n}{9550} = 0.1047 T_{tq} n \times 10^{-3} \tag{1-20}$$

式中:T_{tq}——有效转矩,N·m;
　　　n——发动机转速,r/min。

3. 平均有效压力 p_{me}

平均有效压力 p_{me}(MPa)是发动机单位汽缸工作容积输出的有效功。与平均指示压力相似,平均有效压力可看作是一个假想的、平均不变的压力作用在活塞顶上,使活塞移动一个行程所做的功等于每循环所做的有效功。平均有效压力是衡量发动机动力性能的一个重要参数。它与有效功率 P_e(kW)之间的关系是:

$$P_e = \frac{p_{me} V_s i n}{30\tau} \tag{1-21}$$

四冲程发动机为:

$$P_e = \frac{p_{me} V_s i n}{120} \tag{1-22}$$

二冲程发动机为:

$$P_e = \frac{p_{me} V_s i n}{60} \tag{1-23}$$

由式(1-21)得:

$$p_{me} = \frac{30 P_e \tau}{i V_s n}$$

将式(1-20)代入上式得:

$$p_{me} = 0.1047 \frac{T_{tq}\tau}{i V_s} \times 30 \times 10^{-3} = 3.14 \frac{T_{tq}\tau}{i V_s} \times 10^{-3} \tag{1-24}$$

因此,对于一定汽缸总工作容积(即 iV_s)的发动机,平均有效压力 p_{me} 值反映了发动机输出转矩 T_{tq} 的大小,即:

$$p_{me} \propto T_{tq}$$

也就是说,p_{me} 反映了发动机单位汽缸工作容积输出转矩的大小。p_{me} 值大,说明单位汽缸工作容积对外输出的功多,做功能力强。

p_{me} 的一般范围见表1-11。

p_{me} 的一般范围　　　　　　　　表1-11

发动机类型	p_{me}(MPa)	发动机类型	p_{me}(MPa)	发动机类型	p_{me}(MPa)
汽油机	0.7~1.3	柴油机	0.6~1.0	增压柴油机	0.9~2.2

4. 转速 n 和活塞平均速度 C_m

提高发动机转速,即增加单位时间的做功次数,从而使发动机体积小、质量轻和功率大。

转速 n 增加,活塞平均速度 C_m 也增加,$n(\text{r/min})$ 与 $C_m(\text{m/s})$ 的关系为:

$$C_m = \frac{Sn}{30} \tag{1-25}$$

式中:S——活塞行程,m。

C_m 大,则活塞组的热负荷和曲柄连杆机构的惯性力均增大,磨损加剧,寿命下降,C_m 已成为表征发动机强化程度的参数。一般汽油机不超过 18m/s,柴油机不超过 13m/s。

为了提高转速又不使 C_m 过大,由式(1-25)知,可以减小行程 S,即对于高速发动机,在结构上采用较小的行程缸径比(S/D)值。但 S/D 值小也会造成燃烧室高度减小,燃烧室表面积与容积的比(A/V)值增大,混合气形成条件变差,不利于燃烧。当 $S/D<1$ 时,常称为短行程。

n、C_m、S/D 值的大致范围见表1-12。

n、C_m 和 S/D 值的大致范围　　　　表1-12

发动机类型	$n(\text{r/min})$	$C_m(\text{m/s})$	S/D
小客车汽油机	5000~8000	12~18	0.7~1.0
载货汽车汽油机	3600~4500	10~15	0.8~1.2
汽车柴油机	2000~5000	9~15	0.75~1.2
增压柴油机	1500~4000	8~12	0.9~1.3

二、发动机经济性指标

1. 有效热效率 η_{et}

η_{et} 是发动机的有效功 $W_e(\text{J})$ 与所消耗燃料热量 Q_1 之比值,即:

$$\eta_{et} = \frac{W_e}{Q_1}$$

2. 有效燃料消耗率 b_e

$b_e[\text{g/(kW·h)}]$ 是单位有效功的耗油量(简称耗油率),通常以每千瓦小时的耗油量表示,其计算公式为:

$$b_e = \frac{B}{P_e} \times 1000$$

式中:B——每小时的耗油量,kg/h;

P_e——有效功率,kW。

与前述 η_{it} 推导方式相同,η_{et} 可以表示为:

$$\eta_{et} = \frac{3.6}{b_e H_u} \times 10^6 \tag{1-26}$$

η_{et}、b_e 表征发动机经济性。b_e 是根据实测的 P_e 和 B 计算而得,更有实用意义。而 η_{et} 与 b_e 成反比,知道其中一值后,可求出另一值。

η_{et} 和 b_e 的大致范围见表1-13。

η_{et} 和 b_e 的大致范围　　　　表1-13

发动机类型	η_{et}	$b_e[\text{g/(kW·h)}]$	发动机类型	η_{et}	$b_e[\text{g/(kW·h)}]$
汽油机	0.25~0.3	270~325	柴油机	0.30~0.45	190~285

三、发动机强化指标

1. 升功率 P_L

升功率 P_L(kW/L)是发动机每升工作容积所发出的有效功率,其计算公式为:

$$P_L = \frac{P_e}{V_s i} = \frac{p_{me} V_s i n}{30\tau V_s i} = \frac{p_{me} n}{30\tau} \tag{1-27}$$

可见,升功率 P_L 是从发动机有效功率的角度对其汽缸工作容积的利用率做出的总评价,它与 p_{me} 和 n 的乘积成正比。P_L 值越大,发动机的强化程度越高,发出一定有效功率的发动机尺寸越小。因此,不断提高 p_{me} 和 n 的水平以获得更强化、更轻巧和紧凑的发动机,一直是发动机工作者的奋斗目标,因而 P_L 是评定一台发动机整机动力性能和强化程度的重要指标之一。

2. 比质量 m_e

比质量 m_e(kg/kW)是发动机的干质量 m 与所给出的标定功率之比,即:

$$m_e = \frac{m}{P_e} \tag{1-28}$$

它表征质量利用程度和结构紧凑性。

P_L 和 m_e 的大致范围见表1-14。

P_L 和 m_e 的大致范围   表1-14

发动机类型	P_L(kW/L)	m_e(kg/kW)	发动机类型	P_L(kW/L)	m_e(kg/kW)
汽油机	30~70	1.1~4.0	拖拉机柴油机	9~15	5.5~16
汽车柴油机	18~30	2.5~9.0			

3. 强化系数 $p_{me} C_m$

平均有效压力 p_{me} 与活塞平均速度 C_m 的乘积称为强化系数。它与活塞单位面积的功率成正比。其值越大,发动机的热负荷和机械负荷越高。由于发动机的发展趋势是强化程度不断提高,所以强化系数 $p_{me} C_m$ 值增大,也是技术进步的一个标志。

$p_{me} C_m$ 的大致范围见表1-15。

$p_{me} C_m$ 的大致范围   表1-15

发动机类型	$p_{me} C_m$(MPa·m/s)	发动机类型	$p_{me} C_m$(MPa·m/s)	发动机类型	$p_{me} C_m$(MPa·m/s)
汽油机	8~17	小型高速柴油机	6~11	重型汽车柴油机	9~15

第五节 发动机的环境指标

发动机的环境指标主要指排放物成分和噪声水平,它们关系到人类健康与生存环境。

一、排放性能指标

世界各国均制定了严格的排放法规,目前主要限制发动机的四种有害排放物:CO、HC(未燃烃、未燃烧碳氢化合物)、NO_x(氮氧化物)和PT(或PM、微粒)。此外,现在开始重视 CO_2 排放,一些发达国家已开始控制。

1. 气态污染物的浓度

(1)常量单位。常用容积百分数(%)表示,通常用于 CO_2 及汽油机 CO 排放浓度的计量。

(2)微量单位。常用容积百万分数(ppm)表示,通常用于 HC、NO_x 及柴油机 CO 排放浓度的计量。

2.污染物的质量

(1)排放量。常用的有 g/km、g/h、g/试验等,其中"试验"是按某一规定的试验程序进行的一次试验。这些单位常用来对汽车按工况法运行时的排放性能进行检测。

(2)比排放。用 g/(kW·h)表示,通常用来对重型车用发动机的排放进行计量。

(3)排放指数。每千克燃料燃烧时所排放的污染质量,称为排放指数,用 g/kg 表示。

3.颗粒排放物

(1)用质量法检测时,常用 mg/m^3、$μg/m^3$ 等单位。

(2)用其他方法监测时,多用测量方法命名,如波许烟度单位(R_B)、哈特立奇烟度单位(R_H)等。

二、噪声性能指标

噪声对人类生存环境和对人的生理与心理均有强烈的有害作用。在心理方面,噪声使人心情烦躁、激动和恼怒,精力分散,容易疲劳,反应迟钝。在生理方面,噪声干扰睡眠,造成重听甚至耳聋,并可引发心脏病、高血压和消化系统疾病。

城市噪声对人类的影响最大,城市噪声的主要部分是交通噪声。汽车及发动机是交通噪声的主要来源,因此,世界各国对汽车及发动机噪声也都制定了严格的噪声标准,对此加以控制。

(1)声压级、声强级和声功率级,单位为分贝(dB),常用于发动机整机和零部件的噪声计量及声源识别。

(2)A 计权声级,单位为 dB(A),模拟人耳对声音的感觉,常用于汽车整车的噪声测量。

第六节 发动机的机械损失

发动机的机械损失消耗了一部分指示功率,而使对外输出的有效功率减少。不同类型发动机各部分机械损失所占百分比差别很大,表 1-16 给出机械损失分配的大致情况。由表可见,机械损失所消耗的功率占指示功率的 10%~30%,是不可忽视的分量,故降低机械损失,特别是摩擦损失,使实际循环得到的功尽可能转变成对外输出的有效功,是提高发动机性能重要的一个方面。

机械损失分配情况　　　　　　　表 1-16

机械损失名称		占 P_m 的百分比(%)	占 P_i 的百分比(%)
摩擦损失		62~75	8~20
其中	活塞及活塞环	45~60	
	连杆、曲轴轴承	15~20	
	配气机构	2~3	
驱动各种附件损失		10~20	1~5
其中	水泵	2~3	
	风扇	6~8	
	机油泵	1~2	
	电气设备	1~2	

续上表

机械损失名称	占 P_m 的百分比(%)	占 P_i 的百分比(%)
带动机械增压器损失	6~10	
泵气损失	10~20	2~4
总功率损失		10~30

一、机械效率 η_m

在评定发动机机械损失时,除了机械损失功率 P_m 外,同平均指示压力、平均有效压力的定义相似,也可应用单位汽缸工作容积的比参数——平均机械损失压力 p_{mm}。它的定义是发动机单位汽缸工作容积一个循环所损失的功,它可以用来衡量机械损失的大小。

机械损失功率 P_m(kW)、平均机械损失压力 p_{mm}(MPa)和有效指标的关系是:

$$P_m = P_i - P_e \tag{1-29}$$

与 P_i、P_e 同理:

$$P_m = \frac{p_{mm} V_s i n}{30\tau} \tag{1-30}$$

由式(1-15)、式(1-21)、式(1-29)和式(1-30)得:

$$p_{mm} = p_{mi} - p_{me} \tag{1-31}$$

为了比较各种不同发动机机械损失所占比例的大小,引入机械效率的概念。

机械效率 η_m 是有效功率和指示功率的比值,即:

$$\eta_m = \frac{P_e}{P_i} = \frac{p_{me}}{p_{mi}} = 1 - \frac{P_m}{P_i} = 1 - \frac{p_{mm}}{p_{mi}} \tag{1-32}$$

η_m 值越接近于1,即 P_e 更接近于 P_i,说明用于机械损失的比例小,发动机性能好。

结合前面指示热效率 η_{it}、有效热效率 η_{et} 的定义,可以得出下列关系式:

$$\eta_{et} = \eta_{it} \eta_m$$

可见,在 η_{et} 中已经考虑到实际发动机工作时的一切损失了。

在致力于提高发动机性能指标时,应尽可能减少机械损失,提高机械效率。若不注意这点,有时在改善汽缸内部指示指标的同时,却不自觉地增加了机械损失,以致不能获得预期的改进效果。

机械效率 η_m 的大致范围见表1-17。

机械效率 η_m 的大致范围　　　　表1-17

发动机类型	η_m	发动机类型	η_m
汽油机	0.7~0.9	柴油机	0.7~0.85

二、机械损失的测定

机械损失的测定方法有好几种,但要借以获得较精确的数值还是困难的,有待于不断改进。

1. 示功图法

运用燃烧分析仪测录汽缸的示功图,从中算出指示功率 P_i 值,从测功器和转速计读数中测出发动机的有效功率 P_e 值,从而可以算出 P_m、p_{mm} 及 η_m 值。这种直接测定方法是在发动机真实的工作情况下进行的,从理论上讲也完全符合机械损失的定义,但结果的正确程度往往取决于示功图测录的正确程度,其中最大的误差来源于 $p-\phi$ 图或 $p-V$ 图上活塞上止点位置不易正确地确定。此外,在多缸发动机中,各个汽缸多少存在着一定的不均匀性,而在试验中往往只测录一个汽缸的示功图用以代表其他各缸,这也会引起一定的误差,因此,示功图法一般用于当上止点位置能得到精确标定时才能取得较满意的结果。

2. 倒拖法

这种方法在具有倒拖能力的电力测功器的试验台上方可进行。试验时,发动机与电力测功器相连,当发动机以给定工况稳定运行且冷却液、机油温度到达正常数值时,切断对发动机的供油,将电力测功器转换为电动机,以给定转速倒拖发动机,并且尽量维持冷却液和机油温度不变,这样测得的倒拖功率即为发动机在该工况下的机械损失功率。

但倒拖工况与实际运行情况相比有差别。首先,汽缸内不进行燃烧过程,作用在活塞上的气体压力在膨胀行程中大幅度下降,使活塞、连杆、曲轴的摩擦损失有所减少。其次,按这种方法求出的摩擦功率中含有不应该有的泵气损失功率 P_p 这一项,且由于排气过程中温度低、密度大,使 P_p 比实际的还大。再次,倒拖在膨胀、压缩行程中,由于充量向汽缸壁的传热损失,以至于 $p-V$ 图上膨胀线和压缩线不重合而处于它的下方,出现了图1-14所示的负功面积,而实际上,在测量该工况下的有效功率时,这部分传热损失已被考虑在内。这三种因素的综合结果是:倒拖时所消耗的功率要超过发动机在给定工况工作时的实际机械损失,在低压缩比发动机中,误差大约为5%,在高压缩比发动机中,误差有时可高达15%~20%,因而此方法在测定汽油机机械损失时得到较广泛的应用。

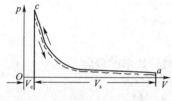

图1-14 发动机被倒拖时的 $p-V$ 图

3. 灭缸法

此法仅适用于多缸发动机。发动机调整到给定工况稳定运转,先测出其有效功率 P_e,之后在喷油泵齿条位置不变的情况下,停止向某一汽缸供油,并用减少制动力矩的办法迅速将转速恢复到原来的数值,并重新测定其有效功率 P'_e。这样,如果灭缸后其他各缸的工作情况和发动机机械损失没有变化,则被熄灭的汽缸原来所发出的指示功率 $(P_i)_x$ 为:

$$(P_i)_x = (P_e - P'_e)_x$$

依次将各缸灭火,最后可以从各缸指示功率的总和中求得整台发动机的指示功率 P_i 为:

$$P_i = \sum_{x=1}^{i}(P_e - P'_e)_x$$

然后可以求出 P_m 和 η_m。采用这种方法时,只要停止一个汽缸的燃烧不致引起进、排气系统的异常变化,如排气管结构不一致,因一个汽缸灭火而引起足以破坏其他汽缸换气规律和充量系数的排气压力波变化的情况下就会相当准确,其误差在5%以下。对于增压发动机,由于排气压力波发生变化,对于汽油机,由于进气情况改变,往往得不到正确的结果。

4. 油耗线法

由指示热效率的定义可导出:

$$B \cdot Hu \cdot \eta_{it} = 3.6 \times 10^3 P_i = 3.6 \times 10^3 (P_e + P_m)$$

当柴油机空转(无负荷),η_{it} 不随负荷增减而变化时,可得:

$$B \cdot Hu \cdot \eta_{it} = 3.6 \times 10^3 P_m$$

两式相除,得:

$$\frac{B}{B_0} = \frac{P_e + P_m}{P_m} = \frac{p_{me} + p_{mm}}{p_{mm}}$$

式中:B_0——发动机空转时的燃油消耗量。

保证发动机转速不变,逐渐改变柴油机喷油泵齿条的位置,测出每小时耗油量 B 随负荷 p_{me} 变化的关系,绘制成如图 1-15 的曲线,此曲线称为负荷特性曲线。在曲线中找出接近直线的线段,并顺此线段作延长线,直至与横坐标相交,则交点到坐标原点的长度即为该机的平均机械损失压力 p_{mm} 的数值。此方法的基础是,假设转速不变时 p_{mm} 和指示热效率都不随负荷增减而变化。

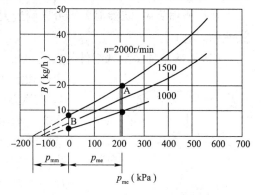

图 1-15 用油耗线法求 p_{mm} 值

根据以上的分析,得到图 1-15 中 A、B 两工况的关系式为:

$$B_A H_\mu \eta_i = 3.6 \times 10^3 P_i = 3.6 \times 10^3 (P_e + P_m)$$
$$B_B H_\mu \eta_i = 3.6 \times 10^3 P_m$$

两式相除,得:

$$\frac{B_A}{B_B} = \frac{P_e + P_m}{P_m} = \frac{p_{me} + p_{mm}}{p_{mm}}$$

这个方法虽然只是近似的方法,但只要在低负荷附近,燃油消耗量曲线为直线就相当可靠,即使没有电力测功器和燃烧分析仪也能进行测定。但是,这种方法不适用于用节气门调节功率的汽油机。

当测得其 p_{mm} 值后,其机械效率可近似地用下式估算:

$$\eta_m = \frac{p_{me}}{p_{me} + p_{mm}} = 1 - \frac{p_{mm}}{p_{me} + p_{mm}} = 1 - \frac{B_B}{B_A}$$

在以上所介绍的几种测定机械效率的方法中,倒拖法只能用于配有电力测功器的情况,因而不适用于大功率发动机,而较适用于测定压缩比不高的汽油机的机械损失。对于排气涡轮增压柴油机($p_b < 0.15\text{MPa}$),由于倒拖法和灭缸法破坏了增压系统的正常工作,因而只能用示功图法、油耗线法来测定机械损失。对于排气涡轮中增压、高增压的柴油机($p_b \geq 0.15\text{MPa}$),除示功图外,尚无其他适用的方法。

三、影响机械损失的因素

1. 汽缸直径及行程

根据试验,机械损失功率与缸径、行程的大致关系为:

$$P_m = K \frac{\sqrt{SD}}{D_m}$$

式中:D——汽缸直径;
S——活塞行程;
D_m——曲轴的平均直径;
K——与汽缸数和转速有关的常数。

可见,当发动机工作容积增加,即加大缸径或行程时,机械损失功率增加,但因汽缸的面积与容积之比值(A/V)减小,相对摩擦面积减少,故相对的机械损失少,机械效率提高。

当汽缸工作容积一定,而行程、缸径比(S/D)减小时,则因活塞平均速度c_m值和A/V值均有所下降,所以机械效率提高。

2. 摩擦损失

在机械损失中,摩擦损失所占比例最大,达70%左右,故降低摩擦损失一直是人们极为关注的问题。

(1)活塞组件。活塞组件是发动机中主要的摩擦源,产生摩擦的部件是:活塞环、活塞裙部和活塞销。影响摩擦损失的主要因素是活塞环的结构与组合、活塞裙部的几何形状,缸套的温度及配合间隙等。在高速车用汽油机中,为减少摩擦损失采取的措施有:减少活塞环数目,如由三道环(二气一油)减至二道环(一气一油),甚至出现一道环;减薄活塞环厚度,目前已有2~3mm厚的气环;减少活塞裙部的接触面积,如裙部加装凸起物,制成骨架式结构,如图1-16所示;在裙部涂固体润滑膜等。

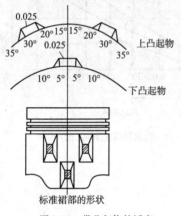

图1-16 带凸起物的活塞

(2)曲轴组件。曲轴摩擦源于轴颈与轴承(包括主轴颈、连杆轴颈或平衡轴颈)及其密封装置。一般滑动阻力与轴颈的直径和宽度的立方成正比,因此主要措施为减少运动件的惯性质量,如减小活塞、活塞销、连杆的质量,可降低轴承负荷并可使轴承宽度和轴径减小。

(3)配气机构。气门机构在发动机整个工作范围均承受高负荷。在较低转速下作用于气门上的负荷主要由弹簧力引起;在较高转速时,零件质量引起的惯性力占主导地位。与其他机构不同的是,配气机构在低转速区是处于临界润滑状态,故其低速时摩擦损失所占比例会明显增加。减小配气机构运动件质量(如气门导杆直径已有减至2~3mm),降低弹簧负荷,在摇臂与凸轮接触面处加入滚动轴承等,都是减少配气机构摩擦损失的有效措施。

另外,汽缸套内壁、轴颈、轴承等各摩擦表面的加工精度、零件材料及热处理等,对摩擦损失也有较大影响。

3. 转速n(或活塞平均速度c_m)

发动机转速上升(c_m随之加大),致使:

(1)各摩擦副间相对速度增加,摩擦损失增加;
(2)曲柄连杆机构的惯性力加大,活塞侧压力和轴承负荷均增高,摩擦损失增加;
(3)泵气损失加大;
(4)驱动附件消耗的功多。

因此,n上升,机械损失功率增加,机械效率下降。根据实测统计资料,一般平均机械损失压力p_{mm}大致与转速n成直线关系,如图1-17所示。机械效率随转速变化的大致关系如图1-18所示。随转速上升,摩擦损失所占比例明显加大,且在转速大致相同的情况下,柴油机摩擦损失大于汽油机,这是因柴油机压缩比高、汽缸压力高、运动部件质量大所引起。由于转速对机械损失有如此重要的影响,以致在用提高转速的手段来强化发动机动力性能时,η_m的降低成为重要障碍之一。

4. 负荷

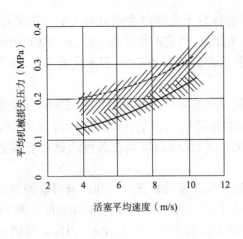
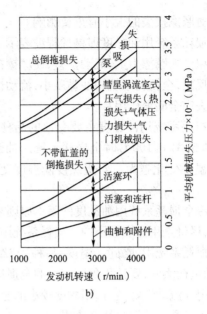

a)

b)

图 1-17 平均机械损失压力与转速或活塞平均速度的关系

a)虚线为 OM326 预燃室式,实线为 OM346 直接喷射式;b)彗星型涡流燃烧室小型柴油机(1.5~2.5L 4 缸的平均值)

当发动机转速一定而负荷减小时(在汽油机中是减少混合气量,在柴油机中是减小供油量),平均指示压力 p_{mi} 随之下降,而平均机械损失压力 p_{mm} 变化很小(图 1-19),因为 p_{mm} 的大小主要决定于摩擦副的相对速度和惯性力大小。根据式 $\eta_m = 1 - (p_{mm}/p_{mi})$ 知,随负荷减小,机械效率 η_m 下降,直到空转时,有效功率 $P_e = 0$,指示功率 P_i 全部用来克服机械损失功率,即 $P_i = P_m$,故 $\eta_m = 0$。图 1-19 给出 p_{mi}、p_{me}、p_{mm}、η_m 随负荷变化的关系。

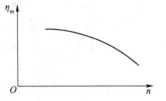

图 1-18 发动机转速对机械效率的影响

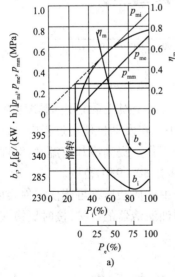
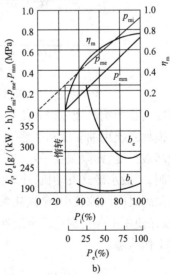

a)   b)

图 1-19 负荷变化对 p_{mm} 及 η_m 的影响

a)汽油机;b)柴油机

5.润滑油品质和冷却液温度

在机械损失中,摩擦损失占的比例最大,达 70% 左右,而润滑油(常称全损耗系统用油)

的黏度对摩擦损失的大小有重要影响。

全损耗系统用油黏度即稠稀程度表示了流体分子之间内摩擦力的大小。黏度大,全损耗系统用油内摩擦力大,流动性差,使摩擦损失增加,但它的承载能力强,易于保持液体润滑状态。反之,全损耗系统用油黏度小,流动性好,消耗的摩擦功少、但承载能力差,油膜易破裂而失去完全润滑作用。

全损耗系统用油黏度主要受油的品种和温度的影响。黏度随温度的变化程度常用黏度比,即50℃和100℃时全损耗系统用油运动黏度的比值 γ_{50}/γ_{100} 来表示。黏度比越大,黏度随温度变化越大。希望黏度随温度变化小,以保证内燃机在各种热状态下都能工作良好。

选用全损耗系统用油黏度的基本原则是:在保证发动机正常工作时有可靠润滑条件的前提下,尽量选用黏度较小的全损耗系统用油,以减少摩擦损失,改善起动性能。图1-20所示为全损耗系统用油黏度(温度、品种)与摩擦损失的关系。一般说来,当发动机强化程度高,轴承负荷大时,要选用黏度较大的全损耗系统用油;当转速高,配合间隙小时,需要全损耗系统用油流动性好,宜选用黏度较小的全损耗系统用油。经过长期使用,轴承间隙较大,应选用较高黏度的全损耗系统用油。

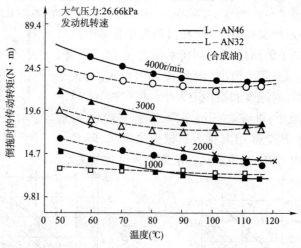

图1-20 润滑油黏度(温度、种类)与摩擦损失的关系

冷却液温度直接影响燃烧过程和传热损失,同时与全损耗系统用油黏度也密切相关,因此就关系到全损耗系统用油黏度和摩擦损失的大小。在发动机使用过程中,应严格保持一定的油温和冷却液温度,即限制在一定热力状态下工作。提高冷却液温度,对性能有益,但受水的沸点限制,一般水冷式发动机,冷却液温度多在80~95℃范围。

发动机摩擦副之间间隙较小,全损耗系统用油中任何杂质都可能使零件表面损坏而增加摩擦损失,故在使用中要特别注意全损耗系统用油滤清器的维护,按时更换润滑油,保证发动机良好的工作状态。

第七节 发动机的热平衡

热平衡表示热量分配情况。只有了解热量损失所在,才能进一步去减少它或设法利用它。热平衡通常是由试验确定。

一、实际循环热平衡

为了了解实际循环的热量分配情况,寻找它的损失所在,应将实际循环与理论循环进行比较。这里用的理论循环是最简单的空气标准循环,它除了不可避免地向冷源放热外,没有其他损失。研究实际循环与空气标准循环的差异,就可找出热量损失所在。分析差异的原因,可探求提高热量有效利用的途径。

图 1-21 给出四冲程非增压发动机实际循环与理论循环的比较。其差别由以下几项损失引起。

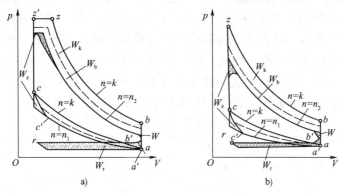

图 1-21 发动机实际循环与理论循环的比较
a) 柴油机; b) 汽油机

W_k-实际工质影响引起的损失; W_z-非瞬时燃烧和补燃损失; W_r-换气损失; W_b-传热、流动损失; W-提前排气损失

1. 实际工质的影响

理论循环中假设工质比热容是定值,而实际气体比热容是随温度上升而增大的,且燃烧后生成 CO_2、H_2O 等气体,这些多原子气体的比热容又大于空气,这些原因导致循环的最高温度降低。加之实际循环还存在泄漏,使工质数量减少。实际工质影响引起的损失如图 1-21 中 W_k 所示。这些影响使得发动机实际循环的指示热效率比理论循环热效率低。

2. 换气损失

为了使循环重复进行,必须更换工质,由此而消耗的功称为换气损失,如图 1-21 中 W_r 所示。其中,因工质流动时需要克服进、排气系统阻力所消耗的功,称为泵气损失,如图 1-21a)中曲线 $rab'r$ 所包围的面积。因排气门在下止点前提前开启而产生的损失,如图 1-21 中面积 W 所示。

3. 燃烧损失

(1) 非瞬时燃烧损失和补燃损失。实际循环中燃料燃烧需要一定的时间,所以喷油或点火在上止点前,并且燃烧还会延续到膨胀行程,由此形成非瞬时燃烧损失和补燃损失,如图 1-21 中 W_z 所示。

(2) 不完全燃烧损失。实际循环中会有部分燃料与空气混合不良,因而部分燃料由于缺氧产生不完全燃烧损失。

(3) 吸热损失。在高温下部分燃烧产物分解而吸热即:

$$2CO_2 + 热 \rightleftharpoons 2CO + O_2$$
$$2H_2O + 热 \rightleftharpoons 2H_2 + O_2$$

使循环的最高温度下降。

4. 传热损失

实际循环中，汽缸壁（包括汽缸套、汽缸盖、活塞、活塞环、气门、喷油器等）和工质间自始至终存在着热交换，使压缩、膨胀线均脱离理论循环的绝热压缩、膨胀线，从而造成损失，如图 1-21 中 W_b 所示。

5. 缸内流动损失

指压缩及燃烧、膨胀过程中，由于缸内气流（涡流与湍流）所形成的损失。其表现为：在压缩过程中，多消耗压缩功；在燃烧膨胀过程中，一部分能量用于克服气流阻力，使作用于活塞上作功的压力减小。缸内流动损失一般不会太大。但人为设计的强涡流、湍流工作的燃烧室，如柴油机涡流室与预燃室，对流动损失会有较大影响。这一设计的目的是牺牲部分动力性能、经济性能来换取其他性能如高速性、噪声、排放等性能的改善。直喷式柴油机燃烧室有时也组织各种类型的较强气流来改善混合气的形成与燃烧，流动损失会因此得到补偿。

由于上述各项损失的存在，使实际循环热效率低于理论循环。表 1-18 给出了发动机的理论循环热效率和指示热效率值，及各种损失使热效率下降的热量分配的大致情况。

热量分配的大致情况　　　　　　　　　表 1-18

名称	汽油机	柴油机	名称	汽油机	柴油机
理论循环热效率 η_t	0.54~0.58	0.64~0.67	燃烧不完全及热分解	0.08~0.10	0.06~0.09
指示热效率 η_{it}	0.30~0.40	0.40~0.45	传热损失	0.03~0.05	0.04~0.01
工质比热容变化	0.10~0.12	0.09~0.10	提前排气	0.01	0.01

减少各项损失，提高实际循环热效率是发动机性能研究的目的。由表 1-18 中可以看出：

(1) 汽油机理论循环热效率低于柴油机的主要原因是压缩比 ε_c 小，所以提高压缩比一直是提高汽油机热效率的主要方向。

(2) 实际工质比热容变化引起的损失，占有较大比例。汽油机因相对的空气量少，混合气较浓，缸内燃烧温度较高，故此项损失较柴油机大。

(3) 对于汽油机，不完全燃烧损失主要是因采用浓混合气造成，所以应用稀混合气是汽油机减少损失的途径之一。对于柴油机，不完全燃烧主要是混合气形成及燃烧组织不完善引起，是柴油机应改善之处。

二、发动机热平衡

发动机热平衡是热量表现为有效功及各项损失的分配情况。发动机热平衡通常按下列方法由试验确定。

1. 发动机所耗燃油的热量 Q_T（kJ/h）

在发动机中，热量是由燃料燃烧而产生，若测得发动机每小时的耗油量 B（kg/h），设燃料完全燃烧，则每小时所放出的热量 Q_T 为：

$$Q_T = BH_u$$

式中：H_u——燃料低热值，kJ/kg。

2. 转化为有效功的热量 Q_E（kJ/h）

若测得发动机有效功率 P_e，则因为：

$$1kW \cdot h = 3.6 \times 10^3 kJ$$

所以：
$$Q_E = 3.6 \times 10^3 P_e$$

3. 传递给冷却介质的热量 Q_S(kJ/h)

这部分热量中包括：实际循环中工质与缸壁的传热损失；废气通过排气道时，传给冷却介质的热量；活塞与缸壁摩擦产生又传给冷却介质的热量以及润滑油传给冷却介质的热量等。其计算公式为：
$$Q_S = G_S c_S (t_2 - t_1)$$

式中：G_S——通过发动机冷却介质每小时的流量，kg/h；
c_S——冷却介质的比热容，kJ/(kg·℃)；
t_1、t_2——冷却介质的入口和出口温度，℃。

4. 废气带走的热量 Q_R(kJ/h)
$$Q_R = (B + G_k)(c_{pr} t_2 - c_{pk} t_1)$$

式中：B、G_k——每小时消耗的燃料量和空气量，kg/h；
c_{pr}、c_{pk}——废气和空气的定压比热容，kJ/(kg·℃)；
t_2——靠近排气门处的废气温度，℃；
t_1——进气管入口处工质的温度，℃。

5. 燃料不完全燃烧热损失 Q_B(kJ/h)

在汽油机中，因采用空气不足的浓混合气，在柴油机中，因空气和燃料混合不均，均可产生不完全燃烧。近似计算为：
$$Q_B = Q_T (1 - \eta_r)$$

式中：η_r——燃烧效率。

6. 其他热量损失 Q_L(kJ/h)

它包括所有未计及的损失。由于不能分别给予它们准确的估计，所以一般只根据下式确定其总值：
$$Q_L = Q_T - (Q_E + Q_S + Q_R + Q_B)$$

热平衡常以燃料总热的百分数表示，即：
$$q_e = \frac{Q_E}{Q_T} \times 100\%$$

$$q_s = \frac{Q_S}{Q_T} \times 100\%$$

$$q_r = \frac{Q_R}{Q_T} \times 100\%$$

$$q_b = \frac{Q_B}{Q_T} \times 100\%$$

$$q_l = \frac{Q_L}{Q_T} \times 100\%$$

则：
$$q_e + q_s + q_r + q_b + q_l = 100\%$$

图1-22表示发动机的热平衡图，图中 Q_i 为转变为指示功的热量，设 Q_T 为燃料在缸内完

全燃烧每小时放出的热量(kJ/h),此时不计入 Q_B 损失。由该图可以清楚地看到发动机中的热量流动情况以及各项损失是如何纳入到热平衡的各个项目中去的。

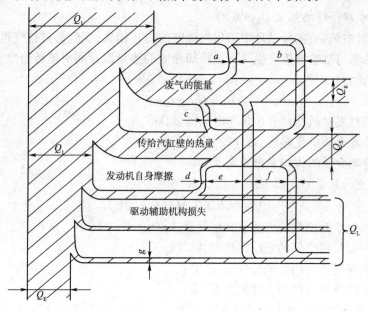

图 1-22　发动机的热平衡图

a-从残余废气和排气中回收的热量；b-由汽缸壁传给进气的热量；c-排出废气传给冷却液的热量；d-在摩擦热中传给冷却液的部分热量；e-从排气系统辐射的热量；f-从冷却系统和水套壁辐射的热量；g-从曲轴箱壁和其他不冷却部分辐射的热量

热平衡大致数值范围见表 1-19。

表 1-19　热平衡中各项数值范围

发动机类型	q_e	q_s	q_r	q_b	q_l
汽油机	25~30	12~27	30~50	0~45	3~10
柴油机	30~40	15~35	25~45	0~5	2~5
增压柴油机	35~45	10~25	25~40	0~5	2~5

从表 1-19 可见,在燃料的总热量中,仅有 25%~40% 的热量转变为有效功,其余 60%~75% 都损失掉了。其中,主要由废气带走,其次传给冷却液,在某些汽油机中不完全燃烧损失的热量所占比例也不小。

冷却液带走的热量占总热量的 10%~35%,其中一部分是排气道中废气传给冷却液的热,一部分是由摩擦产生的热,真正由燃烧、膨胀过程散出的热大约占冷却损失的 15%。若将这部分损失回收,指示功率可以提高 3%~5%。

废气带走的热量占总热量的 25%~50%。废气涡轮增压是回收这部分热量的一种有效方式,由表 1-19 可见,其有效热效率最高。

复习思考题

1. 研究理论循环的目的是什么？理论循环与实际循环相比,主要作了哪些简化？
2. 在 $p-V$ 图上图示三种理论循环,并在不同条件下进行循环热效率的比较。

3. 试分析影响循环热效率、循环平均压力的主要因素。
4. 简述发动机的实际工作循环过程,并画出四冲程发动机实际循环的示功图。
5. 压缩多变指数和膨胀多变指数是如何确定的?它们的变化规律如何?
6. 说明指示功和平均指示压力的概念和意义。
7. 什么是发动机的指示指标?主要有哪些?
8. 什么是发动机的有效指标?主要有哪些?
9. 平均有效压力和升功率都是评定发动机动力性能的指标,它们有何区别?
10. 功率相同时,汽油机与柴油机相比,尺寸和质量哪个大?为什么?
11. 发动机的机械损失主要由哪些部分组成?
12. 什么是机械效率?它有什么意义?
13. 如何测定机械损失?每种方法的特点是什么?
14. 为什么随着转速的升高,机械效率会降低?
15. 分析发动机实际循环的各种损失及在 $p-V$ 图上的位置。
16. 研究发动机热平衡有何意义?改善有效能量利用的途径是什么?
17. 已知一四冲程柴油机,缸数为6,单缸汽缸工作容积为2L,燃料热值为44100kJ/kg,计算当转速为1500r/min,机械效率为0.8,有效功率为88.5kW,耗油量为20.3kg/h时的指示功率、有效转矩、平均指示和有效压力、指示和有效热效率、指示和有效燃料消耗率。
18. 要设计一台六缸四冲程高速柴油机,设平均指示压力为0.85MPa,平均机械损失压力为0.15MPa,希望在2000r/min时能发出的功率为73.5kW。为将活塞平均速度控制在8m/s,缸径行程比取多大合适?为使缸径行程比为1:1.2,缸径与行程取多大?

第二章 发动机的换气过程

发动机的换气过程是发动机排除本循环的已燃气体和为下一次循环吸入新鲜充量（空气或可燃混合气）的进排气过程。它是工作循环得以周而复始不断进行的保证。对四冲程发动机而言，换气过程是指从排气门开启到进气门关闭的整个过程。对大多数二冲程发动机而言，换气过程即为从排气口打开到进气口关闭的整个过程。换气过程的任务是：将缸内废气排除干净并设法在一定的进气状态下，在有限的汽缸容积内，充入更多的新鲜充量——在柴油机中是空气，在汽油机中是燃料和空气的可燃混合气。这是保证发动机动力性能的重要条件。

燃料在汽缸内燃烧是需要有一定比例的空气配合。根据计算，1kg 汽油完全燃烧约需 14.8kg 空气，或者 1L 汽油完全燃烧约需 10000L 空气。汽油与空气的体积比约为 1:10000。对于柴油机，为保证燃料燃烧完全，空气的比例会更大。由此可见，在可燃混合气中燃料所占容积很小，而且燃料是强制进入，由化油器或喷油器多供一些燃料容易做到，而更多地充入空气却较困难。此外，随着发动机转速的不断提高，换气过程进行的时间已大大缩短，气流速度明显增大，产生气流速度的压力差与流动阻力损失都随之增大，从而进一步加大了空气充入的困难度以及换气损失。为此，必须充分认识换气过程的本质，找到提高充气量与减少换气损失的规律与对策，不断完善换气过程，以适应发动机向高性能与高速化发展的需要。

第一节 四冲程发动机的换气过程

一、换气过程

发动机运行时，在如此短的换气时间内，要使排气干净、进气充足是比较困难的。为了增加气门开启的时间断面，并充分利用气流的流动惯性以及减少换气过程的损失，从而改善换气过程，提高发动机的性能，进、排气门一般都是提前开启、迟后关闭，所以整个换气过程大于 360°（CA），占 410° ~ 480°（CA）。实际循环的换气过程进行的时间非常短暂，进、排气门的启闭由于结构和动负荷等原因，不可能瞬时全开或全闭。换气时，工质是在配气机构流通截面变化的情况下作不稳定流动，汽缸内工质的温度和压力是随时间变化的，具有复杂的气体动力学现象。

图 2-1 为一实测四冲程发动机在换气过程中，汽缸压力和排气管内压力随曲轴转角变化的关系和相应的进、排气门流通截面的变化情况。根据气体流动的特点，可将换气过程分为自由排气、强制排气、进气和气门叠开四个阶段来讨论。

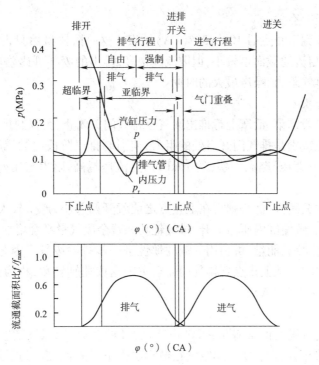

图 2-1 换气过程中,汽缸内压力 p 和排气管内压力 p_r,以及进排气门流通截面积随曲轴转角的变化

1. 自由排气阶段

从排气门打开到汽缸压力接近了排气管压力的这个时期,称为自由排气阶段。其特点为,利用缸内和排气管内的压差进行自由排气,而无须借助外力。

由于受配气机构及其运动规律的限制,排气门不可能瞬时完全打开,气门开启有一个过程,其流通截面只能逐渐增加到最大;在排气门开启的最初一段时间内,排气流通截面很小,废气排出的流量小。如果排气门刚好在膨胀行程的下止点才打开,气门升程小,排气流通截面小,排气不畅,汽缸压力下降迟缓,活塞在向上止点运动强制排气时,将大大增加排气过程的活塞推出功。所以发动机的排气门都在膨胀行程到达下止点前的某一曲轴转角位置时需要提前开启,这一提前角度称为排气提前角。排气提前角的范围为 30° ~ 80°(CA),视发动机的工作方式、转速、增压与否而定。

排气门打开后,气体的流动状态经历了超临界流动和亚临界流动两个阶段的变化。

根据气体流动的性质,排气门打开后,缸内压力 p 和排气管的压力 p_r 决定了气体的流动性质。设缸内气体的绝热指数 $k = 1.4$,则当:

$$\frac{p}{p_r} \geq \left(\frac{k+1}{2}\right)^{\frac{k}{k-1}} = \left(\frac{1.4+1}{2}\right)^{\frac{1.4}{1.4-1}} = 1.2^{3.5} = 1.9 \tag{2-1}$$

时,排气处于超临界状态,气体的流速等于在该处气体状态下的声速。

$$v = c = \sqrt{kRT} \tag{2-2}$$

式中:v——气体流速;

c——当地声速。

当 $T = 873 \sim 1173 \mathrm{K}$ 时,声速可达 500 ~ 600m/s。在超临界排气时期,废气流量与排气门前后压差无关,只取决于排气门流通截面和缸内气体的状态。

当 $p/p_r < 1.9$ 时,处于亚临界流动状态,此时排气流量不仅与排气门流通截面有关,还

与排气门前后的压差有关。

自由排气阶段到下止点后10°～30°(CA)结束。这一阶段虽然只占总排气时间的1/3左右,且排气门开启流通截面也较小,但因流速很高,排出的废气可达总量的60%以上。所以这一时期也是排气阻力、噪声最大的时期。

2. 强制排气阶段

从自由排气阶段结束,活塞上行推出废气至排气门关闭止,为强制排气阶段。

由于排气通道特别是排气门开启处的阻力,使强制排气阶段内的汽缸平均压力比排气管内平均压力(排气背压)略高一些(约10kPa),且流速越高,阻力与压差越大,即排气耗功越多。

若在上止点时关闭排气门,则需在上止点之前就开始关小,产生较大的节流作用,此时活塞还在向上运动,致使缸内压力上升,排气耗功和残余废气量都会增加;同时,排气至上止点时,废气尚有一定流动能量,可利用气流的惯性进一步排除废气。因此,排气门应在活塞过了上止点后才关闭。从上止点到排气门完全关闭这段曲轴转角,称为排气迟闭角。排气迟闭角一般为10°～35°(CA)。

3. 进气过程

进气门在进气行程上止点前5°～20°(CA)就开始开启,以保证活塞开始向下行时,进气门已有足够大的开启面积,使新鲜空气在最小阻力下吸入汽缸。为了利用新鲜充量的流动惯性来达到增加汽缸充气量的目的,进气门也不能在下止点时就关闭,而应在下止点后20°～50°(CA)时关闭。发动机转速越高,进气流速越快,使进气管中流动的气柱动能也越大,因此,高速发动机可采用较大的进气迟闭角,以充分利用其惯性来增加充气量。

4. 气门叠开

由于排气门的迟后关闭和进气门的提前开启,存在进、排气门同时开着的现象,称为气门叠开(图2-2)。在气门叠开期,进气管、汽缸、排气管三者互相连通,可以利用气流的压差、惯性或进、排气管压力波的帮助,来清除残余废气,增加进气量,降低高温零件的温度,但应注意不要产生废气倒流现象。

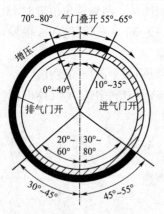

图2-2 进、排气相位图(外圈表示增压)

自然吸气式汽油机对进气提前开启角比较敏感,因为若废气倒入进气管,会出现"回火"。负荷越低,节气门开度越小,进气管内真空度加大,更易出现"回火"。因此,汽油机重叠角一般均小于40°(CA)。

自然吸气柴油机,由于充入汽缸的是空气而不是混合气,新气排出或者废气倒入进气管的影响都不大;此外,低负荷也没有进气管真空度加大的现象。所以,重叠角可适当加大,一般为60°(CA)左右。

增压柴油机,由于进气门外的压力高于排气管背压,不仅可扫除更多废气,降低残余废气系数,增加充气量,又能冷却排气门、喷油嘴等高温零件,降低燃烧室壁温和热负荷。所以,增压柴油机均采用较大重叠角,一般在80°～150°(CA)。

二、换气损失和泵气损失

理论循环与实际循环的换气功之差称为换气损失。换气损失由排气损失和进气损失两部分组成。

非增压发动机的理想换气过程如图 2-3a)所示,排气沿 ar 线进行,进气沿 ra 线进行,进、排气压力相等,泵气功为零。增压发动机的理想换气过程如图 2-4a)所示,由于进气压力 p_s 大于排气压力 p_r,所以排气沿 $a'r'$ 线进行,进气沿 $r''a''$ 线进行,面积 $a''a'r'r''$ 表示泵气功,为正功。在实际循环中,由于进、排气门不可能瞬时启闭,需提前开启和迟后关闭,以及进、排气系统存在着流动阻力,故非增压和增压发动机的实际换气过程分别如图 2-3b)和图 2-4b)所示。图中阴影线面积表示换气过程的损失。

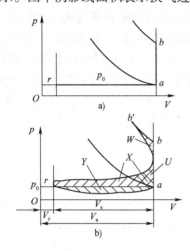
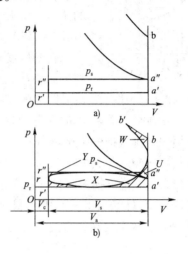

图 2-3 四冲程非增压发动机换气过程的理想示功图和实际示功图

图 2-4 四冲程增压发动机换气过程的理想示功图和实际示功图

1. 换气损失

如图 2-3b)和图 2-4b)所示,排气门提前开启时,排气压力线从点 b' 开始偏离膨胀线。与理想循环相比,损失的功相当于 W 所表示的面积,称为自由排气损失。在活塞将燃气推出汽缸时,由于沿途有流动阻力,所以汽缸内的气体压力高于排气管内压力(非增压发动机排气管内压力假定为大气压力)。损失的功相当于 X 所表示的面积(X 所表示的面积包含了 U 所表示的面积),称为强制排气损失。自由排气损失与强制排气损失之和即为排气损失。

排气提前角的选择会影响自由排气损失和强制排气损失的分配。如图 2-5 所示,排气提前角越大(曲线 b),排气门开启越早,自由排气损失就越大,但此时缸内压力在下止点前已降得足够低,所以强制排气损失减少。反之,排气提前角减小(曲线 c),强制排气损失会增加,而自由排气损失则会减少。因此,从减少排气损失角度看,最佳排气提前角应使两者之和为最小(曲线 a)。

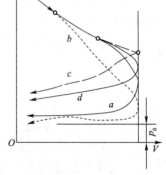

图 2-5 排气提前角 φ_3 与排气损失
a-最合适;b-过大;c-过小;d-排气门面积过小

排气损失除受排气提前角大小的影响外,还与转速密切相关。如图 2-6 所示,转速越高,排气损失越大。图中的虚线到 3200r/min 线之间的距离表示该情况下的自由排气损失 p_{p1};虚线到横坐标轴的距离表示该情况下的强制排气损失 p_{p2}。p_{p1} 随 φ_3 增大而增大,p_{p2} 则减小。点画线 ab 是各种转速下排气损失最小值的连线,说明转速越高,最佳排气提前角也应

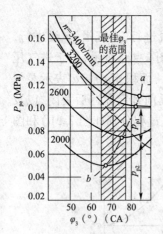

图 2-6 排气损失 p_{pe} 与排气提前角 φ_3 和转速的关系

当越大。在气门定时不可变的发动机中,排气提前角的选择除考虑额定工况外,还要照顾低速性能。应在图中阴影线范围内,选择常用转速下的最佳排气提前角。为了使各转速下均有最佳气门定时,在现代发动机中,采用电控气门机构来实现全可变气门定时。

2. 进气损失

在非增压发动机中,由于进气系统的阻力,进气过程汽缸内的压力低于大气压力,而活塞背面曲轴箱内的压力稍大于大气压力,因此,进气过程活塞要消耗功,如图 2-3 中面积 Y 所示。

在增压发动机中,进气压力高于大气压力,故活塞顶面压力高于活塞背面压力,活塞在进气过程得到正功。但由于进气系统流动阻力的存在,缸内压力低于进气管增压压力 p_s,因此,也存在功的损失,如图 2-4 中面积 Y 所示。

进气损失与排气损失相比较小。

3. 换气损失和泵气损失

换气损失等于进气损失与排气损失之和,如图 2-3、图 2-4 中面积 $(W+Y+X)$。而在实际示功图计算中,已经用丰满系数 ϕ_i 修圆理论示功图的棱角,所以 ϕ_i 中已包括部分换气损失(面积 $W+U$),故泵气损失为换气损失的一部分,即图 2-3、图 2-4 中面积 $(Y+X-U)$。

第二节 四冲程发动机的充量系数

一、充量系数

为评价发动机换气过程的完善程度,所用指标应不受汽缸容积的影响,因此引入充量系数的概念。

充量系数 ϕ_c 是实际进入汽缸的新鲜工质量与进气状态下充满汽缸工作容积的新鲜工质量的比值,即:

$$\phi_c = \frac{m_1}{m_{sh}} = \frac{V_1}{V_s}$$

式中:m_1、V_1——实际进入汽缸的新鲜工质的质量、体积(进气状态);

m_{sh}、V_s——进气状态下充满汽缸工作容积的新鲜工质的质量、汽缸工作容积。

进气状态下,在非增压发动机上一般采用当时、当地的大气状态;在增压发动机上,采用增压器或中冷器之后的进气管压力状态。

ϕ_c 值高,代表每循环进入一定汽缸容积的新鲜工质量多,则发动机功率和转矩可增加,动力性能好。

实际发动机充量系数可直接测定,用流量计测出发动机每小时实际充气量 $V(\text{m}^3/\text{h})$,理论充气量 $V_{sh}(\text{m}^3/\text{h})$ 由下面的公式算出:

$$V_{sh} = \frac{V_s}{1000} i \frac{n}{2} \times 60 = 0.03 i n V_s$$

式中:V_s——汽缸工作容积,L;

i——汽缸数；

n——发动机转速，r/min。

由此可得实验测定的充量系数值为 $\phi_c = V/V_{sh}$。

充量系数 ϕ_c 的大致范围见表2-1。

充量系数 ϕ_c 的大致范围　　　　　　　　　　　　　　　　表2-1

发动机类型	ϕ_c	发动机类型	ϕ_c	发动机类型	ϕ_c
汽油机	0.70~0.85	柴油机	0.75~0.90	增压发动机	0.90~1.05

二、充量系数解析式

假定进气门关闭时汽缸容积为 $V_s' + V_c$，如图2-7所示，此时缸内压力、温度、密度为 p_a、T_a、ρ_a，则缸内气体的总质量为：

$$m_a = (V_c + V_s')\rho_a$$

假定排气门关闭时缸内体积为 V_r，残余废气的压力、温度、密度为 p_r、T_r、ρ_r，残余废气的质量为：

$$m_r = V_r \rho_r \quad (2\text{-}3a)$$

充入汽缸新鲜充量的质量为：

$$\phi_c V_s \rho_s = (V_c + V_s')\rho_a - V_r \rho_r \quad (2\text{-}3b)$$

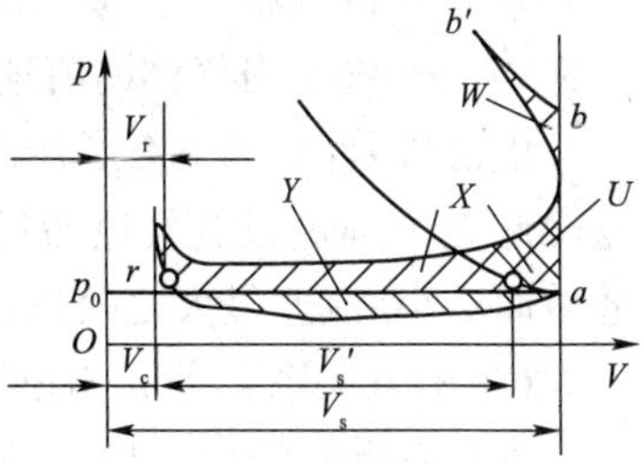

图2-7　求解充量系数解析式示意图

令 $\xi = (V_c + V_s')/(V_c + V_s)$，$\varphi = \dfrac{V_r}{V_c}$，这是考虑进、排气门迟闭角的影响，则：

$$\phi_c = \frac{1}{(\varepsilon_c - 1)\rho_s}(\xi \varepsilon_c \rho_a - \varphi \rho_r)$$

假定残余废气与新鲜充量的气体常数近似相等，并将气体状态方程 $\rho = p/(RT)$ 代入上式，则：

$$\phi_c = \frac{1}{\varepsilon_c - 1} \frac{T_s}{p_s}\left(\xi \varepsilon_c \frac{p_a}{T_a} - \varphi \frac{p_r}{T_r}\right) \quad (2\text{-}4)$$

式中：T_s、p_s——进气状态的温度和压力；

T_a、p_a——进气终了时的气体温度和压力；

T_r、p_r——残余废气的温度和压力；

ε_c——压缩比。

为了说明缸内残余废气的比例，引入残余废气系数的概念。

残余废气系数 ϕ_r 是进气过程结束时汽缸内残余废气量与汽缸中新鲜充量的比值。由式(2-3a)、式(2-3b)知：

$$\phi_r = \frac{m_r}{\phi_c V_s \rho_s} = \frac{V_r \rho_r}{(V_c + V_s')\rho_a - V_r \rho_r} = \frac{\varphi V_c \rho_r}{\xi V_a \rho_a - \varphi V_c \rho_r} = \frac{\rho_r}{\dfrac{\xi}{\varphi}\varepsilon_c \rho_a - \rho_r}$$

将上式代入式(2-4)得：

$$\phi_c = \xi \frac{\varepsilon_c}{\varepsilon_c - 1} \cdot \frac{T_s}{p_s} \cdot \frac{p_a}{T_a} \cdot \frac{1}{1 + \phi_r} \quad (2\text{-}5)$$

由式(2-4)、式(2-5)可见，影响充量系数 ϕ_c 的因素有：进气（或大气）的状态、进气终了的汽缸压力和温度、残余废气系数、压缩比及气门正时等。

三、影响充量系数的主要因素

1. 进气终了压力 p_a

p_a 对 ϕ_c 有重要影响，p_a 越高，ϕ_c 值越大。

$$p_a = p_s - \Delta p_a$$

式中，Δp_a 为气体流动时，克服进气系统阻力而引起的压降。一般可写成：

$$\Delta p_a = \lambda \frac{\rho v^2}{2} \quad (Pa)$$

式中：λ——管道阻力系数；

ρ——进气状态下气体的密度，kg/m^3；

v——管道内气体的流速，m/s。

由上式看出，进气终了压降 Δp_a 的大小主要取决于管道阻力系数 λ 和管道内气体流速 v。Δp_a 是气体流过进气道的各段管道时所产生压降的总和。而进气阀处是进气系统中流通截面最小、流速最大之处，也是阻力最大之处。发动机转速升高，气体流速增加，Δp_a 显著增大（呈平方关系），使 p_a 迅速下降。

汽车发动机的使用特点是转速和负荷都不断地在宽广的范围内变化。

例如，当汽车沿阻力降低的道路行驶而节气门开度保持一定时，车速将不断增加。由于曲轴转速升高，加大了进气气流速度，使进气终了压力 p_a 降（图2-8）。

若保持车速一定，而外界对发动机的阻力矩变化时，就需要改变发动机节气门开度的大小，来调节发动机转矩以适应外界负荷的变化。由于汽油机和柴油机调节负荷的方法不同，进气终点压力 p_a 随负荷的变化也不一样。

在汽油机上，进入汽缸的是空气和燃料的可燃混合气，调节负荷是改变节气门的开度来调节进入汽缸混合气量的多少，即所谓"量"调节。当汽车沿阻力减小的道路以一定速度行驶时，采用关小节气门开度的办法来保持转速一定。虽然转速不变，但节气门关小而节流损失增加，引起 p_a 下降，如图2-9所示。

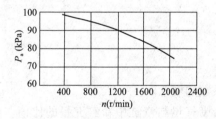

汽车速度（km/h）	30	30	30
曲轴转速（r/min）	700	700	700
节气门开度（%）	100	60	30
吸气压力（kPa）	93	83	69

图2-8 不同转速下的进气压力   图2-9 不同节气门开度而转速不变时的进气压力

在柴油机上，进入汽缸的空气量基本不变，调节负荷的方法是改变进入汽缸的燃料量，即所谓"质"调节。当汽车沿阻力减小的道路以一定的速度行驶时，可减少供油量以减小发动机转矩，保持车速一定。由于转速不变，进气系统又无节流装置，故流动阻力基本不变，进气终了压力 p_a 值也基本不变或随负荷下降而略有上升，其原因是缸壁和热零件的温度有所下降。图2-10 为一台柴油机 Δp_a 随负荷 p_{me} 变化的关系。

图2-11表示汽油机在不同节气门开度下，进气终了压力 p_a 随转速变化的关系。可以看出：①当节气门开度一定时（图中某一条曲线），转速增加，p_a 下降；②当节气门开度逐渐

减小时(图中不同曲线),p_a 不仅下降,而且节气门保持的开度越小,p_a 随转速增加而下降得越快。

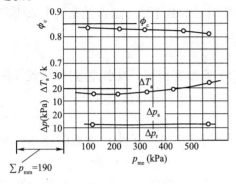

图 2-10 涡流燃烧室柴油机在 $n = 1600\text{r/min}$ 时,ϕ_c、Δp_r、Δp_a、及 T_a 随负荷变化图

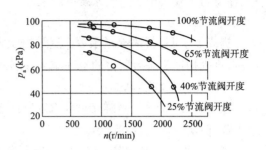

图 2-11 不同节气门开度、不同转速时的进气压力

综上所述,负荷变化时,汽油机和柴油机的进气终了压力 p_a 的变化不同,汽油机 p_a 随负荷变化显著,而柴油机 p_a 基本不随负荷变化。p_a 随使用工况(转速、负荷)的变化,决定了 ϕ_c 的变化,也直接关系到发动机的使用性能。

2. 进气终了温度 T_a

在进气过程中,新鲜充量经过进气管而进入汽缸。进气管温度高于大气温度,而汽缸壁、活塞顶、排气门的温度更高。因此,新鲜充量流经这些零件的表面时,受到不同程度的等压加热,加之受到汽缸内高温残余废气的影响,温度上升,密度下降,导致充量系数的下降。

影响进气终了温度 T_a 的主要因素有:转速、负荷、缸壁的冷却强度及进气温度等。当负荷不变而转速增加时,由于新鲜充量与缸壁接触时间短,充量被加热少,T_a 稍有上升。当转速不变而负荷增加时,缸壁温度升高,使进气终了温度 T_a 随之上升(图 2-10 中 ΔT_a 曲线所示)。缸壁冷却强度越小,则温度越高,新鲜充量 T_a 值越大。若进气温度越高,则缸壁与新鲜充量的温差越小,T_a 值增加幅度减小。

3. 残余废气系数 ϕ_r

汽缸中残余废气增多,不仅使 ϕ_c 下降,而且使燃烧恶化。特别是在汽油机低负荷运转时,因节气门关小,新鲜充量减少,ϕ_r 会大大增加,稀释可燃混合气,使燃烧过程缓慢,从而造成汽油机低负荷工作不稳定,经济性和排放性能变差。

排气终了时,排气管内废气的压力高,说明残余废气密度大,ϕ_r 上升。与进气过程同理,p_r 主要决定于排气系统各段管路的阻力和气体流速,转速增高则 p_r 增加。

ϕ_r 值的一般范围见表 2-2。

表 2-2 ϕ_r 的一般范围

发动机类型	ϕ_r	发动机类型	ϕ_r	发动机类型	ϕ_r
四冲程非增压柴油机	0.03~0.06	四冲程增压柴油机	0.00~0.03	四冲程汽油机	0.05~0.16

4. 配气定时

式(2-4)中,系数 ξ 及 φ 反映了进、排气迟闭角的影响。进气迟闭角加大,ξ 下降,但 p_a 可能因气流惯性而进气有所增加;排气迟闭角加大,φ 上升,而 p_r 却下降。这表明,对 ϕ_c 而言,存在最有利的进、排气迟闭角。

在两个迟闭角度中,进气迟闭角的影响要比排气迟闭角大得多。因为式(2-4)括弧中,前一项有 ξ,后一项有 φ,设若有相同的 $\Delta\xi$ 及 $\Delta\varphi$ 变化,由于 p_s、p_r 相差不多,但 $T_r \gg T_s$,而 ε_c 又是 10 上下的大数,所以 $\Delta\xi$ 引起的 ϕ_c 变化是 $\Delta\varphi$ 所引起的数十倍。这正是充量系数研究中,注意力主要集中于进气系统的缘故。

5. 压缩比 ε_c

提高 ε_c,可以提高充量系数。这是由于 ε_c 提高后,余隙容积相对减小,缸内残余废气量减少,进气初期膨胀后所占的空间减小,此外进入汽缸内的新鲜充量温差也会下降。

6. 进气(或大气)状态

进气温度 T_s 下降,新鲜充量和汽缸壁的温差随之增大,加热相对增加,由式(2-5)知,ϕ_c 会下降,但实际进气量却增多。

进气压力 p_s 上升,若进气温度和进气系统的阻力不变,p_a 随之上升,且 p_a/p_s 的比值基本不变,对充量系数影响不大,但实际进气量增多。

上述分析,T_s 下降,p_s 上升,均使进气量增加,但却得出 ϕ_c 前者下降,后者基本保持不变的结论,原因在于 ϕ_c 是相对于进气状态而定义的。

第三节 减少进气系统的阻力

非增压四冲程发动机的进气系统,是由空气滤清器或加进气消声器、化油器或喷油器、节气门、进气管、进气道和进气门等所组成。其系统阻力包括管道摩擦阻力和局部阻力。摩擦阻力主要与管道长度和表面粗糙度有关,发动机中由于管道不长,壁面较光滑,摩擦阻力不大;局部阻力是气道中的主要损失,它是由一系列局部损失叠加而成,特别是气门开启截面处、空气滤清器和气道转弯处的局部阻力更为明显。摩擦阻力损失、局部阻力损失与阻力系数、流速平方成正比,要减少进气阻力,提高进气终了压力 p_a,可以从合理设计进气系统,改进流动性能,以及增加流通面积,降低进气充量的流速着手。

一、减小进气门处的流动损失

气门口是进气流道中截面最小,流速最高之处,而且截面随气门升程急剧变化,所以流动损失严重,对 ϕ_c 的影响也最大。

降低气门口流速,可以使流动阻力以平方关系下降。而且气门口流速的下降,还可以避免高速气流壅塞的不利影响,有利于提高发动机标定工况的转速。

1. 时面值与角面值

为保证发动机汽缸排气彻底,进气充分,要求气门具有尽可能大的气体通过能力。在一定的时间里,气门的开启面积越大,一般其通过能力就越大,因此长期以来一直用一些与气门通过断面等几何因素有关的参数来评价比较气门的通过能力。其中,气门开启的时面值与角面值就是其中的两个基本参数。

在时间微元 dt 内通过气门的气体流量为:

$$dm = \rho v_m f(t) dt$$

式中:ρ——流经气门的气体密度;

v_m——进气门处气体的平均流速;

f——dt 时间内气门的开启截面积。

整个开启时间的气体流量为：
$$m = \rho v_m \int f(t) \mathrm{d}t$$

式中的 $\int f(t)\mathrm{d}t$ 称为气门的时面值。它表示了气门的通过能力，必须给予保证。若将时间按 $\varphi = 6nt$ 换算成曲轴转角，则：
$$\int f(t)\mathrm{d}t = \frac{1}{6n}\int f(\varphi)\mathrm{d}\varphi$$

式中的 $\int f(\varphi)\mathrm{d}\varphi$ 称为气门的角面值，如图 2-12c) 中曲线所包围的面积。

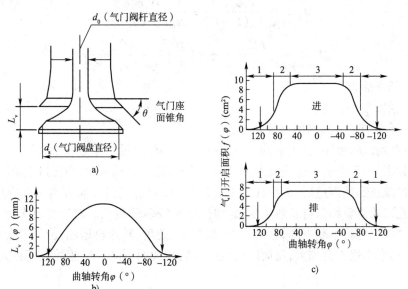

图 2-12 气门升程、气门开启面积随曲轴转角变化的关系
a) 气门口结构图；b) 气门升程；c) 气门开启面积

任一曲轴转角气门开启时的截面积 $f(\varphi)$ 可认为就是气门处气体通道的最小截面积，其最小截面积 $f(\varphi)$ 实际等于气门锥面和气门座之间的截锥圆环侧表面积，即：
$$f(\varphi) = \pi[d_s + L_v(\varphi)\sin\theta\cos\theta]L_v(\varphi)\cos\theta \tag{2-6}$$

式中，d_s、L_v、φ、θ 见图 2-12 上的标注。

当气门升程 L_v 较大时，式(2-6)计算结果已大于进气道截面 $\pi/4(d_s^2 - d_o^2)$ 时，则取：
$$f(\varphi) = \frac{\pi}{4}(d_s^2 - d_o^2) \tag{2-7}$$

式中，d_o 为气门阀杆直径。图 2-12c) 中，$f(\varphi)$ 曲线中段为常数，即为此理。

在具体的发动机中，角面值一般不随转速而变化。当转速升高时，时面值变小；反之，则变大。为了改善发动机在高转速下的换气质量，应该设法使角面值随转速增加而变大；同理，对于高速发动机，其角面值也应比低速发动机大。

2. 进气马赫数 M_a

进气马赫数 M_a 是进气门处气体的平均速度 v_m 与该处声速 c 的比值（$M_a = v_m/c$）。它能反映流动对充量系数的影响，成为分析充量系数的一个特征数。

平均流速 v_m 定义为：实际进入汽缸的新鲜充量与进气门有效时面值 $F(t)$ 之比，即：

$$v_m = \frac{\phi_c V_s}{F(t)}$$

$$F(t) = \mu_m \int_{t_o}^{t_c} f(t)dt = \mu_m F_m(t_c - t_o) = \mu_m F_m(\varphi_c - \varphi_o)\frac{1}{6n}$$

式中：μ_m——进气门开启期间的平均流量系数；
F_m——进气门平均开启面积；
t_o、t_c——进气门开、关时间；
φ_o、φ_c——进气门开、关角度。

$$M_a = \frac{V_s \phi_c}{c\mu_m F_m(t_c - t_o)} = \frac{6V_s \phi_c n}{c\mu_m F_m(\varphi_c - \varphi_o)} \quad (2-8)$$

$$M_a \propto \frac{FC_m}{c\mu_m F_m(\varphi_c - \varphi_o)} \propto \left(\frac{D}{d_s}\right)^2 \frac{C_m}{c\mu_m(\varphi_c - \varphi_o)} \quad (2-9)$$

式中：F——活塞面积；
C_m——活塞平均速度；
D、d_s——活塞与进气阀盘的直径。

根据一系列试验可知，在正常的配气条件下，当 M_a 超过一定数值（0.5 左右）时，ϕ_c 便急剧下降，如图 2-13 所示。这是因为，按气体动力学孔口流动规律，当孔口上游滞止压力不变时，在孔口流速到达声速后，无论孔口下游的压力（对进气门口而言则为缸内压力）降到何等程度，孔口的流量都保持常数不变，此即气流的"壅塞"现象。对发动机来说，只要转速不断上升，缸内压力将不断下降，总会出现"壅塞"。此后，转速再增加，流量不会加大，其结果是发动机功率不仅不会加大，反而因机械损失的增大而下降。转速的提高将失去其主要的价值。

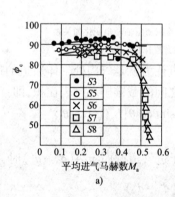
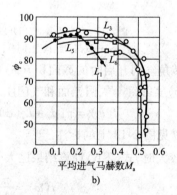

图 2-13 充量系数 ϕ_c 与平均进气马赫数 M_a 的关系
a) 发动机 $DC = 83mm \times 86mm$、4 缸、$p_{e\,max}/n = 70kW/(6400r/min)$；b) 发动机 $DS = 42mm \times 35mm$、1 缸、$p_{e\,max}/n = 4.4 kW/(10500r/min)$

L、S-均为角度面积值

平均马赫数 M_a 是不同气门升程（气门口通路截面）条件下马赫数的平均值。当 M_a 达到 0.5 左右时，虽然总体上未达声速，但某些小升程段的气流已接近"壅塞"，充量系数将转而加速下降。所以，M_a 的进一步加大，成了发动机提高转速、强化动力性能的障碍。

由式(2-9)知，增大气门的相对通过面积；改善气门处的气体流动，提高平均流量系数；合理的配气相位，是限制 M_a 值、提高 ϕ_c 的有效方法，这对于高速发动机尤为重要。

3. 气门直径和气门数

增大进气门直径可以扩大气流通路截面积，提高 ϕ_c。在双气门（一进一排）结构中，进气阀盘直径可达活塞直径的 45%～50%，气门与活塞面积之比为 0.2～0.25，进气门比排气门一般大 15%～20%，但由于受到结构限制，进一步增大比例已很困难。

为了进一步增大进气门流通截面，采用了多气门结构。根据优化气门数和进气门开启面积的关系可知，缸径大于 80mm 时，采用二进二排结构；缸径小于 80mm 时，采用三进二排结构（图2-14），可获得最大开启面积，进气体积流量可大幅度增加，图2-15 给出发动机实例。由此可知，多气门机与二气门机相比，不仅使 ϕ_c 上升，充量加大，发动机最大转矩提高，而且因 M_a 数远离 0.5 的限值，标定转速允许进一步提高，结果，功率加大的百分比远超过转矩的增加值（表2-3）。另外，多气门机构还具有易实现可变技术，改善低速、低负荷性能；布置紧凑燃烧室，火花塞（或喷油嘴）放置在燃烧室中央，从而改善燃烧，减小运动件质量，利于高速化等优点。因此，现代轿车 3/4 大多采用多气门机构。

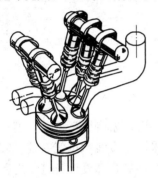

图 2-14 发动机 5 气门机构

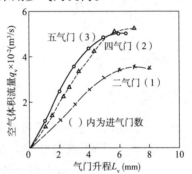

图 2-15 气门升程和空气体积流量（由汽缸盖部件试验的结果）

轿车汽油机用多气门与二气门机型动力性能对比表　　　　表 2-3

厂牌	一汽捷达		日本三菱		德国奥贝尔		法国别儒		瑞典萨伯	
每缸气门数	2（化油器）	5（电喷）	2（化油器）	5（电喷）	2（电喷）	4（电喷）	2（电喷）	4（电喷）	2（化油器）	4（电喷）
最大转矩 (N·m) (转速 r/min)	121 (2500)	150 (3900)	65.7 (3500)	74.6 (4500)	170 (3000)	196 (4800)	161 (4750)	183 (5000)	162 (3500)	173 (3000)
最大功率 (kW) (转速 r/min)	53 (5000)	74 (5800)	36.8 (6500)	47.0 (7500)	85 (5400)	110 (6000)	93.5 (6000)	119 (6500)	73 (5200)	97 (5500)

4. 气门升程

适当增加气门升程，改进凸轮型线，减小运动件质量，增加零件刚度，在惯性力允许条件下使气门开闭得尽可能快，从而增大时面值，提高通过能力。最大气门升程与阀盘直径之比 $L_{v\max}/d_s$ 取 0.26～0.28，可获得良好的充气质量（图2-16）。

5. 减少气门处的流动损失

气流通过进气门时有图2-17 所示的三种基本形式。形成这三种流型是由于气流的惯性与气体的黏性所致。由于气流的惯性作用，使得气体不可能沿着气门、气门座的锐边形状转弯,而是形成自由射流。在气门升程较大时(图2-17a),在气门和气门座的上边缘(1、3处)产生气流脱离,形成锥形射流。其次,由于气体的黏性,在气门升程较小时(图2-17c)射流夹着周围的气体一起运动,引起局部压力下降,使射流移向壁面,从而充满整个气门隙。在气门升程处在中间值时(图2-17b)则上部脱离后又接触,下部形成射流。

试验证明,减小气门座密封锥面的宽度可减小进气的流动阻力,增大流量系数。同样,在一定升程范围内,对转角处进行修圆,如修圆气门座密封面上的棱角1和气门密封锥面上端的棱角3(图2-17a),均可减少气流与气门和气门座的分离,增大有效流通截面,增大流量系数。

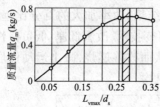

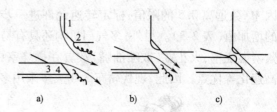

图2-16 气门相对升程 L_{vmax}/d_s 与流量的关系

图2-17 进气门处的流动

二、进气道和进气管

进气道和进气管必须保证足够的流通面积,避免转弯及截面凸变,改善管道表面粗糙度等,以减小阻力,提高 ϕ_c。为此,在高性能的汽油机上采用了直线型进气系统,如图2-18所示。在直线化的同时,还应合理设计气道节流和进气管长度,布置适当的稳压腔容积等,以期达到高转速、高功率的目的。

发动机除要求动力性外,还必须有好的经济性和排放性能。在汽油机上,进气管还必须考虑燃料的雾化、蒸发、分配以及压力波的利用等问题。在柴油机上,还要求气流通过进气道在汽缸中形成进气涡流,以改善混合气形成和燃烧。这些要求往往互相矛盾,例如,为得到高速、高功率,进气管直径宜选大些。而为中、低速经济性考虑,进气管直径宜选小些,故必须根据用途协调处理。

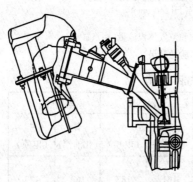

图2-18 直线型进气系统

三、空气滤清器

空气滤清器阻力随结构而不同。它必须在保证滤清效果的前提下,尽可能减小阻力,如加大通过断面,改进滤清器性能,研制低阻、高效的新型滤清器等。在使用中,应经常清洗滤清器,及时更换滤芯。

第四节 合理选择配气定时

合理选择配气定时,保证最好的充气效果,改善发动机性能,是非常重要的问题。

在进、排气门开闭的四个时期中,进气门迟闭角的改变,对充量系数影响最大。图2-19

为105系列柴油机在 $n=1500\text{r/min}$ 时,ϕ_c 与进气门迟闭角的关系。进气门迟闭能够利用高速气流的惯性来增加每循环汽缸充气量。若转速一定,气流动能一定,进气门迟闭最佳角度也是确定的。

图2-20给出在不同的进气门迟闭角时,ϕ_c 随转速变化的一般关系。由曲线可以看出:

(1)图中每条 ϕ_c 曲线相当于在一定的配气定时下,ϕ_c 随转速变化的关系。ϕ_c 是在某一转速下达到最高值,说明在这个转速下工作,能最好地利用气流的惯性充气。当转速高于此转速时,气流惯性增加,而进气门迟闭角不变,就使一部分本来可以利用气流惯性进入汽缸的气体被关在汽缸之外,加之转速上升,流动阻力增加,所以使充量系数 ϕ_c 下降。当转速低于此转速时,气流惯性减小,又可能使一部分气体被推回进气管,ϕ_c 也下降。

(2)不同 ϕ_c 曲线相当于在不同的配气定时下,ϕ_c 随转速变化的关系。不同的进气迟闭角,ϕ_c 最大值对应的转速不同,一般迟闭角增大,ϕ_c 最大值对应的转速会增加。如图2-20中虚线所示,因为转速增加,气流速度加大,大的迟闭角可充分利用高速的惯性充气。

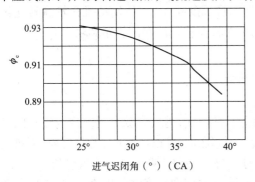

图2-19 105柴油机 ϕ_c 随进气迟闭角变化的关系
($n=1500\text{r/min}$)

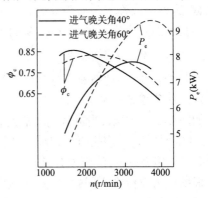

图2-20 进气门迟闭角对 ϕ_c 和 P_e 的影响

(3)改变进气迟闭角,可以改变 ϕ_c 随转速变化的趋向,可用以调整发动机转矩曲线,满足不同的使用要求。图中看出,加大进气门迟闭角,ϕ_c 最大值出现在高转速,有利于最大功率的提高,但对低速和中速性能则不利。减小进气迟闭角,能防止低速倒流,有利于提高最大转矩,但使高速时的最大功率降低。

合理的排气提前角应当在保证排气损失最小的前提下,尽量晚开排气门,以加大膨胀比,提高热效率。当转速增加时,相应的自由排气时间减小,为降低排气损失,应增加排气提前角。

在气门叠开期间,可以利用排气管的压力波增加 ϕ_c,新鲜工质流过高温零件,降低热负荷,减少 NO_x,故应安排适当的气门叠开角。在高速发动机,特别是二气门机中,为保证足够的进、排气门时面值,也会有较大的叠开角。

车用发动机的使用转速范围宽广,当发动机在低速、小负荷时,进气管真空度大,且同样的叠开角相当的时间长,会产生废气倒流,故为改善低速性能及怠速稳定性,要求气门叠开角小,在车用增压发动机中,为保证低速性能,气门叠开角也常控制在与非增压机同等的程度。

目前,大多数发动机的配气定时是不能改变的,因此,最佳配气定时只能根据常用工况来确定。在当今某些高速轿车中,已出现了电控可变配气相位机构,它能实现在各个转速下的最佳进气要求。

第五节 可变技术

可变技术就是随使用工况(转速、负荷)变化,使发动机某系统结构参数可变的技术。

车用发动机既要满足高功率化的要求,又要保证中、低转速,中、小负荷的经济性和稳定性,希望在很大转速范围内的动力性和经济性都得到改善、避免出现转矩低谷,提高乘坐舒适性。可变技术为解决此问题而产生,并在高速轿车发动机上广泛应用且类型繁多,主要有可变进气管、可变气门正时、可变气门升程、可变进气涡流等。本节将重点介绍可变进、排气管长度技术,以及可变气门正时及升程技术。

一、可变进、排气管长度技术

由于间歇进、排气,进排气管中存在压力波,在特定的进、排气管条件下,可以利用压缩波来提高进气门关闭前的进气压力,利用膨胀波来使排气过程后期的残余废气减少,增大充量系数,这种效应称之为动态效应。而可变进、排气管长度技术,可使发动机在较宽转速范围利用其动态效应来增加充气量,从而提高发动机在较宽转速范围的转矩和功率。

(一)动态效应利用原理

为分析方便,将动态效应分为惯性效应与波动效应两类。

1. 进气管惯性效应

如图 2-21a)所示,当进气门开启时,由于活塞下行抽气,进气门端出现向缸内流动的气流,使静压力 $p_s < p_o$,表明压力相对 p_o 下降而出现右行膨胀波,并以声速 c 向管口传播(因进气门管端气流速度 $v \ll c$,故压力波速 $c - v \approx c$),此波于 L/c 时刻到达管口,L 是进气管长。

根据压力波传到不同边界都会产生性质或异、或同的回向反射波的理论可知,当边界条件管端为封闭型($dv = 0$),反射波与入射波性质相同;当边界条件管端为开口型($dp = 0$),反射波与入射波性质相反。因此,右行膨胀波达到管口开口端后将产生反向压缩波,并再经 L/c 时刻回到气门端。气门口由发出膨胀波到接收到反射压缩波所需时间 $t = 2L/c$。

若设气门开启有效持续时间为 t_s,则有两种情况:

(1) $t > t_s$,如图 2-21b)所示,该图为气门口管端压力 p_s 随时间的变化曲线。第一次的返回压缩波(点画线)到达气门端时,进气门已关闭,对进气不会产生任何影响。由于气门口已关闭,其边界条件为封闭型,故反射波与入射波的性质相同,图上虚线是气门口再次反射的波形,应为压缩波,实际上总会有一些衰减,故幅值稍小一点,此波对充气也无任何影响。

(2) $t < t_s$,如图 2-21c)所示,第一次的返回压缩波(点画线)在进气后期到达,相应的虚线所示的再次反射的压缩波也处于进气后期。几次波形叠加出来的实线所示的合成波,将加大进气后期 p_s 值而使 ϕ_c 值加大。

在分析压力波形的持续变化时,应计及多次来回反射的影响。如图 2-21c)所示,第一次返回的压缩波在气门口再次以压缩波反射后,该波到达管端又反为膨胀波,即图上的点画线所示的第二次返回波。此波又在气门口反射而得到虚线所示的第二次返回的膨胀波。如此反反复复会出现第三次,第四次……的波形。最后得到以 $4L/c$ 为周期的合成波(图 2-21d),直到摩擦阻力使此波消除为止。

为了使第一次反射压缩波在进气后期到达气门口,管长 L 和转速 n 要合理匹配。转速 n 不变时,L 太长,因 $t > t_s$,而对 ϕ_c 无影响;L 过短,多次反射回的前后压缩波、膨胀波相互抵消,效果也不大。故只有在一合适的进气管长度下,才会得到最大值。

上述分析可知,惯性效应最大的条件是在进气有效持续时间 t_s 的后半部分,即 $t_s/2$ 时间内能有一次压缩波到达,因而必须满足以下条件:

$$t = \frac{2L}{c} = \frac{1}{2} t_s$$

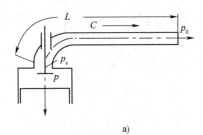
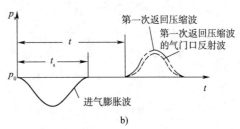
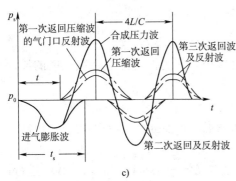
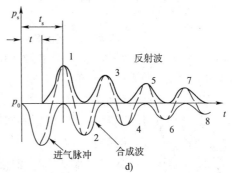

图 2-21 进气动态效应压力波示意图

因进气门开启的有效持续角 $\varphi_{se} = 6nt_s$,故有:

$$\frac{2L}{c} = \frac{1}{2} \cdot \frac{\varphi_{se}}{6n}$$

或

$$L = \frac{c\varphi_{se}}{24n} \tag{2-10}$$

从式(2-10)知,当 c、φ_{se} 为定值式,转速上升,为获得最大惯性效应,进气管长度应随之变短;反之,则变长。

2. 进气管波动效应

上循环气门处的压力波动如果到下循环进气时仍未消失的话,将会对下循环进气产生直接的影响,此即为波动效应。显然,下循环进气时,正巧上循环残余压缩波到达,则会产生有利效果;反之,则出现不利影响。

已知进气门口压力波动的频率为 $f_1 = c/(4L)$,四冲程发动机转速为 n 时,进气门的开启频率为 $f_2 = n/120$。定义 f_1 与 f_2 之频率之比为波动次数 q,即:

$$q = f_1/f_2 = 30c/(nL) \tag{2-11}$$

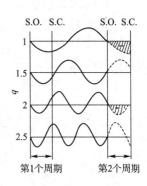

图 2-22 上循环压力波的波动效应示意图

图 2-22 上表示了不同波动次数 q 时,气门口相邻两循环间上一循环压力波的波形。当 $q = 1$、2…正整数时,正巧下循环进气之

初,上循环的残余膨胀波到达。这样的条件显然使进气量减少,相当于图2-23b)曲线的波谷。当 $q=1.5、2.5\cdots$ 时,正巧是残余压缩波到达,进气量增加,相当于图2-23b)曲线中的波峰。

如果长度 L 不变,则在不同的 n 处有类似的波峰、波谷出现,如图2-23a)所示。此曲线正是经动态修正后的单缸发动机的真实进气速度特性线。

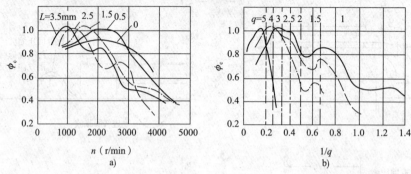

图2-23　发动机充量系数与进气管长度及波动次数的关系

惯性效应的压力波动衰减小,振幅大,而波动效应的压力波是经过多次反射的波,衰减大,振幅小。因此,前者是主要的。

利用进气系统动态效应时,除了必须精心选择进气管长度外,还应对管径、管道的截面变化和弯曲方式、稳压室容积、节流位置等作周密考虑。在多缸机上应使各缸进气歧管长度相同并避免各缸气波之间的互相干扰。

压力波在管道中的变化非常复杂,常根据管道中气体一元非定常流动的数值进行计算和优选方案,再通过试验最后确定进气管的结构尺寸。

3. 排气管动态效应

排气门打开初期,随着废气大量涌入,在排气门处产生大的压缩波并向排气管出口端传播,在出口端又返回膨胀波。由此可见,排气管内也存在压力波,且排气能量大,废气温度高,故与进气相比,排气压力波的振幅大、传播速度快。若能在排气过程后期,特别是气门叠开期,使排气管的气门端形成稳定的负压,便可减少缸内残余废气和泵气损失,并有利于新气进入汽缸。然而,因压力波传播速度快,在实用范围内,需要配以长的管路,应考虑排气管与消声器、排放装置的组合及车体的安装空间。

（二）动态效应的应用

图2-24所示的是一个进气管长度可变的进气控制系统。在发动机低速运转时,进气控制阀关闭,管道变长;当发动机高速运转时,进气控制阀打开,管道变短。

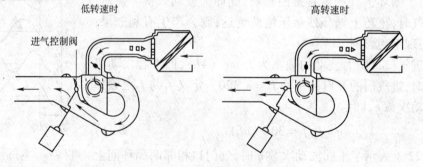

图2-24　可变进气管长度控制系统

图 2-25 所示的为进气管长度无级变化的进气系统示意图。这种系统可利用动态效应充气,在发动机的所有转速范围内都能达到最佳效果。图 2-26 所示的是使用长度不可变、二级可变和无级可变进气管的最大平均有效压力 $p_{e\,max}$ 比较。显然后者在各转速下都获得了大的 ϕ_c,其动力性能比前两者的都好。

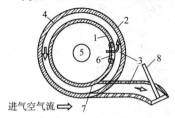

图 2-25 长度无级可变进气系统示意图
1-可活动的圆筒(空气分配器);2-固定的壳体;3-进气道;4-侧壁(用于圆筒的支承);5-圆筒中的空气进口;6-进气道中的空气进口;7-密封垫(如弹簧片);8-进气门

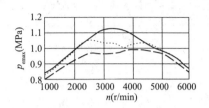

图 2-26 不可变、二级可变和无级可变的进气管长的最大平均有效压力比较
······ 长度不可变的进气装置,进气管长度 420mm;
…… 长度二级可变的进气装置,进气管长度:900~300mm;
—— 长度无级可变的进气装置,进气管长度:900~330mm

二、可变气门正时及升程技术

由前述已知,为获得最大的充量系数,减少泵气损失,比较理想的配气机构,应满足以下要求:

(1)低速时,采用较小的气门叠开角以及较小的气门升程,防止出现缸内新鲜充量向进气系统的倒流,以便增加低速转矩,提高燃油经济性;

(2)高速时应具有最大的气门升程和进气门迟闭角,以最大程度地减小流动阻力,并充分利用过后充气,提高充量系数,满足发动机高速时动力性的要求;

(3)配合以上变化,进气门从开启到关闭的进气持续角也进行相应地调整,以实现最佳的进气正时,将泵气损失降到最低。

总之,理想的气门正时和升程规律应当根据发动机的运转工况及时作出调整,气门驱动结构应具有足够的灵活性。

1. 可变气门正时(VVT)技术

采用可变气门正时技术的发动机较多。对于双顶置凸轮轴发动机,由于进、排气门是通过用不同凸轮轴分别驱动的,而且一根凸轮轴不是通过另一根驱动,则可以用图 2-27 所示的相位可变凸轮轴来达到改变配气正时的目的。凸轮轴的相位借助一个螺旋花键套 1 的移动来改变。花键套内孔的直齿花键与凸轮轴 3 端头的花键啮合,它的外螺旋花键与驱动链轮 4 的螺旋花键孔啮合。当花键套 1 在油压作用下克服复位弹簧 2 的弹力轴向移动时,3 与 4 相对角位移 $\Delta\varphi_c$。图中油压由电磁阀控制,机油通过中空的凸轮轴供给。

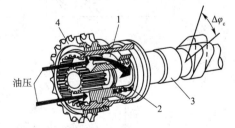

图 2-27 正时可变的凸轮机构造示意图
1-螺旋花键套;2-复位弹簧;3-凸轮轴;4-驱动链轮

从图 2-28 上可以看出,采用 VVT 技术可以使得发动机的低速转矩得到大幅度的提高。由于这种机构的凸轮型线及进气持续角均不变,虽然高速时可以加大进气迟闭角,但气

门叠开角减小,这是它的缺点。

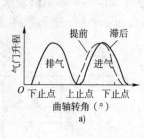
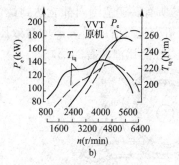

图 2-28　VVT 对发动机性能的影响

2. 可变气门升程技术

图 2-29 为三菱公司开发出的可变系统。该发动机配气机构是在凸轮轴上装置两组凸轮,即中、低速,大转矩使用的低升程、短持续期进气凸轮和高功率使用的高升程、长持续期进气凸轮。此外,该机构还可实现发动机排量可变。高速时,高速摇臂是靠油压控制活塞(T形连杆内)与T形连杆相连接,高速凸轮驱动力借助于T形连杆传递到气门。低速时,高速摇臂与T形连杆的连接断开,而低速摇臂靠油压控制活塞和T形连杆相连接,低速凸轮传力到气门。在低速、小负荷工作时,1、4两汽缸的高速、低速两摇臂均与T形连杆断开,气门停止工作,只有 2、3 缸按低速方式运转。高、低速凸轮切换是在发动机转速为 5000 r/min 时,在同一气门开度,两个凸轮输出达到一致点进行切换。两缸运转用于负荷小的市内街道,切换时,通过调整燃料喷射时刻、点火时刻和节气门旁通空气量,来缓和输出变动,消除振动。图 2-30 所示是采用这种可变气门升程技术后,与传统的配气机构的性能比较。

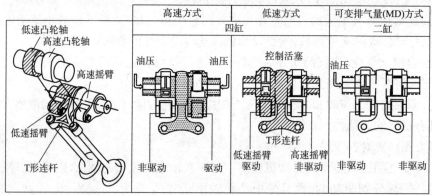

图 2-29　可变气门升程机构

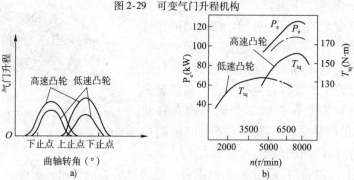

图 2-30　可变气门升程技术与传统配气机构发动机性能比较

3. 全可变气门机构

图 2-31 所示的是德国 FEV 内燃机技术公司发明的电磁控制全可变气门机构。在该电磁控制全可变气门机构中,有上下两个电磁极,一个衔铁固定在气门上。当下面的电磁极通电时,气门开到最大升程;当上面的电磁极通电时,气门被关闭。下面的电磁极的位置可以移动,以此改变气门的最大升程。当电磁线圈不通电时,气门在弹簧的作用下,在关闭和开启状态之间作简谐运动,电磁力只起固定气门位置的作用。这种机构结构简单,耗能低,除了可以改变进气定时以外,还可以改变进气门的最大升程和升程曲线。应用该电磁控制全可变气门机构的汽油机,通过控制进气门开启时间来控制汽油机进气量,取消了节气门,提高了充量系数,减少了换气损失。由于气门控制方式的改变,气门驱动的机械损失降低,尽管增加了电力损失,但汽油机总的损失还是降低了 30% 左右。由于配气相位可灵活控制,增加了内部排气再循环量,降低了 NO_x 排放。采用该机构的汽油机,在欧洲轻型车标准测试循环中,油耗率降低 15%,HC 排放降低 9%,NO_x 排放降低 42%。

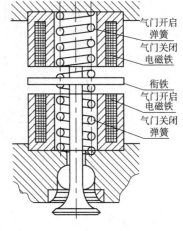

图 2-31 电磁控制全可变气门机构

第六节 二冲程发动机的换气过程

一、二冲程发动机的换气过程及示功图

二冲程发动机是曲轴回转一圈,活塞上下两个行程,就完成一个工作循环,它与四冲程发动机的不同之处主要在于换气过程。现用曲轴箱扫气二冲程发动机为例说明之,如图 2-32 所示。在工作缸下部开有排气口 1、扫气口 2 和进气口 3。活塞由下止点向上运动,当活塞上行关闭排气口后(图 2-32a 的位置)即开始压缩过程,如示功图中的 $a-c$ 段;上行至上止点前约 10°~30°(CA),喷油(或点火)继而高温、高压气体推动活塞下行,即做功的膨胀过程,如示功图中的 $z-b$ 段,活塞下行至 b 点,开启排气口(图 2-32b 的位置),膨胀过程结束,排气过程开始。

排气口开始打开时,缸内压力一般为 0.3~0.6MPa。排气处于超临界状态,废气以声速流出汽缸,缸内压力迅速下降,进入亚临界状态。从排气口开始打开到缸内压力接近扫气压力,新气开始流入汽缸这段排气,称为自由排气。此时是靠缸内与排气管之间的压差排除废气,其中从排气口打开到扫气口打开这一段,又称先期排气(示功图中的 $b-f$ 段),必须保证先期排气时面值,以避免废气倒流。

当扫气口打开,已被提高压力的新鲜工质得以进入汽缸,并驱赶废气继续排出,此过程一直进行到下止点后扫气口关闭为止。由于此阶段是利用新气扫除废气,故称为扫气过程,如示功图中的 $f-d-h$ 段。扫气口关闭后,排气还开着,这时由于活塞上行的排挤及排气气流的惯性,会继续排出新鲜工质和废气的混合气,直至排气口完全关闭,如示功图中的 a 点。从扫气口关闭到排气口关闭这段是额外排气阶段,其中有大量新鲜工质排出,是要尽量避免的阶段。活塞继续上行,重复压缩过程,进行新的循环。从排气口开始打开到排气口完全关闭,即示功图上的 $b-d-a$ 曲线,为二冲程发动机的换气过程,占 130°~150°(CA)。

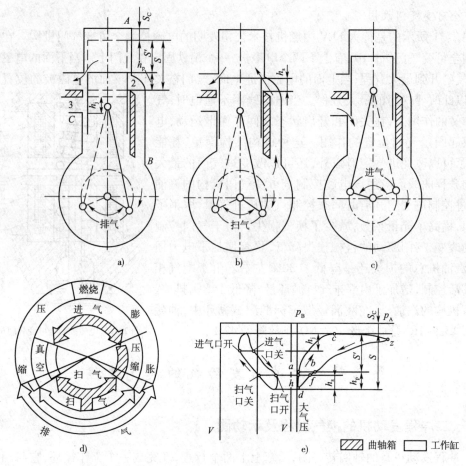

图 2-32 曲轴箱扫气二行程发动机工作过程
a)、b)、c)工作机构简图;d)配气图;e)工作缸内和曲轴箱内示功图
1-排气口;2-扫气口;3-进气口

在排气口开启期间,废气及新鲜工质不断从排气口流出,这部分汽缸容积不能容纳新鲜工质。称为损失容积。二冲程发动机的有效压缩是从排气口关闭后开始,故其有效工作容积为:

$$V_s' = V_s - V_e = V_s(1 - \psi)$$

式中: ψ——行程损失百分比, $\psi = V_e/V_s = h_p/s$;

h_p——排气口高度;

s——活塞行程;

V_e——排气口高度所占汽缸容积;

V_s——活塞行程容积。

所以,实际压缩比为:

$$\varepsilon = \frac{V_c + V_s'}{V_c}$$

几何压缩比为:

$$\varepsilon' = \frac{V_c + V_s}{V_c} = \frac{V_c + V_s'}{V_c} + \frac{V_e}{V_c} = \varepsilon + \frac{\psi V_s}{V_c} = \varepsilon + \psi(\varepsilon' - 1)$$

所以:

$$\varepsilon = \varepsilon'(1-\psi) + \psi$$

二冲程发动机换气过程与四冲程相比可以看出,四冲程的进、排气过程是分开的。总共经历410°~480°(CA);而二冲程的换气过程仅相当130°~150°(CA),为四冲程的1/3左右,而且它又是进、排气过程同时进行,利用新鲜工质来扫除废气,新鲜工质容易与废气相混而损失,废气也不易清除干净,因此组织好二冲程发动机的换气过程较为困难,成为其特有的问题。

二、扫气泵

由于二冲程发动机的进、排气过程是重叠进行的,它利用新气扫除废气,则必须提高进入汽缸新气的压力,而设置扫气泵。扫气泵大致有如下三种类型。

(1)曲轴箱扫气形式如图2-32所示,它是将曲轴箱封闭起来。当活塞向上止点运动时,曲轴箱压力迅速下降,上行至活塞下边缘打开进气口(图2-32c),新鲜工质被吸入曲轴箱,该过程称为曲轴箱进气过程,直到活塞下行,活塞下边缘关闭进气口止;再下行,活塞开始压缩曲轴箱中的新鲜工质,使其压力升高,从而起扫气泵的作用。压缩的最高压力与曲轴箱压缩比 ε_k 有关,即曲轴箱最大容积与最小容积之比,即:

$$\varepsilon_k = \frac{V_k + V_s}{V_k}$$

式中:V_k——曲轴箱的最小容积。

由于曲轴箱容积大,其压缩比较低,一般范围为1.3~1.55,充量系数低,大致为0.6~0.7,扫气压力仅为108kPa左右。因此,要求尽可能增大进入曲轴箱的新气量。因其结构简单、紧凑,所以仅用于小型汽油机及单缸柴油机上。

(2)采用单独的扫气泵如图2-33,扫气泵大多用转子泵或离心泵,直接由发动机曲轴增速驱动。一般扫气压力 $p_k = 109 \sim 150 \text{kPa}$。

(3)废气涡轮增压(见第八章)其扫气压力 $p_k = 140 \sim 200 \text{kPa}$ 甚至更高。

由于带动扫气泵要消耗发动机的有效功,因此应在尽量低的扫气压力 p_k 和尽量少的扫气泵供气量的前提下,将废气清除干净和充入更多的新鲜充量。

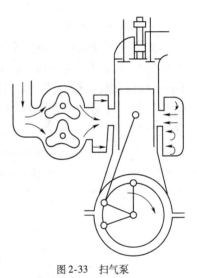

图2-33 扫气泵

三、扫气系统的基本形式

根据新鲜充量在汽缸中流动的性质,扫气形式可分为横流扫气、回流扫气和直流扫气三种。

1. 横流扫气

图2-34为这种扫气系统的简图和气口开启面积图。它是将扫气口与排气口布置在汽缸圆周的两对面。为使扫气进行得完善,扫气口在圆周和沿汽缸中心线方向均有倾斜角,以控制气流方向。由于扫、排气定时对称,扫气口比排气口早关,产生额外排气,而且在A区易于残留废气,又可能如B所示产生扫气短路现象(即新鲜充量直接由排气口流出),所以换气效果较差。

2. 回流扫气

如图 2-35 所示,扫气口不是正对着排气口设置,两者常位于汽缸同侧,扫气口亦在圆周和沿汽缸中心线两个方向有倾斜角,使扫气气流沿活塞顶和汽缸壁引向汽缸上部形成回流,将废气由排气口挤出,它部分克服横流换气中新鲜充量短路的现象,扫气效果比横流好,同时亦有结构简单、制造方便的优点,因而在小型二冲程发动机上获得广泛应用。

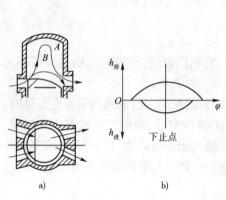 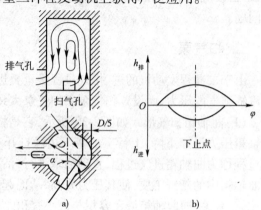

图 2-34 横流扫气形式及气口开启高度 h 随曲轴转角 φ 的变化关系

图 2-35 回流扫气
a) 三口回流扫气;b) 气口开启高度随曲轴转角 φ 的变化关系

3. 直流换气方案

如图 2-36 所示,它的主要特点是扫气气流沿汽缸轴线运动,换气品质最好。图 2-36a) 为气门气孔直流换气方案。由于排气门受凸轮操纵,因此可以实现不对称换气,使排气门关闭较早,以实现过后充气。为使新鲜空气不与废气掺混,扫气口沿切线方向排列,使进入汽缸的扫气空气旋转形成气垫,避免与废气相混,并将废气推出汽缸。由于扫气孔沿整个汽缸圆周分布,孔高可以缩短,以减少行程损失;但它保留了四冲程的气门机构,使结构复杂。

图 2-36b) 为直流对向活塞换气系统。扫、排气口的启闭由相反方向运动的活塞控制,两活塞运动错开一定曲轴转角 9°~15°,就可使排气孔比进气孔早开、早闭,造成过后充气。其结构也很复杂,整机高度增大,且缸套热负荷较为严重。

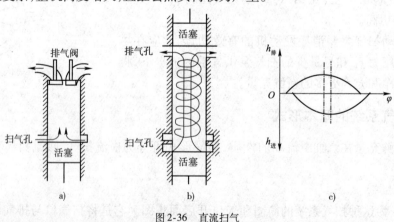

图 2-36 直流扫气
a) 气门气孔式;b) 对向活塞式;c) 气口开启高度随曲轴转角 φ 的变化关系

四、换气质量的评价指标

最理想的换气过程应是废气和新鲜充量毫不相混,扫气气流将废气全部挤出。事实上,废气与新鲜充量相混是不可避免的,一部分废气留在汽缸里,一部分新鲜空气由排气口跑掉。对柴油机来说,多供一些空气,使废气清除得干净些,仅是损失一点空气,多消耗些功;而在汽油机中是用油气混合气扫气,任何混合气的外逸都意味着损失燃油,废气排放的增加。因此,二冲程汽油机仅用于比功率要求高或功率小的范围。各种扫气形式的扫气效率如图 2-37 所示。

评价二冲程发动机换气效果常用如下三个指标。

1. 扫气系数 ϕ_s

ϕ_s 是换气后留在汽缸内的新鲜充量的质量 m_1 与换气后汽缸内气体的总质量 m_0 之比,即:

$$\phi_s = \frac{m_1}{m_0} = \frac{m_1}{m_1 + m_r}$$

式中:m_r——扫气后缸内残余废气的质量。

扫气系数是衡量扫气效果优劣的重要指标。ϕ_s 值大,说明留在汽缸内的废气量就少,扫气效果就好。

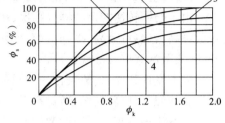

图 2-37 各种扫气形式的扫气效率
1-完全扫气;2-直流式扫气;3-回流式扫气;4-横流式扫气

2. 过量扫气系数(给气比)ϕ_k

ϕ_k 是扫气中所用新气总质量 m_k 与在大气状态充满汽缸工作容积 V_s 的新气质量 m_s 之比,即:

$$\phi_k = \frac{m_k}{m_s}$$

ϕ_k 表示向汽缸供给新气的多少。ϕ_k 小,说明消耗的新气量少,压气机的耗功也小。

好的换气系统应该在较小的过量扫气系数 ϕ_k 下保证较高的扫气系数 ϕ_s。图 2-37 是各种扫气形式的扫气系数。

3. 给气效率 η_t

η_t 是换气后留在汽缸内的新气质量 m_1 与每循环供给的新气质量 m_t 之比,即:

$$\eta_t = \frac{m_1}{m_t}$$

它从数量上说明新气流失量的多少。

改善换气效果最有效的办法是进行换气试验,从中找出最佳的结构方案。

目前汽车、拖拉机二冲程发动机参数的大致范围是:

扫气压力 $p_k = 125 \sim 196 \text{kPa}$;

过量扫气系数 $\phi_k = 1.2 \sim 1.5$(曲轴箱换气,ϕ_k 为 $0.5 \sim 0.9$);

扫气系数 ϕ_s 直流 $0.8 \sim 0.95$,回流 $0.8 \sim 0.9$,曲轴箱换气 $0.72 \sim 0.8$。

五、二冲程发动机的应用和发展

由于二冲程发动机是曲轴每转一圈做功一次,与同转速的四冲程发动机相比,单位时间内的工作循环次数提高一倍,所以在相同功率下,二冲程机的外形尺寸小,质量轻,这是它的最大优点。但因缸壁上开有气口,有部分损失容积,加之换气效果较差,带动扫气泵需要消耗有效功,故二冲程机的升功率比四冲程机仅大 50% ~ 70%。

回流扫气二冲程机结构简单,维修方便,特别是曲轴箱扫气,无需另带扫气泵,因此广泛用于小型汽油机上。

二冲程机转矩的周期性波动较小,当要求飞轮旋转的不均匀度相同时,其飞轮尺寸、质量要比同缸数的四冲程机小。

二冲程机的缺点是换气效果较差,新鲜充量与废气容易相混,残余废气系数大,致使其经济性、HC、排烟等性能均不如四冲程机。在相同额定工况时,二冲程汽油机的燃油消耗率比四冲程机高20%~30%,部分负荷时燃油消耗率更高。

由于与同转速的四冲程机相比,单位时间内的燃烧次数提高一倍,故燃烧噪声大,NO_x排放量高,且热负荷高,冷却困难,容易出现排气口处和活塞顶局部过热,喷油孔堵塞,针阀咬死,甚至活塞拉缸等现象。

为了发挥其优点,解决存在的问题,近年来,国内外对中、小型二冲程发动机进行了大量的试验研究,采用新技术、新材料、新工艺,使其实用化前景十分可观。

日本丰田汽车公司新研制的S-2型(Super Charged 2 Stroke Engine)二冲程直列六缸水冷汽油机,作为高性能豪华型轿车的动力(主要性能见表2-4)。

S-2型二冲程汽油机采用了四冲程机的一些改进结构,如直列六缸双顶置凸轮轴、四气门(两进气门、两排气门)等,克服了传统二冲程发动机由于利用曲轴箱扫气所导致的怠速不稳定现象。用质轻价高的钛合金制造气门和气门弹簧,部分热负荷高的零件采用陶瓷材料,解决了零件热负荷过大的问题。采用电控汽油直接喷射、微机点火控制和分层燃烧技术,有效地防止了扫气过程中油气流失,改善燃烧,提高热效率,低速运转性能良好。尽管S-2型机结构较为复杂,但比V12四冲程发动机的结构要简单,体积更小,适应于高级轿车。

日本丰田汽车公司除研制出S-2型二冲程直列六缸水冷汽油机外,还研制出S-2型二冲程直列四缸水冷柴油机(主要性能见表2-4)。该机具有低噪声、低振动、运转平稳的特点,由于汽缸内最高燃烧压力有所下降,故其怠速稳定性比目前四冲程柴油机好。

日本S-2型二冲程汽、柴油机主要性能 表2-4

型号	型式	排量 (L)	最大功率 (kW)/(r/min)	最大转矩 (N·m)/(r/min)	空转速 (r/min)
S-2	六缸水冷汽油机	3	176/3000	490/2800	600
S-2	四缸水冷柴油机	2.5	74/3200	284/1600	350

此外,日本、西欧和美国的一些汽车公司正在对二冲程发动机的一些高难度课题进行研究,如采用微机控制扫气,控制可变排气口和燃油喷射等,这些研究成果将使二冲程发动机燃烧更加充分,工作性能更加完善,应用范围更加广泛。

复习思考题

1. 叙述四冲程发动机的换气过程。
2. 为何进、排气门要提前打开和迟闭?对换气过程有何影响?何时存在气门叠开现象?气门叠开角的大小对换气过程有何影响?
3. 借助图示简述四冲程发动机的换气损失。
4. 何谓充量系数?提高充量系数的主要措施有哪些?
5. 在充量系数的研究中,人们为什么常把注意力主要集中于进气系统?

6. 简述发动机转速变化时充量系数的变化特征。

7. 发动机采用提高转速来提高功率时,从换气过程看,可能会遇到哪些困难?有何措施防止充量系数的下降?

8. 多气门机构有何功能及特点?

9. 简述可变配气定时和升程的意义与应用。

10. 简述可变进、排气管长度技术应用机理。

11. 二冲程发动机换气过程与四冲程发动机比较有哪些主要差异?

12. 二冲程发动机换气方案有哪些形式?各有何优缺点?

第三章 发动机的燃料及其燃烧

第一节 发动机的燃料

在发动机的工作过程中,汽缸内的工作物质是成分和比例不断变化的混合气体:空气、燃料蒸气及燃料燃烧后的混合物(气体、固体、燃料液滴等)。发动机的燃料占有重要的地位,它是发动机动力的来源。发动机的存在与发展,不同类型的发动机在结构与性能上的差异,发动机排放物对环境造成的污染等等,都与发动机燃料的种类和品质有着密切的关系。

并非所有燃料都可以被用作汽车发动机燃料,汽车发动机燃料必须满足以下条件:
(1)储量丰富,供应充足而且价格适当;
(2)燃料理化性能适应发动机燃烧及车辆行驶的综合性能的要求;
(3)燃料本身对人体健康影响小,有害排放物及噪声通过一定措施能达到有关法规要求;
(4)能量密度高,能满足较长距离行驶的要求,燃料储运、使用及管网设置安全、方便;
(5)燃料对发动机寿命及可靠性无不良影响,供给及燃烧装置不能过于昂贵。

全面满足上述要求是十分困难的。到目前为止,汽车发动机大多数还是使用的传统燃料——汽油与柴油。

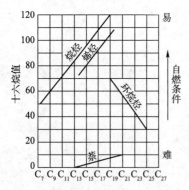

图 3-1 燃料中的不同成分对化学安定性的影响

汽油与柴油是石油的炼制品,石油的主要成分是碳、氢两种元素,含量占 97% ~ 98%,其他还有少量的硫、氧、氮等元素。石油产品是多种碳氢化合物的混合物,分子式为 C_nH_m,通常称为烃。根据烃分子中碳原子数的不同,可构成不同相对分子质量、不同沸点的物质。各类燃料都是几百种单烃的混合物,炼制汽油与柴油最简便的方法是利用沸点不同直接进行分馏,依次得到石油气—汽油—煤油—轻、重柴油—渣油(表3-1)。

在碳氢化合物分子中,碳、氢原子的数目和排列位置对燃料性能影响很大,表3-2为烃分子按化学结构的分类。

图3-1为燃料中的不同成分对化学安定性的影响。

原油不同分馏段的成分及主要性能　　　　表3-1

名称	主要成分 (C原子数及质量百分数)	沸点(℃) (1013kPa)	密度(液 kg/L,气 kg/m³) (0℃,101.3kPa)	相对分子质量	着火温度 (℃)
石油气	C_1 ~ C_5 83C,17H	−43 ~ +1	0.51 ~ 0.58(液) 2.0 ~ 2.7(气)	16 ~ 58	365 ~ 470

续上表

名称	主要成分 (C 原子数及质量百分数)	沸点(℃) (1013kPa)	密度(液 kg/L,气 kg/m³) (0℃,101.3kPa)	相对分子质量	着火温度 (℃)
汽油	$C_5 \sim C_{11}$ 86C,14H	25~215	0.715~0.78(液)	95~120	300~400
煤油	$C_{11} \sim C_{19}$ 87C,13H	170~260	0.77~0.83(液)	100~180	250
柴油	$C_{16} \sim C_{23}$ 87C,13H	180~360	0.815~0.855(液)	180~200	250
渣油	C_{23} 以上	360 以上		220~280	

烃分子化学结构的分类　　　　　　　　　　　　　　　表 3-2

类别	分子通式	品种	性质
烷烃	C_nH_{2n+2}	1. 直链 正庚烷 C_7H_{16} 2. 支链 异辛烷 C_8H_{18}	呈饱和的开链式结构,含碳原子数越多,结构越紧凑,常温下化学性质比较稳定,但热稳定性比较低,在高温下易分解,自发火的滞燃期较短,是柴油燃料的良好成分。支链式结构在高温下较稳定,是汽油中抗爆性好的燃料
环烷烃	C_nH_{2n}	环己烷 C_6H_{12}	饱和的环状分子结构,不易分裂,热稳定性和自发火的温度均比直链烷烃为高。环烷烃多的燃油适宜为汽油机燃料,不适宜作柴油机燃料,环烷烃与烷烃都是石油的重要组成部分
烯烃	C_nH_{2n}	乙烯 C_2H_4	非饱和开链式结构,有一个双价键,它比烷烃难于自行发火,是汽油中抗爆性好的成分,但不饱和结构常温下化学安定性差,在长期储存中易于氧化生成胶质
芳香烃	C_nH_{2n-6}	α-甲基萘 $C_{11}H_{10}$ 苯 C_6H_6	基本化合物是苯,所有芳香烃都含有苯基的成分。在石油中含量较少,分子结构坚固,热稳定性比脂肪烃及环烷烃均高,在高温下分子不易破裂,化学安定性较前者为高,是汽油中良好的防爆剂。近年的排放研究表明,芳香烃促进地面臭氧的形成,燃料中它的含量要加以限制

第二节　燃料的使用特性

汽油、柴油不是单一成分和结构的物质，都是由几百种有机物组成的混合物。最初使用的汽油、柴油是原油直馏时不同分馏段的产物。图 3-2 为原油蒸馏曲线的一例。

近代汽油、柴油中，直馏成分已占到很少的比例。为了提高燃料的使用特性，汽油、柴油中都加入了大量的热裂解、催化裂解和加氢裂解的产物。同时，还有改善各种性能的添加剂。可见，近代汽油、柴油是工艺复杂的高技术产品。

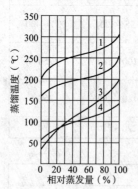

图 3-2　燃料蒸馏曲线的一例
1-轻柴油；2-煤油；3-车用汽油；4-航空汽油

一、汽油的性能

国产车用汽油的性能见表 3-3。

车用汽油的这些性能中，影响汽油机性能的关键性指标主要是辛烷值和馏程等。

车用汽油的性能（GB 17930—2011）　　　　表 3-3

项　目		质 量 指 标			试 验 方 法
		90	93	97	
抗爆性： 研究法辛烷值（RON）* 抗暴指数（RON + MON）/2	不小于 不小于	90 85	93 88	97 报告	GB/T 5487 GB/T 503、GB/T 5487
铅含量（g/L）	不大于	0.005			GB/T 8020
馏程： 10% 蒸发温度（℃） 50% 蒸发温度（℃） 90% 蒸发温度（℃） 终馏点（℃） 残留量（体积分数）（%）	不高于 不高于 不高于 不高于 不大于	70 120 190 205 2			GB/T 6536
蒸气压（kPa） 11 月 1 日至 4 月 30 日 5 月 1 日至 10 月 31 日		42～85 40～68			GB/T 8017
溶剂洗胶质含量（mg/100ml）	不大于	5			GB/T 8019
诱导期（min）	不小于	480			GB/T 8018
硫含量（mg/kg）	不大于	50			SH/T 0689
硫醇（满足下列指标之一，即判断为合格）： 博士实验 硫醇硫含量（质量分数）（%）	不大于	通过 0.001			SH/T 0174 GB/T 1792

续上表

项 目		质量指标			试验方法
		90	93	97	
铜片腐蚀(50℃,3h)/级	不大于		1		GB/T 5096
水溶性酸或碱			无		GB/T 259
机械杂质及水分			无		目测
苯含量(体积分数)(%)	不大于		1.0		SH/T 0713
芳烃含量(体积分数)(%)	不大于		40		GB/T 11132
烯烃含量(体积分数)(%)	不大于		28		GB/T 11132
氧含量(体积分数)(%)	不大于		2.7		SH/T 0663
甲醇含量(体积分数)(%)	不大于		0.3		SH/T 0663
锰含量(g/L)	不大于		0.008		SH/T 0711
铁含量(g/L)	不大于		0.01		SH/T 0712

注：*用专用可变压缩比发动机测试汽油辛烷值，研究法所用发动机工况为：混合气温度约为51.7℃，冷却液温度为100℃，转速为600r/min；马达法所用发动机工况为：混合气温度约为149℃，冷却液温度为100℃，转速为900r/min。

1. 辛烷值

在汽油机燃烧过程中，由于压缩比及汽缸内气体温度的升高，可能出现一种不正常的燃烧现象，称为爆震。影响汽油机爆震的关键因素之一是燃料的品质。辛烷值是用来表征汽油抗爆性的一项指标。汽油的辛烷值越高，抗爆震能力越强。国产汽油就是用辛烷值来标号的。

燃料辛烷值的测定是在专门的试验发动机上进行的。测定时，用容易爆震的正庚烷（辛烷值定为0）和抗爆性好的异辛烷（2.2.4三甲基戊烷）（其辛烷值定为100）的混合液与被测定的汽油作比较。当混合液与被测汽油在专用的发动机上的抗爆程度相同时，则混合液中异辛烷含量的体积百分数就是被测汽油的辛烷值。

汽油辛烷值的大小主要与汽油的组成情况、炼制方法及添加剂等有关。一般单烃的辛烷值高低顺序为烷烃＜烯烃＜环烷烃＜芳烃。

为了提高汽油的辛烷值，常在汽油中加入少量的抗爆添加剂，它是由四乙铅[$Pb(C_2H_5)_4$]和溴化乙烷（$C_2H_4Br_2$）组成的混合物，可明显地提高汽油的辛烷值。由于四乙铅有毒，常限制使用。含有四乙铅的汽油都用加色标明，以引起使用者的注意。

2. 馏程

汽油及其他石油产品都是多种烃类的混合物，它们没有一定的沸点，随着温度的上升，按照不同的馏分由轻到重逐次沸腾。汽油馏出温度的范围称为馏程。馏程是用来评价汽油蒸发性的一项指标。

为了评价汽油的挥发性，常以10%、50%和90%的馏出温度作为几个有代表意义的点。

(1)10%的馏出温度。汽油馏出10%的温度标志着它的起动性。馏出10%的温度低，说明发动机使用这种燃料时,容易冷车起动。但是此温度过低,就会使管路输送中的汽油,受到发动机温度较高部位的加热而变成蒸气,在管路中形成"气阻",从而使发动机断火,影响正常运转。

(2)50%的馏出温度。汽油馏出50%的温度标志着它的平均蒸发性。此温度高低直接影响着发动机的暖车时间、加速性以及工作稳定性。此温度较低,说明这种汽油的挥发性较好,在较低温度下可以有大量的燃料挥发而与空气混合,这样可以缩短暖车时间,而且从较低负荷向较高负荷过渡时,能够及时供应所需的混合气。

(3)90%的馏出温度。汽油馏出90%的温度标志着它的含有难于挥发的重质成分的数量。此温度低,燃料中所含的重质成分少,进入汽缸中能够完全挥发,有利于燃烧过程的进行。此温度过高,燃料中含有较多的重质成分,在汽缸中不易挥发而附着在汽缸壁上,燃烧容易形成积炭;或者沿着汽缸壁流入油底壳,稀释机油,破坏轴承部位的润滑。

二、柴油的性能

柴油分为轻柴油和重柴油。高速柴油机中使用轻柴油,中、低速柴油机中使用重柴油。车用柴油机中主要使用轻柴油。

我国生产的轻柴油,目前通用的标准是2013年GB 19147—2013轻柴油国家标准。轻柴油的牌号按凝点不同分为5号、0号、-10号、-20号、-35号、-50号六级,其凝点分别不高于5℃、0℃、-10℃、-20℃、-35℃、-50℃。凝点是指柴油失去流动性开始凝结的温度。选用柴油时,应按最低环境温度高出凝点5℃以上,即-20号柴油适用于最低环境温度为-15℃的场合。我国轻柴油规格见表3-4。

轻柴油标准Ⅳ(GB 19147—2013) 表3-4

项 目		牌 号					试验方法
		5	0	-10	-20	-35	-50	
氧化安定性/(总不溶物)(mg/100mL) 不大于		2.5						SH/T 0175
硫含量(质量分数)(%) 不大于		0.035						SH/T 0689
10%蒸余物残炭(质量分数)(%) 不大于		0.3						GB/T 268
灰分(质量分数)(%) 不大于		0.01						GB/T 508
铜片腐蚀(50℃,3h)(级) 不大于		1						GB/T 5096
水分(体积分数)(%) 不大于		痕迹						GB/T 260
机械杂质		无						GB/T 511
润滑性 磨痕直径(60℃)(μm) 不大于		460						SH/T 0765
多环芳烃含量(质量分数)(%) 不大于		11						SH/T 0606
运动黏度(20℃)(mm²/s)		3~8		2.5~8		1.8~7		GB/T 265
凝点(℃) 不高于		5	0	-10	-20	-35	-50	GB/T 510
冷滤点(℃) 不高于		8	4	-5	-14	-29	-44	SH/T 0248
闪点(闭口)(℃) 不低于		55			50	45		GB/T 261

续上表

项　目		牌　号						试验方法
		5	0	-10	-20	-35	-50	
着火性(需满足下列要求之一) 十六烷值 十六烷指数	不小于 不小于			49 46	46 46	46	45 43	GB/T 386 SH/T 0694
馏程 50％回收温度(℃) 90％回收温度(℃) 95％回收温度(℃)	不高于 不高于 不高于			300 355 365				GB/T 6536
密度(20℃)(kg/m³)		810～850			790～840			GB/T 1884 GB/T 1885
脂肪酸甲酯(体积分数)(％)				0.5				GB/T 23801

车用轻柴油的这些性能中，影响柴油机性能的主要有以下关键性指标。

1. 十六烷值

对于自燃性好的燃料，着火延迟期短，在着火延迟期内，汽缸中形成的混合气少，着火后压力升高速度低，工作柔和，冷起动性能亦随之改善。十六烷值就是评定柴油自燃性好坏的一项指标。它与发动机的粗暴性及起动性均有密切关系。对于柴油十六烷值的测定，是在特殊的单缸试验机上按规定的条件进行。试验时采用由容易自燃的十六烷(规定它的十六烷值为100)和最不容易自燃的α—甲基萘(其十六烷值定为0)混合制成的混合液与被测定柴油相比较。当柴油的自燃性与所配制的混合液的自燃性相同时，则混合液中十六烷的体积百分数就定为该种柴油的十六烷值。

柴油的十六烷值与燃料的分子结构及分子量均有密切关系，可以通过选择原油种类、炼制方法及添加剂来予以控制的。一般，直链烷烃比环烷烃的十六烷值高；在直链烷烃中分子量越大，十六烷值越高。尽管燃料的十六烷值高对于缩短滞燃期及改善冷起动有利，但增大十六烷值，将带来燃料分子量加大，使油的蒸发性变差及黏度增加，导致排气冒烟加剧及燃油经济性下降等不利影响。因此，国产柴油的十六烷值规定为45～50，不必要过分增大。

2. 馏程

馏程表示柴油的蒸发性，用燃油馏出某一百分比的温度范围来表示。燃料馏出50％的温度低，说明这种燃料轻馏分多、蒸发快，有利于混合气形成。90％和95％馏出温度标志柴油中所含难于蒸发的重馏分的数量。如果重馏分过多，在高速柴油机中来不及蒸发和形成均匀混合气，燃烧不容易及时和完全。车用高速柴油机使用轻馏分柴油，但馏分太轻也不好，因为轻质燃料容易蒸发，在着火前形成大量油气混合气，一旦着火，压力迅速增加，将使柴油机工作粗暴。

3. 黏度

黏度是燃料流动性的尺度，是表示燃料内部摩擦力的物理特性。他影响柴油的喷雾质量。当其他条件相同时，黏度越大，雾化后油滴的平均直径也越大，使燃油和空气混合不均匀，燃烧不及时或不完全，燃油消耗率增加，排气带烟。

喷油泵柱塞、喷油器的喷针都是靠燃油润滑，所以柴油应具有一定的黏度。一般轻柴油的运动黏度在20℃时为$(2.5～8)\times10^{-6}m^2/s$。

三、汽油、柴油性能差异对发动机的影响

表3-1中显示出了常规汽油、柴油成分及主要性能指标——沸点与着火温度的差异。正是由于燃料之间的差异，使传统的汽油机与柴油机在混合气形成、着火燃烧模式及负荷调节方式上有着一系列差别，并由此导致了两种机型的各种性能差异。

1. 混合气形成方式的差异

汽油的沸点较低，蒸发性能好，因而，进入汽油机汽缸中的混合气通常可以是汽油与空气在缸外形成的预制均匀混合气。而柴油沸点高达180～360℃，不适合缸外混合。即便加热后能在缸外气化混合，也因空气密度下降而减少进入汽缸的充量，同时，也消耗额外预热的能量。传统上，柴油机采用缸内高压燃油喷射，与空气雾化混合的混合气形成方式。

2. 着火、燃烧模式的差异

汽油机中，缸外预制均匀混合气进入汽缸后，只能采用外源强制点火，在混合气中进行火焰传播燃烧。因为若进行预混合压燃，由于缸内各点同时点火，近于爆炸，这是不允许的。

柴油机实行喷雾混合，因其着火温度较低，准备时间短，喷雾后不久立即着火。若初期适于燃烧的混合气量不多，工作粗暴的情况会得到缓解。在初期着火燃烧后，柴油机内紧接着进行边喷油、边气化混合的扩散燃烧。柴油机既允许压燃，自无点燃的必要。

3. 负荷调节方式的差异

混合气形成方式的差异带来了负荷调节方式的不同。汽油机汽缸内的均匀混合气能点燃的ϕ_a范围小（第三节中将详细说明），故只能靠改变节气门的开度，控制混合气进气量来调节负荷。这种方式称为负荷的量调节。

而柴油机在较大范围的ϕ_a条件下都可以压燃着火，所以可以靠调节循环供油量来调节负荷。由于吸入的空气量基本上是不变的，ϕ_a会随负荷大幅度变化。这种靠改变喷油量，即改变ϕ_a来调节负荷的方式，称为负荷的质调节。

汽油机、柴油机由于上述工作模式的差异，使得两者在性能、设计和结构上存在着各种差别。而这些差别追根溯源又是汽油、柴油燃料本身理化特性的差别所引起的。这充分显示了燃料特性对发动机性能的重大影响。

上述汽油机、柴油机工作模式的差别，既与燃料特性有关，也取决于当时的科技发展水平，不是一成不变的。多年来，人们试图将压燃机和点燃机的优点相结合，发展一种新型的分层—充量发动机：既实现喷雾混合和负荷质调节，避免预制均匀混合所带来的"爆震"等局限性，又可以采用点燃方式来降低对燃料着火品质过高的要求。近年来，西方发达国家在解决了汽油喷雾点燃的一系列技术难点后，推出了电控缸内直喷式汽油机，就是这种思路的体现。这种新型燃烧组织方式能否在市场上长期生存，还有待时间考验。但它的出现表明，随着科技的进步和人们对事物认识的深入，很多旧的限制会被突破而实现新的飞跃。较为传统、古老的发动机技术也不例外。

第三节　燃烧热化学

内燃机的燃烧过程是一个复杂的过程，为了给车用发动机经验设计及调试提供依据，需要进行燃烧热化学的分析。燃料的燃烧，本质上是燃料中的碳、氢元素与空气中的氧气进行氧化反应的放热过程。对于已知的燃料，各元素的含量易于测得，而空气中氧和氮的比例又

是固定的,因此,按照完全燃烧的化学反应式,可以求出燃料燃烧的基本关系。

一、燃料完全燃烧所需的理论空气量

组成发动机燃料的主要元素是碳(C)、氢(H)、氧(O),其他元素含量很少,计算时可略去不计。

设1kg燃料中各元素的质量组成为:
$$g_C + g_H + g_O = 1$$

式中:g_C、g_H、g_O——1kg燃料的C、H、O的质量。

空气中的主要元素是氧(O)和氮(N)。按体积计(即按物质的量计),O_2约占21%,N_2约占79%;按质量计,O_2约占23%,N_2约占77%。

燃油中的C、H完全燃烧,其化学反应方程式分别是:
$$C + O_2 = CO_2$$
$$2H + \frac{1}{2}O_2 = H_2O$$

按照化学反应的当量关系,可求出1kg燃料完全燃烧所需的理论空气量,即:
$$L_0 = \frac{1}{0.21}\left(\frac{g_C}{12} + \frac{g_H}{4} - \frac{g_O}{32}\right) \quad (\text{kmol/kg 燃油})$$

或
$$L_0' = \frac{1}{0.23}\left(\frac{8}{3}g_C + 8g_H - g_O\right) \quad (\text{kg/kg 燃油})$$

标准状况下以体积表示的理论空气量为:
$$L_0 = \frac{22.4}{0.21}\left(\frac{g_C}{12} + \frac{g_H}{4} - \frac{g_O}{32}\right) \quad (\text{m}^3/\text{kg 燃油})$$

将平均质量成分代入式(3-2)可得:汽油的理论空气量为14.8(kg/kg),柴油的理论空气量为14.5(kg/kg)。

二、过量空气系数 ϕ_a

燃油完全燃烧所需的空气量,理论上等于计算得出的理论空气量。实际上,燃烧所提供的空气量并不等于理论空气量。发动机工作过程中,燃烧1kg燃料实际提供的空气量L与理论上所需空气量L_0之比,称为过量空气系数ϕ_a,即:
$$\phi_a = \frac{L}{L_0}$$

是发动机工作过程的一个重要参数。过量空气系数ϕ_a值的大小与发动机类型、混合气形成的方法、燃料的种类、工况(负荷与转速)、功率调节的方法等因素有关。

对于进气道喷射的汽油机,由于燃烧时用的是预先混合好的均匀混合气,过量空气系数只在狭小的范围内变化(ϕ_a = 0.8~1.2)。当负荷变化时,ϕ_a略有变化,如图3-3所示。

对于柴油机,其负荷是靠质调节的(即混合气浓度调节),ϕ_a的变化范围很大。由于混合气形成不均匀,所以ϕ_a总是大于1的。一般车用高速柴油机,ϕ_a = 1.2~1.6;增压柴油机,

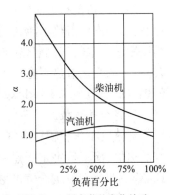

图3-3 ϕ_a随负荷的变化关系

$\phi_a = 1.8 \sim 2.2$。

除了用 ϕ_a 表示混合气的浓度以外,也可用燃烧时空气量与燃料量的比例,即空燃比 α 来表示:

$$\alpha = \frac{空气量}{燃料量} = \frac{燃料量 \times \phi_a L_0'}{燃料量} = \phi_a L_0'$$

对于汽油,理论上完全燃烧时($\phi_a = 1$)的空燃比 $\alpha = 14.8$。对于柴油机,当转速一定时,进入缸内的空气量基本保持不变,空燃比的大小取决于供油量的多少(质调节)。

三、$\phi_a > 1$ 时完全燃烧产物的数量

考虑的内燃机燃烧过程的复杂性,为保证燃油的充分燃烧,提高燃烧的热效率,一般情况,供给汽缸的空气量总是大于理论空气量,因此,过量空气系数 $\phi_a > 1$。

1. 燃烧前混合气的数量

对于汽油机,燃烧前新鲜混合气由空气和燃料蒸气组成,若燃料相对分子质量为 M_{rT},则1kg燃料形成的混合气量(kmol/kg 燃料)是:

$$M_1 = \phi_a L_0 + \frac{1}{M_{rT}}$$

对于柴油机是在压缩终点向汽缸内喷入液体状态的燃料,体积不及空气体积的1/10000,可忽略不计,认为燃烧前的工质是空气 M(kmol/kg 燃料),即:

$$M = \phi_a L_0$$

2. 燃烧后燃烧产物的数量

在 $\phi_a > 1$ 的情况下,完全燃烧的产物是由 CO_2、H_2O、剩余的 O_2 及未参与反应的 N_2 组成,即根据前面的化学反应方程式,很方便地求出 M_2(kmol/kg 燃料),即:

$$M_2 = \phi_a L_0 + \frac{g_H}{4} + \frac{g_O}{32}$$

四、燃烧热值与混合气热值

从燃烧前混合物及燃烧后燃烧产物的分析中,我们可以了解到,每一种燃料,除可燃成分外,还有不可燃成分。可燃成分确定了燃料所含有的能量,这些能量用燃烧热值来表示。不可燃成分会影响燃烧热值的大小,混合气热值会适当减少。

1. 燃烧热值

燃料的热值指1kg燃料完全燃烧所放出的热量。在高温的燃烧产物中,水以蒸汽状态存在,水的汽化潜热不能利用。待温度降低以后,水的汽化潜热才能释放出来。因此,水凝结以后计入水的汽化潜热的热值,称为高热值;在高温下的,则为低热值。内燃机排气温度较高,水的汽化潜热不能利用,因此应用低热值。汽油的燃料低热值为44000kJ/kg,轻柴油的燃料低热值为42500kJ/kg。

2. 混合气热值

当汽缸工作容积和进气条件一定时,每循环加给工质的热量取决于单位体积可燃混合气的热值,而不是决定于燃料的热值。可燃混合气的热值以 kJ/kmol 或 kJ/m³(标准)计。1kg燃料形成可燃混合气的数量为 M,它所产生的热量是燃料的低热值 h_μ。因此,单位数量可燃混合气的热值(kJ/kmol)是:

$$Q_{\text{mix}} = \frac{h_\mu}{M_1} = \frac{h_\mu}{\phi_a L_0 + \frac{1}{M_{rT}}}$$

M 随过量空气系数 ϕ_a 而变化,当 $\phi_a = 1$ 时,燃料与空气所形成的可燃混合气热值称为理论混合气热值。汽油在标准状态下的理论混合气热值为 3750kJ/m^3,轻柴油在标准状态下的理论混合气热值也为 3750kJ/m^3。

第四节 燃烧的基本知识

燃烧过程的完善程度很大程度上取决于发动机运转性能的优劣。汽油与柴油都属于多种碳氢化合物(烃)的混合物,由于它们的相对分子质量与分子结构不一样,在物理化学性质上有差异,因而,在发动机的混合气形成、着火与燃烧等方面引起许多质的不同。因此,在了解汽油机、柴油机燃烧组织的经验规律之前,学习有关燃烧的基本知识,了解汽油机、柴油机燃烧间的差异,有益于加强在以后的章节中对发动机燃烧过程的进一步讨论。

一、燃烧现象

燃烧是一种放热的氧化反应,一个完整的燃烧过程包括着火和燃烧两部分。

所谓着火,是指可燃混合气在一定的压力、温度、浓度的条件下,氧化反应自动地加速,并产生温升,以致引起火焰出现的现象。对于发动机的着火过程的解释,目前有两种理论:热着火理论和链式反应理论。

所谓燃烧,是指可燃混合气中的燃料与空气中的氧化剂进行剧烈放热的氧化反应过程。燃烧实际上是火焰传播、扩散的混合过程,这一过程中往往伴有复杂的传热、流动和化学反应现象。

1. 热着火理论

热着火理论从热力的观点来解释燃料的燃烧。该理论认为,燃料燃烧的原因在于热量的积累。因此,具有适当温度、压力的可燃混合气,在没有外部能量引入的情况下,依靠混合气自身的反应自动加速,就能自发地引起火焰的过程。这也就是我们在柴油机压缩燃烧过程中的自燃现象。

热着火理论从简单化合物反应中两个活性分子相互碰撞的机理出发,导出反应放出热量的速度与温度成指数关系,而系统向环境散热的速度与温度是一个线性关系。在着火过程中,只有当放热速率 $dq_1/dt \geq$ 散热速率 dq_2/dt 的时候,有了热量积累,才可能着火。如图 3-4 所示,存在下列三种可能性:

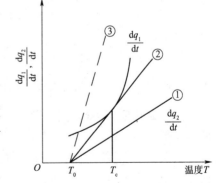

图 3-4 热着火理论的着火条件

(1) $dq_1/dt > dq_2/dt$ 时,必然着火,如图中散热速率线①明显低于 dq_1/dt。

(2) dq_1/dt 与 dq_2/dt 相切时,存在临界着火条件,T_C 称为临界温度,见图中散热速率线②。

(3) $dq_1/dt < dq_2/dt$ 时,不可能着火,见图中散热速率线③。

因此,着火的临界条件应当是,反应放热曲线与散热曲线相切。反之,如果达不到这一条件,便不能着火。

用热着火理论来分析着火条件,可知,影响燃料着火的因素有:

(1)着火温度　着火温度不仅与可燃混合气的物理化学性质有关,而且与环境温度、压力、容器形状及散热情况等有关。即使同一种燃料,因条件不同,着火温度也可能不同。

(2)临界压力和温度　如图3-5所示,临界压力和温度明显地影响到着火区域。在低压时,要求很高的着火温度,反之也是一样。

(3)可燃混合物的浓度　如图3-6所示,存在着一个有关可燃混合物着火的百分比浓度上限(富油极限)与下限(贫油极限)。随着温度、压力升高,着火的浓度界限有所加宽;但温度、压力上升得再高,着火界限的加宽也是很有限的。另一方面,当温度、压力过低(低于临界值),则无论在什么浓度下均不能着火。

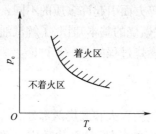

图3-5　临界压力和温度对自燃界限的影响

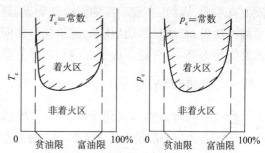

图3-6　自燃温度及临界压力与混合气着火界限的关系

2. 链式反应理论

热着火理论是建立在分子碰撞理论基础上的,并不能解释所有着火现象。试验表明烃燃料的着火区域在低温、低压区,表现出与高温完全不同的着火规律性。为了研究它们的着火机理,人们引入了链式着火理论。

链式着火理论认为,高温并不是引起着火的唯一原因,只要以某种方式(如辐射、电离)激发出活性中心,然后通过链式反应,就能引起着火。

由于汽车发动机的传统燃料,大部分都是由单烃组成的混合物,因此,首先,对烃的氧化反应来加以了解。

烃的氧化反应,可以写成:

$$C_nH_m + \left(n + \frac{m}{4}\right)O_2 = nCO_2 + \frac{m}{2}H_2O$$

烃的氧化反应进行得非常快,根据链锁反应的机理,它可以分为链引发、链传播及链中断等三个阶段。

所谓链引发,就是反应物分子受到某种因素激发(如受热裂解、受光辐射),分解成为自由原子或自由基,这种自由原子或自由基(如H、O、OH等)具有很强的反应能力,成为反应中的活性中心,使新的化学反应得以进行。

所谓链传播,就是指已生成的自由原子或自由基继续与反应物作用,一方面将反应推进一步,另一方面同时生成新的自由原子或自由基。如果在每一步中间反应中,都是由一个活性中心与反应物作用产生一个新的活性中心,整个反应以恒定速度进行,这样的反应称为直链反应。如果由一个活性中心引起的反应,同时生成两个以上的活性中心,这时,链就发生了分支,反应速度将急剧地增长,这种反应称为支链反应。不少烃的氧化反应是先通过直链反应,生成一个新的活性中心和某种过氧化物或高级醛的中间产物,然后再由过氧化物或高级醛引起新的支链反应。

所谓链中断,就是指在链锁反应中,可能由于具有很大反应能力的自由原子或自由基与容器壁面或惰性气体分子碰撞,使反应能力减小,不再引致反应。每一次链的中断都会引起总体反应速度减慢,以及减少反应继续发展的可能性,在某些不利的场合下还可以使反应完全停止。

大量的试验研究表明,烃类燃料的氧化反应过程中,存在着高温和低温条件下的不同的着火规律,如图3-7所示。

1) 低温多阶段着火

这种在低温下特殊的着火规律,实际上就是退化支链反应引起的一种现象,通常称为"着火半岛"。通过光谱分析发现,烃燃料低温下着火需经历三个阶段:冷焰诱导阶段(τ_1)、冷焰(τ_2)、蓝焰(τ_3)(图3-8)。

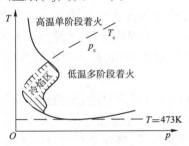

图3-7 烃燃料的着火特性

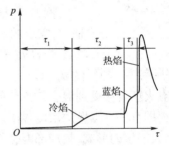

图3-8 烃燃料的低温多阶段着火过程

(1) 冷焰诱导阶段。在较低温度下,烃分子经链引发后,只能进行直链反应,形成过氧化物及乙醛。该阶段释放的化学能极少,混合气压力和温度都变化不大。

(2) 冷焰阶段。当过氧化物积累到临界浓度时,便以爆炸的形式分解出甲醛,大量甲醛的累积使混合气发出冷焰。此阶段释放出少量热量,混合气压力和温度均有所提高。

(3) 蓝焰阶段。当甲醛到达临界浓度时,通过甲醛的支链反应产生CO,与氧结合,最终生成爆炸性的蓝焰。蓝焰持续的时间短,其辉光比冷焰强。此阶段混合气压力和温度比冷焰高,释放出大量热量,形成高温热焰,即燃烧开始。

2) 高温单阶段着火

在较高温度下,着火过程不经过冷焰而直接进入蓝焰——热焰阶段。由于这两个阶段很短,也很难区分,所以统称为高温单阶段着火。

柴油机的压缩着火和汽油机的爆燃具有低温多阶段着火的特点;而汽油机的火花点燃和柴油机着火后喷入汽缸内的燃料着火具有高温单阶段着火的特性。

应该指出的是,发动机的着火过程是非常复杂的,有的资料上提出"链式热力着火"的说法,即开始是链反应,当热量积累到一定程度后,按热着火过程进行。

二、在预混气体中的火花点燃与火焰传播

汽油机中的可燃混合气,在着火前经过化油器(或进气道汽油喷射雾化)、进气管、缸内气体运动等环节,燃料蒸气和空气的浓度已达到十分均匀的程度,成为以一定比例预先混合好的预混气体。它的点燃,是利用电火花在可燃混合气中产生火焰核心并因而引起火焰传播的过程。火焰传播速度的大小取决于预混合气体的物理化学性质、热力状态以及气体的

流动状况。

1. 火花点燃

火花点燃过程是一极短的瞬间过程。点火之前,由于可燃混合气受到压缩使温度升高,这时已有可以察觉得出的缓慢氧化的先期反应现象。在火花点火以后,靠火花提供的能量,不仅使局部混合气温度进一步升高,而且引起了火花附近的混合气电离,形成活性中心,出现了明显发热、发光的小区域,这就是火焰核。为了使火花所产生的火焰成长起来,并使火焰确实开始传播,必须对靠近火焰核的未燃部分供给充分的能量,这种能量来源,包括火花点火的能量以及反应开始后由化学反应本身所释放出的能量。

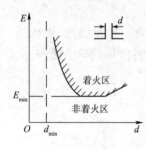

图3-9 点火能量与熄火距离

为了使点燃成功,必须使火花塞提供的放电能量大于某一个点火的最小能量,而这个点火最小能量受很多因素影响,如热量的种类与浓度、空气中氧的浓度、压力及温度、点火处气流的运动状况、电火花的性质、电极的几何形状和距离等。

例如,电极的间隙与点火能量就有很大关系。如果电极间隙适中,需要的点火能量最小。如果间隙过小,无论点火能量有多大也不能着火,这个不能着火的最小距离,称为熄火距离(图3-9中的 $d_{\min}$)。

另外,点火还直接受到混合气浓度的限制,当混合气过稀或过浓,无论点火能量有多大也不能着火,即有一个点燃的浓度界限。在某一适宜的浓度,需要的点火能量最小。

正因为火焰核的形成,是局部混合气吸收电火花能量后,经化学反应过程的累积所致,所以这部分混合气的组成和吸收火花能量情况的不同,以及气流扰动对火焰核的干扰,使火焰核形成所用的时间不同。造成在实际汽油机的同一汽缸中,连续诸循环的情况不可能完全一致,因而产生了燃烧的循环变动。这种燃烧不稳定的情况,在汽油机低负荷及在稀薄混合气中尤为突出。

2. 火焰传播

火花点燃过程中形成的火焰核,顺序点燃周围的混合气,火焰范围逐渐扩大,并伴随着热量的释放,称为燃烧现象的火焰传播。根据气体流动的状况,火焰传播方式可分为层流火焰传播与湍流火焰传播。

1)层流火焰传播

在预燃气体静止或流速很低的状态下,用电火花点燃混合气而局部着火后,火焰就会向四周传播开来,形成一个球状的火焰面,称为火焰前锋面。在火焰面的前面是未燃的预混气体,后面是温度很高的已燃气体,在这薄薄的一层火焰面上进行着强烈的燃烧化学反应。这种层流火焰面的厚度只有十分之几甚至百分之几毫米。放大的火焰前锋面的构造如图3-10所式。

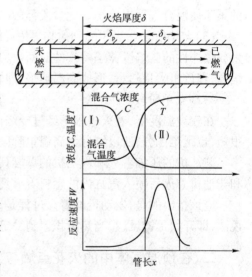

图3-10 放大的火焰前锋面的构造

火焰面厚度的很大一部分是化学反应速度很低的预热区(以 δ_p 表示),而化学反应主要集中在厚度很窄的化学反应区(以 δ_e 表示)。火焰面温度与浓度的变化,在火焰面内出现了一定的温度梯度与浓度梯度,造成火焰在空间的移动。

层流火焰传播速度 v_L 很低,受到预混气体理化性质的影响,其中,ϕ_a 影响很大。试验表明(图3-11),在过量空气系数 ϕ_a =0.8~0.9时,反应温度最高,v_L 最大;如果 ϕ_a =1,v_L 下降10%;ϕ_a =1.1,v_L 下降15%;当混合气成分过稀或过浓,则反应温度均过低,不能维持火焰传播。

2）湍流火焰传播

层流火焰传播速度很低,远远不能满足实际发动机燃烧的要求。由于气流的湍流运动可以大大加速火焰传播速度,因此,实际汽油机中的火焰传播是以湍流火焰方式进行的,此时 v_T =20~70m/s。

所谓湍流,是黏性气流由于壁面边界的阻碍作用,或者外部扰动,在传播过程中进行的无规则的脉动运动。

湍流的变化在空间上与时间上呈现出无秩序性,主要体现在两个方面:一是微元气体变化的随机性,二是整体上表现出符合力学规律的确定性。

湍流运动的变化常用以下参数决定:

(1)湍流尺度。它可分为宏观湍流与微观湍流两种,湍流的力学性质主要由宏观湍流决定,湍流在黏性的影响下能量转化为热而消失则由微观湍流决定。

(2)湍流强度。它对湍流火焰传播速度影响很大,与湍流的能量有关,常用雷诺数(脉动速度的均方根)来表示。

正是由于上述因素的影响,才促使湍流运动能强化燃烧,加快火焰传播。原因如下：

(1)宏观湍流使层流火焰前锋变得弯曲,产生皱褶,从而增大了燃烧的表面积。

(2)微观湍流加强了火焰的传热与传质,在通过预热区与反应区的热量及活性分子增多的情况下,火焰传播速度加快。

(3)雷诺数 Re 的增大,使湍流强度提高(图3-12)。当 $Re<2300$ 时,火焰传播仍为层流火焰传播形式,火焰前锋面薄且圆滑,速度 v_L 较低。当 $Re=2300~6000$ 时,变为湍流火焰,其前锋面变厚且出现皱折,v_T 较 v_L 有明显增长。在 $Re>6000$ 后,转变为强湍流火焰,湍流强度得到很大提高,前锋火焰表面皱折破裂,已燃与未燃气体迅速混合,燃烧放热率提高。

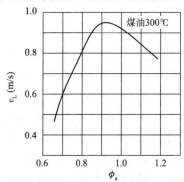

图3-11　ϕ_a 对 v_L 的影响

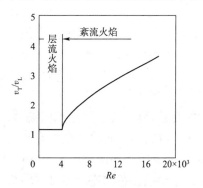

图3-12　Re 对火焰传播速度的影响

混合气的湍流程度的提高,能有效地改善汽油机的燃烧过程。

三、喷射燃料的雾化与扩散燃烧

柴油的燃烧要经历高压喷射、雾化、混合、压缩着火以及扩散燃烧几个阶段,喷雾状态的好坏对燃烧过程有重要的影响。

1. 喷射燃料的雾化

由于柴油的蒸发性能比汽油差,因此,只能采用喷射与雾化的方法,将燃料在与空气混合前先粉碎成许多细小油滴(这些雾状油滴的集合体通常称为喷雾),以扩大燃料蒸发的表面积。

燃油雾化质量主要受到油束射程(也称贯穿距离),喷雾锥角和液滴平均直径等的影响。

油束要有足够的贯穿力,穿透火焰到达周围的空气区。贯穿率是常用参数之一。贯穿率是指油束的贯穿距离与喷孔至燃烧室壁面的距离的比值。对直喷式柴油机,贯穿率一般小于1,以避免燃油喷到壁面上;在强涡流时,贯穿率大于等于1,以确保喷射的油束能到达壁面附近。近年来出现的撞击喷雾,贯穿率要大于1。

喷雾锥角过大,油束射程会减小;而过小,雾化程度又会变差。液滴平均直径越小,油粒与周围空气混合程度越好,可以加速燃料的吸热和汽化,为燃烧过程的组织提供良好的前提条件。

2. 油滴的蒸发与燃烧

1) 单个油滴的蒸发与燃烧

燃烧室内的一颗静止的油滴,在高温高压介质作用下,经历如图3-13所示的蒸发与燃烧过程。单个油滴受到周围高温高压空气的加热,油滴表面被蒸发汽化,与空气混合形成可燃混合气。

着火首先在混合气浓度适宜的位置发生,并在油滴周围形成一层球状的燃烧区,即火焰锋面。此后,燃油蒸气不断自油滴表面向外扩散,火焰面外的氧气不断从四周向火焰面扩散,在火焰面上进行混合燃烧,使燃油浓度 C_{fl} 和氧气浓度 C_o 均变为零,而温度达到最高。高温燃烧产物和热量向火焰面两侧扩散,油滴受到火焰面传来的热量,加速进行蒸发汽化。因此,油滴的扩散燃烧速度,完全取决于燃油蒸气和空气向火焰面的扩散速度。

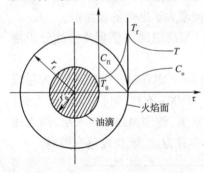

图3-13 单个油滴的蒸发与燃烧模型
r_0-油滴半径;r_f-火焰半径;T_0-油滴表面温度;T_f-火焰温度;T-空气温度;C_o-氧含量;C_{fl}-油蒸气含量;τ-到油滴中心的距离

由于油滴和油蒸发区将火焰面形成的高温气体包围起来,形成了高温缺氧区域,易生成炭烟。

2) 油束及油滴群的蒸发与燃烧

实际的喷雾燃烧要比理想的单个油滴在无限氧空间中的蒸发与燃烧过程复杂得多。喷雾中的大小不等的油滴间相互存在着干扰,燃料的扩散燃烧就成了油滴群的复杂燃烧现象。

实验研究表明,当油滴粒径在 $10\mu m$ 以下时,油滴在着火前均已完全蒸发,着火后可以观察到的火焰面呈蓝色的连续抛物面形状,这同前述的预混合气的火焰传播具有相同的燃烧方式。当油滴粒径为 $20\sim40\mu m$ 时,在连续的蓝色火焰中可以看到白色与黄色的亮点,这表明每个油滴处独立的扩散燃烧和各油滴间的预混合燃烧同时存在。当油滴粒径在 $40\mu m$ 以上时,火焰面已不连续了,各油滴独立燃烧,以单油滴扩散燃烧为主。实际的喷雾燃烧,是上述燃烧形式同时存在并且相互影响的。

油滴群的着火与在整个燃烧室内油气的宏观空燃比例无关,因为油滴群在空间分布,形成了许许多多具有着火与燃烧条件的单个油滴,只要在油滴周围存在着适合燃烧的空燃比区域,就能在一点或多点同时着火。它的稳定燃烧范围比预混合气要广泛得多。

四、均质充量压缩着火燃烧

在往复式发动机中,除了传统的火花点燃式(SI)燃烧和压燃式(CI)燃烧外,还有第3种燃烧方式,即均质充量压缩着火(Homogeneous Charge Compression Ignition,HCCI)燃烧。在传统的SI和CI燃烧方式里,都存在着温度分布和燃烧过程不均匀的特点,同时实现高效率和低排放都是困难的。HCCI燃烧方式能降低氮氧化物(NO_x)和颗粒物(PM)排放,同时能实现较高的热效率。

均质充量压缩着火(HCCI)燃烧是一种全新的内燃机燃烧概念,其基本特性是均质混合气的压缩着火和低温燃烧。HCCI方式综合了传统汽油机(均质充量火花点燃)和柴油机(非均质充量压缩着火)燃烧方式的优点:类似于传统汽油机,使用均质混合气,因而避免了柴油机中浓的扩散火焰,极大地降低了颗粒物排放;类似于柴油机,使用压燃着火,缸内均质混合气自燃,避免了汽油机中点火后产生的高温火焰,降低了氮氧化物的排放。

1. HCCI发动机的主要特点

(1)超低的NO_x和PM排放。HCCI发动机在部分负荷工况下的NO_x排放相对于传统柴油(汽油)机可降低95%~98%。由于炭粒形成被抑制,PM排放非常低。

(2)热效率高。HCCI采用稀薄混合气燃烧,在中、低负荷运行时几乎实现了等容燃烧,接近理想Otto循环,具有很高的放热效率,此外,HCCI发动机燃烧室内没有局部高温区,热辐射损失减少,因此,HCCI部分负荷运行具有比直喷柴油机更高的热效率。

(3)HCCI燃烧过程主要受燃烧化学反应动力学控制。其着火与燃料特性和缸内热氛围条件密切相关。

(4)HCCI发动机运行范围较窄。其燃烧受到失火(混合气过稀)和爆震(混合气过浓)的限制,使发动机运行范围变窄。对于高十六烷值燃料,在高负荷工况下(混合气浓度大)易发生爆震。对于高辛烷值的燃料,由于HCCI燃烧为稀薄燃烧,发动机在小负荷工况下容易失火。

(5)HCCI发动机HC、CO排放偏高。导致这种现象产生的原因之一是由于HCCI燃烧通常采用较稀的混合气和较强的EGR,缸内燃烧温度较低;此外,在混合气形成过程中,一部分燃料会进入燃烧室缝隙中,最终导致HC和CO排放增加。可以通过催化转化器进行后处理加以解决。

2. HCCI的燃烧特点

HCCI发动机的燃烧过程是一种受化学动力学控制的自燃过程,其特点是:

(1)采用均质混合气。空气和燃油在进气/或压缩过程进行预混合,在着火之前形成均质的空气/燃油混合气。

(2)采用压缩点燃。在压缩行程中,混合气温度升高,达到自燃温度而自燃,不需要任何点火系统。

(3)具有独特的两阶段放热特点。第一阶段放热是低温化学动力学反应,此时是冷焰、蓝焰。在第一阶段放热与主放热阶段之间有一个很短的时间延迟。第二阶段燃烧是多点同时进行的,一旦开始着火,燃烧迅速且比较均匀,既没有局部高温区,也没有明显的火焰传播,因而NO_x和炭粒的形成能够被有效抑制。两阶段放热现象的出现与燃料的辛烷值或十六烷值有关,使用低辛烷值或高十六烷值燃料很容易观察到两阶段放热过程。

(4)火焰传播不明显。点燃式汽油机和压燃式柴油机的燃烧都是扩散燃烧过程,具有明显的火焰传播过程,其中点燃式汽油机主要是利用热扩散来实现火焰传播,压燃式柴油机的主要燃烧是依靠燃油蒸气和氧气的扩散产生热化学反应。HCCI 燃烧是多点同时着火,没有明显的火焰传播过程。

(5)燃烧始点和燃烧速率难以控制。HCCI 发动机的燃烧始点是由均质混合气的自燃着火特性控制,其混合气的自燃受混合气化学特性和燃烧室内时间—温度历程的影响,燃烧始点难以控制。又由于 HCCI 燃烧是缸内均质混合气多点同时着火,燃烧速率难以控制。

(6)燃烧循环变动小。由于 HCCI 燃烧着火始点与汽缸内气流状况关系较少,且燃烧速率较快,每个循环燃烧的持续时间差距不大,有利于减少燃烧循环变动。

3. HCCI 燃烧始点和燃烧速率的控制

HCCI 的燃烧始点对于发动机的热效率和排放都有十分重要的影响。燃烧始点控制,也就是放热始点(SOHR)受各种发动机性能和工况条件,诸如空气/燃油比、进气温度、压缩比、残余废气量和冷却液温度的影响。如果采用 EGR,还受 EGR 的影响。

控制燃烧始点常用的方法有:可变压缩比、可变气门定时、双重燃油操作等。

试验表明,在燃烧始点的控制方面,压缩比和进气温度之间存在一种抵冲关系:提高进气温度可以使燃烧提前发生;提高压缩比可以代替进气温度的提高,起到相同的作用。所以,通过调节压缩比,可以在不同的工况点达到同样的燃烧始点。随着压缩比提高到 17:1,还可以使热效率提高,NO_x 排放下降。但提高压缩比的缺点是,由于膨胀加快,反应时间缩短,CO 排放会增加。

改变气门定时,特别是改变排气门定时,可以改变残余废气量和汽缸温度,进而调节燃烧始点。

所谓双重燃油操作,就是通过改变所用的两种燃油的比例来调节燃烧始点:例如调节辛烷值。又如采用天然气作为主要燃料,同时利用氢加浓天然气以控制燃烧定时。

空气/燃油比和 EGR 量对燃烧速率有着非常重要的影响。活塞顶部燃烧室的几何形状对燃烧速率和指示效率也有明显的影响。

4. HCCI 技术尚待解决的问题

HCCI 方式是使用稀薄的均质混合气来达到减少 NO_x 和 PM 的目的,在发动机上的应用有着诱人的前景。要在发动机上应用均质压燃由两个关键:一是向混合气提供足够的热量,使之能在压缩上止点附近达到自燃温度;二是对混合气温度进行控制,使之能在最佳曲轴相位达到自燃温度开始燃烧。过早将使燃烧粗暴,热效率下降,过晚会使发动机失火。目前要实现 HCCI 燃烧在发动机上的应用,需要解决以下一些问题。

(1)随发动机转速和负荷改变控制着火正时(Ignition Timing)。

(2)高负荷运行时燃烧速率的控制(使放热率减缓,以限制噪声或过高的燃烧压力)。

(3)改善冷起动和发动机变工况运行的响应特性。

(4)排放(特别是低负荷 HC 和 CO 的排放)控制系统的发展。

(5)发动机控制策略和系统(闭环反馈系统)的发展以及相应传感器的研制。

(6)HCCI 燃烧运行范围扩展。

(7)适合燃料(包括混合燃料)的开发。

(8)多缸机各缸均匀性的保证。

五、几种燃烧方式的比较

各种类型的燃烧方式有着各自的特点,有着各自的优缺点。表 3-5 给出了几种燃烧方式的比较。

几种燃烧方式的比较 表 3-5

	火花点燃式燃烧		压缩点燃式燃烧	预混合的压缩点燃燃烧
	进气道喷射	缸内直喷 GDI		
使用的燃油	汽油	汽油	柴油	汽油、天然气、二甲醚等或多种燃料混合物
燃油引燃方法	火花点燃	火花点燃	压缩点燃(缸内高压喷射)	压缩点燃(进气口低压喷射)
燃烧方式	预混合燃烧	分层燃烧+预混合燃烧	喷雾扩散燃烧	预混合燃烧
混合气空气/燃油比	精确控制,有稀燃极限	中小负荷稀燃,空燃比变化较大	与宏观空燃比例无关	需要高稀释度的空气/燃油混合气
转矩调节方式	量调节	量调节	变质调节	变质调节
泵气损失	大	大	小	小
压缩比	较小(防爆震)	较小	大	适中(适当提高压缩比)
燃油经济性	较低	好	好	很好
有害物质排放	带三元催化转化器后,污染低	NO_x 排放高,采用氧化催化+NO_x 吸附催化还原	CO_2、HC、CO 的排放低、但 NO_x、炭烟等微粒物高	废气中 NO_x 排放少,低排气温度对催化转化器来说是一个问题
燃烧噪声	低	低	高	较高
热效率	较低	高	高	很高

虽然 HCCI 理论研究已取得一定的进展,但把 HCCI 燃烧应用到发动机方面,仍有一些困难,不过,HCCI 燃烧方式表明其在发动机应用方面有着巨大的潜力。

复习思考题

1. 汽油和柴油的标号分别是根据什么指标来确定的?
2. 什么叫过量空气系数? 它与混合气浓度有何关系?
3. 燃料的燃烧热值与混合气热值有何不同?
4. 简述燃料的着火机理。
5. 为什么说柴油机的着火过程是低温多级着火? 汽油机的着火过程是高温单级着火?
6. 往复式发动机中,有几种燃烧的运转方式? 各有什么优缺点?

第四章 汽油机混合气的形成和燃烧

发动机的燃烧过程是将燃料的化学能转变为热能的过程。进入汽缸的燃料燃烧完全的程度直接影响到热量产生的多少和排出废气的成分,而燃烧时间或燃烧相当于曲轴转角的位置,又关系到热量的利用和汽缸压力的变化,所以燃烧过程是影响发动机经济性、动力性和排气污染的主要过程,对噪声、振动、起动性能和使用寿命也有很大影响。

汽油机混合气的形成方式主要有化油器式和汽油喷射式两大类型。近年来,由于排放法规和油耗要求的提高,传统的化油器式混合气形成方式已难以满足性能提高的要求。汽油喷射的燃烧系统在汽车上的应用有30多年的历史,以前由于成本高,未得到推广。近年来,由于电子技术的发展,其成本已大为降低,加上汽油喷射的燃烧系统便于电子控制,性能优越,在汽油机混合气的形成方式上汽油喷射已经取代化油器。汽油喷射又有进气管喷射(包括气门口的多点喷射和进气总管中的单点喷射)和缸内直接喷射之分。缸内直喷系统兼有汽油机均质混合气和柴油机非均质混合气形成的双重特点,详细内容将在后续章节中介绍。目前的汽油喷射大都是电子控制,机械喷射用得很少。

第一节 汽油机的燃烧过程

一、正常燃烧过程

汽油机正常燃烧过程是由定时的火花点火开始,且火焰前锋以一定的正常速度传遍整个燃烧室的过程。

1. 正常燃烧过程进行情况

研究燃烧过程的方法很多,但简单易行且经常使用的方法是测取示功图,它反映了燃烧过程的综合效应。汽油机典型的示功图如图4-1所示。为分析方便,按其压力变化特点,将燃烧过程分成着火落后期、明显燃烧期和补燃期三个阶段。

(1)着火落后期(图4-1中1~2段)它是指从火花塞点火到火焰核心形成的阶段,如图4-1所示,即从火花塞点火(点1)至汽缸压力线明显脱离压缩线而急剧上升时(点2)的时间或曲轴转角,这段时间约占整个燃烧时间的15%左右。

着火落后期的长短与混合气成分($\phi_a = 0.8 \sim 0.9$时最短)、开始点火时缸内气体温度和压力、缸内气体流动、火花能量及残余废气量等因素有关。它在每一循环都可能有变动,有时最大值可达最小值的数倍。显然,为了提高效率,希望尽量缩短着火落后期。为了发动机运转稳定,希望着火落后期保持稳定。

(2)明显燃烧期(图4-1中2~3段)是指火焰由火焰中心烧遍整个燃烧室的阶段,因此也可称为火焰传播阶段。在示功图上指汽缸压力线脱离纯压缩线(图中虚线)开始急剧上升(图4-1中2点),到压力达到最高点(图4-1中3点)为止。明显燃烧期是汽油机燃烧的主要时期。

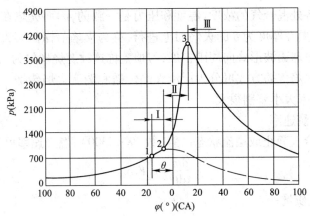

图4-1 汽油机的燃烧过程
1-开始点火;2-形成火焰中心;3-最高压力点;Ⅰ-着火落后期;Ⅱ-明显燃烧期;Ⅲ-后燃期

在均质混合气中,当火焰中心形成之后,火焰向四周传播,形成一个近似球面的火焰层,即火焰前锋,从火焰中心开始层层向四未燃混合气传播,直到连续不断的火焰前锋扫过整个燃烧室。

因为绝大部分燃料在这一阶段燃烧,此时活塞又靠近上止点,在这一阶段内,压力升高很快,压力升高率 $dp/d\varphi$ 为 $0.2 \sim 0.4 \mathrm{MPa}/(°)$。一般用压力升高率代表发动机工作粗暴度和等容度。明显燃烧期平均压力上升速度 $\dfrac{\Delta p}{\Delta \varphi}$ [$\mathrm{MPa}/(°)$]可用下式表示:

$$\frac{\Delta p}{\Delta \varphi} = \frac{p_3 - p_2}{\varphi_3 - \varphi_2}$$

式中:p_2、p_3——第二阶段起点和终点的压力,MPa;

φ_2、φ_3——第二阶段起点和终点相对于上止点的曲轴转角,(°)。

压力升高率越高,则燃烧的等容度越高,这对动力性和经济性是有利的,但同时会使燃烧噪声和振动增加。火焰传播速率与压力升高率密切相关,火焰传播速率高的可燃混合气会促使 $dp/d\varphi$ 增加,另外,火花塞位置、燃烧室形式对压力升高率也有影响。

图4-1中最高燃烧压力点3到达的时刻对发动机的功率、经济性有重大影响。如点3到达时间过早,则混合气必然过早点燃,从而引起压缩过程负功的增加,压力升高率增加,最高燃烧压力过高。相反,如点3到达时间过迟,则膨胀比将减小,同时,燃烧高温时期的传热表面积增加,也是不利的。点3的位置可以通过调整点火提前角 θ 来调整。

(3)后燃期(图4-1中点3以后)。后燃期相当于明显燃烧期终点3至燃料基本上完全燃烧为止,$p-\varphi$ 图上的点3表示燃烧室主要容积已被火焰充满,混合气燃烧速度开始降低,加上活塞向下止点加速移动,使汽缸中压力从点3开始下降,在后燃期中主要是湍流火焰前锋后面没有完全燃烧掉的燃料,以及附着在汽缸壁面上的混合气层继续燃烧。此外,汽油机燃烧产物中 CO 和 H_2O 的离解现象比柴油机严重,在膨胀过程中温度下降后又部分复合而放出热量,一般也看作后燃。为了保证高的循环热效率和循环功,应使后燃期尽可能短。

为了保证汽油机工作柔和、动力性能良好,一般应使点2在上止点前 $12° \sim 15°$,最高燃烧压力点 3 在上止点后 12°~15°到达，$(dp/d\varphi)_{max}=0.175~0.25MPa/(°)$，整个燃烧持续期在 40°~60°曲轴转角。

2. 燃烧速率

燃烧时，由于各处混合气的浓度、温度和压力是一致的，因而火焰在各方向的扩展速度基本相等。燃烧主要在厚度为 δ 的火焰面上进行，称为火焰前锋面。火焰前锋面的界面明显，以火核为中心呈球面波形式向周围扩展，习惯上称这种燃烧现象为火焰传播。根据混合气运动状态不同，火焰传播方式可分为层流火焰传播和湍流火焰传播。层流火焰传播和湍流火焰传播燃烧速率大小差别很大。

1）层流火焰燃烧速率

层流火焰[混合气静止或层流状态（雷诺数 $Re<2300$）]燃烧速率可以用下式表示：

$$\frac{dm}{dt}=v_L F_L \rho_m$$

式中：m——混合气质量；

$\dfrac{dm}{dt}$——火焰燃烧速速率；

F_L——火焰前锋表面积；

ρ_m——未燃混合气密度；

v_L——层流火焰传播速度。

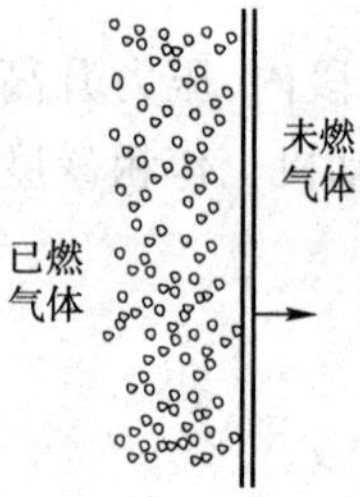

火焰传播速度是指火焰前锋面在法线方向上相对于未燃混合气的移动速度。

层流火焰传播速度很低，一般 $v_L<1m/s$。v_L 主要受混合气温度、压力、ϕ_a 以及燃料特性等因素影响，实际发动机中还应考虑残余废气系数的影响。

图 4-2 给出了层流火焰与火焰前锋面形状的关系。层流火焰传播速度远远不能满足实际发动机燃烧的要求。实际发动机中的火焰传播是以湍流火焰传播方式进行的。

图 4-2 层流火焰与火焰前锋面形状的关系

2）湍流火焰燃烧速率

所谓湍流，是指由流体质点组成的微元气体所进行的无规则的脉动运动。这些由气体质点所组成的小气团大小不一，流动的速度、方向也不相同，但宏观流动方向则是一致的。这种湍流运动使火焰前锋表面出现皱折，强湍流运动使火焰前锋面严重扭曲，甚至分隔成许多燃烧中心，导致火焰前锋燃烧区的厚度 δ 增加（图 4-3）。湍流运动使火焰前锋表面积明显增大，火焰传播速度加快。湍流火焰燃烧速率可以用下式表示：

$$\frac{dm}{dt}=v_T F_T \rho_m$$

式中：m——混合气质量；

$\dfrac{dm}{dt}$——火焰燃烧速率；

F_T——火焰前锋表面积；

ρ_m——未燃混合气密度；

v_T——湍流火焰传播速度。

如前所述，雷诺数 $Re<2300$ 为层流火焰，其传播速度为 v_L，其前锋面薄且圆滑（图 4-2）。

当 $Re=2300\sim6000$ 时为湍流火焰,火焰前锋厚度变厚并出现皱折(图4-3a),这时火焰传播速为 v_T,$v_T\propto\sqrt{Re}$。当 $Re>6000$ 时为强湍流火焰,前锋面的皱折发展成明显的凹凸不平和扭曲(图4-3b),其内部分裂出许多小的未燃混合气区域,这时 $v_T\propto Re$。图4-4 给出雷诺数 Re 和火焰传播速度之间变化规律。显然,提高混合气的湍流程度是改善汽油机燃烧的有效手段。

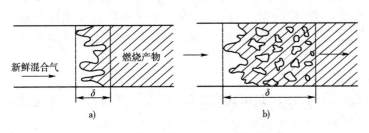
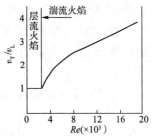

图4-3 在不同湍流作用下的火焰前锋厚度 δ
a)湍流较弱;b)湍流较强

图4-4 雷诺数 Re 和火焰传播速度之间的关系

二、不规则燃烧

汽油机不规则燃烧是指在稳定正常运转的情况下,各循环之间的燃烧变动和各汽缸之间的燃烧差异。前者称为循环变动,后者称为各缸工作不均匀。

1. 循环变动

燃烧循环变动是点燃式发动机燃烧过程的一大特征,是指发动机以某一工况稳定运行时,这一循环和下一循环燃烧过程进行情况的不断变化,具体表现在压力曲线、火焰传播情况及发动机功率输出均不相同。图4-5 示出不同循环的汽缸压力变化情况。

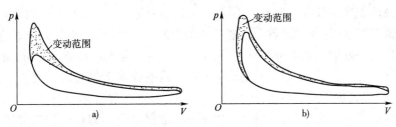

图4-5 汽油机典型的汽缸压力循环变化情况

a)稀混合气 $\phi_a=1.22$,$n=2000\text{r/min}$,$\varepsilon_c=9$,节气门全开 p_i 变动 ±4.5%,p_z 变动 ±28%;b)浓混合气 $\phi_a=0.8$,$n=2000\text{r/min}$,$\varepsilon_c=9$,节气门全开 p_i 变动 ±3.6%,p_z 变动 ±10%

由于存在循环变动,对于每一循环,点火提前角和空燃比等参数都不可能调整到最佳值,因而使发动机油耗上升,功率下降,性能指标得不到充分优化。随着循环变动的加剧,燃烧不正常甚至失火的循环数逐渐增多,碳氢化合物等不完全燃烧产物增多,动力性、经济性下降。同时,由于燃烧过程不稳定,也使振动及噪声增大,零部件寿命下降。当采用稀薄燃烧时,这种循环变动会加剧。所以循环变动也是汽油机实施稀薄燃烧的难点所在。

导致点燃式发动机燃烧循环变动的原因很多,目前,火花塞附近混合气成分波动和气体运动状态波动这两个因素被认为是最重要的。

1)混合气成分波动

尽管汽油机的燃烧方式被称为预制均匀混合气燃烧,但这只是相对于柴油机燃烧来说,其宏观是均匀的,实际上,汽缸内燃料、空气及残余废气不可能在短时间内完全混合均匀,所以混合气成分微观上并不均匀,火花塞附近的混合气成分是随时间不断变化的,这会导致着火落后期的长短和火核初始生长过程随循环产生变动。

2) 气体运动状态波动

燃烧室内气体的流场特别是湍流强度分布是极不均匀的,火花塞附近微元气体的运动速度和方向,影响火花点火后形成的火焰中心的轨迹以及火焰的初始生长速率,随后的火焰向整个燃烧室发展的进程,如火焰与壁面的关系、火焰前锋面积的变化以及燃烧速率等,也受燃烧室内微元气体的运动速度和方向的影响。气体运动状态的波动加剧了循环变动。

下列因素或措施影响循环变动:

(1) 一般 $\phi_a = 0.8 \sim 1.0$ 时循环变动最小,过浓或过稀都会使循环变动加剧。可见过量空气系数 ϕ_a 对循环变动的影响很大。

(2) 适当的提高气流运动速度和湍流程度可改善混合气的均匀性,进而改善循环变动。

(3) 残余废气系数 ϕ_r 过大,则循环变动加剧。

(4) 发动机在低负荷(ϕ_r 会增大)、低转速(湍流程度会降低)时,循环变动加剧。

(5) 多点点火有利于减少循环变动。

(6) 提高点火能量、优化放电方式、采用大的火花塞间隙,有助于减小循环波动。

2. 各缸工作不均匀

各缸工作不均匀是针对多缸发动机而言的,各缸间燃烧差异称为各缸工作不均匀。产生各缸工作不均匀的主要原因是各缸进气充量的不均匀、混合气成分的不均匀等。由于汽油机是外部形成混合气,在汽油机进气管内存在空气、燃料蒸气、各种浓度的混合气、大小不一的油粒以及沉积在进气管壁上厚薄不均的油膜,这样进气管内的油气分布是多相和极不均匀的,要想让它们均匀分配到各个汽缸是很困难的。另外,由于进气系统设计不当、进气管动态效应以及各缸进气重叠干涉等原因,使得各缸的实际充量系数不均匀,而进入汽油机是油气混合气,因而进入各缸的燃料绝对量不同。这些原因造成进入各缸的混合气的质和量都不同,由此造成各缸工作不均匀。

各缸工作不均匀性的存在,使得难以找到对各缸都是最佳的点火提前角和过量空气系数,动力性、经济性、排放性等整机指标难以优化,振动及噪声也会增加。

三、不正常燃烧

汽油机的不正常燃烧是指设计或控制不当,汽油机偏离正常点火的时间及地点,由此引起燃烧速率急剧上升,压力急剧增大等异常现象。不正常燃烧可分爆震和表面点火两类。

1. 爆震

爆震是汽油机最主要的一种不正常燃烧现象,常在压缩比较高时出现。图4-6为正常燃烧与爆震时 $p-t$ 图和 dp/dt 图的比较。如图4-6所示,爆震时,缸内压力曲线出现高频大幅度波动(锯齿波),同时发动机会产生一种高频金属敲击声,因此也称爆震为敲缸。轻微爆震时,发动机功率上升;严重爆震时,发动机功率下降,转速下降,工作不稳定,机体有较大振动,同时冷却液过热,润滑油温度明显上升。

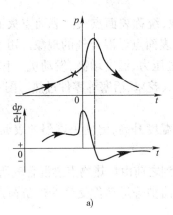
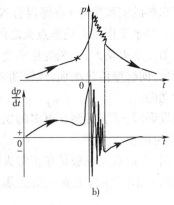

图 4-6 正常燃烧与爆震时 $p-t$ 图和 dp/dt 图的比较
a) 正常燃烧; b) 爆震

如图 4-7 所示,火花塞点火后,火焰前锋面呈球面波形状以正常传播速度(30~70m/s)向周围传播,汽缸内压力和温度都急剧升高。混合气燃烧产生的压力波迅速向周围传播,在火焰前锋面之前先期到达燃烧室边缘区域,该区域的可燃混合气(即末端混合气)在压缩终点温度的基础上进一步受到压缩和热辐射,加速其先期反应,并放出部分热量,使本身压力和温度不断升高,燃烧前的化学反应加速。一般来说,这些都是正常现象,但如果这一反应过于迅速,以至在火焰锋面到达之前末端混合气即以低温多阶段方式开始自燃,则引发爆震。爆震时,汽油机着火方式类似于柴油机,同时在较大面积上多点着火,所以放热速率极快,局部区域的温度、压力急剧增加。这种类似阶跃的压力变化,形成燃烧室内往复传播的激波,猛烈撞击燃烧室壁面,使壁面产生振动,发出高频振音(即敲缸声),这就是爆震。爆震发生时,火焰传播速度可陡然高达 100~300m/s(轻微爆震)或 800~1000m/s(强烈爆震)。

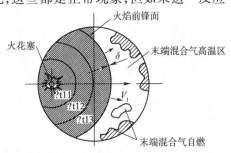

图 4-7 汽油机爆震的机理

爆震会给汽油机带来很多危害。发生爆震时,最高燃烧压力和压力升高率都急剧增大,因而相关零部件所受应力大幅度增加,机械负荷增大;爆震时压力波冲击缸壁破坏了油膜层,导致活塞、汽缸和活塞环磨损加剧;爆震时剧烈无序的放热还使汽缸内温度明显升高,热负荷及散热损失增加;这种不正常燃烧还使动力性和经济性恶化。根据末端混合气是否易于自燃来分析,影响爆震的因素如下:

(1) 燃料性质。辛烷值高的燃料,抗爆震能力强。

(2) 末端混合气的压力和温度。末端混合气的压力和温度增高,则爆震倾向增大。例如,提高压缩比,则汽缸内压力、温度升高,爆震易发生。

(3) 火焰前锋传播到末端混合气的时间。提高火焰传播速度、缩短火焰传播距离,都会减少火焰前锋传播到末端混合气的时间,有利于避免爆震。

从以上的分析可以得出结论:发动机工作是否有爆震现象,一方面取决于所用燃料,另一方面取决于发动机的运转条件和燃烧室的设计。

2. 表面点火

在汽油机中,凡是不靠电火花点火而由燃烧室内炽热表面(如排气门头部、火花塞绝缘体或零件表面炽热的沉积物等)点燃混合气的现象,统称表面点火。表面点火的点火时刻是不可控制的。早燃是指在火花塞点火之前,炽热表面点燃混合气的现象。由于它提前点火而且热点表面比电火花大,使燃烧速率变快,汽缸压力、温度增高,发动机工作粗暴,并且由于压缩功增大,向缸壁传热增加,致使功率下降,火花塞、活塞等零件过热。图4-8给出了汽油机早燃示功图。

早燃会诱发爆震,爆震又会让更多的炽热表面温度升高,促使更剧烈的表面点火,两者互相促进,危害可能更大。

与爆震不同,表面点火一般是在正常火焰燃烧到之前由炽热物点燃混合气所致,没有压力冲击波,敲缸声比较沉闷,主要是由活塞、连杆、曲轴等运动件受到冲击负荷产生振动而造成。

凡是能促使燃烧室温度和压力升高以及促使积炭等炽热点形成的一切条件,都能促成表面点火。

各种燃烧示功图的比较如图4-9所示。

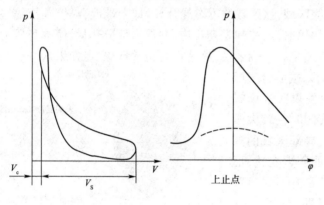

图4-8 汽油机早燃示功图

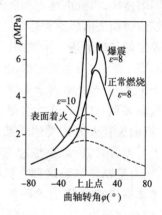

图4-9 几种燃烧过程的示功图

四、使用因素对燃烧的影响

1. 点火提前角

点火提前角是从火花塞跳火到上止点之间的曲轴转角。点火提前角应该随燃料性质、转速、负荷、过量空气系数等因素的变化而变化。

当汽油机保持节气门开度、转速以及混合气浓度一定时,汽油机有效功率和有效燃油消耗率随点火提前角改变而变化的关系称为点火提前角调整特性,如图4-10所示。对应于每一工况都存在一个最佳点火提前角,这时汽油机功率最大,油耗最低。最佳点火提前角使最高燃烧压力出现在上止点后12°~15°,这时实际示功图与理论示功图最为接近(时间损失最小)。

不同点火提前角时的示功图如图4-11所示。点火过迟,则燃烧延长到膨胀过程,燃烧最高压力和温度下降,传热损失增多,排温升高,热效率降低,爆震倾向减小,有效功率下降,NO_x、HC的排放量降低。

点火提前角对汽油机的经济性影响较大。据统计,如果点火提前角偏离最佳值5°曲轴转角,热效率下降1%;偏离10°曲轴转角,热效率下降5%;偏离20°曲轴转角,热效率下降16%。

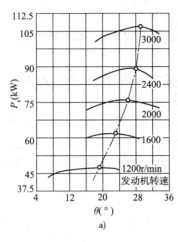
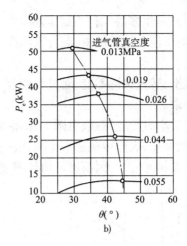

图 4-10 点火提前角特性

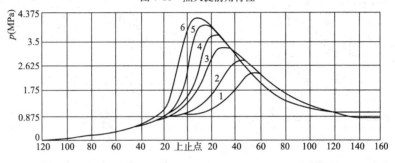

图 4-11 点火提前角不同时的示功图
1、2、3、4、5、6-分别表示 10°、20°、30°、40°、50°、60°点火提前角

影响最佳点火提前角的因素较多(如大气压力、温度、湿度、缸体温度、燃料辛烷值、空燃比、残余废气系数、排气再循环率等),传统的真空式和离心式点火提前角调整装置只能随转速、负荷的变化对点火提前角作近似调整。

为实现点火提前角的精确控制,汽油机上越来越多地应用了一种电子控制点火时刻的装置,它大体上分成两类。一类是开环控制,它是一种预定顺序控制,根据转速传感器和负荷传感器测得的信号,在存储器中预定的点火 MAP 图上找出对应于该工况的近似最佳点火提前角来控制点火系统点火。点火 MAP 图是事先通过试验得到的近似最佳点火提前角与转速和负荷的三维曲线图或表格,存储在存储器中,并根据其他传感器的信号变化,对点火提前角进行修正。另一类是闭环控制,闭环控制是根据发动机实际运行的反馈信息来控制点火提前角的,所以又称为反馈控制。反馈控制所用的反馈信息是发动机的爆震信号。在实际应用中,一般都是开环控制和闭环控制并用的混合控制方式。

2. 混合气浓度

在汽油机的转速、节气门开度保持一定,点火提前角为最佳值时调节供油量,记录功率、燃油消耗率、排气温度随过量空气系数的变化曲线,称为汽油机在某一转速和节气门开度下的调整特性,如图 4-12 所示。

混合气浓度对汽油机动力性能、经济性能是有影响的,当 $\phi_a=0.8\sim0.9$ 时,由于燃烧温度最高,火焰传播速度最大,P_e 达最大值,但爆震倾向增大。当 $\phi_a=1.03\sim1.1$ 时,由于燃烧完全,b_e 最低。使用 $\phi_a<1$ 的浓混合气工作,由于必然会产生不完全燃烧,所以 CO 排放量明显上升。当 $\phi_a<0.8$ 及 $\phi_a>1.2$ 时,火焰速度缓慢,部分燃料可能来不及完全燃烧,因而经济性差,HC 排放量增多且工作不稳定。

可见,在均质混合气燃烧中,混合气浓度对燃烧影响极大,必须严格控制。

3. 负荷

在汽油机上,转速保持不变,通过改变节气门开度来调节进入汽缸的混合气量,以达到不同的负荷要求。

当节气门关小时,充量系数急剧下降,但留在汽缸内的残余废气量不变,使残余废气系数增加,滞燃期增加,火焰传播速率下降,最高爆发压力、最高燃烧温度、压力升高率均下降,冷却液散热损失相对增加,因而燃油消耗率增加。因此,随着负荷的减小,最佳点火提前角需要增大(图4-13)。

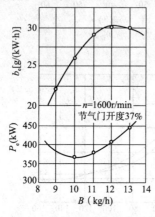

图4-12 汽油机的调整特性

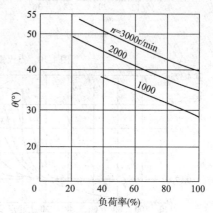

图4-13 最佳点火提前角随负荷的变化

4. 转速

当转速增加时,汽缸中湍流增加,火焰传播速率大体与转速成正比例增加,因而最高爆发压力、压力升高率随转速的变化不大。此外,在转速升高时,由于散热损失减少,进气被加热,使汽缸内混合得更均匀,有利于缩短滞燃期。但另一方面,由于残余废气系数增加,气流吹走电火花的倾向增大,又促使滞燃期增加。以上两种因素使以秒计的滞燃期与转速的关系不大,但是按曲轴转角计的滞燃期却随转速的增加而增大。因此,转速增加时,应增大点火提前角。

第二节 汽油机电控汽油喷射系统概述

使发动机能够正常运转,必须为其提供连续的可燃混合气。通过直接或间接测量进入发动机的空气量,并按规定的空燃比计量燃油的供给量,这一过程称为燃油配制。汽油机的燃油配制形式,根据汽油的供给方式可分为化油器式和燃油喷射式两种。这两种装置均是依据节气门开度和发动机转速计量进气量,然后根据进气量供给适当空燃比的混合气进入汽缸。

如图4-14所示为化油器供油燃油配制。化油器式发动机的燃油配制过程是利用空气流经节气门上方喉管处产生的真空度将燃油由从浮子室中连续吸出且进行混合后,再被吸入汽缸内燃烧做功,使发动机运转。在这里,空气流量取决于喉管的形状和尺寸,对于一定结构参数的化油器,汽油流量则取决于喉管的真空度。

如图4-15所示为燃油喷射供油。燃油喷射控制系统则是根据直接或间接测量的空气进气量确定燃烧所需的汽油量,并通过控制喷油器开启时间来进行精确配制,使一定量的汽油以一定压力通过喷油器喷射到发动机的进气道或汽缸内与相应空气形成可燃混合气。

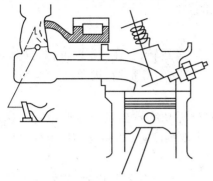
图4-14 化油器供油

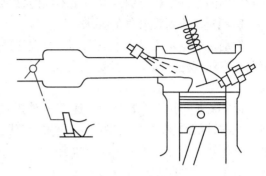
图4-15 燃油喷射供油

化油器的结构比较简单,一直用于汽油发动机。传统的化油器供给系统是通过主供油装置及一些辅助供油装置来实现混合气浓度控制的,其缺点是对发动机运行状态的适应性、响应速度和控制的精确性方面难以满足要求,尤其在加速、冷起动等过渡工况下,难以在满足车辆的动力性能的同时兼顾经济性和排放性,难以满足日趋严格的汽车排放法规的要求。随着汽车技术的发展,电子燃油喷射(electronic fuel injection,EFI)系统已经取代传统的化油器供给系统。电子燃油喷射系统利用多种传感器检测发动机状态,经过计算机的判断计算,使发动机在各种工况下均能获得合适的空燃比,所以可有效地改善和提高发动机的动力性能、经济性能,达到降低排放和节油的综合效果。

一、汽油发动机对可燃混合气体的要求

1. 空燃比对发动机性能的影响

空气和燃油的混合比,即空气质量与燃油质量比称为空燃比,通常用 α 表示。汽油完全燃烧并生成 CO_2、H_2O 时的空燃比称为理论空燃比,理论空燃比约为14.7。在实际的发动机燃烧过程中,燃烧1kg燃油所消耗的空气不一定就是理论所要求的空气量,它与发动机的结构和使用工况密切相关,实际所供空气量可能大于或小于理论空气量。

空燃比与火焰温度、发动机输出功率、发动机油耗率的关系如图4-16所示。在空燃比为13.5～14.0时,燃烧火焰温度出现最高值,这种空燃比称为功率空燃比。当混合气的空燃比为16左右时,燃油燃烧完全,发动机的油耗率最低,这种空燃比称为经济空燃比。在功率空燃比与经济空燃比范围内的混合气是汽油发动机常用的混合气,它可使发动机获得较好的使用性能。

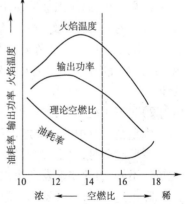
图4-16 空燃比与发动机的动力性能和经济性能的关系

燃烧后排出的排气成分除 CO_2 和 H_2O 外,还有空气中没有参与燃烧的 N_2、剩余的 O_2、未燃烧和未完全燃烧的 HC、燃烧不完全的 CO 及高温富氧条件下燃烧生成的 NO_x。

由此可见,发动机的性能与空燃比有着密切的关系,但影响的程度和变化规律各不相同。所以,如何精确控制混合气的空燃比是比较复杂而又非常重要的问题。

2. 发动机各种工况对混合气的要求

发动机在实际运行过程中,其工况在工作范围内是不断变化的,且在工况变化时,发动机对可燃混合气空燃比的要求也是不同的,现分述如下。

1) 稳定工况对混合气的要求

发动机的稳定工况是指发动机已经完全预热,进入正常运转,且在一定时间内转速和负荷没有突然变化的情况。稳定工况又可分为怠速、小负荷、中等负荷、大负荷和全负荷等几种。

(1) 怠速和小负荷工况。怠速工况是指发动机对外无功率输出且以最低稳定转速运转。此时,混合气燃烧后所做的功,只用于克服发动机内部的阻力,并使发动机保持最低转速稳定运转。在怠速工况下,节气门处于关闭状态。

对于化油器配制混合气方式,进气管内的真空度很大,在进气门开启时,汽缸内的压力可能高于进气管压力,废气膨胀进入进气管内。在进气行程中,把这些废气和新混合气同时吸入汽缸,结果汽缸内的混合气含有比例较大的废气,为保证这种经废气稀释过的混合气能正常燃烧,就需要供给较浓的混合气。随着节气门开度增大,稀释将逐渐减弱,所以小负荷工况下要求混合气加浓的程度随负荷的增加而减小。

对于电控燃油喷射混合气配制方式,如果采用开环控制,配制的混合气与化油器式相似。如果采用闭环控制方式,在怠速和小负荷工况时,混合气一般控制在理论空燃比。

(2) 中等负荷工况。汽车发动机的大部分工作时间都处在中等负荷状态。在中等负荷运行时,节气门已有足够的开度,废气稀释影响已不复存在。如果为了获得最佳经济性,则采用开环控制方式,空燃比控制在 17 左右;为了获得最佳排放,并获得较好的经济性,空燃比控制在理论空燃比附近。

(3) 大负荷和全负荷工况。在大负荷时,节气门开度已超过 3/4,此时应随着节气门开度的增大而逐渐地加浓混合气以满足发动机功率的要求。但实际上,在节气门尚未全开之前,如果需要获得更大的转矩,只要把节气门进一步开大就能实现,没有必要使用功率空燃比来提高功率,而应当继续使用经济混合气来达到省油的目的或者使用理论混合气来达到降低排放的目的。因此,在节气门全开之前所有的部分负荷工况都应按经济混合气或理论混合气配制。只是在全负荷工况时,节气门已经全开,此时为了获得该工况下的最大功率必须供给功率混合气。在从大负荷过渡到全负荷工况的过程中,混合气的加浓也应该是逐渐变化的。

2) 过渡工况对混合气的要求

汽车在运行中的主要过渡工况可分为冷起动、暖机、加速和减速等几种,分述如下。

冷车起动时,由于发动机的转速和燃烧室壁面温度低、空气流速慢,导致汽油蒸发和雾化条件不好,因此要求发动机供给较浓的混合气。

暖机过程中,尽管发动机温度随着转速的提升也在逐步上升,但发动机温度仍然较低,汽缸内的废气相对较多,混合气受到稀释,对燃烧不利,为保持发动机稳定的运行也要求浓的混合气。暖车的加浓程度,应在暖车过程中逐渐减小,一直到发动机能以正常的混合气在稳定工况下运转为止。

汽车在加速时,节气门突然开大,进气管压力随之增加。由于液体燃料流动的惯性和进气管压力增大后燃料蒸发量减少,部分汽油颗粒沉积在进气管壁上,形成厚油膜,这样会造成实际混合气成分瞬间被稀释,使发动机转速下降。为防止这种现象发生,要喷入进气管附加燃料,才能获得良好的加速性能。

汽车急减速时,驾驶员迅速松开加速踏板,节气门突然关闭,此时由于惯性作用,发动机仍保持很高的转速。因为进气管真空度急剧升高,进气管内压力降低,促使附着在进气管壁上燃油加速汽化,造成混合气过浓。为避免这一情况发生,在发动机减速时,供给的燃料应减少甚至切断供油。

二、电控汽油喷射供给系统的类型

1. 按喷射位置分类

根据汽油的喷射位置,汽油喷射系统可分为缸内喷射和进气管喷射两大类,进气管喷射又进一步分为单点喷射和多点喷射。

(1)缸内喷射。缸内喷射是将喷油器安装于缸盖上直接向汽缸内喷油,因此需要较高的喷油压力(3.0~4.0MPa)。由于喷油压力较高,故对供油系统的要求较高,成本也相应较高。

(2)进气管喷射。进气管喷射又分为单点喷射和多点喷射。

单点喷射系统是把喷油器安装在化油器所在的节气门段,它是用一个喷油器将燃油喷入进气流,形成混合气进入进气歧管,再分配到各缸中,如图4-17a)所示。

多点喷射系统是在每缸进气口处装有一只喷油器,由电控单元(ECU)控制进行顺序喷射或分组喷射,汽油直接喷射到各缸的进气门前方,再与空气一起进入汽缸形成混合气。多点喷射系统是目前最普遍的喷射系统,如图4-17b)所示。

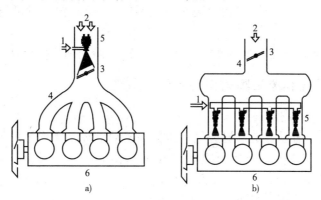

图4-17 进气管喷射示意图

a)单点汽油喷射系统结构示意图;b)多点汽油喷射系统结构示意图

1-汽油;2-空气;3-节气门;4-进气歧管;5-喷油器;6-发动机

2. 按喷射控制装置分类

按喷射控制装置的形式,汽油喷射系统分为机械式(机电式)和电控式两种。机械式燃油的计量是通过机械传动与液压传动实现的,电控式燃料的计量是由电控单元(ECU)与电磁喷油器实现的。

3. 按喷射方式分类

按喷射方式,汽油喷射系统可分为连续喷射和间歇喷射两种。

连续喷射是指在发动机整个工作过程中连续喷射燃油。连续喷射是燃油喷到进气道内,而且大部分的燃油是在进气门关闭时喷射的,因此大部分的燃油是在进气道内蒸发的。

由于连续喷射系统无需考虑发动机的工作顺序,故控制系统结构较为简单,一般多应用于机械式或机电结合式燃油喷射系统中。

间歇喷射又称为脉冲喷射。间歇喷射是每缸每次喷射都有一个限定的持续时间。由于间歇喷射方式的控制精度较高,故被现代发动机广泛采用。间歇喷射按喷油时序又可细分为同时喷射、分组喷射和顺序喷射三种形式。

4. 按空气流量测量方法分类

按空气流量的测量方法,汽油喷射系统可分为三种,第一种是直接测量空气质量流量的方式,称为质量流量控制的汽油喷射系统;第二种是根据进气管压力和发动机转速,推算吸入的空气量,并计算燃油流量的速度密度方式,称为速度密度控制的汽油喷射系统;第三种是根据节气门开度和发动机转速,推算吸入的空气量并计算燃油流量的节流速度方式,称为节流速度控制的汽油喷射系统。

三、化油器供油系统与汽油喷射供油系统的比较

概括起来,与化油器相比,汽油喷射具有下列优点:

(1)可以实现对混合气空燃比进行精确控制,最终实现排放污染物降低。

(2)由于进气系统不需要喉管,减少了进气阻力,加上不需要对进气管加热来促进燃油的蒸发,所以充气效率高,动力性提高。

(3)由于进气温度低,使得爆震燃烧得到了有效控制,从而有可能采取较高的压缩比,这样提高了发动机的热效率,改善了经济性。

(4)保证各缸混合比的均匀性问题比较容易解决,相对发动机可以使用辛烷值低的燃料。

(5)发动机冷起动性能和加速性能良好,过渡圆滑,减速断油控制方便。

四、几种电子控制燃油喷射系统的结构原理

1. D 型电控汽油喷射系统

D 型电控汽油喷射系统是根据进气管压力和发动机转速推算每循环吸入汽缸的空气量,再根据推算的空气量计算出需要喷射的燃料量,由 ECU 控制喷油器的工作。由于进气管压力和空气流量呈非线性关系,且管内空气压力波动,所以影响进气量的测量精度,如图 4-18 所示为 D 型电控喷射系统的简图。

2. L 型电控汽油喷射系统

L 型电控汽油喷射系统是根据空气流量计直接测量进气管的空气量,根据发动机转速计算出每循环的进气量,从而得到每循环需要喷射的燃料量,控制喷油器工作。由于空气量为直接测量,所以测量准确程度高于 D 型。图 4-19 所示为 L 型电控喷射系统的简图。

3. Mono 系统

Mono 系统如图 4-20 所示,该系统是一种低压中央喷射系统,即单点喷射系统,在原来安装化油器的部位用一只电磁喷油器进行集中喷射,与化油器相比,能迅速输送燃油通过节气门,在节气门上方没有或很少有燃油附着壁面现象,因而消除了由此而引起的混合与燃烧的延迟,缩短了供油和空燃比信息反馈之间的时间间隔,提高了控制精度,排放效果得以改善。

汽油机电控汽油喷射系统一般由进气系统、燃料供给系统和电子控制系统三部分组成，这三部分的结构和工作原理在下面的章节分别单独介绍。

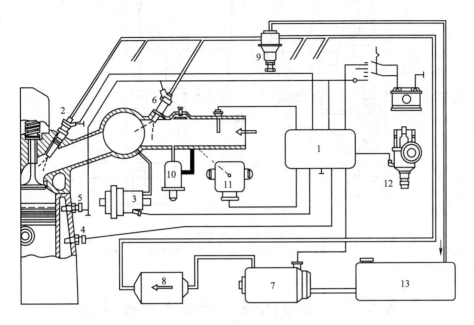

图 4-18 D 型电控喷射系统的简图

1-电子控制单元；2-喷油器；3-进气绝对压力传感器；4-冷却液温度传感器；5-温度开关或温度时间开关；6-冷起动喷油器；7-电动燃油泵；8-燃油滤清器；9-燃油压力调节器；10-辅助空气阀；11-节气门开关；12-带喷油脉冲触发触点的分电器；13-油箱

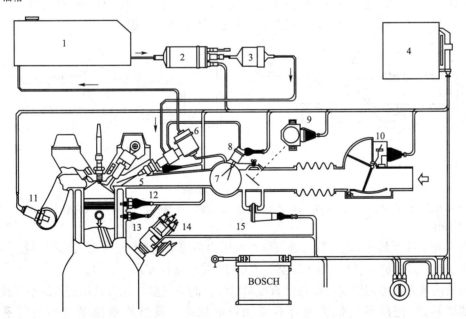

图 4-19 L 型电控喷射系统的简图

1-燃油箱；2-电动喷油泵；3-燃油滤清器；4-电子控制单元（ECU）；5-喷油器；6-燃油分配管（油轨）和燃油压力调节器；7-进气总管；8-冷起动喷油器；9-节气门开关；10-阻流板式空气流量传感器；11-氧传感器；12-温度时间开关；13-冷却液温度传感器；14-分电器；15-辅助空气阀

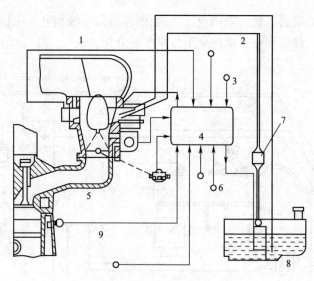

图 4-20 Mono 系统

1-中央喷射组件;2-进油管;3-接点火装置;4-电子控制器;5-进气管;6-接转速/触发;7-燃油滤清器;8-油箱及电动燃油泵;9-接氧传感器

第三节 电控汽油喷射空气供给系统

空气供给系统的作用是根据发动机的工作状态提供适量的空气,同时向 ECU 传递此信息,并根据 ECU 的指令完成空气量的调节。

如图 4-21 所示,空气供给系统主要由空气流量计或进气管压力传感器、进气温度传感器、节气门位置传感器、进气管、辅助空气阀及空气滤清器等组成。

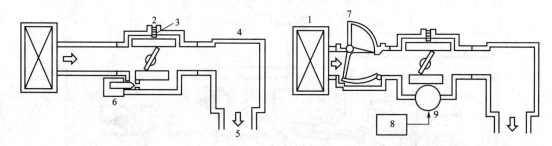

图 4-21 空气供给系统

1-空气滤清器;2-节气门体;3-怠速调整螺钉;4-进气总管;5-进气歧管;6-辅助空气阀;7-空气流量计;8-ECU;9-ISC 阀(怠速控制阀)

在 D 型 EFI 系统中,进气量由进气管绝对压力传感器(速度密度方式)来计量。而在 L 型 EFI 系统中,发动机进气量则通过空气流量计(质量流量方式)来计量。

质量流量方式是利用空气流量计直接测量吸入的空气量。通常是用测量的空气流量除以发动机转速,把所得的值作为计算喷油量的依据。典型质量流量式的空气系统如图 4-22a)所示。

速度密度方式是利用压力传感器测出进气歧管绝对压力,根据进气管绝对压力和发动机转速推算出每一循环吸入发动机的空气量,由此空气量计算汽油的喷射量。由于空气在进管中的压力是变化的,因此,速度密度方式不容易精确检测吸入的空气量。如图 4-22b)

所示,速度密度方式与质量流量方式在结构上的差别主要是用压力传感器代替了空气流量计。

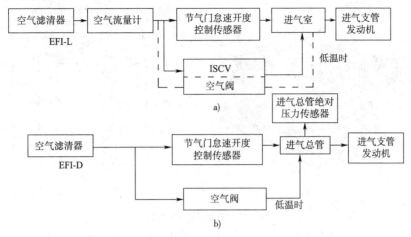

图 4-22 空气供给系统
a)质量流量方式空气供给系统框图;b)速度密度方式空气供给系统框图

汽车在正常行驶时,空气流量由节气门控制,而节气门则通过加速踏板操纵。怠速时进气量的调整可通过两种方式进行:一是调整怠速状态下节气门的开度,二是调整旁通空气道的大小(图 4-21)。可通过怠速调整螺钉、怠速空气阀或怠速控制阀调节怠速进气量,进而调节怠速转速。目前,大多数发动机控制系统广泛采用带 ECU 控制的怠速控制阀来控制发动机的怠速转速。

在冷却液温度较低时,为加快发动机暖机过程,设置了快怠速装置,由 ECU 控制的怠速控制(ISC)阀可提供较多的空气量。这时经空气流量计计量后的空气,绕经节气门经怠速控制阀直接进入进气总管,如图 4-21 所示随着发动机冷却液温度逐渐升高,怠速调整装置可使旁通的空气量逐渐减少,空气供给系统的主要元件介绍如下。

一、空气流量计

空气流量计是用来检测吸入发动机的空气量,并把其转换成电信号输入 ECU,作为决定基本喷油时间的信号之一。它用于 L 型 EFI 系统。根据测量原理不同,空气流量计有热线式、热膜式、卡门涡旋式、翼片式等几种类型。

热线式空气流量计有两种形式:一种是把热线和进气温度传感器都放在进气主通路的取样管内,称为主流测量式,其结构如图 4-23a)所示;另一种是把热线缠在绕线管上和进气温度传感器都放在旁通气路内,称为旁通测量式,其结构如图 4-23b)所示。

热线式空气流量计工作原理如图 4-24 所示。它是由 4 个热敏电阻组成了一个电桥,其中的热线 R_H 和冷线 R_C 在取样管中,取样管在进气管的中央或一侧。取样管两端设有整流网和防回火网,具有控制气流匀速流动和保护热线的作用。其他电阻和放大器在控制电路板中。

R_H——铂热线,是电桥的一个桥臂,是正温度系数的热敏电阻。

R_C——铂冷线,是电桥的另一个桥臂,是负温度系数的热敏电阻。它又是气温传感器。

I_H——加热补偿电流,在 50~100mA 内变化。温度差多少,补偿多少。

R_A——精密电阻(10kΩ),是另一个桥臂,是 ECU 的测量端(取值端)。

R_B——电桥电阻,是电桥的另一个桥臂。

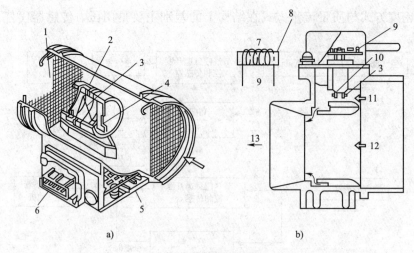

图 4-23 热线式空气流量计
a) 主流测量式热线式空气流量计；b) 旁通测量式热线式空气流量计
1-防回火网；2-取样管；3-铂热线；4-上游温度传感器；5-控制回路；6-插接器；7-热金属线和冷金属线；8-陶瓷螺线管；9-接控制回路；10-进气温度传感器（冷金属线）；11-旁通气路；12-主通气路；13-通往发动机

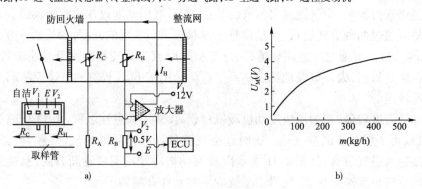

图 4-24 热线式空气流量计工作原理图
a) 热线电路；b) 流量变化曲线

自洁加热线——发动机熄火后，ECU 使 R_H 瞬时温度达 1000℃(1s)，以烧掉热线上的污物。

热线式流量计是应用恒温差原理工作的，在发动机的进气道空气流中置有通电受热的铂热线，利用安装插头固定在金属环上。热线作为惠斯顿电桥的一臂，空气流过时，热线受到一定冷却，其电阻值随之减小，同时使电桥电路的电压发生变化。进气温度的任何变化都会使电桥失去平衡。由于热线的冷却效果随着进入的空气温度变化是不同的，为此，在靠近热线的空气流中，设有一补偿电阻丝（冷线）。冷线补偿电阻的温度起一个参照值的作用。

热线式空气流量计工作原理：发动机运转，空气流过时，带走热量，热线 R_H 的电阻值变小（PTC），冷线 R_C 电阻值变大（NTC），电桥失去平衡。为了保持电桥的平衡，放大器即加大流过热线 R_H 的补偿电流 I_H，使冷热线恢复正常温差（100℃）。控制流过热线的电流可以使热线的温度始终比空气流温度高出一定的温度（保持温差）。因此，加热电流就是检测空气质量流量大小的度量。电流 I_H 的增加，会使 R_A 的电压降增大，只要测量 R_A 两端的电压降，即可得知流过空气量的多少（图 4-24b），ECU 就能确定所需空燃比的喷油量。

热线式空气流量计长期使用会使热线上积累杂质，为此每当发动机熄火时，ECU 自动接通空气流量计壳体内的电路，热线被自动加热，使其温度在 1s 内升高 1000℃。由于烧净温度必须非常精确,因此,在发动机熄火后4s,该电路才被接通。

由于热线式空气流量计测得的空气流量信号不仅和空气的体积有关,而且也和空气的温度有关,因此热线式空气流量计测量的是进气质量流量,它已把空气密度、海拔等影响考虑在内,可以得到非常精确的空气流量信号。

二、进气管压力传感器

D型EFI系统通过进气管压力和发动机转速推算发动机进气量。进气管压力的测定靠绝对压力传感器完成。

进气管绝对压力传感器种类较多,按照信号产生原理可分为半导体压敏电阻式、电容式、膜盒传动的可变电感式和表面弹性波式等。下面以半导体压敏电阻式进气压力传感器为例进行介绍。

在单晶半导体上,通过扩散的方法加入一些不纯物质,就会形成一定的电阻值。在此电阻值的基础上,施加一定的应力应变,其阻值会发生变化,这种现象就称为半导体的压电效应,半导体压力传感器就是应用了这个原理。在N型硅板的中部做成比其他部分的厚度要薄的圆形膜片,如图4-25所示,在这个膜片上,利用光刻腐蚀技术让其形成P型硅应变电阻,4个应变阻(R_1、R_2、R_3、R_4)的电阻值都设计成有相同阻值R_0。当膜片受到应力作用时,应力在切方分量与径向分量会使各电阻片的阻值产生变化。假设R_1和R_3的阻值变化量为ΔR,则R_2和R_4的阻值变化量应为ΔR。此时如果输入电压是V_E,则电桥的输出电压就可表示为:

$$V_0 = \left(\frac{\Delta R}{R}\right) V_E$$

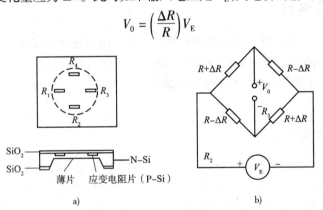

图4-25 半导体的压电电阻效应
a)原理图;b)检测电路图

半导体压力传感器的结构图与输出特性图如图4-26所示。这种传感器是将硅片的周

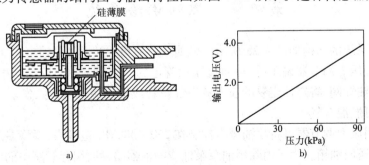

图4-26 压敏电阻式进气压力传感器
a)结构图;b)输出特性图

边固定在基座上,再整体封入一个壳体内,并在壳体内形成真空。当通道口与进气管相连接时,进气管内的压力就会使传感器内的膜片产生变形,此时由应变电阻组成的电桥电路就会输出与进气管内压力成比例的电压。由于基准压力是真空的压力,使用这种压力传感器可以测定出绝对压力。

三、节气门体

节气门体安装如图4-27所示,节气门体位于空气流量计和发动机之间的进气管上,节气门由加速踏板控制,以便控制发动机的进气量。节气门体上有怠速通道,当怠速时可提供少量的空气。节气门位置传感器也装在节气门轴上,用来向ECU传递节气门开度信号。

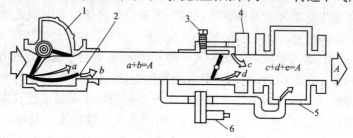

图4-27 怠速时空气流量

1-空气流量计;2-旁通调节螺钉;3-怠速调节螺钉;4-节气门体;5-稳压管;6-冷起动空气阀

四、冷起动空气阀

在冷车起动时,发动机温度低,摩擦阻力大。为了减少发动机的暖机时间,通过空气阀为发动机提供额外的空气(空气量也由空气流量计计量),使发动机转速增加,以缩短暖机时间。当发动机完成暖机过程,流经空气阀的空气被切断,发动机吸入的空气改由节流阀的旁通通道供给。

五、怠速控制阀(ISC)

ISC不仅集中了节气门和由怠速调整螺钉控制的旁通通道的功能,而且还能在ECU的控制下,根据发动机实际工况来改变怠速时流入发动机的空气量。例如,当发动机摩擦力矩变化或其他因素变化致使发动机怠速转速发生变化时,ECU可根据接收到的转速信号来控制ISC的开度,使转速维持恒定。大多数空气流量控制机构选用旁通空气方式。

第四节 燃油供给系统

燃油供给系统的结构如图4-28所示。燃油从燃油箱中被燃油泵抽出,先由燃油滤清器将杂质滤除,经压力调节器调压后,再通过输油管送到各个喷油器。喷油器根据ECU发出的指令开启喷油针阀,将燃油定量的喷入各进气歧管或稳压室中与流入发动机内的空气进行混合,形成可燃混合气。

此外,利用压力调节器可将喷油压力控制在250~300kPa范围内,而将多余的燃油从调压器经回油管送回油箱。为了消除燃油泵泵油或喷油器喷油时引起管路中的油压产生微小扰动,在有些发动机的燃油供给系统中还根据燃油泵的不同而选择装有油压脉动阻尼器,用于吸收管路中油压波动时的能量,以此抑制管路中油压的脉动,提高系统的喷油精度。

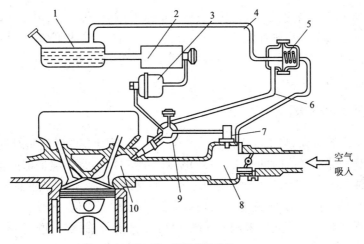

图 4-28 燃油供给系统

1-燃油箱;2-燃油泵;3-燃油滤清器;4-回油管;5-燃油压力调节器;6-输油管;7-冷起动喷油器;8-稳压箱;9-喷油器;10-各缸进气歧管

发动机正常工况下的喷油量由喷油器通电时间的长短决定。在进气总管处安装一个冷起动喷油器,其目的是为了改善发动机的冷起动性能,冷起动喷油器的喷油时间由热敏定时开关或者ECU控制。现代发动机取消了冷起动喷油器和热敏正时开关,直接控制喷油器的开启时间实现起动加浓。

一、燃油泵

燃油泵的作用是把燃油从油箱内吸出并通过喷油器供给发动机各汽缸。电动燃油泵在车上的安装方式有两种,一种是安装在油箱外输送管路中的外装式燃油泵;另一种是安装在油箱中的内装式燃油泵。

图 4-29 所示燃油泵为一常用内装式燃油泵。内装式燃油泵装在油箱内,噪声小,不易漏油和产生气阻,工作性能良好。如图 4-29a)所示,它由电动机、涡轮泵、止回阀、卸压阀及滤网组成。其工作原理如图 4-29b)所示,当电动机带动叶轮旋转时,叶轮外缘上的叶片把

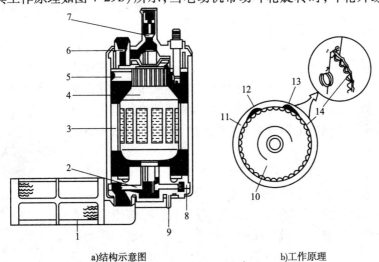

a)结构示意图　　　　　　b)工作原理

图 4-29 常用内装式燃油泵

1-滤网;2-叶轮;3-磁极;4-电枢;5-电刷;6-卸压阀;7-止回阀;8-泵壳;9-泵盖;10-叶轮;11-壳体;12-出口;13-入口;14-叶片

燃油从入口压向出口。当油泵出口压力超过400kPa时，卸压阀打开，泄出的燃油返回油箱，以防止油路中油压过高。设置在液压泵出口处的止回阀在发动机停车时关闭，避免燃油倒流，并使油路中保持一定静压，减少气阻现象，便于发动机热起动。当起动时，只要接通点火开关，电动燃油泵便开始工作。

二、燃油压力调节器

由前面分析内容可知，当EFI燃油供给系统工作时，喷油器的燃油喷射量与喷油器的喷油绝对压力及喷油器的开启时间有关。其中喷油器绝对压力是指喷油器的前后压力差，在数值上等于燃油总管油压与进气歧管压力之差。假设发动机工作时燃油总管的油压保持不变，则喷油器的喷油绝对压力将随发动机的负荷和转速发生变化。燃油压力调节器的作用是根据进气歧管绝对压力的变化来调节系统油压（燃油总管油压），使喷油器的喷油相对压力保持恒定，这样喷油器的燃油喷射量只取决于喷油器的开启时间。故电控单元只需通过控制喷油器的开启时间就可以达到精确控制喷油器喷油量的目的。

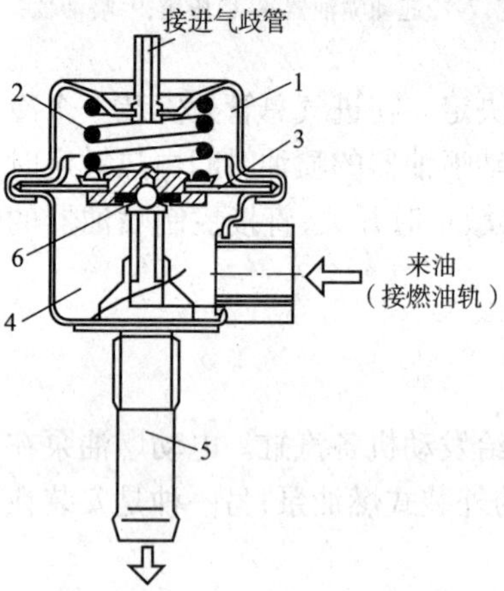

燃油压力调节器通常安装在燃油总管上，其结构如图4-30所示。金属外壳的内部被一涂有橡胶的纤维膜片分割为弹簧室和燃油室。其中，弹簧室通过一根软管与发动机进气歧管相通，而燃油室有进油口（接燃油总管）和回油管。因此，膜片下方燃油室一侧承受燃油总管油压，即系统油压，而另一侧则受进气歧管负压与弹簧压力的合力作用。

当发动机工作时，若进气歧管负压增加，可使作用在调节器膜片弹簧室侧的压力减小，在系统油压下，膜片上移，打开阀门，使多余部分的燃油从回油管流回油箱，系统油压随之相应减小，从而使得喷油器的喷油绝对压力不随进气歧管真空度的变化而发生变化，即保持恒定。

图4-30 燃油压力调节器
1-弹簧室；2-弹簧；3-膜片；4-燃油室；5-回油管；6-回油阀

三、燃油压力脉动阻力器

当转子式电动喷油泵泵油时，在燃油输入管道内会产生燃油压力脉动，影响了喷油器的喷油精度。为了避免这种现象产生，通常可安装燃油压力脉动阻尼器来减弱燃油总管中的压力脉动，有效提高喷油器的喷油精度及降低噪声。燃油压力脉动阻尼器通常被安装在燃油总管上，或安置在电动燃油泵上。

燃油压力脉动阻尼器如图4-31所示。燃油压力脉动阻尼器结构与燃油压力调节器有一定的相似之处，也分为弹簧室和燃油室两部分。但是，燃油压力脉动阻尼器的弹簧室是密封的，等于是一个空气弹簧。全部输油量通过阻尼器流向燃油总管。当燃油压力升高时，弹簧室容积变小而燃油容积扩大，使油压升高峰值减小。反之，油压降低时弹簧室容积变大而燃油容积减小，又使油压降幅减小。

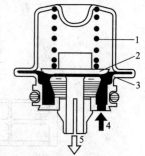

图4-31 燃油压力脉动阻尼器

1-弹簧；2-弹簧盘；3-薄膜；4-进油口；5-回油口

涡流式燃油泵由于泵油时压力脉动很小,所以涡流式燃油泵不采用燃油压力脉动阻尼器。

四、喷油器

喷油器实际上是一个电磁阀,电子控制装置(ECU)发出的指令信号可将喷油器头部的针阀打开,把准确配剂的一定量汽油喷入进气门前方,与进气歧管吸入的空气混合进入汽缸中。如图4-32所示为一球阀式电磁喷油器,喷油器体内有一个电磁线圈,球阀的阀针是由钢球、导杠和衔铁用激光束焊接成整体构成。当ECU发出命令使电磁线圈通电后,在电磁线圈磁场的作用下,衔铁和针阀被吸起,汽油从喷孔喷出。当电源切断后,针阀在复位弹簧作用下关闭喷孔。针阀开启时间(即喷油量)由ECU发出的脉冲宽度控制。

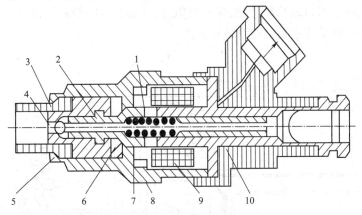

图4-32 球阀式电磁喷油器

1-弹簧;2-针阀;3-阀座;4-喷孔;5-护套;6-挡块;7-衔铁;8-喷油器体;9-电磁线圈;10-壳体

五、冷起动喷油器

冷起动喷油器(又称冷起动阀)安装在进气总管中央部位。在冷起动时,该喷油器喷油,加浓混合气,以改善冷机起动性能。

冷起动喷油器与安装在进气歧管上的各缸喷油器相似,也是一种电磁阀。冷起动喷油器结构如图4-33所示。当冷车起动时,电磁线圈通电,产生磁力,将衔铁吸起,汽油通过旋流式喷嘴喷出。

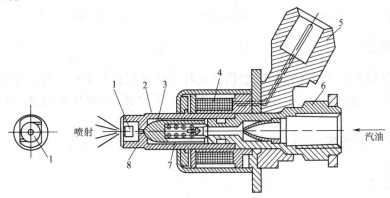

图4-33 冷起动喷油器

1-旋流式喷嘴;2-喷射管道;3-柱塞阀;4-电磁线圈;5-电插头;6-供油口与滤网;7-弹簧;8-阀座

冷起动喷油时间的控制有两种方法：一种是用热敏时控开关控制；另一种是 ECU 控制。由于冷起动喷油器装在进气总管中央部位，不可避免地影响了冷起动对各缸的均匀性，故现今一些汽车已经取消了冷起动喷油器，冷起动喷油器的任务由各缸喷油器完成。

第五节　电子控制系统

电子控制系统主要由传感器、电子控制单元(ECU)和执行元件组成。ECU 采集来自空气流量计、进气温度、发动机转速、冷却液温度、节气门位置传感器以及氧传感器等的输入信息，进行实时处理。经过精确计算，发出最佳喷油脉冲信号和最佳点火信号，从而获得最佳的空燃比与点火提前角，达到良好的动力性和经济性。当发动机出现故障时，电子控制系统还有故障诊断功能，可自动诊断故障，保存故障码，并通过故障指示灯输出。

图 4-34 为电控系统主要部件总体构成图。

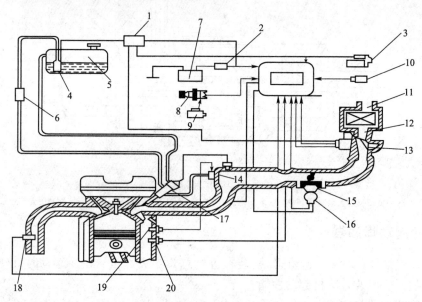

图 4-34　电控汽油喷射发动机电控系统总体构成图

1-线路开路继电器；2-主继电器；3-起动装置；4-油泵；5-燃油箱；6-燃油滤清器；7-蓄电池；8-点火开关；9-曲轴位置传感器（分电器）；10-大气压力传感器；11-空气滤清器；12-进气温度传感器；13-空气流量计；14-冷起动喷油器；15-空气阀；16-节气门位置传感器；17-燃油压力调节器；18-氧传感器；19-热敏时控开关；20-冷却液温度传感器

一、传感器

传感器是检测发动机工作状态的信息元件。传感器将发动机工作状态提供给 ECU，ECU 经过逻辑运算和判断，才能知道发动机是处于急速、加速还是减速，油量是浓还是稀等。

进气管压力传感器、空气流量传感器在前面已经做过介绍，在此不再重复。其他常用传感器介绍如下。

1. 温度传感器

电控系统中，进气温度和发动机冷却液温度是对喷油量进行控制和修正的两个温度参数。进气温度传感器是检测发动机吸入空气的温度。为此，进气温度传感器一般与进气量测量装置安装在同一处。冷却液温度传感器感知发动机温度的变化,用以确定发动机的运行状态,控制冷起动喷油器的工作和暖机加浓以及对喷油量的修正。进气温度传感器和冷却液温度传感器都采用热敏电阻式温度传感器,其温度范围相近,测量原理相同。图4-35为冷却液温度传感器的结构和工作特性。

热敏电阻式温度传感器的测量电路比较简单,只要把传感器与一个精密电阻串联接到一个稳定的电源上,就能够用串联电阻的分压输出反映温度的变化。

2. 曲轴位置传感器

曲轴位置传感器亦称点火信号发生器,除用于点火正时控制外,还是检测发动机转速的信号源。曲轴位置传感器可分为磁脉冲式、霍尔式、光电式等,可安装在曲轴、凸轮轴、飞轮或分电器上。

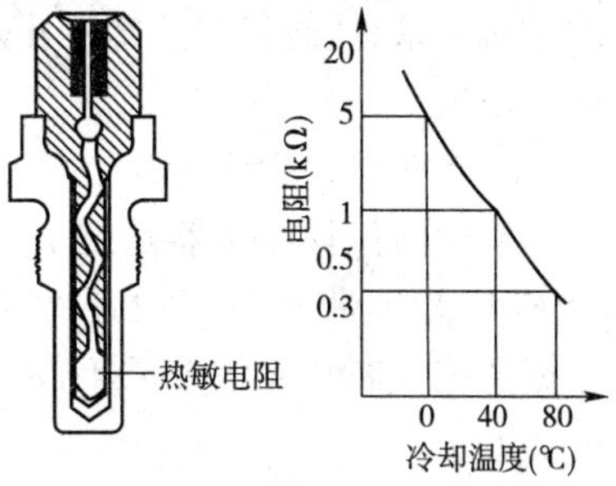

磁脉冲式曲轴位置传感器由永久磁铁、定时转子、耦合线圈等组成,其工作原理如图4-36所示。

图4-35 冷却液温度传感器
a)冷却液温度传感器结构;b)冷却液温度传感器工作特性

转子由导磁好材料制成,装在分电器轴上。转子外缘设有与汽缸数相等且等距离分布的齿,该齿即为定时齿。图中转子有4个齿,分别代表四缸发动机的4个缸。耦合线圈绕在衔铁上,衔铁固定在分电器壳体上。当曲轴带动分电器轴旋转时,由于转子定时齿相对于线圈位置的变化,使线圈内的磁通变化,从而在线圈内产生感应电动势输出。在图4-36a)中,当该缸定时齿接近线圈时(图4-36a中 A),磁通增加(图4-36b中 A 段曲线所示);当定时齿对准线圈时(图4-36a中 B),磁通达到最大值(图4-36b中 B 点所示);当定时齿离开线圈时(图4-36a中 C),磁通开始下降(图4-36b中 C 段曲线所示)。

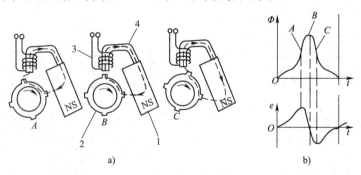

图4-36 磁脉冲式曲轴位置传感器
a)工作原理图;b)波形图
1-永久磁铁;2-转子;3-耦合线圈;4-衔铁

所以,每个定时齿都会引起线圈内磁通由零变到最大,又由最大变到零的周期性变化。根据法拉第电磁感应定律,当回路中的磁通发生变化时,回路中就会产生感应电动热,感应电动势的大小与磁通的变化率成正比,感应电动势的方向由楞次定律来确定。对应于磁通的变化,每个定时齿都会在线圈内产生一个类似正弦波的感应电动势输出。感应电动势与磁通的波形及它们之间的对应关系如图4-36b)所示。把上述输出信号经整形、放大并送功率开关电路,就可控制点火系统工作。

如图4-37所示为可传感曲轴位置信息的霍尔传感器。这类传感器可以将发动机转速和曲轴位置的检测融为一体。转子上的某一个叶瓣的宽度比其余叶瓣小一些,这个叶瓣所对应的脉冲的宽度小一些,而且设计成该脉冲的上升沿在恒速时比其他脉冲的上升延迟一些到来。ECU通过软件识别这个特殊叶瓣的来临。只要装配时确保叶瓣位置同曲轴位置之间固定的相对关系,便借此感知上止点位置信息,当然同时也能传感转速信息。

3. 节气门位置传感器

节气门位置传感器是把节气门的开度转化成电信号,再传给ECU,ECU根据节气门开度值判定发动机当前的运行工况。根据系统控制精度的要求不同,节气门位置传感器有两种不同的类型。

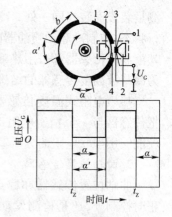

图4-37 霍尔传感器
1-转子;2-永久磁铁;3-霍尔集成电路;4-气隙

一种是以输出值为开关量的简单开关式传感器,这种传感器由一个可动触点和两个固定触点——功率触点和怠速触点构成,其结构如图4-38所示。可动触点可沿导向凸轮沟槽移动,导向凸轮由固定在节气门轴上的控制杆驱动。当发动机怠速工作时,传感器可动触点与怠速触点接触,怠速工况信号线输出为高电平;当发动机节气门开度大于50%时,另一对功率触点闭合,功率信号线输出为高电平;当发动机节气门开度在怠速和50%之间时,活动触点处于两个触点间,传感器输出线均为低电平。

另一种为线性节气门位置传感器,如图4-39所示。这种传感器有两个与节气门轴同轴的触点,一个触点可在基板上滑动,并与基板形成一个电位器,它将节气门开度值转化为电压值。另一个专门用于确定节气门全关位置,提供怠速信号,也称为怠速测量触点。

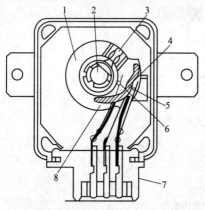

图4-38 简单开关式节气门位置传感器
1-导向凸轮;2-节气门轴;3-控制杆;4-活动触点;5-带速触点;6-功率触点;7-联动装置;8-导向凸轮

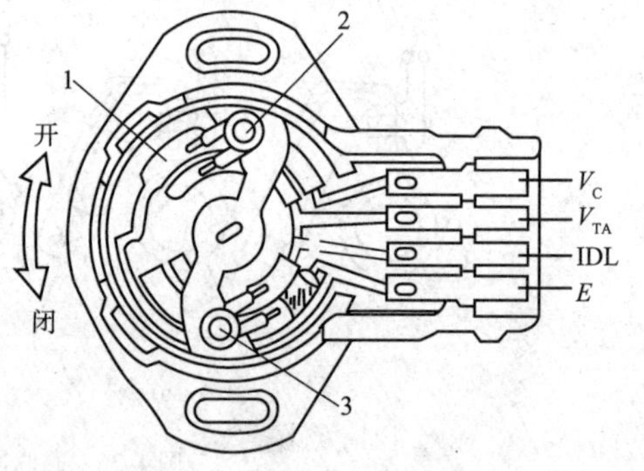

图4-39 线性节气门位置传感器
1-电阻体;2-滑动触点1(用于测量节气门开度值);3-滑动触点2(用于检测节气门全关位置)

4. 氧传感器

为了使装有三元催化转化器的发动机达到最佳的排气净化性能,必须把混合气的空燃比保持在理论空燃比附近很窄的范围内,因此在这样的系统中,氧传感器成为必需的装置。氧传感器的作用是检测排气中氧的浓度并转化为电信号反馈给ECU,由ECU根据废气中的含氧量,对喷油量进行修正。

目前,最常用的氧传感器是二氧化锆或二氧化钛传感器。二氧化锆(ZrO_2)传感器的结构如图4-40所示。

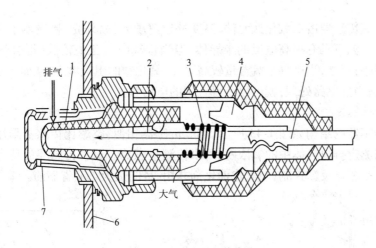

图 4-40 二氧化锆氧传感器
1-锆管；2-电极；3-弹簧；4-电极座；5-导线；6-排气管；7-气孔

二氧化锆氧传感器的基本元件是专用陶瓷体，即二氧化锆固体电解质管，陶瓷体制成试管状，也称锆管。锆管固定在带有安装螺纹的固定套内，锆管内表面与大气相通，外表面与排气相通。其内外表面都覆盖着一层多孔性的铂膜作为电极。氧传感器安装在排气管上，为了防止排气管内废气中的杂质腐蚀铂膜，在锆管外表的铂膜上覆盖一层多孔的陶瓷层，并加有带槽口的防护套管。在其接线端有一个金属护套，其上开有一孔，使锆管内表面与大气相通。

当锆管接触氧气时，氧气透过多孔铂膜电极，吸附于二氧化锆，并经电子交换成为负离子。由于锆管内表面通大气，外表面通排气，其内外表面的氧气分压不同，则负氧离子浓度也不同，从而形成负氧离子由高浓度侧向低浓度侧的扩散。当扩散处于平衡状态时，两电极间便形成电动势，所以二氧化锆氧传感器的本质是化学电池，亦称氧浓差电池。

图 4-41 给出了氧化锆传感器的输出特性。由图可知，当混合气在理论空燃比附近时，氧化锆传感器的输出电压会随着空燃比的改变而急剧变化，从而可以很灵敏地给出相应的控制信号。

二氧化钛氧传感器是一种电阻型气敏传感器。它是利用化学反应强，对氧气敏感，易于还原的氧化物半导体材料二氧化钛在与氧气接触时产生氧化还原反应，使晶格结构发生变化，从而导致电阻值发生变化的原理工作的，又称电阻型氧传感器，其结构如图 4-42 所示。

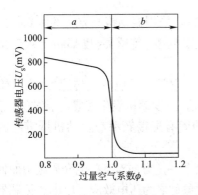

图 4-41 600℃氧化锆传感器的输出特性

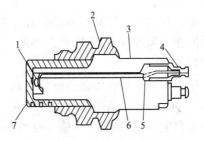

图 4-42 二氧化钛氧传感器
1-二氧化钛元件；2-金属外壳；3-陶瓷绝缘材料；4-接线端子；5-陶瓷元件；6-导线；7-金属保护管

二氧化钛氧传感器由二氧化钛元件、温度补偿热敏元件、外壳、接线端子等组成。二氧化钛是一种在室温下具有很高电阻的半导体,但当排气中氧含量较低(混合气浓)时,二氧化钛的阻值减小;反之,当排气中氧含量较高时,二氧化钛的阻值增大,从而将氧浓度转换成电参数,经过适当的电路处理,就可以获得有用的电信号。

5. 空燃比传感器

空燃比传感器的结构如图4-43所示,与氧传感器相似,空燃比传感器采用了二氧化锆固体电解质来测定排放气体中的氧浓度,用以检测空燃比。这种传感器的特点是在超稀薄燃烧区域进行空燃比反馈控制,与氧化催化剂并用,目的是为了节省燃油。

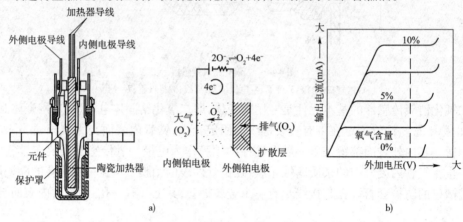

图4-43 空燃比传感器
a)传感器结构;b)输出特性

这种传感器结构虽然与氧化锆型氧传感器相似,但是外侧电极和内侧电极之间施加了一定的电压。此时,为达到外侧电极表面的氧量而使氧化锆内的氧离子流动,所以可把它作为电流进行检测。在稀混合气范围内,燃烧废气中的氧浓度与空燃比有关。所以,根据传感器中的电流值,可检测空燃比。另外,为了将检测元件的温度保持在一定值,在传感器内还安装了陶瓷加热器。

6. 爆震传感器

爆震传感器用于检测发动机有无爆震发生,以此实现发动机点火时刻的闭环控制,可以有效地抑制发动机爆震现象的发生。此外,由于闭环控制系统可将发动机的燃烧过程控制在微爆状态,故能有效地提高发动机的工作性能。爆震传感器是点火闭环控制系统中不可缺少的元件。

现在常用检测发动机振动的方法来判断有无爆震。采用振动检测方法的爆震传感器有磁滞伸缩式和压电式两种,它们都属于能量转换型(发电型)传感器,也都属于共振型爆震传感器。

磁滞伸缩式爆震传感器的结构如图4-44a)所示。它是一种电感式传感器,由高镍合金的铁芯、永久磁铁、绕组及外壳等组成。其工作原理是,当发动机发生爆震时,铁芯受振使绕组磁通发生变化,从而产生感应电动热。当传感器的固有振荡频率与发动机爆震时的振动频率相同时,传感器输出最大信号(图4-44b)。

压电式传感器是利用压电效应原理制成的。当沿着一定方向对某些电介质施力而使其变形时,其内部会产生极化,同时在其表面产生电荷的现象称之为压电效应。压电式传感器是一种力敏元件。凡是能够变换为力的动态物理量,如应力、压力、加速度等,均可用其进行检测。

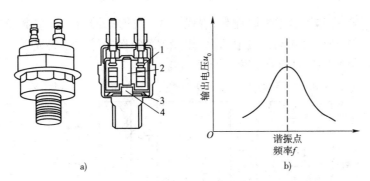

图 4-44 磁滞伸缩式爆震传感器
a）结构；b）输出特性
1-绕组；2-铁芯；3-外壳；4-永久磁铁

图 4-45 所示为另一种共振型压电式爆震传感器的结构。由图可知，这种爆震传感器由压电元件、振荡片、基座、外壳等组成。压电元件紧贴在振荡片上，振荡片固定在基座上。选择振荡片的固有频率与被测发动机爆震时的振动频率一致，则当爆震发生时两者共振，压电元件有最大谐振输出。该共振型压电式爆震传感器的输出特性如图 4-46 所示。

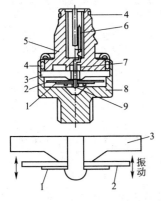

图 4-45 共振型压电式爆震传感器结构
1-压电元件；2-振荡片；3-基座；4-O 形环；5-插接器；6-接头；7-密封剂；8-外壳；9-引线

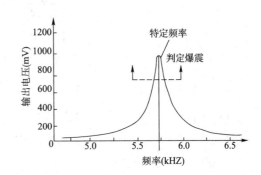

图 4-46 共振型压电式爆震传感器的输出特性

二、ECU

ECU 是电控汽油喷射系统的核心，内装有微型计算机。发动机工作状态通过传感器反映给 ECU。在 ECU 内存储喷射持续时间、点火时刻、怠速和故障诊断等数据，这些存储的数据与发动机工况以及计算机程序相匹配。ECU 利用这些数据和来自发动机上各种传感器的号，经过逻辑运算，又输出控制信号给执行器，通过执行器控制发动机工作状态。

在 ECU 的金属外壳里面安装着一块印制电路板。板上集成有数字电路元件和喷油、点火和油泵的驱动模块，喷油和点火驱动模块的功率放大元件为了散热而安装在专门的冷却套内或散热片上。

ECU 外壳上设有专门的插座。根据 ECU 的功能，引脚数可多达近百个。用相应的插头可将 ECU 同蓄电池、传感器、执行器和故障阅读仪相连接。ECU 内设有辅助电路，以实现接错极性保护和短路保护。

电子控制单元（ECU）如图 4-47 所示，电子控制单元的硬件分成输入极、微型计算机和输出极三部分。随着芯片集成度的提高,现代 ECU 中的微处理机、存储器、时钟发生器、定时器、输入输出(I/O)接口和输入极中的模/数(A/D)转换器等均已集成于一块大规模集成电路芯片中,称为单片机,具有计算机的全部功能。

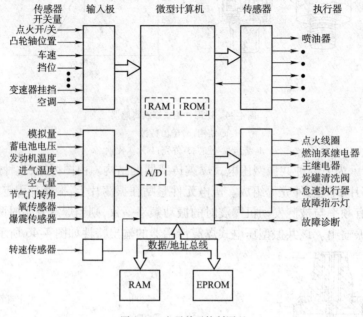

图 4-47 电子单元控制原理

三、执行元件

执行元件又称执行器,受到 ECU 控制,具体执行某项控制功能的装置。喷油控制系统中主要的执行元件是电控喷油器等,有关内容已在本章作了介绍。

第六节 燃油喷射的控制

在汽油机电控燃油喷射系统中,以电子控制单元(ECU)为中心,用安装在发动机不同部位上的各种传感器测定发动机的各种工作参数,将它们转化为 ECU 能接受的电信号之后,传送给 ECU;ECU 对输入信号作运算、处理、分析和判断后,向执行器发出指令,控制喷射系统的工作,最终通过喷油器定时、定量地把汽油喷入进气道或汽缸中去,使发动机在各种工况下都能获得最佳浓度的混合气。此外,通过电控喷射系统还能实现起动加浓、暖机加浓、加速加浓、全负荷加浓、减速调稀、停油、自动急速等控制功能,满足发动机各种特殊工况对混合气的要求,从而使发动机获得良好的燃油经济性、动力性并降低废气中的有害排放物。

燃油喷射控制是 ECU 的主要控制功能,燃油喷射控制包括喷油时刻的控制和喷油量的控制。

一、喷油时刻的控制

燃油喷射系统中,喷油时刻控制是所有采用间歇喷射方式所必须解决好的问题之一。喷油时刻是指喷油器开始进行喷油的时刻所对应得曲轴位置。喷油时刻随发动机喷油方式的不同而有所不同。ECU 以曲轴转角传感器的信号为依据,根据不同的喷油方式控制喷油器的开启时刻。图 4-48 分别是六缸发动机和四缸发动机不同喷油方式下的喷油时刻图。

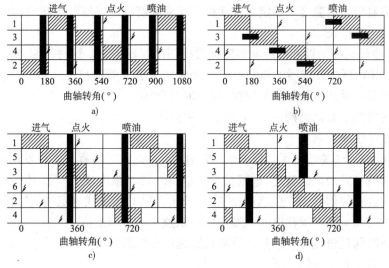

图 4-48 喷油时刻图

a)单点喷射系统喷油时刻图;b)顺序喷射时刻图;c)同时喷射时刻图;d)分两组喷射时刻图

二、喷油量的控制

喷油量的控制由 ECU 根据发动机的不同运行工况控制喷油器的不同喷油持续时间来实现。ECU 根据各种传感器测得的发动机进气量、转速、节气门开度、冷却液温度与进气温度等多项运行参数,按设定的程序进行计算,并按计算结果向喷油器发出电脉冲信号,通过改变每个电脉冲的宽度来控制各喷油器每次喷油的持续时间,从而达到控制喷油量的目的。电脉冲的宽度越大,喷油持续时间越长,喷油量也越大。

喷油持续时间的控制分为同步喷射和异步喷射持续时间两种控制方式。同步喷射控制方式中,喷油时刻具有固定的曲轴转角,喷油量由喷油持续时间控制。发动机在稳定工况的大部分运转时间内都以此方式工作。异步喷射方式中,喷油时刻与曲轴转角无关,只与发动机实际运行工况有关,如起动、加速等过渡工况,喷油持续时间的长短也由对应的工况决定。发动机在不同的工况下运行时,其喷油量的大小与喷油方式各不相同。电控系统除了能对正常的基本喷油量控制外,还必须对冷起动、暖机、怠速、加速等工况的喷油量进行校正,使供给的混合气与发动机的工况相适应。

1. 起动工况的喷油控制

发动机刚起动时,由于转速很低,转速的波动也很大,这时空气流量计所测得的进气量信号有很大的误差。因此,在发动机刚起动时,ECU 不以空气流量计的信号作为喷油量的计算依据,而是按预先给定的起动程序来进行喷油控制。ECU 根据起动开关及转速传感器的信号,判定发动机是否处于起动状态。当起动开关接通,且发动机转速低于某一转速(如 300r/min)时。ECU 按发动机冷却液温度、进气温度和起动转速计算出一个固定的喷油量。这一喷油量能使发动机获得顺利起动所需的浓混合气。

冷车起动后,发动机温度仍很低,喷入进气道的燃油不易蒸发。为了保证发动机在低温下也能正常起动,需进一步增大喷油量。一般采用以下两种方法:

(1)通过 ECU 控制冷起动加浓。通过延长各缸喷油器的喷油持续时间或增加喷油次数来增加喷油量。所增加的喷油量及延长的喷油持续时间,由 ECU 根据进气温度传感器和冷却液温度传感器测得的温度来确定。发动机冷却液温度或进气温度越低,喷油量就越大,喷油的持续时间也就越长。

(2)通过冷起动喷油器和冷起动温度开关控制冷起动加浓。这种控制方式在冷车起动时,除了通过 ECU 延长各缸喷油器的喷油持续时间来增大喷油量之外,还通过冷起动油器喷入一部分冷车起动所需要的附加燃油,以加浓混合气。

现代汽油机为了简化结构,一般采取第一种方法。

2. 起动后的喷油控制

发动机起动后,转速超过了最低的极限转速,转入正常运转程序。在发动机运转期间,各传感器适时检测发动机的转速、进气量、进气温度、冷却液温度、节气门位置(即工况)以及排气中氧的含量等信号,通过接口电路输入 ECU。ECU 按下式确定喷油持续时间:

喷油持续时间 = 基本喷油时间 × 喷油修正系数 + 电压修正值

基本喷油时间是根据空气质量和发动机转速计算出的为实现设定空燃比而需要的喷油时间。各喷油修正系数介绍如下。

1)蓄电池电压修正

当 ECU 控制的喷油脉冲信号到达喷油器时,由于喷油器电磁线圈具有感抗,延缓了电磁线圈内电流的增大,使喷油器针阀的开启滞后于电脉冲到达的时刻,而喷油器针阀关闭的时刻又落后于电脉冲结束的时刻。一般开启时间大于关闭时间,因此导致实际的喷油持续时间小于电脉冲宽度(图 4-49a)。这样,在同样宽度的喷油电脉冲控制下,当蓄电池电压不同时,会引起实际喷油量的变化,蓄电池电压降低,喷油量也会下降。蓄电池电压修正通常以 14V 电压为基准,低于 14V 时,增加喷油时间。发动机因此得到正确的喷油量。蓄电池电压修正系数如图 4-49b)所示。

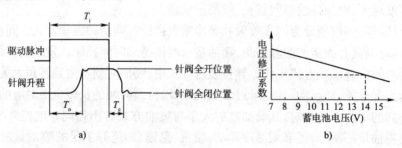

图 4-49 蓄电池电压修正图
a)驱动脉冲与针阀运动;b)蓄电池电压修正系数
T_i-通电时间;T_o-阀开启时间;T_c-阀关闭时间

2)进气温度修正

进气温度不同,空气质量会有变化。为了补偿这个误差,在空气流量计内常装有进气温度传感器,通常是以 20℃时的进气温度为基准。修正系数如图 4-50 所示,当进气温度低于 20℃时,修正系数大于 1,适当增加喷油量;当进气温度高于 20℃时,修正系数小于 1,适当减少喷油量。

3)起动后喷油修正

发动机冷车起动后数十秒内,由于发动机机体温度较低使得汽油汽化不良,为使发动机保持稳定运转,应随时间变化进行不同程度的加浓。喷油修正系数的初始值由冷却液的温度决定,然后随着起动运行,修正系数逐渐减小。喷油量的修正值如图4-51所示。

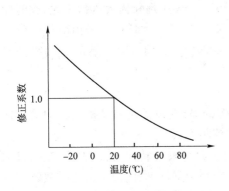

图4-50 进气修正系数

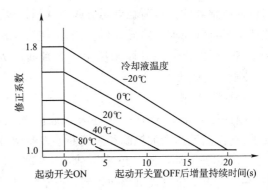

图4-51 冷车起动燃油修正系数

4) 暖机加浓修正

在冷车起动结束后的暖机过程中,发动机的温度一般不高,喷入燃油与空气的混合依然较差,结果造成汽缸内的混合气变稀。因此,在暖机过程中必须增加喷油量。暖机增量比的大小取决于冷却液温度传感器所测得的发动机温度,并随着发动机温度升高而逐渐减小(图4-52)。

5) 加速修正

汽车发动机加速时,节气门突然开大,发动机吸气量会随着节气门开度的变化而立即发生变化,但进入汽缸的

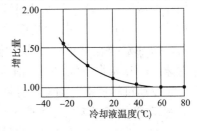

图4-52 暖机加浓修正系数

燃料量却由于在进气管壁上凝聚的油膜蒸发量受进气压力增加的影响而减少,所以在短时间内使混合气变稀。为了获取良好的加速过渡性能,要求供给系统能在短时间内使混合气加浓。在加速工况时,发动机根据节气门位置传感器的变化速率判断发动机是否处于加速工况。当发动机处于加速工况时,ECU能自动按一定比例适当增加喷油量,修正的大小取决于加速时的发动机冷却液温度,温度越低,修正量越大,持续时间越长(图4-53)。

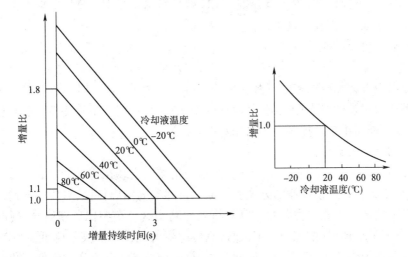

图4-53 加速修正系数

6) 大负荷修正

发动机处于部分负荷时,喷油量控制在经济成分,以得到最低油耗和降低排放。当节气门位置传感器的大负荷触点闭合或节气门开度大于70°时,ECU判断为大负荷工况,此时应按功率混合气要求供给喷油量,目的是使发动机发出最大功率。大负荷信号由节气门位置传感器测得的节气门开度来决定。当判断出为大负荷时,ECU调节喷油器的持续喷油时间,使喷油量增加。

7)断油控制

断油控制是ECU在一些特殊工况下,暂时中断燃油喷射,以满足发动机运转中的特殊要求,它包括超速断油控制和减速断油控制两种断油控制方式。

(1)超速断油控制。超速断油是当发动机转速超过允许最高转速时,由ECU控制自动中断喷油,以防止发动机超速运转,造成零件损坏,也有利于降低油耗,减少有害排放物。对发动机的最高转速进行限制,对电子控制燃油喷射发动机来说,采用切断燃油的电子转速限制装置。ECU根据发动机的实际转速与ECU内存储的最高转速(一般为6000~7000 r/min)进行比较,当达到设定的最高转速时,ECU立即抑制喷油脉冲,停止输出喷油信号,使喷油器停止喷油。当发动机转速降到规定值时即断油后发动机转速下降至低于极限转速约100r/min时,断油控制结束,恢复喷油。如此循环,以防止转速继续上升。

(2)减速断油控制。当发动机高速运行突然完全关闭节气门时,不可能很快转入正常怠速。ECU根据节气门全闭信号和转速高于某一设定值的信息,自动控制中断燃油喷射,直到发动机转速下降到设定的低转速时再恢复喷油。这样,有利于控制急减速时的有害排放物,降低燃油消耗量,并加大发动机对汽车滑行的制动作用。减速断油控制过程是由ECU根据节气门位置、发动机转速、冷却液温度等运转参数作出综合判断后,在满足以下条件时执行减速断油控制的:

①节气门位置传感器中的怠速开关接通。

②发动机冷却液温度已达正常温度。

③发动机转速高于某一数值,该转速称为减速断油转速,其值根据发动机冷却液温度、负荷等参数确定。通常,冷却液温度越低,发动机负荷越大(如使用空调时),该转速越高。

当上述三个条件都同时得到满足时,ECU就执行减速断油控制,切断喷油,否则,ECU就立即停止减速断油,恢复喷油。

以上所述空燃比的控制方法,被称之为开环控制。在此控制系统中,发动机各种运行工况下的空燃比存储在ECU的存储控制单元中,在发动机运行时,ECU根据传感器检测到的信号从存储器中查取相应的控制参数并输出控制。其特点是发动机只是按照ECU中预先存储的空燃比值对发动机进行控制,因而其控制比较简单,但并不检测控制后是否达到了真正目标,所以不能纠正自身控制产生的相对误差。

3. 理论空燃比的反馈控制

反馈控制又称为闭环控制。所谓反馈控制是指借助安装在排气管中的氧传感器反馈信号,对理论空燃比进行反馈控制的方式。根据氧传感器的输出特性,氧传感器输出电压信号在过量空气系数$\phi_a=1$处发生跃变。ECU有效地利用这一空燃比反馈信号,当混合气过稀时,排气中含氧量增加,当增加到一定值时,氧传感器的输出电压突然降低。ECU根据这一信号使喷油器增加供油量,使混合气逐渐变浓,直至加浓到实际空燃比略低于化学计量空燃比、氧传感器的输出电压再次迅速上升、ECU再次发出减少喷油量的命令为止。反馈控制便是如此循环往复地进行的(图4-54)。

氧传感器通常和三元催化转化器一同使用，应用氧传感器进行反馈控制的目的就是保证三元催化转化器工作在高效净化区。

在发动机运行中，并不是在所有时刻和任何工况下，氧传感器和反馈控制系统都起作用。ECU是交替通过开环和闭环两种方式对喷油量进行控制的。发动机在起动、大负荷（节气门全开）及暖机运转过程中，需要较浓的混合气，此时ECU是处于开环控制状态，氧传感器不起作用。另外，因为氧传感器只有在高温状态下（一般需加热至350℃以上）才能产生可靠的信号，因而发动机起动后，在氧传感器未达到一定温度之前，ECU也是处于开环控制状态下工作的。只有

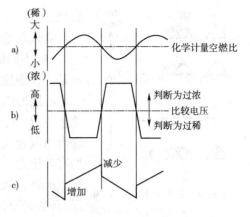

图4-54 反馈控制特性曲线图
a)混合气实际空燃比；b)氧传感器输出电压；c)喷油量

在发动机达到正常工作温度后，ECU才进行闭环控制，氧传感器才发挥反馈控制的作用。当氧传感器出现故障，输出信号异常时，ECU会自动切断氧传感器的反馈作用，进入开环控制状态。

第七节　汽油机的燃烧室

燃烧室结构直接影响到发动机充量系数、火焰传播速率及放热率、传热损失及爆震的发生，从而影响发动机的性能。为了使汽油机动力性高、经济性好、工作平稳、噪声小、排气污染小，对燃烧室提出了一系列的要求。

（1）结构紧凑。面容比F/V（燃烧室表面积与容积之比）常用于表示燃烧室的紧凑性。它与燃烧室形式以及汽油机的主要结构参数有关，侧置气门燃烧室的F/V大，顶置气门燃烧室的F/V要小得多，即使都是顶置气门，不同形状燃烧室的F/V值也是有差别的。一般来说，F/V大，火焰传播距离长，容易爆震，HC排放高（图4-55），相对散热面积大，热损失大。面容比值较小，燃烧室紧凑，具有的优点一是火焰传播距离短，不易爆震，可提高压缩比；二是相对散热损失小，热效率高；三是熄火面积小，HC排放少。

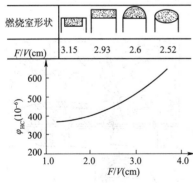

图4-55 几种燃烧室的F/V与HC排放

（2）具有良好的充气性能。应允许有较大的进、排气门流通截面，这样可以提高充量系数，降低泵气损失；燃烧室壁面与气门头部要有足够的间隙，以避免壁面的遮蔽作用。

（3）火花塞位置安排得当。火花塞的位置直接影响火焰传播距离的长短，从而影响抗爆性，也影响火焰面积扩展速率和燃烧速率。在布置火花塞时必须考虑以下因素：

①能利用新鲜混合气充分扫除火花塞间隙处的残余废气，使混合气易于着火。这一点对暖机和低负荷的运转稳定性更为重要，但气流不能过强，以免吹散火花。

②火花塞应靠近排气门处，使受灼热表面加热的混合气及早燃烧，以免发展为爆震

燃烧。

③火花塞的布置应使火焰传播距离尽可能短。

(4)不同的火花塞位置对燃料辛烷值要求也不同,图4-56所示是一种顶置气门燃烧室火花塞位置对辛烷值的要求。

不同的燃烧室形状实际上反映混合气气体的分布情况,与火花塞位置相配合,也就决定了不同的燃烧放热率和火焰传播到边缘可燃混合气的距离,从而影响抗爆性、工作粗暴性、经济性和平均有效压力。在特制形状的燃烧室中的试验结果表明,圆锥形底部点火时,开始燃烧速率大,后期缓慢;圆锥形顶部点火时正好相反,开始缓慢,后期快速燃烧;圆柱形介于两者之间(图4-57)。楔形燃烧室与圆锥形底部点火类似,浴盆形燃烧室与圆柱形类似。

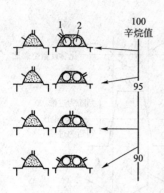

图4-56 顶置气门燃烧室火花塞位置与辛烷值要求
$n=1000\text{r/min}, \varepsilon_c=9$
1-进气门;2-排气门

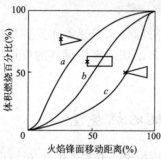
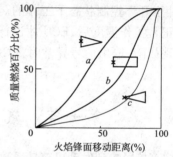

图4-57 燃烧室形状对燃烧放热率的影响

混合气体合理的分布应使燃烧初期压力升高率小,工作柔和;中期放热量最多,获得较大的功率;后期补燃较少,有较高的热效率。

(5)要产生适当的气体流动。燃烧室内形成适当强度的气体流动有以下优势:一是增加火焰传播速度;二是扩大了混合气体的着火界限,可以燃烧更稀的混合气;三是降低了循环变动率;四是降低了HC排放。需要注意的是过强的气流会使热损失增加,还可能吹熄火核而失火。

(6)适当冷却末端混合气。末端混合气要有足够的冷却强度,以降低末端混合气温度,减轻爆震倾向。但又不可使激冷层过大,以免增加HC的排放。

一、传统发动机常见的几种燃烧室

1.楔形燃烧室

如图4-58所示,楔形燃烧室结构较紧凑,火焰传播距离较短;气门倾斜6°~30°,使得气道转弯小,这种燃烧室气门直径较大,所以充气性能较好;楔形燃烧室有一定的挤气面积,并且末端混合气冷却作用较强,故压缩比可达9.5~10.5;这种燃烧室有较好的经济性、动力性。

楔形燃烧室的火花塞布置在楔形高处,对着进、排气门之间,有利于新鲜混合气扫除火花塞附近的废气,低速、低

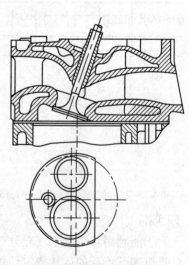

图4-58 楔形燃烧室

负荷性能稳定。但由于混合气过分集中在火花塞处,使得初期燃烧速度大,$\Delta p/\Delta \varphi$ 值较高,工作粗暴,NO_x 排放量较高。由于挤气面积内的熄火现象,废气中 HC 的含量亦较多,故需控制挤气面积。

楔形燃烧室曾是车用汽油机采用比较广泛的一种,我国 CA-72 型小客车汽油机及 486(3Y)、491(4Y)、489(GM2.0)型汽油机均采用此种燃烧室。由于楔形燃烧室进、排气门只能单行排列,采用多气门机构困难,故高性能轿车汽油机上较少应用。

2. 浴盆形燃烧室

浴盆形燃烧室形状如图 4-59 所示。这种燃烧室高度是相同的,宽度允许略超出汽缸范围来加大气门直径。从气流运动考虑,需要在气门头部外缘与燃烧室壁面之间保持 5～6.5mm 的距离,这样使气门尺寸所受的限制比楔形大。浴盆形燃烧室的特点是:具有一定的挤气面积,但挤流效果差;火焰传播距离较长,燃烧速度较低,使整个燃烧时间长,经济性、动力性不好,HC 排放量多。但 $\Delta p/\Delta \varphi$ 值低,工作柔和 NO_x 的排量较少,工艺性好。我国 6100Q 汽油机、492Q 汽油机均采用此种燃烧室。

3. 半球形燃烧室

半球形燃烧室如图 4-60 所示。这种燃烧室结构紧凑,且由于火花塞位于中间,故火焰传播距离也是最短的。进排气门倾斜布置,使气门直径较大,气道转弯较小,充气效率高,且对转速变化不敏感,最高转速在 6000r/min 以上的车用汽油机几乎都采用此类燃烧室。因此半球形燃烧室有较好的动力性能和经济性能。由于面容比小,HC 排放量低。其缺点是由于火花塞附近有较大容积,使燃烧速率大,压力升高率大,工作粗暴。NO_x 排放较多,末端混合气冷却较差,气门驱动机构也较复杂。

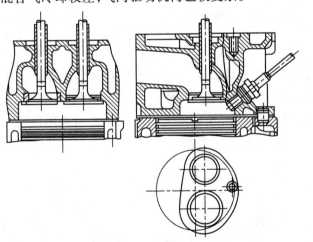

图 4-59 汽车发动机的浴盆形燃烧室

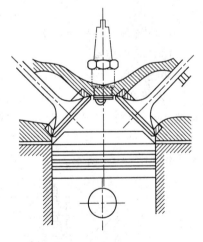

图 4-60 半球形燃烧室

二、稀薄燃烧及缸内直喷式汽油机

常规汽油机(包括化油器式和大部分进气道喷射式汽油机)混合气是均质的,一般空燃比在 12.6～17 范围内工作。常规汽油机的主要缺点是:为了防止发生爆震,采用较低压缩比,这导致热效率较低;浓混合气的比热容比低,使热效率降低;只能用进气管节流方式对混合气充量进行调节,即所谓量调节,这使得泵气损失较大;在化学计量比附近燃烧,其有害排放特别是 NO_x 排放较高,总之,常规汽油机,特别是用三元催化转化器的汽油机,过量空气系

数必须控制在 $\phi_a=1$ 左右,从而限制其性能进一步提高。

稀薄燃烧汽油机是一个范围很广的概念,空燃比只要大于17,且保证动力性能,就可以称为稀薄燃烧汽油机。稀燃汽油机可分为两类,一类是非直喷式稀燃汽油机,包括均质稀燃和分层稀燃式汽油机,一般只能在空燃比小于25的范围内工作。而另一类是缸内直喷式稀燃汽油机,空燃比可在25~50范围内稳定工作。与常规汽油机相比,稀薄燃烧汽油机同时兼顾了燃油经济性和低排放特性。

如图4-61所示为常规、非直喷稀燃和直喷式稀燃三种燃烧方式的汽油机排放特性和燃油经济性对比。

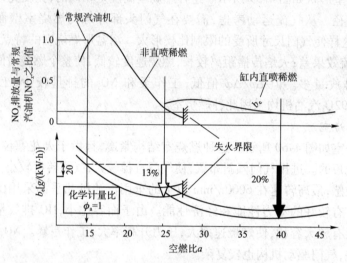

图4-61 不同燃烧方式的性能的对比

1. 均质稀混合气的燃烧室

1) TGP燃烧室

如图4-62所示,燃烧室中设有一个预燃室,其容积 V_p 与主燃烧室容积 V_m 之比不大于20%,火花塞位于通道中。在压缩过程中,新鲜混合气进入预燃室,产生适当的涡流,并对火花塞间隙进行扫气,促进着火。火焰核心进入预燃室,引起迅速燃烧,结果形成火焰束喷入主燃烧室,使主燃烧室气体产生强烈湍流,促进了主燃烧室气体燃烧。其燃烧特性如图4-63和图4-64所示。

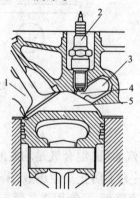

图4-62 TGP燃烧室
1-进气口;2-火花塞;3-紊流发生器 V_p;4-气道;5-主燃烧室 V

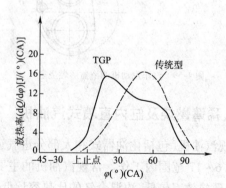

图4-63 TGP燃烧室与传统型燃烧室放热率比较($n=2000$r/min, $a=15$,排量4缸,2000mL)

2) 双火花塞燃烧室

如图 4-65 所示的燃烧室中,在离半球形燃烧室中心两边等距离处各布置一个火花塞,因而火焰传播距离仅为缸径的一半,点火提前角可减小,这样提高了点火时混合气的压力和温度,使着火性能得到改善,燃烧持续时间缩短,提高了发动机的性能。

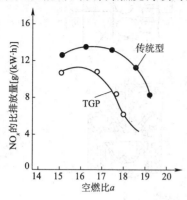

图 4-64 TGP 燃烧室 NO_x 的比较($n = 2400 r/min$,排量 4 缸,2000mL)

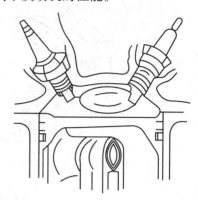

图 4-65 双火花塞燃烧室示意图

2. 分层燃烧

均质预混合燃烧通过采用改进燃烧室、高湍流和高能点火等技术,可使汽油机的稳定燃烧界限的空燃比超过 17,即实现均质稀燃。但随着空燃比继续增大,这种均质的混合气逐渐难以点燃,并且燃烧速度也显著减慢,造成燃烧不稳定和 HC 排放回升,以至无法正常工作。

为了提高稀燃界限,可采用分层充气燃烧,即在火花塞附近形成具有良好着火条件的较浓的可燃混合气,而在周边区域是较稀混合气或空气。如图 4-61 所示,分层燃烧的汽油机可稳定工作在空燃比 20~25 范围内。分层充气使燃油消耗率降低 13% 左右,NO_x 也有显著降低。

分层往往是通过不同的气流运动和供油方式实现的,从 20 世纪 70 年代起,人们就开始在化油器式汽油机上进行分层稀薄燃烧的尝试。

1) 美国德士古分层燃烧系统(TCCS)

如图 4-66 所示,此系统吸入汽缸的是空气,由螺旋进气道或导气屏组织强进气涡流。在压缩上止点前 30°左右,喷油器顺气流方向将汽油喷入汽缸,燃油随气流流动,火花塞位于喷嘴下方边缘,此处混合气浓,容易着火。着火后,火焰、燃气随气流扩展,被气流带离火花塞、喷油嘴,新鲜空气又被涡流带到燃油喷射区。这种燃烧系统并不一定利用汽缸中的全部空气,小负荷时,燃烧产物扩展区域并不大,随负荷增加,喷油持续期延长,燃烧产物区域也随之扩展。

TCCS 系统具有以下优点:

(1)压缩比可提高到 12,功率可采用变质调节,因此部分负荷时有较高的经济性能。

(2)对燃料辛烷值不敏感,可以燃烧汽油、煤油、柴油,具有优异的多种燃料性能。

TCCS 系统具有以下缺点:

(1)NO_x 的排放量高。

(2)分层不好时,高负荷冒黑烟,低负荷因过量空气系数过大,燃烧不好,HC 排放量增加。

(3) 对加速、减速等过渡工况及周围环境变化适应性较差。

(4) 技术要求高,推广有一定困难。

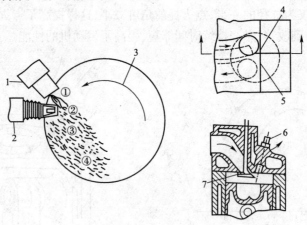

图 4-66　德士古 TCCS 燃烧室

1、4、6-喷嘴;2、5-火花塞;3-空气流动方向;7-挡板阀

2) CVCC 燃烧系统(Compound Vortex Controlled Combustion)

由本田公司提出的 CVCC 燃烧系统如图 4-67 所示。它实际上是一种分区燃烧方式,有主、副两个燃烧室和两个化油器。工作时,向主燃烧室供给较稀混合气,向副燃烧室供给少量浓混合气,在压缩过程中,副燃烧室内形成易于着火的混合气。火花塞首先点燃副燃烧室中的混合气,由副燃烧室喷出的火焰点燃主室的稀混合气。

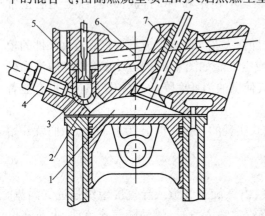

图 4-67　CVCC 燃烧系统

1-主燃烧室;2-火焰通道;3-副燃烧室;4-火花塞;5-辅助进气门;6-副进气道;7-主进气门

CVCC 燃烧系统主燃烧室不组织涡流,加上主、副燃烧室之间的火焰孔面积较大,不可能引起强烈的燃烧湍流,因此燃烧速度低,过后燃烧严重,CVCC 燃烧系统的 NO_x 排放量仅为一般汽油机的 1/3;同时由于富氧和燃烧较慢的原因,排气温度高且处于氧化性气氛,加之装有热反应器,使排气中的 HC 和 CO 进一步氧化。

3) 轴向分层稀燃系统

如图 4-68 所示,进气过程早期只有空气进入汽缸,进气组织较强的涡流;当进气门开启接近最大升程时,通过安装在进气道上的喷油器将燃料对准进气阀喷入缸内;燃料在涡流的作用下,沿汽缸轴向产生上浓下稀分层。压缩过程维持这种轴向分层,在火花塞附近存在较浓的混合气,而其余部分混合气较稀。

4) 滚流(纵涡)分层稀燃系统

图 4-69 所示为三菱公司在 1991 年开发成功的 MVV(Mitsubishi Vertical Vortex)燃烧系统。在进气道中设置两块薄的垂直隔板,使进气在汽缸内形成三股独立的滚流,外层的两股涡流仅由空气组成,中间的一股是浓的混合气,这样强的空气和燃料线型气流,大大抑制了水平涡流的形成,同时防止它们彼此混合,使燃料和空气在压缩过程维持分层,保证火花塞

附近形成浓混合气,向缸壁逐渐稀化。

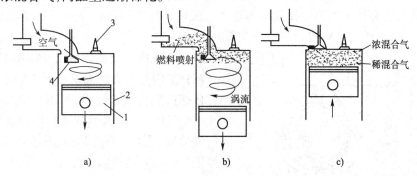

图 4-68 轴向分层工作原理
a)进气过程早期;b)进气过程后期;c)压缩过程
1-活塞;2-汽缸;3-火花塞;4-导气屏进气门

5)四气门分层稀燃系统

AVL 公司在 1990 年提出的四气门高压缩快速燃烧(High Compression Fast Burn, HCFB)系统,如图 4-70 所示,进气系统中有一个切向进气道 1 和一个中性进气道 2 分别独立地通往各自的进气门。切向进气道产生绕汽缸中心线旋转的进气涡流;同时,中性进气道末端与汽缸中心线的夹角较小而产生向下的气流,该气流与活塞运动相配合,产生一种旋转轴线平行于曲轴中心线的滚流。安装在中性进气道中的涡流控制阀 3 控制着两个进气道中的流量比,进而决定缸内充量运动的涡流比。涡流控制阀下游的进气道上开有一个"窗口",双束喷油器 4 通过这个"窗口"将两支油束分别喷入两个进气道。两支油束的燃油流量相等、持续时间相同。当涡流控制阀 3 不是完全开启时,中性进气道的混合气较浓,切向进气道的混合气较稀,造成分层充气。如果配以恰当的燃烧室形状,便能使上述充气的分层保持到点火时刻。涡流控制阀的开度由 ECU 根据发动机工况确定。

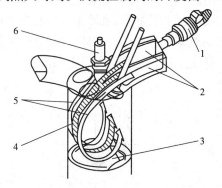

图 4-69 三菱纵涡流旋转系统
1-喷油器;2-进气口隔板;3-滚流控制活塞;4-空气—燃料涡流(富混合物);5-空气涡流;6-中心火花塞的位置

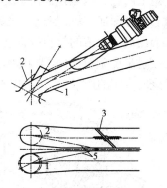

图 4-70 AVL 四气门高压缩快速燃烧系统
1-切向气道;2-中性气道;3-涡流控制阀;4-双油束喷油器;5-双油束

3.缸内直喷式稀薄燃烧方式

如前所述,与常规汽油机相比,分层充气燃烧已经大大提高了空燃比。但是因为分层充气燃烧时浓混合气区域难以维持很长时间,所以随着空燃比的进一步提高,单靠分层充气燃烧已不能保证稳定着火。缸内直喷式非均质混合燃烧方式较好地解决了这个问题,类似柴油机缸内直喷,汽油机的缸内直接喷射(Gasoline Direct Injection,GDI)是指直接往汽缸内喷射汽油。这样在空燃比很稀时,可在接近点火时刻才开始喷油,即压缩过程后期喷油,使火花塞周围的浓混合气来不及变稀就被点燃了。缸内直喷式汽油机一般可在空燃比 25~50 范围内稳定工作,燃油耗率得到进一步改善。

1) 福特缸内直喷燃烧系统(PROCO)

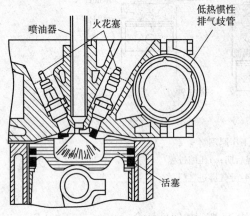

图 4-71 福特缸内直喷燃烧系统

福特缸内直喷燃烧系统如图 4-71 所示,喷油器直接把汽油喷入燃烧室,利用涡流和滚流进行燃油与空气的混合,因燃油在缸内蒸发吸收一部分空气热量,使温度下降,充量系数提高。这种燃烧系统由于是直接喷射,使缸内充量得到冷却,可以使用较大的压缩比,发动机压缩比达 11.5;燃油消耗率可进一步下降,可以大幅度降低冷起动时的 HC 排放,稳定工作的最大空燃比可达 25。

2) 三菱 4G 系列缸内直喷式稀薄燃烧

图 4-72 所示是三菱 GDI 燃烧系统示意图,三菱 GDI 燃烧系统主要工作特点是利用立式进气道在汽缸中产生逆向翻滚气流;利用一个高压(喷射压力 5MPa)的旋流式电磁喷油器,使得喷出的燃油有好的贯穿度和合适的雾化;可以实现小负荷时分层燃烧;可以精确控制火花点火时火花塞附近的空燃比,提高了发动机点火的可靠性;可以实现两段燃烧(二段燃烧法是指在进行正常燃烧的怠速运转时,不仅在压缩行程后期喷油,还在膨胀行程的后期补充喷油的燃烧技术);在全工况范围内,可以实现均质、分层、二段混合燃烧等。

3) 丰田 D-4 缸内直喷稀燃发动机

图 4-73 所示是丰田公司开发的 D-4 缸内直喷式稀燃发动机燃烧系统示意图,通过安装在进气道上的电子涡流控制阀,形成不同斜向角度的进气涡流。燃烧室为半球屋顶形,活塞顶部设有唇型深皿凹坑,与进气涡流旋向以及高精度的喷油时间和喷油方向控制相配合,在火花塞周围形成较浓的易点燃混合气区域。该系统采用高压(8~13MPa)旋流喷油器,可实现燃油喷射高度微粒化(喷雾粒度小于 5μm),有效抑制扩散燃烧所产生的黑烟。为了控制分层燃烧时 NO_x 的产生,采用了电控 EGR 系统。

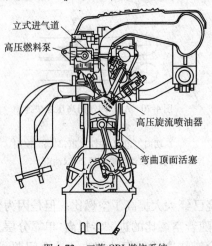

图 4-72 三菱 GDI 燃烧系统

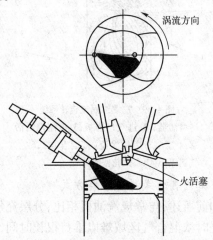

图 4-73 丰田公司 D-4 缸内直喷燃烧系统示意图

当然,GDI 的广泛应用,也还需要解决一些技术问题。GDI 发动机不能采用已十分成熟的传统三元催化剂,而稀燃催化剂开发难度大,生产成本高。尽管已有若干种稀燃催化剂得到应用,但目前 GDI 发动机的实际排放水平略高于化学计量比加三元催化剂的发动机;因为越接近压缩上止点喷油,混合气形成时间越短,要想形成高质量的燃油混合气,GDI 燃烧系统需要像柴油机那样对"油—气—燃烧室"三者的匹配进行大量工作;GDI 燃烧系统虽然 NO_x 明显降低,但 HC 排放增加,有时燃烧组织不好甚至冒黑烟;由于汽油比柴油的润滑性差,GDI 燃烧系统对喷油系统要求很高,GDI 用喷油器的设计制造十分复杂。但因为 GDI 燃烧系统明显改善燃油消耗率,从长远看,GDI 燃烧系统终将取代传统的燃油喷射系统。

复习思考题

1. 说明汽油机燃烧过程各阶段的主要特点。
2. 爆震燃烧产生的原因是什么?它会带来什么不良后果?
3. 爆震和早燃有什么区别?
4. 爆震的机理是什么?如何避免发动机出现爆震?
5. 何谓汽油机表面点火?防止表面点火的主要措施有哪些?
6. 何谓汽油机燃烧循环变动?燃烧循环变动对汽油机性能有何影响?如何减少燃烧循环变动?
7. 提高汽油机压缩比对提高性能有何意义?如何保证在汽油机上使用较高的压缩比?
8. 分析使用因素对燃烧过程的影响。
9. 电控汽油喷射系统与化油器相比有哪些优点?
10. 电控汽油喷射系统有哪些形式,目前采用比较广泛的形式是哪种?
11. 电控汽油喷射系统常用传感器有哪些,分别起什么作用?
12. 电控汽油喷射系统是如何实现喷油定时和喷油量的控制的?
13. 汽油机电控系统常将什么作为其控制目标?
14. 电控系统的开、闭环控制各是指什么?
15. 试说明汽油机燃烧室设计的一般要求。
16. 比较汽油机几种典型燃烧室的优缺点及使用场合。
17. 在汽油机上燃烧均质稀混合气有什么优点,它所面临的主要困难是什么?目前解决的途径有哪些?
18. 分析过量空气系数和点火提前角对燃烧过程的影响。
19. 何谓稀燃、层燃系统?稀燃、层燃对汽油机有何益处?

第五章 柴油机混合气的形成和燃烧

第一节 柴油机的燃烧过程

一、柴油机的着火

柴油机的燃烧过程是从压缩行程上止点前喷油开始到膨胀行程燃烧终了为止，所占时间很短（为 50°~70° 曲轴转角，高速柴油机只有 3~6ms），是一个非常复杂的物理化学过程。

柴油机利用柴油化学安定性差，易自燃的特点，采用压缩自燃的方式使可燃混合气着火。在压缩行程的末期将柴油喷入汽缸，此时缸内空气温度高达 500~900℃，远远超过了柴油的自燃温度，但燃料并不能立即着火燃烧。要使可燃混合气着火燃烧，必须具备如下两个条件：

（1）可燃混合气必须加热到某一临界温度以上，否则，燃料就不能着火。燃料不用外界能量点燃而能自行着火的最低温度称为着火温度或自燃温度。

（2）可燃混合气中燃料与空气的比例要在着火界限范围内才能着火燃烧。若混合气过浓，说明氧分子相对较少，燃料分子过多；混合气过稀，表明燃料分子过少氧分子过多，这两种情况的氧化反应程度都不够。因此，混合气过浓或过稀超出了着火界限就不能着火。

柴油机汽缸内燃料油束的着火情况非常复杂。位于油束外围直径很小的油滴，在很短时间内即蒸发完毕，这时虽然可以形成有适当浓度的混合气区域，但由于温度不够或化学准备来不及，则此处不可能着火。经过一段时间后，扩散作用使这个部分的混合气变稀，也难以着火。所以首先着火的地点不在最小油滴处，也不在油束核心浓度过高的部分，而是在油束核心与外围之间混合气浓度和温度适当的地方。由于在汽缸中形成浓度适宜的混合气及温度条件相同的地方不止一处，因此，首先着火的火源一般也不止一个，而是几处同时着火。柴油机各个循环中喷油情况与温度状况不可能完全相同。使得每个循环的着火地点也不一定相同。

二、柴油机燃烧过程的划分阶段

柴油机的燃烧基本上是喷雾的非定常紊流扩散燃烧，即在燃烧室所限制的狭窄空间内的高温、高压环境下，经高压喷射的高浓度燃料喷雾在空间分配不均的状态下，在极短的时间内进行的一种燃烧形态。柴油机的燃烧过程是柴油机工作过程的核心部分，为便于分析，通常利用展开示功图，根据汽缸中工质压力和温度的变化规律，将其人为地划分为四个阶段,即着火延迟期、速燃期、缓燃期和补燃期,如图5-1所示。

1. 着火延迟期

着火延迟期又称为滞燃期(如图5-1中的AB段),从喷油始点A到由于开始燃烧而引起压力升高使压力脱离压缩线开始急剧上升的B点(着火点)。在着火延迟期内,喷入到燃烧室高温、高压气体中的燃料进行着粉碎、雾化、扩散、加热、蒸发汽化和空气混合直至在某些局部区域形成可燃混合气的物理准备阶段,以及燃料分子的裂化、低温多阶段着火的化学准备阶段。在此阶段,物理过程和化学过程是同时相继进行的。

在图中,由于柴油汽化吸热,造成在着火前$dQ_B/d\varphi$曲线出现负值,一旦开始燃烧放热,$dQ_B/d\varphi$很快由负变正。因此可以取$dQ_B/d\varphi$明显上升前第一个极小值点,或$dQ_B/d\varphi=0$点作为着火点,这在曲线上比示功图的B点容易判定。

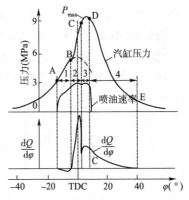

图5-1 柴油机燃烧过程
1-着火延迟期;2-速燃期;3-缓燃期;4-后燃期

以秒和曲轴转角为单位的着火延迟期,分别用τ_i和φ_i表示。一般$\tau_i=0.7\sim3\text{ms}$,$\varphi_i=8°\sim12°$。柴油机着火延迟期长短决定了喷油量和预制混合气量的多少,从而影响柴油机的燃烧特性、动力经济性、排放特性以及噪声振动,必须精确控制。

在燃料十六烷值一定的情况下,影响着火延迟期长短的主要因素是燃烧室内的温度和压力。温度或压力越高,则着火延迟期越短。另外,压缩比增加、进行进气预热、增压等都会使压缩终了时的温度、压力增加,从而缩短着火延迟期。

2. 速燃期

速燃期又称预混合燃烧期(如图5-1中的BC段),即从压力脱离压缩线开始急剧上升(B点)至燃烧放热率变缓的突变点(C点)。速燃期内,在着火延迟期的极短的时间内准备好的非均质预混合气几乎同时开始燃烧,而且活塞又靠近上止点,因此使燃烧室内的压力、温度和$dp/d\varphi$急剧上升,燃烧放热速率$dQ_B/d\varphi$很快达到最高值。

压力升高率$dp/d\varphi$对柴油机的性能有重要的影响。若压力升高率过大,则柴油机工作粗暴,燃烧噪声和温度明显升高,使氮氧化物生成量明显增加,同时运动零部件承受较大的冲击负荷,影响其工作可靠性和使用寿命;但由于燃烧迅速进行,柴油机的经济性和动力性会较好。压力升高率应限制在一定的范围之内,柴油机的平均压力升高率$dp/d\varphi$一般不应大于$0.4\sim0.5\text{MPa}/(°)$。为控制压力升高率,应减少在着火延迟期内准备好的可燃混合气的量。一般来说,这可以从两个方面来考虑,一方面可缩短着火延迟期的时间,另一方面可减少着火延迟期内喷入的燃油或可能形成可燃混合气的燃油。

与汽油机相比,柴油机的平均压力升高率较大。其大小主要取决于着火延迟期内形成的可燃混合气的多少,而可燃混合气的生成量要受着火延迟期内喷射燃料的多少、着火延迟期的长短、燃料的蒸发混合速度、空气运动、燃烧室形状和燃料物化特性等多种因素的影响。

随着大量在着火延迟期内生成的可燃混合气燃烧殆尽,燃烧放热速率暂时降至较低水平,出现图5-1中曲线上的谷点C,以此作为速燃期和预混燃烧阶段的结束点要比直接在示功图上更容易判断。速燃期中,累积放热率可达20%~30%。

3. 缓燃期

缓燃期又称扩散燃烧期(如图 5-1 中的 CD 段),即从 C 点至最高燃烧温度点(D 点)。一般喷射过程在缓燃期都已结束,随着燃烧过程的进行,空气逐渐减少而燃烧产物不断增多,燃烧的进行也渐趋缓慢。缓燃期的燃烧具有扩散燃烧的特征,混合气形成的速度和质量起着十分重要的作用。在此期间,参与燃烧的是速燃期内未燃烧的燃料和缓燃期内喷入的燃料。特别是后续喷入燃料,边蒸发混合,边以高温单阶段方式着火参与燃烧。由于汽缸内温度的急剧升高,蒸发混合速度明显加快,加之后续喷油速率的上升,使放热速率 $dQ_B/d\varphi$ 再次加速,出现柴油机燃烧特有的"双峰"现象。这一阶段燃烧放热速率的大小取决于油气相互扩散混合速度。

柴油机的最高燃烧压力 p_{max} 一般为 5~9MPa,增压柴油机有可能大于 13MPa。同汽油机一样,柴油机也希望 p_{max} 出现在上止点后 10°~15°,这样可以获得较好的动力性和经济性。但与汽油机不同的是,C 点的位置不仅取决于喷油提前角,也取决于着火延迟期和速燃期的长短。

缓燃期结束时,累积放热率可达 80% 左右,燃气温度可达 1700~2000℃,一般在上止点后 20°~35°曲轴转角处出现。

在这一阶段内,采取措施使后期喷入的燃油能及时得到足够的空气,尽可能地加速混合气的形成,才能保证迅速而完全的燃烧,从而提高柴油机的经济性和动力性。由于不可能形成完全均匀的混合气,所以使柴油机必须在过量空气系数大于 1 的条件下工作。保证基本上完全燃烧的最小过量空气系数的大小随燃烧室的不同而异,在分隔室燃烧室中最小可达 1.2。与汽油机相比,柴油机的空气利用率较低,这也是其升功率和比质量的指标较汽油机差的主要原因之一。

4. 补燃期

补燃期又称后燃期(如图 5-1 中的 DE 段),即从最高温度点(D 点)至燃油基本燃烧完毕 E 点(累计放热率大于 95%)。由于柴油机混合气形成时间短,油气混合极不均匀,总有一些燃料不能及时燃烧,拖到膨胀过程中继续燃烧,特别是在高速、高负荷工况下,因过量空气系数小,混合气形成和燃烧的时间更短,这种后燃现象就更为严重。在补燃期中,缸内压力不断下降,燃烧放出的热量得不到有效利用,还使排气温度提高,增大了散热损失,对柴油机的经济性不利。此外,后燃还增加了有关零部件的热负荷。

因此,应尽量缩短补燃期,减少补燃期内燃烧的燃油量。

三、燃烧放热规律

瞬时放热速率是指在燃烧过程中的某一时刻,单位时间内(或 1°曲轴转角内)燃烧的燃油所放出的热量;而累积放热百分比,是指从燃烧过程开始至某一时刻为止已经燃烧的燃油与循环供油量的比值。瞬时放热速率和累积放热百分比随曲轴转角的变化关系,称为燃烧放热规律。燃烧放热规律影响到燃烧过程中缸内压力、温度的变化,进而影响到柴油机的性能。

不同类型发动机的燃烧过程有着不同的特点,其燃烧放热规律也有所不同。图 5-2 给出了一个比较不同类型的非增压发动机、在全负荷和中等转速工况下的燃烧放热规律的实例。为便于相互之间的比较,图中作为纵坐标的放热速率是每升工作容积的瞬时放热速率 [J/(°)L]。

从图 5-2 中可以看到,直喷式燃烧室柴油机的放热速率和累积放热百分比在燃烧的起始阶段上升最快,放热速率很快就达到最大值,而且这一最大值相对两种分隔式燃烧室柴油机都高。此外,高速的直喷式燃烧室柴油机的放热速率往往呈现双峰的特点。在燃烧的起始阶段,两种分隔式燃烧室柴油机的放热速率和累积放热百分比都上升得比较慢,放热速率的最大值也较低且燃烧过程持续较长,其中对预燃室燃烧室柴油机来说,这些特点更为明显。汽油机的放热速率最大值最高,燃烧过程持续较短,但在燃烧的起始阶段,放热速率上升得并不太快,而在燃烧过程后期的放热速率却下降得极快。

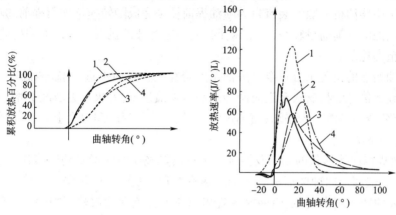

图 5-2 不同类型发动机燃烧放热规律的比较

	$D(\text{mm}) \times S(\text{mm})$	ε	$n(\text{r/min})$	$p_e(\text{kPa})$	α
1-汽油机(化油器式)	75×72	8.2	3600	810	0.91
2-直喷式燃烧室柴油机	85×94	22.0	2800	730	1.39
3-涡流室燃烧室柴油机	76.5×80	23.0	3000	670	1.30
4-预燃室燃烧室柴油机	91×92	22.0	3200	708	1.34

1. 燃烧放热规律三要素

燃烧放热始点、燃烧放热规律曲线形状和燃烧持续时间被认为是燃烧放热规律的三要素。

(1) 放热始点。决定了放热率曲线距压缩上止点的位置,在持续期和放热率形状不变的前提下,也就决定了放热率中心(指放热率曲线包围的面心)距上止点的位置。如前所述,这一因素对循环热效率、压力升高率和燃烧最大压力都有重大影响。

(2) 放热规律曲线形状。决定了前后放热量的比例,对噪声、振动和有害排放量都有很大的影响。在放热始点和循环喷油量不变的条件下,形状的变化,既影响放热曲线面心的位置,也影响放热持续期的长短,间接对循环热效率等性能指标产生影响。

(3) 燃烧持续期。其长短在一定程度上是理论循环等压放热预膨胀比大小的反映。显然这是决定循环热效率的一个极为关键的因素。对有害排放量也有较大的影响。

放热规律三要素既有各自的特点,又相互关联。对其进行合理选择与控制是极为重要的。

2. 理想的燃烧放热规律及其控制

(1) 放热始点的要求及控制。一般来说,较理想的燃烧放热规律要求有一合适的燃烧起点,希望放热始点的位置能保证最大燃烧压力 p_{max} 出现在上止点后 $10° \sim 15°$。为此,柴油机通过控制喷油提前角的变化以及着火延迟期长短来加以调控。由于各工况的着火延迟期不相同,所以每个工况都有其最佳的喷油提前角。

柴油机要求其喷油提前角随转速及负荷增加都应提前(增加)。随转速增加而提前的原因与汽油机类似,即油量调节杆位置不变时,高转速的着火延迟角要比低转速大得多,再加上喷油持续角和相应的燃烧持续角也都加大(这是喷油和燃烧特性所决定的),所以要求喷油提前角随转速增加而提前。但是转速不变喷油量加多时,由于喷油持续角的加大也要求喷油提前角适当提前。这一点与汽油机负荷减小时的点火提前角真空提前正好相反。

传统的车用柴油机一般都装有自动喷油提前器来完成随转速增加而提前的功能。因随负荷增加喷油提前角提前量较小,一般未予控制。电控柴油机则可通过喷油提前角 MAP 图进行两者的精确控制。

选择喷油始点的位置十分重要。喷油站点若在上止点前不远,则缸内温度及压力均达压缩行程的较大值,此时,着火延迟时间会减小。喷油过早,着火延迟时间会增加,再加上放热中心向前移,会使噪声大大增加;喷油过晚,虽然着火延迟时间也会上升,但因放热中心后移,总的使噪声下降。

(2)放热规律曲线形状的影响及控制。影响放热规律曲线形状的因素比较复杂。为便于定性分析,一般假定四种柴油机简单的放热率图形,见图 5-3,并据此计算出各自的示功图 a,b,c 和 d 曲线。图中,假定四种放热规律都在上止点开始放热,放热总量相同,持续期均为 $40°$。曲线 a 先快后慢的放热形状初期放热多,$dp/d\varphi$ 值最大,p_{max} 达 8MPa。此时的指示效率 η_i 为 52.9%,是四种方案中的最高值。曲线 d 先慢后快的放热形状则相反,放热速率前缓后急,$dp/d\varphi$ 和 p_{max} 都最低,η_i 也最小,为 45.4%。这种形状对降低噪声、振动和 NO_x 排放有明显效果。曲线 b 和 c 则介于两者之间。实际发动机的放热率形状取决于不同的机型、不同的燃烧和混合气形成方式以及对性能的具体要求。在一定条件下,可采取一定措施加以调控。

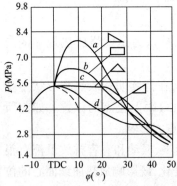

图 5-3 放热规律曲线形状对压力变化的影响

汽油机一般具有类似图 5-3 曲线 d 先慢后快的放热率形状。直喷式柴油机两阶段燃烧的特点,决定了它的放热率曲线更接近图 5-3 中曲线 a 的形状,因而噪声、振动大,爆发压力高,同时对 η_i 也较有利。

为了改进直喷式柴油机放热率曲线所引起的不利影响,应通过喷油、气流、燃烧室的相互协调来加以改变和控制。例如近代在喷油系统中作了若干改进,在不增长喷油持续期的前提下尽可能降低初期喷油率。由于初期喷油量的减少,使放热率的第一个峰值下降,$dp/d\varphi$ 和 p_{max} 都相应降低。

(3)燃烧持续期的要求及控制。燃烧持续期原则上是越短越好。汽油机一般为 $40°\sim50°$,柴油机一般小于 $50°\sim60°$。

柴油机燃烧持续期首先取决于喷油延迟角的大小。喷油时间越长则扩散燃烧期越长。其次,取决于扩散燃烧期内混合气形成的快慢和完善程度。喷油再快,混合气形成跟不上也不能缩短燃烧时间,混合气形成不完善就会拖延后燃时间。

总之,为了兼顾发动机的各种性能,合理的燃烧过程应做到着火延迟期要缩短,速燃期不过急,缓燃期要加快,后燃期不要过长。

四、柴油机与汽油机燃烧过程的对比

表 5-1 列出了柴油机与汽油机燃烧过程主要特点对比,这些差别导致了它们在动力性、经济性、排放特性等各种性能方面的差别。

柴油机与汽油机燃烧过程主要特点对比　　　　　　表 5-1

对比项目	汽油机	柴油机
着火	点燃,高温单阶段着火,单点着火	压燃,低温多阶段着火,多点同时着火
燃烧	火焰在均质预混合气中有序传播,燃烧柔和	两阶段燃烧,即无序的非均质预混合燃烧和扩散燃烧,燃烧较粗暴
后燃	混合均匀,因而后燃期较短	混合不均匀,因而后燃期较长
放热规律	燃烧放热先缓后急,燃烧持续期较短	直喷机大多类似图 5-3 中曲线 a,燃烧放热先急后缓,燃烧持续期较长

第二节　柴油的喷射及雾化

一、供油系统和喷射过程

1. 柴油机供油系统

典型的柴油机供油系统如图 5-4 所示,由燃油箱、输油泵、柴油滤清器、喷油泵、高压油管、喷油器等组成,还包括调速器和供油提前角调节装置等,其中的喷油泵、喷油器和连接其间的高压油管组成了高压油路,又称为泵—管—嘴喷射系统,是整个柴油机供油系统的核心部分。

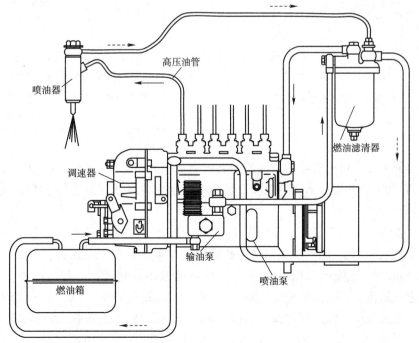

图 5-4　柴油机的供油系统

喷油泵的主要作用是定时、定量地经高压油管向各缸的喷油器周期性地供给高压燃油，常见的有柱塞直列泵（图5-5）和转子分配泵（图5-6）两种类型。直列式喷油泵一般以柱塞行程、泵缸中心距和结构特征为基础成为系列，每个系列可以改变柱塞直径和缸数，以适应不同柴油机的需要，包括直列多缸泵、单体泵和泵喷嘴系统，多用于大、中型车用柴油机上。分配式喷油泵有端面凸轮驱动的VE泵系统（图5-6）和内凸轮驱动的径向对置柱塞系统，广泛应用轿车和轻型车用柴油机中，与直列式喷油泵相比，分配式喷油泵具有结构紧凑、体积小、质量轻、能在较高转速下工作的优点，但达到较高的供油压力较困难，在使用中对燃油的质量要求较高。

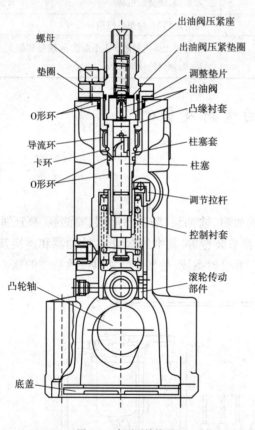

图5-5 直列泵结构图

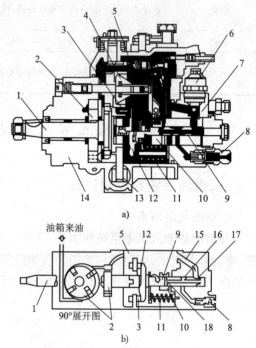

图5-6 VE分配泵结构及原理图
1-驱动轴；2-输油泵；3-滚轮；4-调速器；5-泵体油腔；6-电磁进油阀；7-泵头；8-出油阀；9-柱塞偶件；10-溢流环套；11-柱塞弹簧；12-端面凸轮盘；13-提前器；14-泵体；15-低压油道；16-分配槽；17-进油槽；18-溢流孔

喷油器的主要作用是将喷油泵供给的高压燃油喷入柴油机燃烧室内，使燃油雾化成微细的油粒，并按一定的要求适当地分布在燃烧室内，喷油器有孔式喷油器和轴针式喷油器两类，如图5-7所示。

孔式喷油器一般用于直喷式燃烧室中，喷孔的数目、直径及喷射角度要根据具体的燃烧室形状和空气运动而定，同一喷油器各喷孔的直径及角度也不一定相同。一般针阀升程为0.2~0.45mm，在满足流通面积的前提下，应尽可能减小针阀升程。对缸径 $D \leqslant 150$mm，又具有较强进气涡流的直喷式燃烧室，喷孔数为4~5个，孔径为0.2~0.4mm；而对较大缸径且不组织进气涡流的直喷式燃烧室，喷孔数为6~12个。较小的喷孔，可使雾化质量提高，但易引起积炭堵塞等故障，另一方面对加工要求高，制造难度增大，最小孔径目前可达0.15mm。

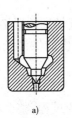 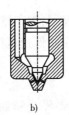 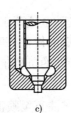 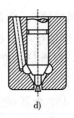

图 5-7 喷油嘴头部结构

a)孔式(单孔);b)孔式(多孔);c)轴针式(标准);d)轴针式(节流)

轴针式喷油器一般用于分隔式燃烧室中,针阀喷孔头部的轴针有圆锥体和圆柱体等不同的形状,轴针在喷孔内上下运动(其间的环状间隙为 0.05~0.25mm),可起到自洁作用。轴针式喷油器的孔径一般为 0.8~1.5mm,针阀升程为 0.4~1.0mm。

喷孔有效流通截面积与针阀升程的关系称为喷油器的流通特性。图 5-8 是不同喷油器的流通特性。由图可见,孔式喷油器的有效流通截面积随针阀的上升增长得较快;标准轴针式较慢;节流轴针式由于针阀头部圆锥部分的节流作用,在开启初期有效流通截面积最小,这意味着在喷射初期特别是着火延迟期中喷油量会较小,从而对柴油机工作的平稳性有利,是比较理想的。

2.喷油泵速度特性及其校正

喷油泵油量控制机构(齿条或拉杆)位置固定,循环供油量随喷油泵转速变化的关系称为喷油泵速度特性。对于直列式喷油泵,当喷油泵柱塞向上运动中柱塞上端面还未完全关闭油孔时,由于流通截面很小而时间极短,被柱塞挤压的燃油来不及通过油孔流出,泵油就已经开始,结果使出油阀相对提早开启;同样,在油孔刚刚开启时,柱塞上部的燃油不能立即通过油孔流出,使出油阀相对滞后关闭,这就是油孔处的节流作用。转速越高,油孔处节流作用的影响也越大,因此,一般随着转速的上升,循环供油量呈略有增大的趋势(图 5-9 中的 AB 和 CD 段)。

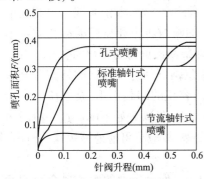

图 5-8 不同喷油器的流通特性

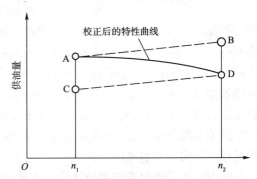

图 5-9 喷油泵速度特性及其校正

喷油泵所固有的速度特性通常并不理想,特别是对于车用柴油机,因此需要对其进行必要的校正。在较高的转速范围内,一般柴油机的充气效率随转速上升而下降,而循环供油量随转速上升而增大,使空气量与供油量不相匹配。若在低速 n_1 下固定供油量,则会造成高速供油量过多(图 5-9 中的 AB 段),使柴油机燃烧不完全而冒黑烟;若在高速 n_2 下固定供油量,则会造成低速供油量不足(图 5-9 中的 CD 段),使柴油机的潜力得不到充分发挥。通过校正可以得到较理想的喷油泵速度特性(图 5-9 中的 AD 段)。这样也将有利于提高车用柴油机适应阻力变化的能力,得到较理想的转矩特性。

此外,对于车用柴油机,在低速、全负荷工况下,由于排气烟度的严格限制而需要采取措施对低速范围内的供油量进行相反的校正,即应使低速范围内的供油量随转速的下降而有一定的减小,这就是喷油泵速度特性的负校正。

3. 喷射过程

喷射过程是指从喷油泵开始供油直至喷油器停止喷油的过程,整个喷射过程在全负荷工况下约占 15°~40°曲轴转角。图 5-10 表示了在喷射过程中喷油泵端压力 p_H、喷油器端压力 p_n 以及针阀升程 h 的变化情况。整个喷射过程一般分为三个阶段,即喷射延迟阶段、主喷射阶段和喷射结束阶段。

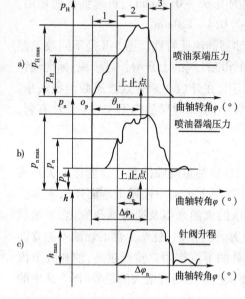

图 5-10 喷射过程

(1) 喷射延迟阶段。该阶段从喷油泵的柱塞顶封闭进回油孔的理论供油始点起到喷油器的针阀开始升起(喷油始点)为止。出油阀升起后,受压缩的燃油进入高压油管,使喷油泵端的压力上升,产生压力波并以声速(1200~1400m/s)沿高压油管向喷油器端传播。当传播到喷油器端的压力超过针阀开启压力时,针阀升起,开始喷油。

供油始点和喷油始点常用供油提前角和喷油提前角来表示,两者差值就是喷油延迟角,也就是喷射延迟阶段所对应的曲轴转角。发动机转速升高、高压油管越长,喷油延迟角越大。

(2) 主喷射阶段。该阶段从喷油始点到喷油器端的压力开始急剧下降为止。在针阀升起过程中,由于针阀上升让出容积以及一部分燃油喷入燃烧室内,喷油器端的压力有一短暂下降。这阶段中由于喷油泵柱塞持续供油,喷油泵端压力和喷油器端压力都保持在高的水平而不下降,绝大部分燃油以高的喷射压力和良好的雾化质量喷入燃烧室内,其持续时间主要随喷油泵柱塞的有效行程,即柴油机负荷的变化而变化。

(3) 喷射结束阶段。该阶段从喷油器端的压力开始急剧下降到喷油器的针阀完全落座停止喷油为止。由于喷油泵的回油孔打开和出油阀减压容积的卸载作用,泵端压力带动喷油器端压力急剧下降,当喷油器端压力低于针阀开启压力时,针阀开始下降。这一阶段内还有少量燃油从喷孔喷出,由于喷油压力下降,燃油雾化变差,故应尽可能地缩短这一阶段,即喷射过程的结束应干脆迅速。

非喷射过程中喷射系统内的平均压力称为残余压力 p_0,残余压力的大小也会影响喷射过程的进行,可通过出油阀等控制其大小。

4. 几何供油规律

柱塞理论上供入高压油管的燃油量(以每秒或每度喷油泵凸轮轴转角所供燃油量表示)随时间或喷油泵凸轮轴转角之间的变化关系称为几何供油规律。

通过实际测量或按凸轮型线与滚轮尺寸计算,可以做出柱塞升程曲线、速度曲线和供油曲线,如图 5-11 所示。图中的横坐标上分别标出理论供油始点 θ_1 和终点 θ_2,对应的柱塞升程为 $h_1、h_2$,速度为 $dh_1/d\theta、dh_2/d\theta$,供油率为 $(dq_p/d\theta)_1、(dq_p/d\theta)_2$。图示的剖面线面积为几何供油律图形,其面积代表的数值是每一循环喷油泵的供油量。

θ_1 到 θ_2 是凸轮的工作段,它决定了柱塞相对于套筒的轴向位销,因此决定了柱塞供油始点与终点,也决定了喷油提前角与喷油延迟角。与 θ_1、θ_2 对应的柱塞行程 h_1、h_2 为有效行程。一般喷油系统的有效行程选择在速度曲线的高速区段的升速段,保证高的供油速率。

5. 喷油规律

喷油规律是指喷油过程中从喷油器喷入汽缸的燃料量(以每秒或每度喷油泵凸轮轴转角所供燃油量表示)随时间或喷油泵凸轮轴转角的变化关系。

喷油规律表示了燃油喷射期间的燃油分配比例,决定了燃烧放热的速率,对工作过程有重要的影响,尤其是空间雾化混合的开式燃烧室,喷油规律决定了压力升高率。一般认为,从减轻燃烧粗暴性考虑,在着火延迟期,喷油速率应该小些。在噪声与燃烧室温度允许条件下,采用较小的喷油提前角,较高的喷油速率为好。但燃烧过程受缸内气流、混合气形成与燃烧室结构影响。因而各种具体的柴油机都按各自不同的特点要求不同的喷油规律。

6. 喷油规律与几何供油规律的比较

喷油规律虽然由几何供油规律决定,有着密切关系,但两者却存在着明显的差异,图 5-12 所示是同一喷油系喷油规律与几何供油规律的对比曲线。比较两者,存在着以下差别:

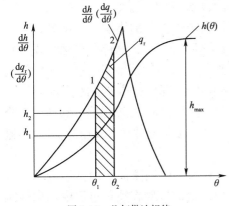

图 5-11 几何供油规律

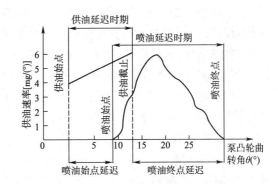

图 5-12 喷油规律与几何供油规律的比较

(1) 喷油规律始点落后于几何供油规律的供油始点,落后角度为喷油延迟角。

(2) 喷油持续时间比供油持续时间大,在标定工况下为 1.3~1.7 倍。这是因为喷油泵回油孔节流及高压油管减压时燃料膨胀与油管收缩造成的。

(3) 喷油规律外形与供油规律变化规律明显不同。

(4) 最大喷油速率较最大供油速率低。

(5) 每一循环喷油总量比同一循环理论供油量小。

两者的差别主要是因为以下原因造成的:

(1) 燃油的可压缩性。燃油在低压时可视为不可压缩流体,但高压(30~200MPa)时必须考虑其可压缩性。高压系统中压力变化大,而且高压系统的体积比每循环供油量的体积大得多,因此,燃油的可压缩性对喷油的影响还是比较大的。

(2) 高压系统容积的变化。指高压油管的弹性变形以及出油阀和针阀两个弹性系统的影响。一般来说,高压系统压力变化越大,管子内径越大,管路越长,则容积变化越大。

(3) 压力波传播滞后。尽管压力波在柴油机中的传播速度高达 1200~1400m/s,但仍会造成明显的相位差。如 1m 高压油管在发动机转速为 3000r/min 时,相位差可达 10° 曲轴转角以上。

(4) 压力波动。高压系统中压力波的往复反射和叠加会造成喷油规律与供油规律在形状上的显著差异。

(5) 燃油受到节流作用。由于喷油规律对燃烧放热规律有直接的影响,因而喷油规律一直是柴油机燃烧和性能优化中的重要内容。

7. 异常喷射现象

喷射系统内的压力高变化快,喷油峰值压力往往高达数十兆帕甚至 100MPa 以上,现代柴油机高压喷射系统甚至达 200MPa,而谷值压力由于出油阀减压容积的作用往往接近于零甚至出现真空。由此容易出现一些异常喷射现象。可用测量针阀升程的方法来判定有无异常喷射现象存在,各种喷射情况下的针阀升程情况如图 5-13 所示。

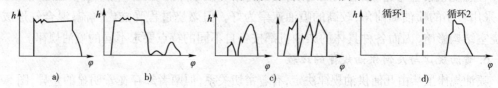

图 5-13 各种喷射情况下的针阀升程情况
a) 正常喷射;b) 二次喷射;c) 断续喷射;d) 隔次喷射

(1) 二次喷射。指喷射终了喷油器针阀落座以后,在压力波动的影响下再次升起产生喷油的现象。由于二次喷射是在燃油压力较低的情况下喷射的,导致这部分燃油严重雾化不良,燃烧恶化,炭烟增多,并易引起喷孔积炭堵塞。加之二次喷射使整个喷射持续时间拉长,进而使燃烧过程不能及时进行,造成柴油机经济性下降,零部件过热等不良后果。

(2) 滴油现象。在喷油器针阀密封正常的情况下,喷射终了时,由于系统内的压力下降过慢使针阀不能迅速落座,仍有燃油缓慢流出的现象。这时由于燃油速度及压力极低,难以雾化,易生成积炭并使喷孔堵塞。

(3) 断续喷射。主要发生在低速低负荷工况,由于在某一瞬间喷油泵的供油量小于从喷油器喷出的油量和填充针阀上升空出空间的油量之和,造成针阀在喷射过程中周期性跳动的现象。这时喷油泵端压力及针阀的运动方向不断变化,易导致针阀偶件的过度磨损。

(4) 不规则喷射和隔次喷射。在低速低负荷条件下,由于压力波传播导致的一种丧失喷油静力稳定性的现象。此时循环喷油量不断变动甚至出现一次喷一次不喷的隔次喷射。易造成低速和怠速运转不稳定、工作粗暴,并限制了柴油机的最低稳定转速。

(5) 气穴与穴蚀。当高压油路中的压力接近于零压时,会产生油和空气的气泡,称为气穴。气泡在随后的高压下爆裂而产生冲击波,对金属表面形成冲击,这种现象多次出现会导致疲劳破坏,称为穴蚀。穴蚀破坏会影响到喷射系统的工作可靠性和使用寿命。

为避免出现异常喷射现象,应尽可能地缩短高压油管长度,减小高压容积,以降低压力波动;合理选择喷射系统的参数,如喷油泵柱塞直径、凸轮型线、出油阀形式及尺寸、出油阀减压容积、高压油管内径、喷油器喷孔尺寸、喷油器开启压力等。

二、燃油的雾化和油束特性

1. 燃油的雾化

燃油的雾化是指燃油喷入燃烧室内后被粉碎分散为细小液滴的过程。燃油的雾化可以大大增加其与周围空气接触的蒸发表面积,加速从空气中的吸热过程和液滴的汽化过程,对混合气的形成起到了重要的作用。例如,假设 1mL 的燃油为一球体,则其表面积约为

$483.6 mm^3$,若雾化为直径 $40\mu m$ 的均匀球状油滴,可产生油滴约 3×10^7 个,其总的表面积约为 $1.5\times10^5 mm^2$,约增加为原来的 310 倍。

2. 油束特性

燃油在喷油泵中被压缩后,经高压油管在极高压力(20~160MPa)的作用下以极大的速度(100~400m/s)及在高度紊流状态下从喷油器的喷孔喷射入燃烧室内。燃油在高速流动中,在与燃烧室内高压空气的相对运动中及紊流的作用下,被逐步粉碎分散为直径约为 2~50μm 的液滴,由大小不同的液滴组成了油束。

图 5-14 为在静止的高压空气中喷射过程某一时刻的油束结构示意图。油束核心部分液滴非常密集且液滴直径较大,液滴运动速度较高,空气极少;油束外围部分则与之相反,液滴稀少且液滴直径较小,液滴运动速度也较低。

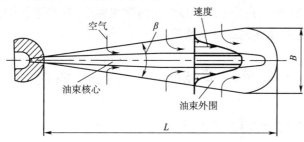

图 5-14 油束结构示意图

可以从几何形状和雾化质量两个方面来描述油束特性。

(1)几何形状。主要包括油束射程(又称贯穿距离)L 和喷雾锥角 β 或油束的最大宽度 B(图 5-14)。此外,贯穿率是常用的参数之一。贯穿率为相对值,是指油束的贯穿距离与喷孔口沿喷孔轴线到燃烧室壁距离的比值。贯穿率若大于1,则意味着有一部分燃油喷射到了燃烧室的壁面上。影响油束几何形状的主要因素有:喷射压力、喷油器喷孔的长度直径比和空气与燃油密度比等。

(2)雾化质量。一般是指油束中液滴的细度和均匀度。细度可以用液滴平均直径来表示。液滴平均直径越小,意味着油束雾化得越细。液滴平均直径的大小受到多种因素的影响,减小喷油器喷孔直径,增大燃油喷入时的流速,空气密度的增大以及燃油黏度和表面张力的减小,都会使平均油液直径减小。均匀度是指油束中液滴大小相同的程度以及液滴在油束内分布的均匀程度。图 5-15 表示了不同喷射压力时油束的雾化质量。由图可见,喷射压力较高时,油束雾化得较细,比较均匀。

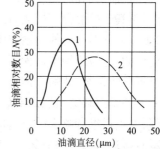

图 5-15 油束的雾化质量
1-喷射压力为 34MPa;2-喷射压力为 15MPa

各种不同的燃烧室对油束的几何形状和雾化质量的具体要求有所不同。

三、对喷射系统的要求

喷射系统对柴油机混合气形成和燃烧的质量,进而对柴油机性能的好坏有着重要的作用。特别是直喷式柴油机对喷射系统的要求较高,一般应尽可能地满足下述一些要求:

(1)在各种工况下避免出现不利的异常喷射现象和穴蚀破坏,这是对喷射系统最基本的要求。

(2)能产生足够高的喷油压力,以保证燃料良好的雾化混合燃烧,这就需要有良好的油束特性来满足具体燃烧室的要求,从而使燃油喷射、气流运动与燃烧室形状间的配合达到最佳。

(3)尽可能实现理想的喷油规律,以保证合理的燃烧放热规律,改善柴油机的动力性、燃油经济性、有害排放和噪声水平等性能。一方面,更高的喷射压力和喷油速率以及更短的喷油持续时间已是技术发展的一个明显趋势,另一方面,为避免柴油机工作过于粗暴,又希望实现"先缓后急"的喷油规律。但是较为理想的喷油规律用常规的喷射系统是难以实现的,而只可能通过电控喷射系统来实现,详见本章第五节。

(4)可以根据不同转速和负荷的工况要求,在最佳的喷油时刻,精确控制每个循环的喷油量,且各缸间的喷油量和喷油时间相同,即达到均量、均时的要求。

(5)应采取必要的措施保证有关零部件的强度和刚度,提高系统的工作可靠性和使用寿命,同时注意降低喷射系统的振动与噪声。

第三节 混合气的形成及燃烧室

一、柴油机混合气的形成

柴油机混合气的形成是指燃料喷入汽缸至着火及燃烧的整个阶段中所发生的破碎、雾化、汽化并与空气之间相互渗透和扩散的过程,其中部分过程是和燃烧过程重叠进行的,它直接决定着燃烧质量。由于柴油的蒸发性差,因此柴油机是采用高压喷射的方法,即在压缩冲程接近终了时,借助喷油器将柴油喷入燃烧室,与汽缸中高温、高压的空气混合形成可燃混合气。经过一系列物理化学准备后,着火燃烧,随后,混合气的形成和燃烧便重叠进行,即一边喷油,一边混合和燃烧。

柴油机的混合气形成与汽油机相比有两个显著特点:其一是混合气的形成在汽缸内部进行;其二是混合气形成时间较短,从喷油到结束,占15°~30°曲轴转角,当柴油机转速为2000r/min时,15°的曲轴转角仅相当于1/8000s。在如此短的时间内,混合气的形成是极不充分的,也极不均匀。为了使喷入汽缸中的柴油尽可能燃烧完全,柴油机不得不采用较大的过量空气系数,使喷入燃烧室内的柴油能够燃烧得比较完全。理想的柴油机混合气形成过程应该是燃料喷入燃烧室后在尽可能短的时间内与周围空气均匀雾化、混合,形成可燃混合气;着火后继续喷入的燃料应及时得到足够的空气和混合能量,以便迅速混合,力求避免燃料直接进入高温缺氧区域,引起裂化。

柴油机混合气形成主要依靠三方面作用:一是燃料喷雾;二是空气运动:组织必要的空气运动可以促使柴油很快在整个燃烧室空间得到均匀分布,加速混合气形成;三是与燃烧室形状的良好配合。

柴油机可燃混合气的形成,按其形成原理可分为空间雾化混合和油膜蒸发混合两种方式。

1. 空间雾化混合方式

该方式直接将柴油喷射到燃烧室空间,经雾化、蒸发与空气混合,形成雾状混合物。为了使混合迅速而均匀,要求采用雾化质量较好的多孔喷油器,并使喷射油束与燃烧室形状相配合,在燃烧室内组织适当的空气运动,燃油与空气的相对运动速度是形成较均匀的混合气的主要因素,它可以使油束中的油滴在运动中与空气分子之间产生摩擦和碰撞,进一步分裂细化,相对运动速度越高,这种摩擦和碰撞越激烈,分裂后的油滴直径越小,数量越多,总的蒸发表面积也越大,混合气也越均匀。

空间雾化混合气的优点是混合气形成速度快,燃烧过程比较稳定,对转速范围的适应性强。其缺点是燃料在着火以前形成的混合气量较多,使燃烧过程较为粗暴,并生成较多的NO_x,混合气在这一过程中混有尚未蒸发汽化的液态油粒,不完全是气相的。若油滴蒸发、雾化速度不及燃烧速度快,将产生不完全燃烧。在中低速柴油机中,几乎都是采用空间雾化方式组织混合气;中小型高速柴油机中,无论用何种燃烧系统组织混合气,空间雾化方式也占有一定的比例。

2. 油膜蒸发混合方式

该方式是将绝大部分柴油喷射到较高温度的燃烧室壁面上,形成一层油膜,只有5%左右的柴油直接喷射在燃烧室空间的空气中,这一小部分柴油在空间雾化与蒸发,与空气混合而首先着火。着火后使燃烧室的温度迅速升高,使燃烧室壁面上的油膜在强烈的旋转气流作用下,以越来越快的速度蒸发并与空气形成均匀的可燃混合气。

影响这种混合气质量的主要因素是燃烧室壁温、油膜厚度和空气与油膜相对运动的速度。燃烧室壁温过低,油膜蒸发缓慢;壁温过高会引起燃料裂化。油膜越薄、越均匀,混合气形成速度越快;空气运动速度越高,则混合气形成的速度越快。

油膜蒸发混合方式比空间雾化混合方式所得到的混合气更均匀。混合气在这一过程中完全是气相的。通过油膜的蒸发和气流的旋转运动还可以实现分层燃烧,做到既减少冒烟又可控制燃烧速度,防止工作粗暴。因此,用这种方式形成的混合气比例越高,燃烧越柔和,排气中NO_x含量也越低。其缺点是油膜蒸发的速度受壁温、油膜厚度和气流运动的影响很大,燃烧不及空间雾化稳定。当燃烧室壁温较低时,混合气形成慢,冷起动困难,怠速及小负荷时HC排放高。

因此,近年来单独使用这种混合气形成方式及其燃烧系统的发动机已日趋渐少。但对于小型高速柴油机来说,由于燃料或多或少地会喷到燃烧室壁上,所以两种混合方式都兼而有之。从这个意义上说油膜蒸发混合方式仍有重要的学术和实用价值。

3. 两种混合方式的对比

表5-2列出了空间雾化混合和油膜蒸发混合的特点及对比。在空间雾化混合中,燃油的喷雾特性对混合起决定性的作用。为提高混合气形成速度,往往要将燃料尽可能喷得很细,分布均匀。这样就会使较多的油滴受热蒸发,在滞燃期内形成大量的可燃混合气,造成初期放热率过大,压力急剧升高,工作粗暴,NO_x排放高。但如果减小滞燃期内混合气生成量,则势必造成大量燃油在着火后的高温高压下蒸发混合,容易因空气不足而裂解成炭烟。因此,空间雾化混合方式尽管有较高的热效率,但炭烟、NO_x和燃烧噪声均较高。

两种混合方式的对比 表5-2

序号	空间雾化混合	油膜蒸发混合
1	绝大部分燃料以较高的压力被喷射到燃烧室空间中,散布于空气中	利用强烈的空气旋流将大部分燃料涂布到燃烧室壁面上
2	燃料在空气中呈细小油粒状	燃料在壁面上形成油膜

续上表

序号	空间雾化混合	油膜蒸发混合
3	细小油滴以液相与空气混合,形成不均匀混合气(液相混合)	油膜蒸发,燃油蒸气与空气混合,形成相对均匀的混合气(气相混合)
4	大量细小油滴受热汽化,在着火延迟期内形成的可燃混合气数量较多,多点大面积同时着火	散布在空间的少量燃油,在着火延迟期内形成少量可燃混合气,着火面积小
5	初期燃烧的放热速率很高,以后逐渐减慢	受油膜蒸发速率的影响,燃烧放热速率呈前低后高的规律

油膜蒸发混合的指导思想是利用燃油蒸发速率控制混合气生成速率,燃烧室壁面和空气旋流起了主要作用。图5-16对两种混合方式的混合气生成速率作了比较。在着火延迟期内喷入燃烧室的燃料量相同的条件下,由于油膜受热蒸发所需时间要比细小油滴长得多,加之燃烧室壁温控制较低,使油膜蒸发混合方式在滞燃期内生成的混合气量远小于空间雾化方式。随燃烧进行,在高温和火焰辐射作用下,油膜蒸发加速,使混合气生成速度加快。

另外,大部分燃料是在蒸发后以气体状态与空气或高温燃气接触,可以避免空间雾化混合时常有的液态燃油高温裂解问题,使炭烟特别是大颗粒炭烟排放降低。

尽管由于油膜蒸发混合方式存在一些难以解决的问题而在实际中应用不多,但它的提出打破了空间雾化混合概念的束缚,开阔了发动机混合气形成和燃烧的思路,具有重要的理论意义。

上述各种气流运动方式和混合气形成方式在实际柴油机中并不是单一存在的,往往是多种方式并存。以中、小型车用直喷式柴油机为例,在以空间雾化混合为主的同时,到达壁面的燃油

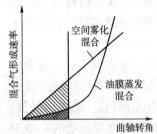

图5-16 两种混合方式的混合气形成速率对比

又存在油膜蒸发混合方式;燃烧室中的热混合现象也是客观存在的。至于气流运动,则以进气涡流为主的同时,挤流、微涡流乃至多气门时专门组织的滚流都有。这充分反映了实际柴油机中混合气形成和燃烧的复杂性与多样性。

二、柴油机燃烧室

由于柴油机的混合气形成和燃烧都是在燃烧室内进行的,所占的时间又非常短促,因此,要使发动机具有良好的性能,不但要有良好的燃料喷射系统,较高的燃料喷雾质量,还必须有与燃料喷射配合恰当的燃烧室形状和气流运动,使燃料与空气混合均匀,提高空气利用率。

柴油机燃烧室按结构形式,可分成两大类:直接喷射式和分隔式。

1. 直喷式燃烧室

直喷式燃烧室是由活塞顶面,汽缸盖底平面及汽缸壁所包围的统一空间组成。活塞顶上均开有深浅不同、形状各异的凹坑。按凹坑深浅不同又分为开式和半开式燃烧室两种。通常把活塞顶凹坑口径与活塞直径之比大于0.7的称为开式燃烧室,而把活塞顶凹坑口径与活塞直径之比小于0.7的称为半开式燃烧室。

(1)开式燃烧室。开式燃烧室如图5-17所示,结构十分简单.活塞顶部的燃烧室有中心略有凸起的浅ω形和平底的浅盆形,凹坑较浅。

开式燃烧室中的混合气形成主要依靠空间雾化混合方式,因此对雾化质量,也就是对喷射系统有很高的要求,开式燃烧室采用较多喷孔数目(常见的为 6~12 孔)的孔式喷油器和较高的喷射压力,最大喷射压力达到 100MPa 以上;一般不组织或只有很弱的空气涡流运动,在混合气形成中空气运动所起的作用相对很小。混合气在燃烧室的空间内形成,避免油束直接喷到燃烧室的壁面上(油束贯穿率要求小于或约等于1)。

对于开式燃烧室,希望通过油束与燃烧室形状的配合,使燃油尽可能均匀细微地分布到整个燃烧室的空间中。它空气利用率相对较低,一般均采用增压来保证较大的过量空气系数(α = 1.5~2.2),以实现完善的燃烧。开式燃烧室一般适用于缸径较大(≥140mm),转速较低(≤2000r/min)的柴油机中。

(2)半开式燃烧室。若将开式燃烧室应用于占车用柴油机大部分的小缸径高速柴油机中,会遇到很大的困难。由于转速高,混合气形成和燃烧的时间极短,单靠燃油的喷散雾化,则不但喷孔直径要很小,喷射压力要很高,使制造困难,使用可靠性下降,而且也不能实现在较小的过量空气系数下有较好的混合气形成和燃烧。这种情况下,就可以应用半开式燃烧室,如图 5-18 所示。

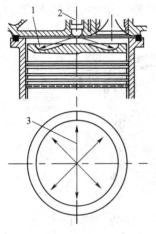
图 5-17 开式燃烧室
1-凹坑;2-喷油器;3-油束

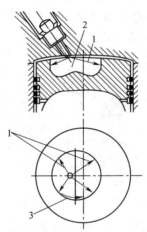
图 5-18 半开式燃烧室
1-油束;2-凹坑;3-空气涡流

半开式燃烧室的活塞顶部有较深的凹坑,形状有很多种,常见的有中心凸起的 ω 形和平底的深坑形,凹坑有缩口的,也有不缩口的,凹坑口径与活塞直径之比一般在 0.35~0.7。

半开式燃烧室中的混合气形成依靠燃油的喷散雾化和空气运动两方面的作用。它采用孔式喷油器,常见的喷孔数目为 4~6 孔,并有较高的喷射压力,对喷射系统有较高的要求。此外,利用以进气涡流为主,挤压涡流为辅的空气运动,来帮助和加强混合气形成,对气道也有较高的要求。一般认为,比较理想的油束贯穿率约为 1.05。

与开式燃烧室相比,半开式燃烧室中的空气利用率有所提高,在过量空气系数为 1.3~1.5 时,可以实现完善的燃烧。

因一般空气运动的强度随着转速的提高而增大,而涡流强度过强或过弱会造成油束贯穿不足或过度,均会影响混合气形成和燃烧,故半开式燃烧室对转速的变化较为敏感。半开式燃烧室一般适用于缸径 80~140mm(甚至更小)、转速低于 4500r/min 的中、小型高速柴油机中。

由于开式燃烧室与半开式燃烧室相比,具有经济性更好,微粒排放量较低的突出优点,使近年来在缸径相对较大的半开式燃烧室中出现了向开式燃烧室方向发展的趋势,即提高喷射压力、缩小喷孔直径、增多喷孔数目、增大活塞顶部凹坑喉口直径并减弱空气涡流强度。当然,这要以制造技术水平的提高以及增压技术的采用作为其前提条件。

(3) 半开式燃烧室中的空气运动。如上所述,半开式燃烧室中的空气运动对混合气形成有重要影响,合理的气流运动是加速混合气形成的有效手段,也是保证半开式燃烧室燃烧完全的重要条件。其产生空气运动的方法有两种:一种是进气涡流,是利用进气道内腔和气阀形状以及气阀相对于汽缸壁的位置使气流沿限定方向运动而形成的;另一种是压缩涡流(或挤压涡流),在压缩行程上止点附近产生,持续时间较短。

①进气涡流。切向进气道:如图 5-19 所示,进气道与汽缸盖底平面夹角较小,气道断面收缩较大,进气道中心线与汽缸轴线空间相错,使空气沿切向进入汽缸,产生绕汽缸中心线的旋转涡流。切向进气道结构简单,在进气涡流要求低时,流动阻力不大;当涡流要求高时,由于气阀口速度分布过于不均匀,气道阻力增大很快。因此切向进气道适用于进气涡流强度要求不高的柴油机上。

螺旋进气道:如图 5-20 所示,进气道呈螺旋形,空气经过螺旋气道的导流,在进入汽缸前就形成绕气阀中心的旋转运动,并在进入汽缸后继续保持旋转;另一方面,由于气阀中心与汽缸中心的不重合,在进入汽缸后会产生沿汽缸壁绕汽缸中心的旋转运动。产生的进气涡流,可视为这两部分共同作用的结果。

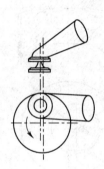
图 5-19 切向进气道

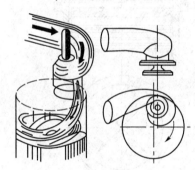
图 5-20 螺旋进气道

为增加进气充量,希望气道的流动阻力越小越好;而进气涡流会增加进气阻力,一般阻力随涡流强度增加而增大。合理的进气道应在首先保证所要求涡流强度的前提条件下,尽可能地提高流通性能,降低流动阻力,这往往需要进行仔细调试和反复改进,但保证一定的涡流强度往往是以进气阻力的提高为代价的。

②挤压涡流。在压缩行程后期活塞接近上止点时,活塞顶上部的环形空间中的空气被挤入活塞顶凹坑的燃烧室内,形成空气的涡流运动称为挤压涡流,如图 5-21 所示。当活塞下行时燃烧室中的空气向外流到环形空间产生膨胀流动,称逆挤压涡流。这些流动不影响充气效率,有助于燃料的分布和混合气的形成。随着活塞顶部凹坑喉口直径和活塞顶间隙越小,则挤压涡流的强度越大。与进气涡流相比,挤压涡流持续的时间较短(仅在上止点附

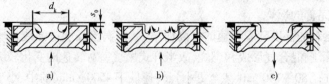
图 5-21 挤压涡流
a) 无进气涡流或涡流不强时的挤流;b) 进气涡流强时的挤流;c) 逆挤流

近),强度较小,在混合气形成和燃烧中起到配合、辅助作用,对混合气形成和燃烧起主导作用的是进气涡流和逆挤压涡流。

2. 分隔式燃烧室

分隔式燃烧室由两个空间组成,即主燃烧室和副燃烧室。主燃烧室设在活塞顶与缸盖底面之间,副燃烧室在汽缸盖内,两室由一个或几个孔道相连。燃油不直接喷入主燃烧室内,而是喷入副燃烧室内。按其气流运动方式又分为涡流室和预燃室两种燃烧室。

(1)涡流室燃烧室。如图5-22所示,在汽缸盖内呈球形的涡流室,借与其内壁相切的孔道和主燃烧室连通。孔道直径较大,截面积为活塞截面积的1%~3.5%,可以减少流动损失,孔道方向与活塞顶成一定的倾斜角度,其截面形状也有许多种。一般涡流室容积占整个燃烧室压缩容积的50%~60%。

混合气形成与燃烧特点:在压缩行程中,活塞迫使空气从主燃烧室经过孔道挤入涡流室,形成强烈的有规则的压缩涡流运动,压缩涡流在涡流室燃烧室柴油机的混合气形成中起主要作用。燃料顺涡流方向喷射到涡流室后,较小的油滴随空气运动,在空间蒸发与空气混合,较大的油滴在气流作用下被带向燃烧室外围,其中部分燃料分布在壁面上。混合气在孔道口附近靠近壁面处首先着火,在强烈涡流作用下,密度较小的燃烧产物被卷入涡流室中央,密度较大的新鲜空气不断流向四周形成良好的"热混合"。涡流室中着火燃烧后,室内气体压力和温度迅速升高,大部分燃料在涡流室中燃烧,未燃部分与高压燃气一起通过切向孔道喷入主燃室,并在活塞顶的浅凹槽内形成二次涡流,加速燃料与空气混合,继续完成燃烧。

由此可见,在涡流室燃烧室中,混合气形成主要靠空气强烈的有组织的涡流运动(压缩涡流和二次涡流)。涡流强度宜适中,太强会引起较大的传热损失和流动损失;太弱会影响混合气的形成。

(2)预燃室燃烧室。如图5-23所示,主燃烧室在活塞顶上,作为副燃烧室的预燃室在汽缸盖内。连通主、副两燃烧室的孔道直径较小,截面积为活塞截面积的0.3%~0.6%,预燃室容积占整个燃烧室压缩容积的35%~45%,喷油器安装在预燃室中心线附近。相对涡流室来说,预燃室的容积和连接通道的截面积都较小,通道内的最大流速约提高50%。

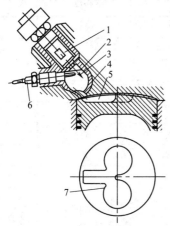
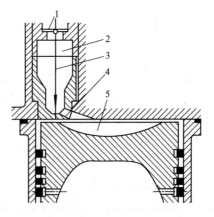

图5-22 涡流室燃烧室
1-喷油器;2-涡流室;3-油束;4-通道;
5-主燃烧室;6-电预热塞;7-导流槽

图5-23 预燃室燃烧室
1-喷油器;2-预燃室;3-油束;4-通道;
5-主燃烧室

混合气形成与燃烧特点:在压缩行程中部分空气经连接孔道被压入预燃室,由于连接孔道截面积很小,且不与预燃室相切,因此在预燃室中形成强烈的无规则的紊流运动。燃料喷到预燃室通孔附近后,依靠空气紊流的扰动与空气初步混合。气流只将一部分小油粒带向预燃室的上部空间,并在那里着火。着火后使预燃室内压力和温度迅速升高,高温、高压的燃气携带未燃的燃料高速经孔道喷入主燃室。由于窄小孔道的节流作用,在主燃室中产生燃烧涡流,促使燃料进一步雾化与空气混合,并达到完全燃烧。

三、不同燃烧室的性能比较与选用

不同类型的燃烧室有着各自的性能特点与适用场合。表 5-3 给出了主要的几种燃烧室的结构特点和性能对比。

常用燃烧室的结构特点和性能对比　　　　表 5-3

项目	对比项目	直喷式燃烧室		分隔式燃烧室	
		开式燃烧室	半开式燃烧室	涡流室燃烧室	预燃室燃烧室
燃烧系统特点	燃烧室形状	简单	一般	复杂	复杂
	燃烧室面容比	最小	小	大	最大
	混合气形成方式	空间雾化	空间雾化	两段混合	两段混合
	压缩比	12~15	16~18	16~23	18~22
	空气运动	无或弱进气涡流	较强进气涡流与挤压涡流	压缩涡流与二次涡流	压缩紊流与燃烧涡流
	α(全负荷)	1.6~2.2	1.4~1.7	1.2~1.6	1.2~1.6
	热损失和流动损失	小	较小	大	最大
	热负荷和排气温度	低	较低	较高	高
	喷油器	孔式,6~12 孔	孔式,4~6 孔	轴针式	轴针式
	启喷压力(MPa)	20~40	18~28	10~15	8~13
	燃料雾化	要求高	要求较高	要求较低	要求低
	对燃料的适应性	差	较差	较好	好
主要性能特点	p_{me}(MPa)	高	较高	较低	低
	b_e[g/(kW·h)]	190~220	210~240	235~275	245~290
	NO_x	高	较高	低	低
	PM	较低	高	低	低
	HC	较低	高	低	低
	燃烧噪声	最高	较高	低	低
	起动	容易	较容易	难	最难
	适应转速(r/min)	≤1500	≤4000	≤5000	≤3500
	适应缸径(mm)	≥200	≤150	≤100	≤100（或 160~200）

由表中数据的对比可以总结出以下几点:

(1)在燃油经济性方面,直喷式燃烧室柴油机明显优于分隔式燃烧室柴油机。在能源问题已成为全球性重大问题的今天,直喷式燃烧室柴油机由过去主要用于中重型货车变为现在日益向中小型货车以及轿车领域扩展。目前新研制的缸径 $D>100$mm 的高速柴油机几乎都采用直喷式燃烧室,而在 $D<100mm$ 柴油机上采用直喷式燃烧室的机型也逐渐增多。

(2) 在排放特性上,分隔式燃烧室柴油机在原理上是低排放燃烧方式,比直喷式燃烧室柴油机有优势,但近年来发展的高压喷射和电控喷射等技术,使直喷式燃烧室柴油机的 NO_x 和微粒排放有了显著的改善,缩小了在排放特性上与分隔式燃烧室柴油机的差距。

(3) 在噪声振动性能方面,分隔式燃烧室柴油机比直喷式燃烧室柴油机有优势,加上高速性能好、制造成本低以及容易实现低排放污染等优点,在缸径 $D<100mm$、转速 $n>3500r/min$ 的车用高速柴油机上仍有较广泛的应用,特别是涡流室的高速性能比预燃室更佳,因此在轻型柴油车特别是柴油轿车上应用居多,但半开式燃烧室和预燃室燃烧室也有应用。虽然分隔式燃烧室有诸多优点,但在重要的燃油经济性上不如直喷式燃烧室,因而应用范围逐渐减少,如能在改善指示热效率上有突破性进展,有望得到"复兴"。

(4) 在缸径 $D>200mm$,转速 $n<1000r/min$ 的重型汽车、大型增压柴油机上,目前几乎都采用无涡流或低进气涡流的开式燃烧室。

(5) 中、轻型车的应用领域中,目前主要是涡流室燃烧室与半开式燃烧室两者的竞争。对于开式燃烧室,由于其小缸径和高转速的限制而难以采用;对于预燃室燃烧室,由于其经济性比涡流室燃烧室还要略差,故也极少采用。在缸径相对较大的中型车用柴油机中,半开式燃烧室占有一定优势并可能会继续发展这一优势。

(6) 在包括农用运输车和小型拖拉机在内的农用柴油机领域,考虑到对制造成本、工作可靠及寿命长的要求,涡流室式燃烧室仍被较多地应用,但直喷式燃烧室的比重在不断扩大。

(7) 分隔式燃烧室(特别是预燃室燃烧室)还常用于一些要求噪声特别低的特殊场合,例如在矿井内或潜艇中使用。

第四节 燃烧过程的影响因素

一、燃油喷射、气流运动与燃烧室形状间的配合

对柴油机燃烧过程的要求是多方面的,而且往往相互之间是矛盾的。例如,为提高柴油机经济性,应使燃油完全燃烧,希望有较大的过量空气系数,但这将导致汽缸工作容积利用率,即升功率降低,动力性变差。要保证在上止点附近的迅速燃烧以提高动力性和经济性,但这又可能会使压力升高率和最大爆发压力都较高,工作平稳性变差,燃烧噪声增大,也会降低工作可靠性和使用寿命。此外,降低柴油机废气中的有害排放量往往是以柴油机经济性的降低、制造成本的提高作为代价的。降低柴油机废气中的各种有害排放量的要求,特别是柴油机废气中的两种主要有害排放物(微粒和 NO_x)的控制,往往也会产生矛盾。同时,针对车用柴油机工作范围宽广的特点,希望不仅是在某一工况,而是在各种转速、负荷的工况下,都能有较好的性能。

燃油喷射、气流运动与燃烧室形状间的良好配合,是满意的柴油机混合气形成和燃烧过程的基本保证。在燃油喷射、气流运动与燃烧室形状间的配合中,一般应兼顾各方面的要求,并根据具体使用情况有所侧重,寻求一个较理想的折中方案。

例如,半开式燃烧室的活塞顶部凹坑喉口直径的大小要与油束射程、涡流强度互相配

合,如凹坑喉口直径过小、油束射程过大而涡流强度较弱时,就会有过多的燃油直接喷到燃烧室壁上,难以很好地形成混合气与燃烧,这一般称为"穿透过度";反之,如凹坑喉口直径过大、油束射程过小而涡流强度较强时,就会使喷到燃烧室壁上的燃油过少甚至没有,则燃烧室外围的空气就得不到充分地利用,这一般称为"穿透不足"。

不论是直喷式燃烧室还是分隔式燃烧室,都应尽量避免燃烧室内不能很好地形成混合气的死角,例如,活塞顶部的让阀坑、第一道活塞环上部活塞与缸套间的容积、分隔式燃烧室中安装电预热塞附近的部位,还包括孔式喷油器头部的压力室等。

燃油喷射、气流运动与燃烧室形状间的配合,目前仍以大量试验、反复改进为主要手段来进行的。近年来,一方面燃烧室内部的测试有较大发展,通过激光测量、高速摄影和缸内取样等,深入了解混合气形成和燃烧过程,从而寻求最佳的配合;另一方面,应用计算机对柴油机的工作过程进行模拟计算也已得到应用,燃烧模型也从简单的零维模型发展为三维模型,这也将成为设计改进工作的有力工具。

二、运转因素对燃烧过程的影响

1. 燃料性质

燃油的十六烷值是衡量燃油自燃性的指标,对燃烧过程也有一定影响。图5-24表示喷油时刻相同,使用不同十六烷值的燃料对燃烧过程的影响。在其他条件相同的情况下,十六烷值高的燃料,燃油自燃性相对较好,着火延迟期短,着火后压力上升平缓,最大爆发压力低,从而使燃烧噪声和NO_x的排放量也都可降低。十六烷值与着火延迟期之间并非直线关系,实际上,只是当十六烷值低于50时,对着火延迟期才有显著影响,自50增至70时,着火延迟期变化很小。为使柴油机工作柔和,燃料的十六烷值应为40~50。十六烷值提高到超过需要值是没有益处的。

另外,燃料的馏程、黏度、表面张力及蒸发性对燃烧过程也有影响。馏程低的柴油,蒸发性好,可缩短着火延迟期。黏度和表面张力影响燃料喷雾的细微度。蒸发性影响形成可燃混合气的速度。燃料雾化细微可提高空气利用率,使燃烧完全。

一般直喷式燃烧室比分隔式燃烧室对燃油的性质更为敏感。

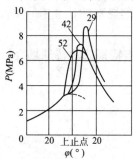

图5-24 十六烷值对燃烧过程的影响

2. 转速

发动机转速变化时,充量的数量和涡流运动、发动机热状态、喷油压力、燃料的喷雾品质以及在供油齿杆位置不变时每循环供油量等都改变了,这些都影响燃烧过程,在不同发动机中,它们的影响也是不同的。转速升高时,由于散热损失和活塞环的漏气损失减小,使压缩终点的温度和压力增高;转速升高也会使喷油压力提高,改善燃油的雾化,这些都使得以秒为单位的着火延迟期缩短,而以曲轴转角为单位的着火延迟期则有可能缩短,也可能延长,图5-25给出了转速对着火延迟期影响的实例。当转速增加时,为了保证燃烧在上止点附近迅速完成,应适当加大供油提前角,现代车用柴油机的供油提前角调节装置,就是实现这一功能的。

一般来说,转速过低或过高时,都会使燃烧效率降低。转速过低时,空气运动减弱,喷油压力下降,使混合气质量变差;转速过高时,燃烧过程所占的曲轴转角加大,充气效率下降,也会给燃烧效率带来不利的影响。

3. 负荷

柴油机的负荷调节方法是"质调节",即空气量基本上不随负荷变化,而只调节循环供油量。柴油机若转速保持不变而负荷增加,循环供油量也增大,过量空气系数减小,单位容积内混合气燃烧放出的热量增加,引起缸内温度上升,有利于混合气的形成,使着火延迟期缩短,柴油机的工作柔和。负荷对着火延迟期的影响如图5-26所示。当负荷增加时,由于循环供油量增大以及燃烧过程变长,也需要适当加大供油提前角。对于最佳供油提前角随负荷的变化调节,则较难实现。只有在柴油机电控喷射系统中,才能真正实现最佳供油提前角随各种工况变化的准确调节。

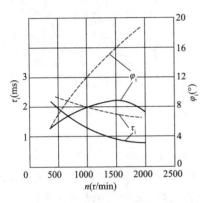

图5-25 转速对着火延迟期的影响

虚线 - 直喷式燃烧室;实线 - 涡流式燃烧室

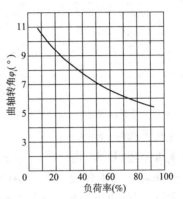

图5-26 负荷对着火延迟期的影响

在中、小负荷工况下,燃烧效率的变化一般不大,但随着循环供油量的加大,过量空气系数变小,导致补燃增加,燃烧过程延长,热效率降低,经济性下降。特别是负荷过大时,因空气不足,引起燃烧恶化,排气冒炭烟,经济性更差。

4. 供油提前角

供油提前角(或喷油提前角)对柴油机的燃烧过程,进而对其性能有很大影响。供油提前角过大,柴油在汽缸压力和温度较低的状态下进入汽缸,使着火延迟期延长(图5-27),同时在着火燃烧后,活塞仍在上行,使速燃期的压力升高率和最大爆发压力都较高,增加了压缩负功,工作较粗暴,NO_x 的排放量也会由于燃烧温度的升高而增加,柴油机的经济性和动力性降低,起动困难,起动时冒黑烟,怠速不稳定。供油提前角过小,则会使燃油不能在上止点附近及时燃烧,补燃量增加,也对柴油机的经济性和动力性不利,微粒的排放量增加,排气温度升高,散热损失大大增加。

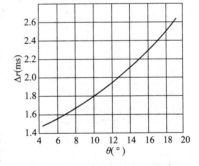

图5-27 供油提前角对着火延迟期的影响

对于每一种工况,柴油机均有一个最佳的供油提前角,此时在负荷不变的前提下,有效燃油消耗率最低。图5-28所示为不同喷油提前角的示功图。最佳的供油提前角和发动机转速、压缩比、燃料性质、燃烧室型式、喷油规律及增压度等因素有关。但为了兼顾降低 NO_x 的排放量和燃烧噪声的需要,一般调节供油提前角略小于最佳的供油提前角。图5-29给出了一直喷式柴油机在不变的中等转速和中等负荷下,喷油提前角变化对发动机各种性能的影响。

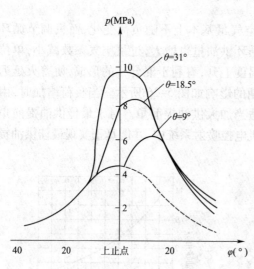

图 5-28 供油提前角对示功图的影响($n=1700r/min$)

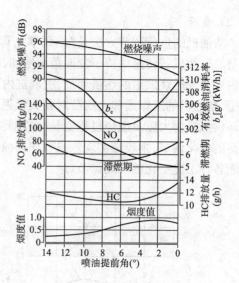

图 5-29 喷油提前角的影响

5. 废气再循环(EGR)

废气再循环(EGR)是指将一部分已燃的废气再次引入燃烧室内参加燃烧,从而降低燃烧过程中的工质温度,有效地控制NO_x的生成量,降低NO_x排放。废气再循环可以由简单的机构来进行控制,也可以与电控系统相结合,实现更精确、更理想的控制。但由于它实际上降低了过量空气系数,会对完善、及时的燃烧产生不利的影响,从而也会使炭烟的排放量增多,柴油机经济性变差,特别是在高速、高负荷的工况下更是如此。因此,仅在低速、低负荷的一定范围内,才在进气中掺入一定量的废气。

6. 压缩比和增压度

柴油机为了保证燃料可靠地着火燃烧,要求具有足够高的压缩比。压缩比提高,使压缩终点工质的温度和压力增大,因而改善了燃料液滴与空气间的传热,促使喷入的燃料加速雾化与蒸发,缩短了着火延迟期,使速燃期压力升高率降低,柴油机工作柔和,还能改善冷起动性能。但压缩比也不能过高,否则使曲柄连杆机构负荷过高,影响发动机寿命。

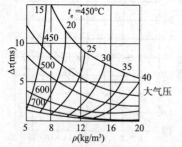

图 5-30 空气密度对着火延迟期的影响

柴油机采用增压后,进入汽缸的空气密度增大,进气压力和进气温度升高,压缩终点工质的温度和压力均随之提高,使着火延迟期缩短,有利于降低燃烧噪声和机械负荷,柴油机工作柔和。空气密度对着火延迟期的影响如图 5-30 所示。

提高压缩比和增压压力后,降低了发动机对燃料的敏感性,适合用多种燃料工作。

三、柴油机供油系统对燃烧过程的影响

1. 供油系统

供油系统应确保柴油按时、按质、按量喷入汽缸,以保证柴油机的燃烧完全、及时,获得良好的动力性、经济性、工作平稳性及低噪声、低污染。所谓按时,就是在整个转速范围内,均能按最佳喷油提前角喷油;按质,就是燃料喷雾质量高,并能和燃烧室结构相匹

配;按量,就是根据负荷的要求准确地喷射定量的燃料,且各缸内的喷油量保持均匀一致。

(1)喷油泵。目前大多数汽车柴油机都采用柱塞式喷油泵,但是随着微电子技术的迅速发展和柴油机排放标准的实施以及降低燃料消耗率的要求,电控喷油泵产品已于20世纪80年代初期问世。电控喷油泵能使柴油机在各种变工况下都能在最佳的供油提前角和供油量状态下进行,从而获得发动机的低排放,以及更好的动力性和经济性。目前电控喷油泵的功能已从供油定时、供油量、供油速率的控制,发展到可以具有一系列的附加功能,如空燃比、转矩校正、海拔与进气压力的补偿调节,以及系统工况诊断、车速控制等。

(2)喷油器。如前所述,车用柴油机主要采用孔式喷油器和轴针式喷油器两种形式,其中孔式喷油器主要用于直接喷射式柴油机,喷孔的数目和方向取决于各种燃烧室对喷雾质量的要求,轴针式喷油器主要用于对喷雾要求不高的分隔式柴油机,轴针的形状不同,形成的油束也不同,它对燃烧过程有很大影响。

鉴于高喷油压力和高喷油速率的发展趋势,一般的喷油器在低速工况区易产生不均匀喷油,从而引起柴油机在低速工况下工作不稳定、游车(发动机在运转中,转速不稳定,超过允许的转速波动率,作周期性的游动)和敲缸等现象。这主要是由于针阀升程大所致。如果按低速小负荷工况的要求,减小针阀升程和改变开启压力即可消除此不均匀喷油,但这就难以满足高速大负荷工况的要求。可见一般的喷油器难以同时兼顾高、低速工况。国外某些公司开发了双弹簧喷油器并应用于重型汽车柴油机上,取得了很好的效果。其构造和压理如图5-31所示。它的喷油过程分为两个阶段。第一阶段适于低速低负荷工况。其针阀开启压力 P_{01} 由弹簧1调整决定。当油管压力大于或等于针阀开启压力 P_{01} 时,针阀开启,并随压力上升升程加大,直至升程为 e。该阶段的特点是喷油器针阀开启压力低,升程小,可避免不均匀喷油现象,保证柴油机稳定工作。第二阶段适于高速、大负荷工况。针阀的第二开启压力 p_{02} 由弹簧1和2的合力决定。当油管压力大于或等于 p_{02} 时,针阀再次上升直至最大升程 L。该段由于喷油器是在相应的大于或等于 p_{02} 的高开启压力和小于或等于 L 的大升程下喷油的,能满足柴油机功率特性的要求。

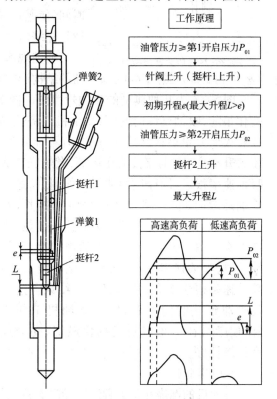

图5-31 双弹簧喷油器的构造和工作原理

(3)泵喷油器。近年来在重型车用柴油机中,泵喷油器也有应用。泵喷油器把喷油泵和喷油器合为一体,置于汽缸盖上原喷油器的位置,省去了高压油管,用类似于驱动配气机构的方法,由凸轮通过摇臂来驱动泵喷油器,同时完成泵油和喷油作用,易于实现较高的喷油压力,减小了不正常喷射现象产生的可能性。同时,泵喷油器也较易于实现电控喷射。泵喷油器的主要缺点是传动较为复杂,而且可能会使柴油机的总高度有所增加。

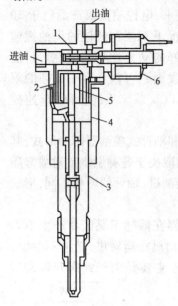

图 5-32 电控蓄压式喷油泵—喷油器
1-三通阀;2-低压活塞;3-蓄压喷油器;4-增压器;5-高压柱塞;6-电磁阀

图 5-32 所示为 BKM 公司研制的电控蓄压式泵喷油器。它通过改变公共通路的油压来改变蓄压器的油压,从而达到调节喷油量的目的。其最高喷油压力可达 160MPa,喷油持续期为 0.0012s(15°曲轴转角)。该泵喷油器具有喷油压力与转速无关的特点,因此可获得低速工况的高喷油压力,有利于柴油机获得良好的低速性能。

2. 喷油规律

对喷油规律的要求,须与燃烧室结构形式、气流运动及运转工况结合起来考虑。对于分隔式燃烧室,希望喷入的燃料主要在主燃烧室内燃烧,要求喷油规律急喷急断。对于直喷式燃烧室,希望着火延迟期内的喷油量少一些,只要能形成着火条件即可,以控制速燃期内的压力升高率;着火燃烧以后,中、后期的喷油量要多、要急,以缩短燃料喷射的持续时间,使燃料尽量在上止点附近完成燃烧。因此要求喷油规律是先缓后急。

喷油规律主要取决于柴油机燃油泵凸轮外廓形状、喷油器的结构形式及其调整等。

图 5-33 为几种典型的喷油规律图。图 5-33a)表示采用高速凸轮,喷油速率大,曲线变化很陡,喷油延续时间短,柴油机经济性和动力性好。但由于开始喷油时喷油速率大,在着火前大量燃料已喷入汽缸,有可能在着火前形成大量的可燃混合气,造成柴油机的压力升高率 $dp/d\varphi$ 高,工作粗暴,燃烧噪声大。图 5-33b)所示的喷油规律是,开始喷油时喷油速率很大,同样使柴油机工作粗暴,燃烧噪声大,后期曲线下降平缓,喷油速率变小,喷油延续时间长,结果使燃烧时间拖长,补燃量增多,排气温度升高,发动机易过热,性能下降。图 5-33c)所示的喷油规律是,开始喷油时,喷油速率较小,曲线变化平缓,然后喷油速率很快上升,接着又很快结束。这样使喷油延续时间不致过长,柴油机工作柔和,使燃料在上止点附近尽快燃烧,动力性和经济性好。

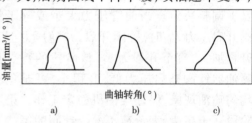

图 5-33 几种喷油规律类型

3. 喷雾特性

柴油机的燃烧在很大程度上受喷雾特性的影响。喷雾的主要作用是使喷入燃烧室的燃料分裂成直径非常细微的油滴,以增加燃料与空气接触的表面积,同时使油束具有与燃烧室的几何形状和尺寸良好配合。适当的喷雾锥角及射程,使油束和油滴在燃烧室内形成有利的空间分布和时间分布,保证燃料的良好雾化并与空气充分混合,有利于提高燃烧质量。反之,当燃料的雾化质量差,油束的射程和锥角不适当时,将不利于混合气的形成,使燃烧不良,导致发动机动力性和经济性降低。

第五节 柴油机电控

一、电控柴油喷射系统的分类及工作原理

电控柴油喷射系统按控制方式分类,可分为第一代位置控制式系统和第二代时间控制式系统,而时间控制式系统按喷射原理来分,又可分为柱塞脉动式供油系统和共轨式喷油系统两种。

1. 位置控制式喷油系统

图 5-34 表示位置控制式喷油系统简图,其特点是在传统喷油泵、高压油管、喷油器系统上,加装一个电控装置发展而成的。它不改变传统喷油系统的工作原理和结构,只是用电控装置取代调速器和提前器,对直列泵的油量调节齿杆和 VE 泵的溢流环套以及油泵驱动轴和凸轮轴的相互位置进行低频连续调节,以控制油量和定时,所以称为位置控制系统。这一类系统生产继承性强,安装方便,采用电磁阀、旋转电磁铁、步进电动机等都可作为执行机构,因此它在目前国外电控柴油机喷油系统中,商品化程度最高且已批量生产应用。

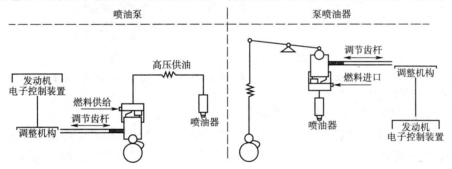

图 5-34 位置控制式喷油系统简图

图 5-35 是位置控制式 ECD–V1 型 VE 分配泵电控系统的简图。该系统的油量控制是由溢流控制阀 1 接受 ECU 指令而执行的。控制阀作用时,使控制杠杆 3 上端以其支点 A 为中心左、右移动,而杠杆 3 下端则使溢流环套 4 轴向移动,从而达到改变油量的目的。定时控制由供油提前控制阀 7 执行,它按照 ECU 发出的指令打开或关闭由输油泵入口分流进入活塞上腔 10 的低压油路。接近于大气压的低压油进入活塞上腔后,会改变原来内部压力(即泵腔压力)的大小,从而改变活塞 8 的位置,相应改变滚轮 5 与凸轮的相对位置,即调整了供油定时。位置控制式电控燃油喷射系统显然只是对传统喷油系统的初步电控化改造。由于未变更原有喷油装置,喷油特性也未改变,因此一般不可能对喷油率和喷油压力进行调控。此外,由于位置控制不是直接改变油量和定时,中间环节多,控制响应慢,也做不到各缸的分缸调控。

2. 时间控制式喷油系统

工作原理是利用高速强力溢流电磁阀来直接控制喷油始点和喷油量,一般情况下,电磁阀关闭喷油即开始,电磁阀打开喷油即终止,因此,喷油始点取决于该电磁阀的关闭时刻,喷油量取决于电磁阀关闭的持续时间;同时通过变更电磁阀升程或改变电磁阀所控制的油压来实现喷油率或喷油压力的控制;再加上每缸一阀(直列泵)、响应快等优点,已成为当前柴油机电控喷油系统的主要开发目标。

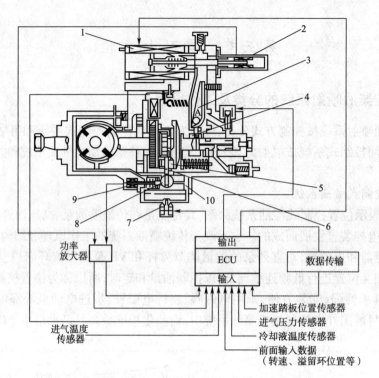

图 5-35 ECD–V1 型电控喷油系统

1-溢流控制阀；2-溢流环位置传感器；3-控制杠杆；4-溢流环套；5-滚轮；6-滚轮环控制杆；7-供油提前控制阀；8-活塞；9-供油提前器位置传感器；10-活塞上腔

如前所述，时间控制式系统又有两种类型：

（1）时间控制式柱塞泵脉动供油系统。此类系统仍保持传统的柱塞往复运动脉动供油方式，但柱塞只起加压、供油作用，取消了齿杆、齿圈、柱塞斜槽乃至出油阀等调节油量的装置与结构，直接由电磁阀控制油量与定时。由于供油泵结构简化、泵体及柱塞副刚度加强，承压能力也相应提高。目前市场上广泛使用的这一类系统有三种。

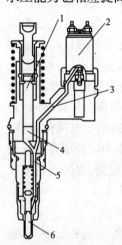

图 5-36 电控泵喷油器

1-油泵柱塞；2-电磁溢流阀；3-旁通油路；4-柱塞腔；5-高压油路；6-喷油嘴

① 电控泵喷油器系统。由传统重型车用柴油机的机械泵喷油器系统发展而来。该系统将喷油泵、喷油器合为一体，没有高压油管，每缸一组，作为一个部件直接安装在柴油机汽缸盖上，由设置于缸盖上的油泵凸轮轴驱动，如图 5-36 所示。在凸轮驱动下，柱塞 1 作上下往复运动。电磁溢流阀 2 开启时，柱塞腔 4 中为低压油。柱塞下行时，腔 4 中低压油通过旁通油路 3 由电磁阀溢流口溢出。开始喷油时，电磁阀关闭，柱塞下行使燃油加压，高压油直接由纵油道 5 进入传统喷油嘴 6 中喷油。电磁阀打开，溢流口开启，则喷油终止。柱塞上行回程时，由旁通油路吸油。

由于电控泵喷油器没有高压油管，在所有类型油泵中，具有最高的机械和液力刚度，能承受 200MPa 以上的喷射压力。目前有逐步向中、小型直喷式柴油机中推广使用的趋势。

② 电控单体泵系统。由原用于大、中型柴油机上的机械单体泵系统发展而来。单体泵的特点是具有结构刚性好的高压单体喷油泵、较短的高压油管，发动机缸体上设有各缸共用的油泵凸轮轴，而各缸的

喷油泵分别安装在靠近喷油器的部位,其承压能力仅次于泵喷油器。喷油压力可以高达130MPa,实现了柴油机的高压喷射,有效地降低了微粒排放。

图 5-37 是改造后的电控单体泵。电磁溢流阀安装在泵端靠近油管接头处,可直接控制柱塞泵出的高压油:电磁阀开启时,柱塞顶泵出的油被旁通流回低压腔;电磁阀关闭则实现高压供油;柱塞回程时,则反过来由低压腔进油。

与泵喷油器系统相比,电控单体泵喷油系统具有较高的机械效率和较小的喷油系统驱动损失。在结构上由于没有驱动机构,也没有机械力传到汽缸盖和喷油器上,且在汽缸盖上占用的空间也较小,可为柴油机进、排气系统的结构设计获得较大的自由度。

③电控分配泵系统。时间控制式电控 VE 泵系统与位置控制式系统相比,取消了溢流环及其操纵机构,直接利用高速强力电磁阀来控制喷油和定时,结构进一步简化。虽然各缸共用一个阀,由于是直接控制,电磁阀响应很快,所以在各缸供油所分配到的相位内,仍能独立分缸调控。其功能与电控泵喷油器及电控单体泵无异。

图 5-38 所示为 ECD-V3 型电控分配泵系统。系统取消了断油阀而采用两级阀机构。两级阀由上端小电磁阀 1(导向阀)和下端液压自动阀 7(主阀)组成,主阀不直接受电磁阀控制。

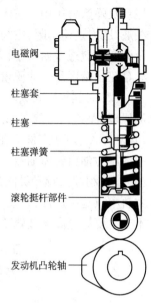

图 5-37 电控单体泵

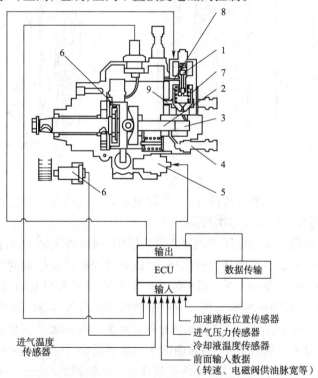

图 5-38 ECD-V3 型电控 VE 泵系统
1-电磁溢流导向阀;2-柱塞;3-柱塞腔;4-出油阀;5-供油定时控制阀;6-相对转角位置传感器;7-主阀;8-低压油路;9-旁通道

导向阀在喷射阶段处于关闭状态（电磁线圈断电），此时 VE 泵腔通往主阀的低压油路 8 被切断，主阀上、下均与柱塞腔相通，压力基本相同，由于上部承压面比下部大，在上下总压差及弹簧力作用下主阀关闭，进行燃油喷射。导向阀通电开启时，主阀上腔与 VE 泵泵腔相通，压力迅速下降，主阀在下部高压油作用下开启，燃油经旁通道 9 泄流，喷油中止。主阀及旁通道流通截面大，阻力小，泄油通畅；而导向阀承压面小，响应快捷。两阀配合工作，可满足控制精度及喷油质量的要求。

（2）时间控制式共轨喷油系统。这种共轨式喷油泵系统不再应用传统柱塞泵脉动式供油原理，而是先将燃油或者其他传递动力的工质，如机油，以高压（所需喷油压）或中压（10MPa 左右）状态储集在被称为共轨（common rail）的容器中，然后利用电磁三通阀将共轨中的压力油引到喷油器中实现喷射。共轨中若为与喷油压相同的高压燃油，就直接进入盛油槽（针阀腔），推动针阀进行喷射。这就是所谓的"高压共轨系统"，如图 5-39 所示。如果共轨中只是中压油，则在喷油器中还要通过增压活塞，将压力提高到喷油压力后再行喷射。本节主要讨论高压共轨系统。

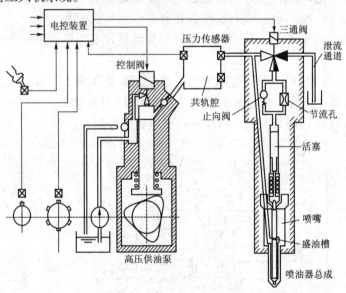

图 5-39 电控高压共轨 ECD–U2 系统

高压共轨喷油系统的主要组成部件有：控制燃油量的高压泵、油轨、高压油管、喷油器、电控单元、各种传感器和电磁阀等执行器。

高压供油泵将油箱中来的低压燃油泵入共轨腔中，而由高压泵、油轨压力传感器和电控单元共同形成了一个油轨压力闭环控制回路，可以通过控制油泵控制阀调节油压到喷油所需的高压。燃油高压的产生是与喷油分开的，产生的喷射压力与发动机的转速、喷油量无关，喷油压力可在一定范围内控制选择。而且平均喷油压力可以得到增高，在喷油过程中最高压力可以达到 160MPa 的高压。共轨系统中的高压泵与喷油器之间的燃油容积起到一个蓄压器的功能。在整个喷射过程中，油轨内的压力波动很小，几乎保持不变。

高压共轨式电控喷油系统的核心部件是喷油器。共轨腔的高压油一路直通到喷油器的盛油槽中；另一路通向喷油器上的三通电磁阀。当 ECU 命令此阀切断泄油通路时，高压油经进油止回阀到达液压活塞上腔。此时，整个活塞、顶杆、针阀组件按设计要求处于液压平衡的状态；在针阀弹簧的压力下，针阀处于关闭状态。

一旦三通阀转换到切断高压油路而打开泄流通路时，液压活塞上腔迅速泄压，其中燃油经节流孔流向泄油路。此时，针阀在盛油槽内高压油作用下克服弹簧预紧力而开启喷油。泄流道上设置节流孔的目的是控制液压活塞上腔泄油的速率，以便获得较低的初始喷油率。

装用这种高压共轨式电控喷油系统，并不需要对柴油机的结构作重大变动，在现有的柴油机上布置困难不大。因此，这种喷油系统被看作是取代传统喷油系统，最具有发展前途的一种电控高压喷射系统。它可以装用在每缸30kW左右的轻型载货汽车的柴油机上，也可装用于每缸50kW以上的重型载货汽车柴油机上。它是21世纪新一代柴油机满足汽车排放、汽车燃料经济性等法规所必需应用的一种燃料喷射系统。

二、电控柴油喷射系统的组成

柴油机电控喷油系统与汽油机类似，也由传感器、电子控制单元（ECU）和执行器三部分组成。图5-40所示为位置控制式电控直列泵系统的组成简图。

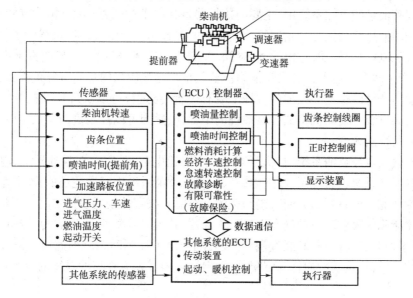

图5-40 位置控制式电控直列泵系统

1. 传感器

传感器的作用是实时检测和感知柴油机及车辆运行状态各种信息，包括使用人员的操作思想、操作量等信息，并把它输入到控制单元中去。其中最重要的传感器是图中画了框的柴油机转速传感器、油门齿条位置传感器、喷油提前角传感器和加速踏板位置传感器。

2. 电子控制单元（ECU）

ECU核心部分是计算机，由微处理机及其接口硬件和一整套软件组成，同时包括有一定的输入、输出通道接口电路等。软件的核心内容是发动机的各种性能调节曲线、图表和控制算法。ECU的作用是负责信息的采集、处理、运算决策、执行程序，并将运行结果作为控制指令输出到执行器。其中，喷油量和喷油定时脉冲是ECU发出的最重要的控制指令。

此外，还有一种通信的功能，即和其他的控制系统，如传动、制动装置等控制器进行数据传输与交换，同时考虑到汽车其他系统的实时情况，适当修正喷油系统的执行指令，即适当修正喷油量、喷油提前角等，与此同时还可以向其他的控制系统输送必要的信息。进一步还可发展为整机或整车的所有控制任务统由一个中央 ECU 来实现,这就成为整机或整车的统一管理系统。

3. 执行器

执行器为接受 ECU 传来的指令,并完成所需调控任务的元器件。例如,在直列柱塞式喷油泵系统中,有调节油门拉杆位移的执行器,以控制喷油量,有调节柴油机驱动轴和喷油泵凸轮轮相位差的执行器,以控制喷油定时;在分配式喷油泵系统中,则装有调节控制套筒位置的执行器,来控制喷油器和装有提前角自动调节器转动滚柱圈位置的执行器,以控制喷射定时。

执行器按工作原理大致可分为电磁式、液压式和其他方式等。电磁式是用电磁铁把电能转换为磁力工作,液压式则是用电磁阀转换为液体的压力流,而得到操纵力。其他方式中有使用压电元件的执行器和使用双金属的和正在实用的形状记忆合金的执行器等。在电控的喷油系统中,有专用的执行器,如伺服式电磁阀、转动式螺线管和步进电动机等。

在直列喷油泵的电控系统中,主要的执行器是在电子调速器内控制喷油量的动圈式线性螺线管和用液压驱动偏心凸轮调整喷油定时的电磁阀。动圈式线性螺线管也称线性直流电动机,可以实现双向移动,它由外壳、磁铁、线圈组等组成,根据圆柱形线圈上电流的方向与大小,可产生两个方向上任意大小的力。若其推力与线圈组的自重和复位弹簧力平衡时,就能控制油门拉杆的位置。在油门拉杆上装有位置传感器,可以实现反馈控制。控制喷油定时的电磁阀也装在发动机机油管路系统的中部,电磁阀可以控制流向喷油定时器的油压,使喷油提前角得到改变。

高压共轨式电控喷油系统中,执行器是一个高速电磁阀,它设在喷油器上,电控单元指令电磁阀对喷油系统进行控制,高速电磁阀在电控喷油系统中起决定性的作用,承担着所有的喷射控制功能。电磁阀的关闭时刻与关闭持续时间决定控制的喷油定时与喷油量。它的快速关闭才能确保喷射定时准确和迅速形成高压,快速开启可保证喷射的迅速切断与稳定卸载,若缓慢地开启,将引起卸载迟慢,导致后期喷射不良等问题。因此要求高速电磁阀的结构,必须要具有快速的响应性与强磁力等特性,才能保证电控喷油系统的控制精度与响应速度。

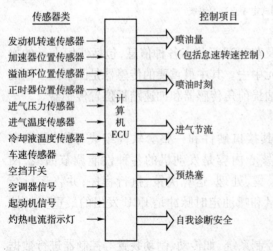

图 5-41 柴油机电控系统的传感器与控制项目

另外,由于汽车经常行驶在不同的地区,其使用条件(如温度、湿度、灰尘、振动、冲击等)非常苛刻,而且汽车零件还易接触到腐蚀性的物质。为了确保使用安全可靠,汽车的电控系统必须具有高的耐环境性和可靠性。尤其是电子控制设备最怕受到强电磁波的干扰,严重时,它会使系统产生误动作或失效。电磁波的干扰可来自发动机本身,以及来自环境的打雷、广播、送电线路等,因此电控喷油系统本身必须具有抗电磁波干扰的能力。

图 5-41 列出一种丰田车用柴油机电控系统的传感器与控制项目。除了喷油量与喷油定时的基本控制项目以外,还设有一些扩展的附加控制。

三、电控柴油喷射系统的控制功能

电子控制的柴油机喷油系统实现的功能已经很多,而且许多控制的功能是机械式喷油系统所无法实现的。主要的控制功能有以下各项。

1. 喷油量的控制

在系统的控制功能中,最主要的是喷油量控制,ECU 根据各传感器输来的信息确定目标的油门拉杆位置。这个目标值和装在调速器内的油门拉杆位置传感器的检测值在驱动电路中进行比较后,产生与两者差值成比例的驱动电流。执行器则根据 ECU 输出的驱动电流进行动作,使油门拉杆移动到目标位置。喷油量的设定目标值按柴油机结构不同和运行条件不同,都已事先通过试验制成喷油量脉谱,存储在 ECU 中。

计算机根据加速踏板位置传感器和转速传感器的输入信号,首先计算出基本喷油量。然后根据来自冷却液温度传感器、进气温度传感器、进气压力传感器以及电动机等的信号,对这个基本喷油量加以修正,再与来自控制套筒位置传感器的信号进行反馈修正,最后确定最佳喷油量。因此,当汽车在低温起动、加速、高原行驶或涡轮增压运行等工况下,都可以决定柴油机运转所需要的最佳喷油量。来自 ECU 的控制信号,操纵一个电磁阀产生一电磁力,移动分配式喷油泵的控制套筒来调节喷油量。在喷油量控制中有的还采用 PID 比例微积分控制,其比例放大系数是非线性的,在输入信号幅值低时,放大系数大,而幅值较高时,放大系数小,这样得以稳定各参数,获取良好的动态响应,在发动机整个转速范围内,都能精确地控制喷油量。

2. 喷油定时的控制

在电控喷油系统中,能够较精确地控制喷油定时。根据柴油机转速、负荷和冷却液温度的信号在 ECU 中利用预先储存的喷油定时脉谱,计算确定喷油始点的目标值。另一方面通过检测上止点参考脉冲和喷嘴针阀升程传感器输出脉冲之间的夹角,计算出实际喷油始点,在和目标值相比较后,决定最佳喷油始点,控制单元就输出一个脉宽可调的信号来控制一个电磁阀。该电磁阀便可确定作用在喷油提前器活塞上的控制油压来移动活塞位置,改变发动机驱动轴和凸轮轴之间的相位,以调节喷油定时。为了实现柴油机的燃烧及时与完全,电控系统应根据柴油机的运行状态和环境条件来控制喷油定时。

以上两项是最基本的控制功能。每一种柴油机都可通过大量试验,作出以转速和加速踏板位置为自变量,以目标喷油量(或齿杆行程或供油脉宽)和目标定时为因变量的 MAP 三维曲面图,如图 5-42 所示。这种以软件存入 ECU 的 MAP 图就是最基本的目标控制量。

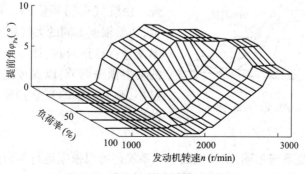

图 5-42 喷油定时控制脉谱(MAP)图

3. 怠速转速的控制

柴油机怠速转速反常波动主要是各缸供油和燃烧不均匀所引起。在机械式控制中用两速调速器加以控制。在电子控制的情况下，操作全部由计算机控制，根据加速踏板传感器、车速传感器、起动信号及转速等信号，可以决定怠速控制何时开始，其次再根据冷却液温度传感器、空调器等信号，算出怠速转速以及相应的喷油量。为了使怠速能够保持稳定，也可以根据发动机转速的反馈信号，不断地对该喷油量进行修正。

4. 起动喷油量的控制

柴油机低温起动时，由于发动机的摩擦阻力大，起动性变得较差。因此低温起动时，柴油机必须加大喷油量，使柴油机发出的转矩大于自身的摩擦力矩，才能顺利起动。在电控喷油系统中，由油门和转速决定基本喷油量，再由冷却液温度传感器的信号等，决定起动补偿油量。两者的综合结果可快速实现冷起动—暖机—怠速的全过程。

5. 各缸喷油均匀性的控制

柴油机各缸爆发压力不同将引起发动机转速波动，从而也产生振动。特别是汽车在低速范围内行驶时，这个振动会使乘员感到不舒服。各汽缸间相对产生的转速不均匀，是由于各缸的喷油量不均和各缸的燃烧状态不均所产生的。为了减小转速波动，电控系统应先检测各缸的转速波动情况，并分别调整每一汽缸的喷油量，使之喷油均匀。检出各缸每次爆发的转速变化，要和所有汽缸的转速变化平均值进行比较后，再得出对各缸喷油量进行校正。

6. 过渡性能与烟度控制

通过过渡过程中对油量和喷油定时的综合补偿来满足最佳过渡性能和降低烟度的要求，如增压柴油机开始加速时加大供油提前角，可获得加大加速转矩和减小冒烟的双重效果。

7. 喷油规律与喷油压力的控制

对于某些新型式的电控喷油系统，还可以通过对溢流电磁阀升程、蓄压腔（共轨腔）压力等有关参数的综合控制来控制预喷射油量、喷油率和喷油压力，以全面改善柴油机性能。

8. 废气再循环的控制

通过与电控喷射系统相结合，可以实现对废气再循环更精确、更理想的控制。图 5-43 给出了一轿车柴油机在不同转速、负荷的工况下，通过电控来实现的废气再循环量的控制特性，由图可见，随着转速、负荷的增长，废气再循环量逐渐减少，直至废气再循环控制阀完全关闭；在高速、高负荷工况下不再有废气参加燃烧。由废气再循环量的控制特性得到的基本量，还要根据不同的大气压力、温度以及冷却液温度进行修正，在过渡工况时也还要进行特别的动力预先调节，以保证过量空气系数不至于过小，避免过多的炭烟排放量，实现完善、及时的燃烧。

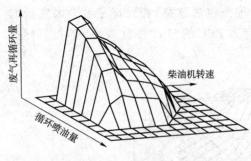

图 5-43 废气再循环量的控制特性

9. 扩展的功能

与汽油机的电控系统相同，柴油机的电控系统还可以根据运行的需要扩展一些功能，例如增加自诊断、安全保护与自适应控制等。

电控系统越复杂，则实际应用场合一旦发生故障后，维修时为了找寻故障的所在就得花费更多的时间。故障自我诊断功能就是用 ECU 不断监视和发现电控系统的故障，并向使用、维修人员及时显示，通过一个闪光数码，指示产生故障所在的电子元件。若传感器出现故障，可直接利用储存在 ECU 中的不经修正的目标值或换用代用传感器继续工作。若 ECU 本身出现故障，可以切换到备用回路继续工作。如果故障无法妥善处理，仍可通过"跛行回家"功能，即切换到可维持一段时间的最基本运行的条件，以保证车辆能行驶到附近维修点进行检修。

管理系统还可以采用目标参数或相关性能指标直接反馈的方法，来辨识 ECU 发出的控制值与实际值的偏差。这些偏差往往是出厂时的制造误差和长期使用磨损后性能改变引起的。系统的自适应控制功能就利用检测到的这些偏差，对 ECU 内的原始数据不断进行修正，使电控系统具有更好的适应能力。

随着电控系统的应用与完善，在柴油机作动力的车辆上，电子控制的传动系统也陆续被开发出来，但是各个系统都有自己的专用传感器，不仅不经济，而且显得系统过分庞杂。所以要求各种传感器所检测提供的信息能作为 ECU 的共有信息，这就要求在 ECU 子系统之间能进行数据通信，数据通信促进了控制系统的综合化。

例如，载货汽车柴油机动力传动系统的控制，在传动装置用的 ECU 和柴油机控制用的 ECU 之间，实现数据通信结合在一起，起到一个 ECU 的作用。在变速时，根据变速器的 ECU 送来的各种信息来控制发动机的转速等实现多功能的综合控制。载货汽车柴油机动力传动系统的数据通信如图 5-44 表示。

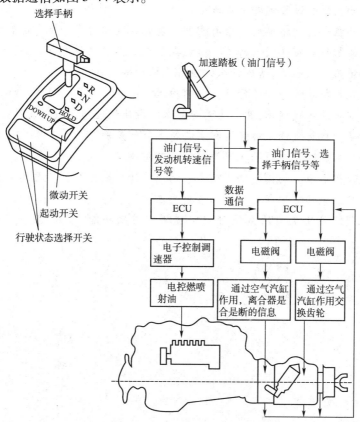

图 5-44 动力传动系统间的数据通信

总之，电子技术和微机技术的迅速发展，为柴油机的电控技术的应用提供了广阔的前景，和汽油机一样，车用柴油机的电控系统必将实现多功能、高可靠性、高精度、计算处理高速化和小型化的控制。

 复习思考题

1. 试说明柴油机混合气形成的两种基本形式，并进行对比分析。
2. 说明直喷式燃烧室产生空气运动的方式，并分析空气运动对其混合气形成和燃烧的影响。
3. 简述直喷式燃烧室的工作原理。
4. 分隔式燃烧室的结构特点与工作原理如何？使用范围怎样？
5. 分析比较直喷式和分隔式柴油机的性能特点及各自的适用场合。
6. 什么是喷油器流通特性？说明喷油器流通截面对喷油过程和柴油机性能的影响。
7. 何谓喷油泵速度特性，为什么要对其进行校正
8. 何谓几何供油规律与喷油规律？两者是否一致？为什么？
9. 柴油机异常喷射现象主要有哪些，它们各在什么工况下发生，对柴油机运行有何危害，如何避免？
10. 柴油机着火需要哪两个条件？为什么柴油机是多处着火？
11. 分析柴油机燃烧过程的四个阶段。
12. 影响柴油机着火延迟期的因素有哪些？着火延迟期对柴油机有何影响？
13. 缓燃期的长短与哪些因素有关？缓燃期是在膨胀过程中进行的，从动力性和经济性的角度来说，缓燃期应该短些，通过什么方法可以缩短缓燃期？
14. 柴油机工作粗暴的原因是什么？如何防止？
15. 何谓柴油机的放热规律，其三要素是什么？柴油机理想的放热规律是什么？
16. 试分析柴油机与汽油机燃烧过程主要特点有何差别？
17. 转速和负荷的变化对柴油机燃烧过程有何影响？
18. 何谓供油提前角？何谓喷油提前角？何谓喷油延迟角？三者之间关系如何？
19. 试分析电控柴油喷射与电控汽油喷射的区别？
20. 电子控制的柴油机喷油系统可以实现哪些控制功能？其中最基本的控制功能是什么？

第六章 发动机的特性

第一节 发动机的工况

一、工况

汽车是在负荷、速度及道路情况变化的条件下使用的。因此,发动机必须适应汽车的需要,在负荷和转速经常变化下工作。发动机实际运行的工作状况(简称工况)是以其发出的功率 P_e 和转速 n 来表示。此功率、转速应该与发动机所带动的工作机械要求的功率、转速相适应。发动机在一定转速下按一定功率稳定工作的条件是发动机发出的转矩与工作机械消耗的转矩相等。如图 6-1 所示,T_R 曲线为工作机械所消耗转矩随转速的变化,T_{tq} 曲线是发动机油量控制机构一定时,转矩随转速的变化,此时发动机只能在 T_{tq}、T_R 曲线相交的 A 点,即转矩 $T_{tqA} = T_{RA}$、转速为 n_A 的工况下稳定工作。当然,工作机械阻力矩和转速是会变化的,其变化规律取决于不同用途。例如,当工作机械阻力矩增加(如图中 T'_R 曲线),若发动机油量控制机构不变,则其转速将降低,直至 T_{tq} 与 T'_R 曲线相交的 B 点,即转矩 $T_{tqB} = T_{RB}$、转速为 n_B 时才达到新的平衡,发动机再次稳定工作。可见,由于稳定工作必须满足转矩相等的条件,当工作机械阻力矩或转速变化时,就引起发动机与之配合的运行工况发生变化,因而发动机工况变化规律与所带动的工作机械的工作情况有关。

根据发动机的用途,其工况大致可分为以下几类。

1. 恒速工况

发动机转速近似保持不变,而功率随负荷变化,又称为线工况,如图 6-2 中的曲线 1 所示。例如,带动发电机工作时,为保证频率的稳定性,要求发动机转速基本不变,功率则随发电机负荷大小,可由零变到最大。

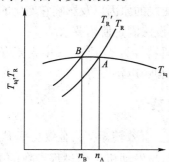

图 6-1 发动机和从动机配合工作

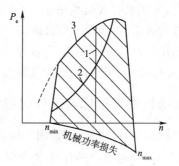

图 6-2 发动机的各种工况

2. 螺旋桨工况

发动机功率与转速成一定函数关系，常见为接近三次幂函数关系，$P_e \approx K n^3$，K 为比例常数。带动螺旋桨工作的船用主机即属此类，如图 6-2 中曲线 2 所示。

3. 面工况

驱动汽车在陆上运输时，发动机功率和转速都独立地在很大范围内变化，它们之间没有特定的关系。其运行情况是：转速决定于行车速度，可以从最低稳定转速一直变到最高转速。转矩取决于行驶阻力，在同一转速下，可由零变到全负荷。当需要发动机制动时，如汽车下长坡，发动机是由底盘倒拖而做负功，运行工况由图 6-2 中的阴影线面积表示。阴影面的上限曲线 3 是发动机在各种转速下所能发出的最大功率，左面对应于最低稳定转速 n_{min}，右面对应于最大许用转速 n_{max}，下面是制动时倒拖发动机所需功率。

4. 点工况

发动机的转速及功率均近似不变，如发动机作为排灌动力。

至于汽车用发动机功率和转速的具体变化情况，则因汽车种类和使用条件而异。一般说来，汽车在平坦路面上，尤其在城市公路行驶时，起动和制动频繁，发动机经常在部分负荷的中、低速和怠速情况下工作，而很少满负荷下以最高车速行驶，因此发动机仅偶尔以最大功率工作。长途运输车高负荷、高速行驶情况较多，例如车辆在高速公路上行驶，长时间高速连续行驶的情况就大大增加了。

当发动机工况（即功率和转速）为适应需要而变化时，其性能（包括动力性、经济性、排放性、噪声、烟度等）也随之而变，因此，评价和选用发动机时就必须考察它在各种工况下的性能，才能全面判断它能否满足要求，对于工况在很大范围内变化的车用发动机尤其是这样。需要说明的是，本章讨论的均是针对发动机的稳态工况，即环境不变、发动机的调整不变、输出不变的情况。实际汽车发动机经常在非稳态工况（或称过渡工况或瞬态工况）下工作，而且非稳态工况所占比例很大。汽车发动机的排放测试，大多也是在瞬态下进行的。但考虑到瞬态工况下的发动机的工作过程变得十分复杂，很多情况尚未有定论，所以暂不详述。

二、发动机特性

发动机性能指标随调整情况及运转工况而变化的关系称为发动机特性，其中随调整情况而变化的又称调整特性，如前述柴油机供油提前角调整特性、汽油机点火提前角调整特性等均属此类；性能指标随运行工况而变化的又称性能特性。特性用曲线表示称为特性曲线，它是评价发动机性能的一种简单、方便、必不可少的形式。根据各种特性曲线，可以合理地选用发动机，并能更有效地利用它。了解形成特性曲线的原因以及影响它变化的因素，就可以按需要方向改造它，使发动机性能进一步提高，并设法满足使用要求。

为了选用和评价发动机，需要各种特性。发动机特性种类很多，其中主要有负荷特性、速度特性、万有特性、调速特性、烟度特性、排放特性和噪声特性等。

三、发动机性能指标与工作过程参数的关系

发动机输出的有效指标通常用平均有效压力 p_{me}、有效转矩 T_{tq}、有效功率 P_e、有效燃油消耗率 b_e 以及每小时燃油消耗量 B 表示。这些指标与发动机工作过程参数的关系可以推导如下。

每循环加热量 $Q(\mathrm{kJ})$ 为：

$$Q = \frac{\phi_c V_s \rho_0 H_u}{\phi_a L_0}$$

式中：ϕ_c——充量系数；
　　　ρ_0——大气状态下空气密度，$\mathrm{kg/m^3}$；
　　　V_s——工作容积，$\mathrm{m^3}$；
　　　ϕ_a——过量空气系数；
　　　H_u——燃料低热值，$\mathrm{kJ/kg}$；
　　　L_0——理论空气量，$\mathrm{kg/kg}$。

根据平均有效压力 $p_{me}(\mathrm{kPa})$ 定义：

$$p_{me} = \frac{W_e}{V_s} = \frac{\eta_{et} Q}{V_s}$$

式中：W_e——每循环有效功，kJ；
　　　η_{et}——有效热效率。

$$p_{me} = \frac{\eta_{et} \phi_c \rho_0 H_u}{\phi_a L_0} = \frac{H_u}{L_0} \rho_0 \frac{\eta_{it}}{\phi_a} \eta_m \phi_c \tag{6-1}$$

式中：η_{it}——指示热效率；
　　　η_m——机械效率。

根据式(1-22)、式(1-24)和式(1-26)可写成：

$$P_e = \frac{p_{me} V_s n i}{1200} = K_1 \frac{\phi_c}{\phi_a} \eta_{it} \eta_m n \tag{6-2}$$

$$T_{tq} = \frac{i p_{me} V_s}{0.0314 \tau} = K_2 \frac{\phi_c}{\phi_a} \eta_{it} \eta_m \tag{6-3}$$

$$b_e = \frac{3.6}{\eta_{et} H_u} \times 10^6 = K_3 \frac{1}{\eta_{it} \eta_m} \tag{6-4}$$

$$B = b_e P_e = K_4 \frac{\phi_c}{\phi_a} n \tag{6-5}$$

式中：K_1、K_2、K_3、K_4——比例常数。

上述公式将发动机重要性能指标与工作过程主要参数联系起来。要了解 p_{me}、T_{tq}、P_e、b_e、B 随工况变化的情况，就必须分析 ϕ_c、η_m、η_{it}、ϕ_a 随工况的变化。

第二节　发动机台架试验

发动机试验是考核发动机的动力性、经济性和工作可靠性以及检查整机和零部件的制造质量、可靠性和耐磨性等不可缺少的手段，也是研究、设计、制造新型发动机的一个必不可少的重要环节。发动机台架试验是将发动机与测功设备及各种测试仪器组成一个测试系统，按照规定的方法和要求（即标准）模拟发动机实际使用的各种工况所进行的试验。

发动机各项性能指标、参数以及各类特性曲线，通常都是在发动机试验台架上按规定的试验方法进行测定。

一、发动机台架试验标准

台架试验内容十分广泛，包括新产品或强化、改进、变形、转厂生产的发动机性能及耐久可靠性试验;产品出厂前的性能调整及定期抽查试验;商业贸易中的验收试验以及各种研究性的试验等。但由于试验方法、试验条件、使用仪表、试验环境等的不同,可能使试验结果有很大差异。为了避免由此引起的争论和混乱,使试验得到客观上可比的结果,就必须规定统一的试验标准。目前,世界各国都根据各种内燃机的用途和使用条件制定了相应的试验标准,用于考核和评价内燃机主要性能指标和设计参数的合理性。我国于1974年制定了适应于一般用途的往复式内燃机(汽油机、柴油机)的《内燃机台架试验方法》(GB 1105—1974),它包括三种试验,即性能试验、耐久性和可靠性试验、出厂试验和定期抽查试验的标准。由于它对内燃机的种类和用途的针对性不强,因此,从1980年起我国又分别制定了汽车、工程机械、拖拉机、船舶、内燃机车等不同用途内燃机的试验方法国家标准(或部颁标准),其中包括以下标准。

1. 汽车发动机性能试验方法(GB/T 18297—2001)

该标准规定了汽车发动机性能台架试验方法,其中包括各种负荷下的动力性及经济性试验方法,无负荷下的起动、怠速、机械损失功率试验方法以及有关汽缸密封性的活塞漏气量及机油消耗量试验方法等,用来评定汽车发动机的性能。该标准适用于轿车、载货汽车及其他陆用车辆的发动机,不适用于摩托车及拖拉机用发动机。

凡新设计及有重大改进的发动机定型试验、转产生产的发动机验证试验以及现生产的发动机质量检验试验等,均按该标准规定的方法进行。

2. 汽车发动机可靠性试验方法(GB/T 19055—2003)

该标准规定了汽车发动机在台架上整机的一般可靠性试验方法,其中包括负荷试验规范(如交变负荷、混合负荷和全速全负荷)、冷热冲击试验规范及可靠性评定方法,适用于乘用车、商用车的水冷发动机,不适用于摩托车及拖拉机用发动机,可作为发动机制造厂和汽车制造厂之间交往的技术依据。

3. 汽车发动机定型试验规程(JB 3745—1984)

凡新设计或重大改进的汽车发动机在投入生产准备前,必须按该规程进行定型试验,考核其性能、可靠性和耐久性是否达到经主管部门批准的设计任务书的要求,为发动机定型提供主要依据。

二、发动机试验台架装置

发动机试验台要保证试验条件达到标准要求,并能迅速、准确测录发动机各项工作参数。典型发动机试验台架的组成及布置简图如图6-3所示。它主要包括以下几部分。

1. 试验台架

它是将待测发动机与测功器用联轴器连接,并固定于坚实、防振的水泥基础上,基础振幅一般不得大于0.05~0.1mm。安装发动机的铸铁支架和底板常做成可调节高度和位置的形式,以便迅速拆装和对中。

2. 辅助系统

发动机试验台架要能够正常、安全使用,必须配置一些辅助系统。例如,为了保持发动机工作时冷却液温度不变,必须有专门可调水量的冷却系统;燃料应由专用油箱通过油量测量装置供给发动机的燃料供给系统;又如,发动机排出的是高温有毒气体,排气噪声又是主要噪声源,故试验室内须有特殊的通风装置,废气要经消声地坑排出等。

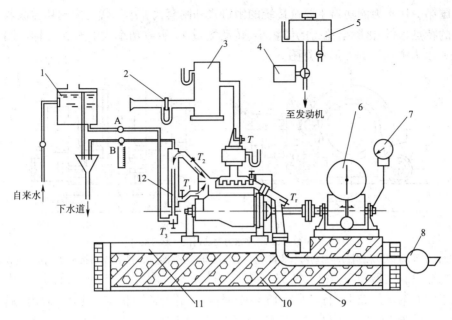

图 6-3 发动机试验台架简图

1-冷却水箱;2-空气流量计;3-稳压筒;4-量油装置;5-燃油箱;6-测功器;7-转速表;8-消声器;9-垫层;10-基础;11-底板;12-混合水箱

3. 各种测量仪器、仪表及操纵台

随着发动机研究工作的深入和发展,对试验设备和手段提出更高的要求,通常要求测试精度高、测量和记录速度快、能同时测量与储存大量数据并能对数据进行处理和分析等。发动机试验台架安装的设备和仪器大致分为三类:基本设备、监测仪器、特殊设备。基本设备包括测功器、转速表和油耗测量装置;监测仪器包括冷却液温度计、机油温度计、机油压力计、排气温度指示器、气压计、室内温度计、湿度计等。特殊设备包括示功器、空气流量计、冷却液流量计、废气分析仪、烟度计、声级计、测振仪等。

目前,台架试验越来越多地采用自动控制系统。如 AVL 公司的 PUMA 系统、申克公司的 X-MOT 系统、西门子公司的 CATS 系统都是产品化的计算机控制的测试系统,这些系统对试验台架进行控制和数据采集,同时也将相关数据传送给用户网络系统的上位计算机系统,自动完成主要参数监控、试验结果显示、曲线拟合、测点配置等工作,提高了测量的精度和速度。

由于需要测定的参数很多,本节仅介绍最基本的有效功率测量和燃油消耗率测量。

三、有效功率的测量

有效功率是发动机最重要的性能参数之一,在发动机试验参数中大都需要测量有效功率。发动机有效功率的测定属于间接测量,即测定发动机的输出转矩和转速后,由公式 $P_e = T_{tq} n / 9550$ 求出功率。

发动机在台架试验中通常用测功器来测量发动机输出的转矩。测功器是用来吸收试验发动机发出的功,改变其负荷及转速,模拟实际使用的各种工况。常用测功器有水力测功器、直流电力测功器和电涡流测功器三种。

1. 水力测功器

1)水力测功器的结构与工作原理

我国第一代水力测功器主要是传统的销钉式和闸套式。第二代水力测功器吸收了上述测功器的特点,采用国际上流行的体积小、转动惯量小、吸收功率大的蜗壳结构。图6-4为PSI-22型水力测功器的外形示意图。

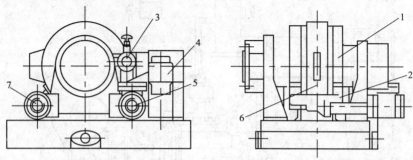

图6-4 PSI-22型水力测功器的外形示意图

1-机体部件;2-进排水部件;3-自动调节装置部件;4-拉压力传感器部件;5-排水口;6-接测力机构;7-进水口

测功器由制动器和测力机构两部分组成。制动器结构如图6-5所示,转子12由滚动轴承支承于左右轴承外壳10上。外壳13可来回摆动,并与测力机构(图中未画出)通过一制动臂相连。转子12和定子11组成偶件,工作时发动机通过万向节4使转子与定子产生相对运动。有一定压力的水通过进水管进入转子与定子形成的涡壳室,由于转子旋转所产生的离心力及转子涡壳的作用,在侧壳与转子之间形成强烈的水涡流,通过水与外壳的摩擦,使外壳摆动。控制排水阀门开度可以调节水层厚度,水层越厚,水与转子和外壳的摩擦力矩越大,吸收功越多,此时外壳摆动的角度也越大,测力机构的读数随之增加。这样,发动机输出的机械能被水吸收变为热能并将转矩传递到外壳上,通过外壳上的制动臂将制动力传递给拉压传感器,经电子显示装置显示制动力的大小。在转子轴两端锥部安装有联轴器(万向节4),其中一侧装有测速齿轮15,通过测速传感器16,转子轴转速可在数字显示表上显示出来。

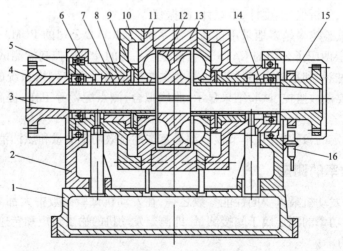

图6-5 PSI-22型水力测功器制动器结构图

1-底座;2-左右轴承座;3-转子轴;4-万向节;5-密封组件;6-骨架油封;7-轴套;8、9-双金属轴套;10-左右轴承外壳;11-定子;12-转子;13-外壳;14-封水圈;15-测速齿轮;16-测速传感器

2)水力测功器的特性

测功器特性是指测功器吸收的功率或转矩随转速变化的关系。它是选购合适的水力测

功器的依据。PSI-22型水力测功器特性如图6-6所示。

OA——最大功率线。表示不同转速、满水层时能吸收的功率，它是转速的三次方曲线。水力测功器轴上的转矩与转速的平方成正比。显然，在 *OA* 线上以 *A* 点工作时转子承受的转矩最大，*A* 点表示了转矩已达到转子转矩强度所允许的限值转矩。

AB——最大转矩线。表示在极限转矩下，增加转速来增加吸收的功率。此时需要相应减少测功器的水层厚度。

BC——额定功率线。表示受测功器排水温度限制的限制功率。水力测功器吸收的功率越大，其排水温度越高，测功器的最高排水温度不得超过70℃。否则，水层中会产生气泡，使测功器指针不稳定。*BC* 段内的水层厚度会进一步减少。

CD——最大允许转速线。如果转速再加大，旋转部件的离心惯性力过大，可能引起损坏。

DO——空载特性线。表示测功器中没有水时，空转所吸收的功率。这部分功率用于克服转动的空气阻力和转子轴承的摩擦阻力。

图形 *OABCDO* 所包围的面积是测功器的工作范围。若被测发动机的功率曲线在所选测功器的特性曲线范围内，则可进行试验。不同型号的水力测功器有不同的特性范围，应根据被测发动机与测功器的匹配情况，选用合适的水力测功器。

水力测功器的缺点是测量精度低，不能进行反拖试验，试验中能量不能回收。但它具有价格便宜、结构简单、操作简便、便于维修、体积小等优点，因而得到广泛应用。

2. 直流电力测功器

1）直流电力测功器的结构及工作原理

直流电力测功器大都制成如图6-7所示的平衡电机式结构，主要由平衡电机、测力机构、交流机组、激磁机组、负载电阻等组成。直流电机转子1由发动机带动并在定子（外壳）磁场中旋转。定子（外壳）支承在与转子轴同心的滚动轴承上，可自由摆动。外壳与测力机构相连，根据外壳摆动角度的大小，由测力机构指示力矩数值。

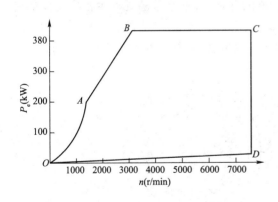

图6-6 PSI-22型水力测功器的特性曲线

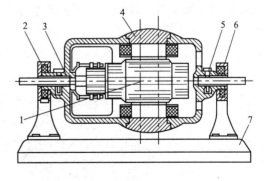

图6-7 平衡式电机结构

1-转子；2、6-滚动轴承；3、5-滑动轴承；4-定子外壳；7-基座

发动机带动转子在定子磁场中旋转时，转子线圈切割磁力线而产生感应电流。感应电流的磁场与定子磁场相互作用产生方向相反的电磁力矩，定子外壳受到的电磁力矩与转子旋转方向相同，与发动机加于转子的转矩大小相等。因此，外壳摆动角度经测力机构可反映发动机输出功率的大小。在一定转速下，改变定子磁场强度及负载电阻即可调节负荷大小。

平衡电机既可作为发电机运行,吸收发动机转矩,也可加一换向机构作为电动机运行而拖动发动机,从而测量发动机的摩擦功率和机械损失,还可起动、磨合。

交流机组由交流异步电机和直流电机组成。当平衡电机作为发电机运行时,其发出的直流电由交流机组变成三相交流电输入电网;当其作为电动机运行时,交流机组又把三相交流电变成直流电进入平衡电机的电枢中。

激磁机组是小型交流机组,它供给平衡电机及交流机组激磁电流以产生磁场。

平衡式电力测功器结构复杂,价格昂贵,但它可回收电能,反拖发动机,且工作灵敏、精度高,因此也得到广泛应用。

2) 直流电力测功器的特性

测功电机所吸收的功率与定子磁场强度的平方及转速的平方成正比,与负荷电阻成反比。如图 6-8 是典型的电力测功器特性曲线。

OA——最大激磁电流时所能吸收的功率。
AB——转子所能承受最大转矩时的功率。
BC——电枢所产生的电流不能超过允许限值及其对应的最大功率。
CD——转子绕组所能承受的离心力及其对应的最高转速。
DO——激磁电流为零时吸收的功率。

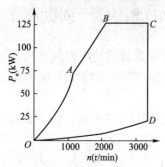

图 6-8 电力测功器特性曲线

3. 电涡流测功器

1) 电涡流测功器的结构与工作原理

电涡流测功器是利用涡电流效应将被测发动机的机械能转变为电能,继而又转为热能的过程。它由电涡流制动器、测力机构及控制柜组成。电涡流制动器工作原理简图如图 6-9 所示,转子盘为圆周上加工有齿槽的钢齿轮,定子包括摆动壳体、涡流环(摆动体)、励磁线圈。当给励磁线圈中通以直流电时,即产生通过外壳、涡流环、空气隙和转子盘的磁力线。发动机带动转子盘旋转。由于转子盘外周涡流槽的存在,会在空气隙处产生密度交变的磁力线,因而在涡流环内产生感应电动势而形成涡电流。此电流与产生的磁场相互作用即形成一定的电磁力矩,从而使涡流环(摆动体)偏转一定角度,由测力机构可测出力矩数值。

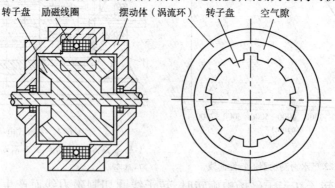

图 6-9 电涡流制动器工作原理简图

调节励磁电流的大小,可调节电涡流强度,从而调节吸收负荷的能力。涡流制动器把吸收的功率转换成热能,靠冷却水的流动把这些热量带走,以保证正常运行。

2) 电涡流测功器的特性

电涡流测功器的特性曲线如图6-10所示。

OA——达到额定吸收功率之前所能够吸收的最大功率线。

AB——所允许吸收的最大功率线（额定功率）。

BC——允许的最高转速线。

CO——空转吸收功率线，即励磁电流为零时的吸收功率线。

OD——达到额定功率前的最大转矩曲线。

DE——允许的最大转矩曲线。

n_0——达到额定吸收功率时的转速。

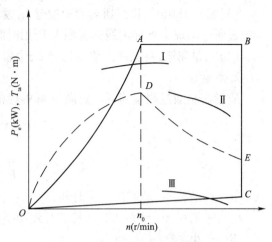

图6-10 电涡流测功器的特性曲线

图中曲线 *OABCO* 所包括的范围就是测功器所能吸收的功率范围。因此，凡是发动机的特性曲线落在该范围内的都能被测试。选用测功器必须首先根据发动机的特性曲线按以上原则进行，其次还要考虑测量范围的合理选择以保证测量精度。图6-10中曲线Ⅰ、Ⅱ、Ⅲ为3种不同发动机的特性曲线，曲线Ⅱ发动机的选用是正确的，曲线Ⅰ、Ⅲ发动机的选用是不合适的，该测功器无法测试。

电涡流测功器操作简便，结构紧凑，运转平稳，精度较高，有很宽的转速范围和功率范围，但不能反拖发动机，能量不能回收，价格较高。随着发动机测试技术的发展，目前，也已得到广泛应用。

四、燃油消耗率的测量

燃油消耗率是发动机的重要参数之一。在发动机试验室中，通过测定发动机的燃油消耗量，可根据公式计算得到发动机的燃油消耗率。油耗仪是测量发动机燃油消耗量的仪器或装置，也称为燃油流量计。它有各种不同的类型和结构式样，适用于不同的目的和要求。燃油消耗量的测量方法按测量原理可分为容积法和质量法。

1. 容积法

容积法是通过测定消耗一定容积 V_T(mL) 的燃油所需的时间 t(s)，然后按下式算出：

$$B = 3.6 \frac{V_T \rho_f}{t}$$

$$b_e = \frac{B}{P_e} \times 1000$$

式中：ρ_f——燃油密度，g/mL；

P_e——消耗容积为 V_T 的燃油时，测得的发动机有效功率，kW；

B——小时耗油量，kg/h；

b_e——燃油消耗率，g/(kW·h)。

其装置示意图如图6-11所示。试验时操作如下：

(1)打开油箱开关，三通阀处于位置A，发动机由油箱供油。

(2)测量前将三通阀旋至位置B，油箱同时向发动机和量瓶供油，直到量瓶油面高于选定圆球容积的刻线,将三通阀仍置于位置 A 等待测量。

(3)测量开始时,将三通阀旋至位置 C,发动机直接由量瓶供油,量瓶油面下降,记录燃油流过所选圆球上下部刻线间容积 V_T 所用时间 t,同时测量功率 P_e。

(4)测量完毕,将三通阀旋至位置 B,量瓶再次充满燃油,准备下一次测量。

2. 质量法

质量法是通过测量消耗一定质量 m 的燃油所花费的时间 t,然后按下式计算:

$$B = 3.6 \frac{m}{t}$$

$$b_e = \frac{B}{P_e} \times 1000$$

式中:t——消耗 $m(g)$ 燃油所需时间,s;

P_e——消耗 $m(g)$ 燃油时测量的有效功率,kW;

B——小时耗油量,kg/h;

b_e——燃油消耗率,g/(kW·h)。

其装置示意图如图 6-12 所示。测量方法基本同前。

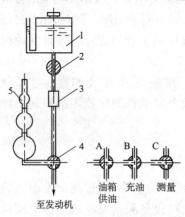
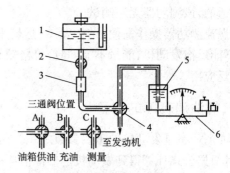

图 6-11 容积法测量燃油消耗量　　　　图 6-12 质量法测量燃油消耗量
1-油箱;2-开关;3-滤油器;4-三通阀;　　1-油箱;2-开关;3-滤油器;4-三通阀;5-油
5-量瓶　　　　　　　　　　　　　　　　杯;6-天平

为了保证测量精度,减轻测试人员的劳动强度,实现远距离操作,发展了数字式自动油耗测量仪,这种油耗仪只要预先设定量瓶容积或砝码质量,油耗仪能自动进行准备、充油、测量等操作,并以数字显示出消耗时间及燃油容积或质量,经计算就可得出燃油消耗率。

五、功率标定与大气校正

1. 功率标定

发动机的功率标定,是指制造厂商根据发动机的用途规定该机在标准大气条件下输出的有效功率及对应的转速,即标定功率和标定转速。它们通常在发动机铭牌上标明。国家标准规定的功率标定可分为以下四种:

(1)15min 功率。发动机可连续运转 15min 仍保持正常状态的最大有效功率。例如,汽车、摩托车、摩托艇等发动机使用最大有效功率的时间很短暂,故应用 15min 功率进行功率标定,以获得更好的动力性。

(2) 1h 功率。发动机可正常连续运转 1h 的最大有效功率。例如,适用于有较长时间连续重载工作的拖拉机、工程机械、船舶等发动机的功率标定。

(3) 12h 功率。发动机可正常连续运转 12h 的最大有效功率。例如,适用于有更长时间连续重载工作的拖拉机、农业排灌、电站等发动机的功率标定。

(4) 持续功率。发动机允许长期连续运转的最大有效功率。例如,适用于日夜连续重载运行的远洋船舶、铁路牵引、农业排灌以及电站等发动机的功率标定。

可见,发动机的功率标定一方面应考虑发动机自身的潜力,保证其正常工作的可靠性和寿命,另一方面更要考虑实际用途和使用特点。最大有效功率的使用时间越短和频率越低,则最大有效功率可标定的越高。

2. 大气校正

大气状况是指发动机运行地点的环境大气压力、大气温度和相对湿度。当大气压力降低、大气温度升高和相对湿度增大时,吸入汽缸的干空气量都要降低,所以发动机所能发出的有效功率会减少,其他参数也会变化。因而从制造和使用两方面来考虑,都需要规定一个标准进气状态并对大气状况对发动机运行产生的影响进行校正。从制造方面来考虑,为了使功率标定不至于混乱,产品质量有统一的检验标准,同时也为了比较和选用发动机方便,需要规定一种标准大气状况,并且还应有一种办法,把在不同大气状况下试验所得的结果换算成标准大气状况下的数值。而从使用方面来考虑,同一台发动机由于在不同大气状况下使用,其性能差别很大。例如在高原地区和高温湿热地区,发动机不能按正常所能发出的有效功率工作,必须降低功率使用,否则必然造成发动机的损坏。

汽车发动机的标准进气状态规定为:进气温度 T 为 298K(25℃);进气总压 p 为 100kPa(其中:干空气分压 p_s 为 99kPa,水蒸气分压为 1kPa)。并且规定测试时的大气状态应在如下范围:

点燃式发动机大气温度　　　$288K \leq T \leq 313K$

干空气分压　　　　　　　　$80kPa \leq p_s \leq 110kPa$

如表 6-1 所示,需要进行大气校正的参数有节气门全开时的实测有效转矩、有效功率、柴油机全负荷燃料消耗率及汽缸压缩压力。表中的不带"0"下标的参数为实测值,带"0"下标的参数为校正值。

发动机的大气校正　　　表 6-1

校正项目	汽油机	柴油机	校正项目	汽油机	柴油机
节气门全开时有效转矩 T_{tq0}	$\alpha_a T_{tq}$	$\alpha_a T_{tq}$	全负荷燃油消耗率 b_{e0}	不校正	$1000\dfrac{B}{P_{e0}}$
节气门全开时有效功率 P_{e0}	$\alpha_a P_e$	$\alpha_a P_e$	汽缸压缩压力 p_{c0}	$\dfrac{100}{p}p_c$	$\dfrac{100}{p}p_c$

注:表中 p 为进气总压,p_c 为实测压缩压力。

汽油机校正系数为:

$$\alpha_a = \left(\frac{99}{p_s}\right)^{1.2}\left(\frac{T}{298}\right)^{0.6}$$

式中:p_s 和 T——现场环境状态下的进气干空气压(kPa)和温度(K),其适用范围为 α_a 为 0.93~1.07。

$$p_s = p - \phi p_{sw}$$

式中：ϕ——现场环境状态下大气相对湿度；
p_{sw}——大气条件下水蒸气饱和分压，(kPa)。
p_{sw} 可按下式计算：

$$p_{sw} = 0.613 + 4.31 \times 10^{-2} t + 1.63 \times 10^{-3} t^2 + 1.49 \times 10^{-5} t^3 + 5.77 \times 10^{-7} t^4$$

式中：t——大气温度，℃。

柴油机校正系数为：

$$\alpha_a = f_a^{f_m}$$

式中：f_a、f_m——进气因数和柴油机特性指数，其适用范围为 $\alpha_a = 0.9 \sim 1.1$。

f_a、f_m 可按如下方式计算。

对自然吸气及机械增压柴油机：

$$f_a = \left(\frac{99}{p_s}\right)\left(\frac{T}{298}\right)^{0.7}$$

对废气涡轮增压柴油机(无论中冷与否)：

$$f_a = \left(\frac{99}{p_s}\right)^{0.7}\left(\frac{T}{298}\right)^{1.5}$$

柴油机特性指数：

$$f_m = 0.036 \frac{q_v}{\pi_b} - 1.14$$

式中：π_b——增压比，即压气机出口压力与进口压力的比值；
q_v——柴油机单位排量的循环供油量，mg/(L·循环)。

并且上式只对 $q_v/\pi_b = 40 \sim 65$ mg/(L·循环)适用。

当 $q_v/\pi_b > 65$ mg/(L·循环)时，$f_m = 1.2$；当 $q_v/\pi_b < 40$ mg/(L·循环)时，$f_m = 0.3$。

近年来，大气状态可控的全封闭空调的发动机实验室广泛应用，大气校正这个曾引起不少争议的难题可得到缓解，并有望最终得以彻底解决。

第三节 发动机的负荷特性

发动机的负荷特性是指发动机转速不变，其性能指标随负荷而变化的关系，以曲线表示，则称为负荷特性曲线。性能指标主要指燃油消耗率 b_e，有时也加上燃油消耗量 B 和排气温度 t_r 等。当汽车以一定的速度沿阻力变化的道路行驶时，就属于这种情况。此时必须改变发动机节气门来调整有效转矩，以适应外界阻力矩的变化，保持发动机转速不变。

当转速不变时，由式(6-2)和式(6-3)知，有效功率 P_e 与有效转矩 T_{tq}、平均有效压力 p_{me} 互为正比，因此负荷特性横坐标——负荷可用 P_e、T_{tq} 或 p_{me} 表示。纵坐标主要是每小时燃油消耗量 B 或有效燃油消耗率 b_e。根据需要还可以绘出排气温度 t_r、烟度、机械效率等。

一、汽油机负荷特性

当汽油机保持某一转速不变，而逐渐改变节气门开度(同时调节测功器负荷，如改变水力测功器水量，以保持转速不变)，每小时燃油消耗量 B 和有效燃油消耗率 b_e 随功率 P_e (或转矩 T_{tq}、平均有效压力 p_{me})变化的关系称为汽油机负荷特性。测取前，应将汽油机的点火提前角、过量空气系数按理想值调整。测取时应按规定保持冷却液温度、润滑油温度在最佳状态。调节测功器负荷,并改变节气门开度,使汽油机的转速稳定在某一常数。测量各稳定工况下的 b_e、B 以及烟度、噪声、排气温度等参数值。由于汽油机负荷调节是靠改变节气门开度来直接改变进入汽缸的混合气量,过量空气系数 ϕ_a 变化不大,故这种负荷调节方法称为"量调节"。图 6-13 所示为汽油机负荷特性实例。

1. 有效燃油消耗率 b_e 曲线分析

由式(6-4)可知,b_e 的变化取决于 η_m 和 η_{it} 的变化。随着负荷增加,节气门的开度加大,汽缸内残余废气量相对减少,燃烧速度增加,而且由于相对热损失减少及燃油汽化条件改善,均使 η_{it} 增大。当转速一定,负荷增加时,机械损失功率 P_m 变化不大,而指示功率 P_i 随负荷成比例加大,因此 $\eta_m = 1 - P_m/P_i$ 迅速增加。η_{it}、η_m 的变化关系如图 6-14 所示。

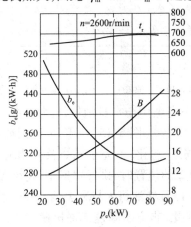

图 6-13 汽油机负荷特性　　图 6-14 汽油机的 η_{it}、η_m 随负荷的变化

发动机空转时,其指示功率完全消耗在内部损失上,即 $P_i = P_m$,$\eta_m = 0$,此时 b_e 为无穷大(图 6-13)。随着节气门开度的增加,η_{it} 和 η_m 同时上升,b_e 迅速下降(图 6-14)。在大负荷时需要浓混合气,全负荷时 $\phi_a = 0.85 \sim 0.95$,燃烧不完全,η_{it} 下降,使 b_e 又重新上升。

2. 燃油消耗量 B 曲线分析

燃油消耗量 B 曲线的变化趋势如图 6-13 所示。由式(6-5)可知,当汽油机转速一定时,每小时燃油消耗量 B 主要决定于节气门开度(决定充量系数 ϕ_c)和混合气成分(过量空气系数 ϕ_a)。节气门开度由小逐渐加大时,充入汽缸的混合气量逐渐增多,由于过量空气系数总体变化不大,因此 B 也随之增加,直至混合气成分变浓后,B 迅速增加(图中曲线变陡)。

二、柴油机的负荷特性

当柴油机保持某一转速不变,而移动喷油泵齿条或拉杆位置,改变每循环供油量 Δb 时,B、b_e 随 P_e(或 T_{tq}、p_{me})变化的关系称为柴油机负荷特性。测取时,应将柴油机的供油提前角、冷却液温度、润滑油温度等调整到最佳状态进行。由于柴油机只是改变循环供油量(空气量变化不大)来调节负荷,因此,也改变了缸内混合气的浓度,即过量空气系数 ϕ_a,这种负荷调节方法称为"质调节"。图 6-15 所示为柴油机的负荷特性实例。

1. 有效燃油消耗率 b_e 曲线分析

由式(6-4)知,b_e 的变化取决于 η_m 和 η_{it}。η_m 和 η_{it} 随负荷的变化关系如图 6-16 所示。随着负荷增加,循环供油量增加,ϕ_a 值减少。超过一定负荷后,ϕ_a 再减小就会引起燃烧完善程度下降,η_{it} 也随着降低,高负荷时下降的速度更快。η_m 随负荷的增加而上升。

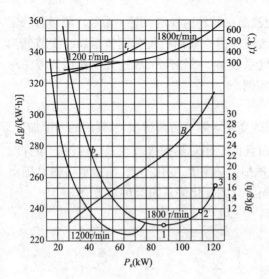

图 6-15　6135Q 柴油机负荷特性　　　　图 6-16　柴油机中 η_{it}、η_m 随负荷变化的趋势

当柴油机空转时，η_m 等于零，发动机所发出的功率完全用于自身消耗，b_e 为无穷大。逐渐增加供油量，由于 η_m 迅速上升，b_e 下降，供油量增加到点 1（图 6-15）位置，b_e 达到最低值；再继续增加供油量时，由于过量空气系数 ϕ_a 的减少，燃烧恶化，不完全燃烧及补燃增加，指示热效率 η_{it} 下降较快，致使 b_e 升高。当供油量增到点 2 的位置时，排气冒黑烟，达国家法规规定的烟度限值，继续加大供油量已为公害所不允许，而且柴油机大量冒黑烟，活塞、燃烧室会积炭，发动机过热将容易引起故障，影响其寿命。因此，非增压高速柴油机使用中的最大功率，受法规规定的烟度限值限制，排气存在"冒烟界限"。

2. 燃油消耗量 B 曲线分析

当转速一定时，柴油机每小时燃油消耗量 B 主要决定于每循环供油量 Δb。Δb 增加，B 随之增加，当负荷接近烟度限值之后，由于燃烧的恶化，而使 B 上升更快一些。

对于增压柴油机而言，由于随负荷增大，排气能量增大，增压器转速上升，从而使增压压力变大，进气密度提高，所以在高负荷时，ϕ_a 和 η_{it} 变化不大，燃油消耗率曲线较为平坦。与非增压柴油机所不同的是，限制增压柴油机平均指示压力提高的主要因素是最高燃烧压力，而不是排气烟度。增压柴油机的最大烟度一般出现在平均有效压力较低时。

三、汽油机和柴油机负荷特性的对比分析

图 6-17 所示为标定功率和转速接近的汽油机和柴油机负荷特性曲线对比，从中可以看出汽油机和柴油机负荷特性的差异。

1. 汽油机和柴油机的负荷特性的差异

仔细比较汽油机与柴油机负荷特性，可发现以下特点：

(1) 汽油机的燃油消耗率普遍较高，且在从空负荷向中、小负荷段过渡时，燃油消耗率下降缓慢，仍维持在较高水平，燃油经济性明显较差。

(2) 汽油机排气温度普遍较高，且与负荷关系较小。

(3) 汽油机的燃油消耗量曲线弯曲度较大，而柴油机的燃油消耗量曲线在中、小负荷段的线性较好。

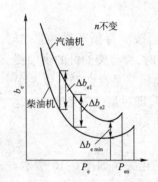

图 6-17　汽油机、柴油机负荷特性曲线的对比

2. 汽油机和柴油机负荷特性差异的分析

汽油机和柴油机的机械效率变化情况基本类似,造成燃油消耗率差异的主要原因在于指示热效率的差异。

(1)柴油机的压缩比比汽油机高出较多,其过量空气系数也比汽油机大,燃烧大部分是在空气过量的情况下进行的,因此柴油机的指示热效率要比汽油机高。这样,从数值上看,汽油机的燃料消耗率数值高于柴油机。

(2)从指示热效率曲线的变化趋势上来看,在转速不变的前提下,柴油机进入汽缸的空气量基本上不随负荷大小而变化,而每循环供油量则随负荷的增大而增大,导致过量空气系数随负荷的增大而减小,因此,指示热效率也就随负荷的增大而降低;汽油机采用定质变的负荷调节方法,在接近满负荷时采取加浓混合气导致指示热效率明显下降,而在低负荷时,由于节气门开度小,残余废气系数较大,燃烧速率降低,需采用浓混合气,加之当负荷减小时泵气损失增大,导致指示热效率下降。这样,汽油机的燃油消耗率在中、小负荷区远高于柴油机。

(3)排气温度曲线的差异是因为汽油机的压缩比比柴油机低,相应的膨胀比也低,而且混合气比较浓,所以排气温度就要比柴油机高。在负荷变化时,尽管由于混合气总量的增加引起加入汽缸总热量的增加,使排气温度随负荷的提高而上升,但由于在大部分区域内过量空气系数保持不变,故排气温度上升幅度不大。在柴油机中,随着负荷的提高,过量空气系数随之降低,排气温度显著上升。

负荷特性是发动机的基本特性,用以评价发动机工作的经济性。特别对于柴油机,由于它容易测定,在性能调试过程,如选择气道、燃烧室结构,调整燃油喷射系统等,常用负荷特性作为比较标准。一般发动机只测标定转速下的负荷特性,对于汽车发动机,由于工作时转速经常变化,需要测定不同转速下的负荷特性。

第四节 发动机的速度特性

发动机的速度特性,是指发动机在供油量调节机构(油量调节齿条、拉杆或节气门开度,下面简称油门)保持不变的情况下,发动机性能指标(功率、转矩、燃油消耗率、排气温度、烟度等)随发动机转速变化的关系。当汽车沿阻力变化的道路行驶时,若驾驶员将加速踏板位置保持一定,由于道路阻力不同,汽车行驶速度也会改变,上坡时汽车速度逐渐降低,下坡时速度增加,这时发动机即沿速度特性工作。

速度特性也是在发动机试验台架上测出的。测取前,应按规定保持冷却液温度、润滑油温度在最佳状态。测量时,将油量调节机构位置固定不动,调整测功器的负荷,发动机的转速相应发生改变,然后记录有关数据并整理绘制出曲线,一般是以发动机转速作为横坐标。当油量控制机构在标定位置时,测得的特性为全负荷速度特性(简称外特性);油量低于标定位置时的速度特性,称为部分速度特性。由于外特性反映了发动机所能达到的最高性能,确定了最大功率、最大转矩以及对应的转速,因而是十分重要的,所有发动机出厂时都必须提供该特性。

一、汽油机的速度特性

汽油机节气门(油门)开度固定不动,其有效功率 P_e、转矩 T_{tq}、燃油消耗率 b_e、每小时燃油消耗量 B 等随转速变化的关系称为汽油机速度特性。此时是用调整测功器,如逐渐改变水力测功器水量来改变汽油机的转速。

汽油机节气门保持全开，所测得的速度特性称为汽油机外特性。节气门部分开启时所测得的速度特性称部分速度特性。由于节气门的开启可以无限变化，所以部分速度特性曲线有无数条，而外特性曲线只能有一条。图6-18所示为汽油机外特性曲线示例。

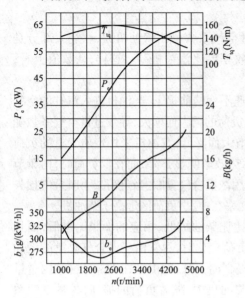

图6-18 汽油机外特性曲线

1. 外特性曲线

（1）转矩 T_{tq} 曲线。根据式（6-3）可见，T_{tq} 随转速 n 的变化决定于 η_{it}、η_m、ϕ_c/ϕ_a 随 n 的变化。η_{it}、η_m、ϕ_c 的变化趋势如图6-19所示。在节气门开度一定时，ϕ_a 值基本不随转速而变化，汽油机 T_{tq} 的大小主要决定于 ϕ_c 随 n 的变化，ϕ_c 是在某一中间转速时最大，这是因为在此转速下能最好地利用惯性进气，当转速低于或高于此转速时，ϕ_c 都将降低。指示热效率 η_{it} 的变化是在某一中间转速略为凸起，在较低转速下，因缸内气流扰动减弱，火焰传播速度减低，散热及漏气损失增加，使 η_{it} 降低；转速高时，燃烧所占的曲轴转角大，燃烧效率低，也使 η_{it} 下降。不过它的变化比较平坦，对 T_{tq} 影响较小。转速增加，消耗于机械损失的功增加，因此 η_m 随转速上升而下降（参看第一章第六节）。综合而言，当转速由低速开始上升时，由于 ϕ_c、η_{it} 上升，T_{tq} 有所增加，对应于某一转速时，T_{tq} 达最大值。转速继续提高，由于 η_m、ϕ_c 同时下降，因此 T_{tq} 随转速升高而较快地下降，即 T_{tq} 曲线变化较陡。

（2）功率 P_e 曲线。当转速从很低值增加时，由于 T_{tq} 和转速同时增加，$P_e = T_{tq}n/9550$ 迅速上升；直至转矩达最高点后，再继续提高转速，则 P_e 上升逐渐缓慢；至某一转速后 $T_{tq}n$ 达最大值，P_e 达到最大值；若转速再上升，由于 T_{tq} 的降低已超过转速上升的影响，所以功率 P_e 反而下降。

（3）燃油消耗率 b_e 曲线。综合 η_{it}、η_m 的变化（图6-19），b_e 在某一中间转速时最低；当转速高于此转速时，则因 η_{it}、η_m 同时下降而 b_e 上升。当转速低于此转速，因 η_{it} 上升弥补不了 η_m 的下降，b_e 亦增加。由于进气管动态效应影响到 ϕ_c 随 n 的变化规律，因而 T_{tq}、b_e 等随 n 变化的曲线也常呈某些波动现象。

汽油机外特性是在节气门全开时测得，曲线上每一点表示它在此转速下的最大功率及转矩，代表发动机最高动力性能。根据试验条件不同，外特性可分为两种：①发动机仅带维持运转所必需的附件（如不带风扇、气泵或空滤器以及消声器等附件），所输出的校正有效功率称总功率。我国发动机特性数据多属这一种。②试验时发动机带全套附件，所输出的校正有效功率称净功率或使用外特性。显然，后者功率较低而油耗较高。

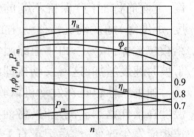

图6-19 汽油机 η_i、ϕ_c、P_m 和 η_m 随转速 n 的变化关系

现代车用汽油机由于各种新技术和控制的优化，外特性曲线已有较大变化，例如多气门技术、可变气门正时技术（VVT-i）的应用进一步优化了低速性能，总的趋势是在一个较低的转速达到峰值转矩，然后维持一定的转速范围（不再只是最大点），最后有所下降。

2. 部分速度特性曲线

汽车大部分时间是在部分负荷下工作，随着节气门关小，节流损失增大，进气终了的压力 p_a 下降，从而引起 ϕ_c 下降；随着转速提高，ϕ_c 下降的速度更快。因此，节气门开度越小，转矩 T_{tq} 随转速增加而下降得越快，最大转矩点及最大功率点均向低转速方向移动（图6-20）。

二、柴油机的速度特性

喷油泵的油量调节机构（油门拉杆或齿条）位置固定不动，柴油机性能指标（主要是 P_e、T_{tq}、b_e、B）随转速 n 变化的关系称为柴油机速度特性。测取时，应将供油提前角、冷却液温度、润滑油温度等调整在最佳状态。

当油量调节机构固定在标定功率循环供油量位置时，测得的速度特性为标定功率速度特性，习惯上亦称外特性。图6-21 所示为车用柴油机标定功率速度特性实例。当油量调节机构固定在小于标定功率循环供油量各个位置时，所测得的速度特性称为部分速度特性，图6-22 所示为6135柴油机部分速度特性。标定功率可以理解为使用中允许的最大功率，它是根据用途、使用负荷的情况等确定的。对一具体使用的柴油机标定功率速度特性（或称外特性）亦只有一条，它代表该机在使用中允许达到的最高性能，所有柴油机均须作标定功率速度特性。

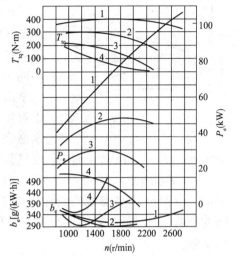

图6-20 车用汽油机的速度特性
1-全负荷；2-75%负荷；3-50%负荷；4-25%负荷

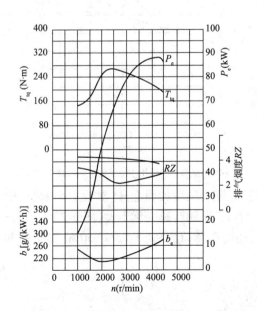

图6-21 奥迪100轿车增压柴油机外特性

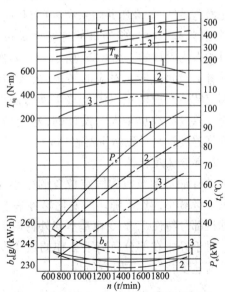

图6-22 6135型柴油机部分速度特性
1-90%负荷；2-75%负荷；3-55%负荷

1. 标定功率速度特性曲线

（1）转矩 T_{tq} 曲线。在柴油机中，每循环充气量的大小（即 ϕ_c 的大小）只不过提供产生多大转矩的可能性，在各种转速下究竟能发出多大转矩，主要取决于每循环供油量 Δb 的多少。因此,柴油机转矩曲线的变化趋势,很大程度上取决于每循环供油量 Δb 随转速变化的情况。式(6-3)可以定性地写成 $T_{tq} = K_2 \eta_{it} \eta_m \Delta b$,而 η_{it}、η_m、Δb 的变化趋势如图6-23所示。

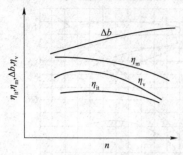

图6-23 柴油机 η_{it}、η_m、Δb、η_v 随 n 的变化趋势

在常用的柱塞式喷油泵中,当油量调节机构位置一定而改变转速时,每循环供油量 Δb 由油泵速度特性决定,它将随转速的提高而增加(参看第五章第二节)。指示热效率 η_{it} 的变化是在某一中间转速时稍有凸起。因为在较高转速下常由于 ϕ_c 下降和 Δb 的上升,使过量空气系数 ϕ_a 下降,加上燃烧过程经历的时间缩短,混合气形成条件恶化,不完全燃烧现象增加,致使 η_{it} 有些下降。转速过低,也会由于空气涡流减弱,燃烧不良及传热漏气损失增加,使 η_{it} 降低。但 η_{it} 曲线的变化趋势比较平坦。η_m 随转速的上升而下降。由图6-23各参数的变化趋势可知,由于 Δb 随转速的增加而上升,抵消了 η_m、η_{it} 下降的影响,因而随转速上升,柴油机转矩 T_{tq} 下降不明显,曲线变化平缓甚至有的是一直微微上倾。

(2)功率 P_e 曲线。由于 T_{tq} 变化平坦,在一定转速范围内,功率 P_e 几乎与转速成正比增加。

(3)燃油消耗率 b_e 曲线。综合 η_{it}、η_m 的变化,b_e 是在某一中间转速时最低,但整个曲线变化并不很大。

近年来,柴油机采用了电控燃油喷射和可变增压系统,如高压共轨系统、可变几何变形增压器等。这样,柴油机的外特性是按某种目的人为设计的。图6-24所示为一实例,设计者追求最低转速对应的转矩、最大转矩和额定转速对应转矩以满足整车动力需求。而排气温度曲线也是人为设计的,避免高速区排气温度过高导致增压器破坏。

2. 部分速度特性

随着油量调节机构固定位置的减小,循环供油量减小,但 Δb 随 n 的变化趋势基本相似,亦是随 n 的增加而上升(参看图5-9),所以柴油机部分特性 T_{tq} 的变化基本与外特性上 T_{tq} 平行,即 T_{tq} 随转速变化不大(图6-22)。

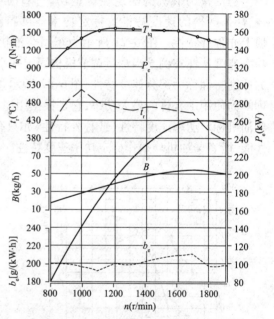

图6-24 重型电控增压中冷柴油机外特性曲线

对于经常在部分负荷下工作的汽车发动机,还应作负荷为90%、75%、50%、25%的部分负荷速度特性或作万有特性。

三、转矩特性

汽车行驶过程中经常会遇到像爬坡这样阻力突然增大的情况,为减少换挡次数,要求发动机的转矩随转速的降低而增加。例如,当汽车上坡时,若油量调节拉杆已达最大位置,但所发出的转矩仍感不足,车速就要降低,此时需要发动机随车速降低而能发出更大转矩,以克服爬坡阻力。因此,要求发动机转矩有适应这种变化的能力。

1. 转矩储备系数

发动机的动力性能不仅需要给出标定功率及其相应的转速,还要同时考虑发动机的转矩特性。一般用转矩储备系数 μ 和适应性系数 K 来表征发动机的转矩特性:

$$\mu = \frac{T_{tq\,max} - T_{tq}}{T_{tq}} \times 100\%$$

$$K = \frac{T_{tq\,max}}{T_{tq}}$$

式中:$T_{tq\,max}$——外特性曲线上的最大转矩,N·m;

T_{tq}——标定工况(或最大功率)时的转矩,N·m。

μ 或 K 值大,表明两转矩之差($T_{tq\,max} - T_{tq}$)值大,即随着转速的降低,转矩 T_{tq} 增加较快,从而在不换挡的情况下,爬坡能力和克服短期超载能力强。

汽油机的外特性转矩曲线随转速增加而较快向下倾斜,其 μ 值在 10% ~ 30%,K 值 1.2 ~ 1.4 可以满足汽车的使用要求。

柴油机转矩曲线平坦,若不予以校正,则 μ 值在 5% ~ 10%,K 值只有 1.05 左右,难以满足汽车的工作需要。

2. 转速储备系数

标定工况(或最大功率)时的转速 n_1 与最大转矩时的转速 n_2 之比称转速储备系数。它的大小也影响到克服阻力的潜力。例如,有 A、B 两台发动机,它们的转矩储备系数 μ 和最大功率时的转速 n_1 相同,但最大转矩时的转速 n_2 不等,如图 6-25 所示。当外部阻力矩由 T_{R1} 曲线增到 T_{R2} 曲线时,发动机的转速由于外界阻力的增加而下降,这时发动机 B 可以在转速 n_{2B} 下稳定工作,发动机 A 则在转速 n_A 下稳定工作。当外界阻力再增至 T_{R3} 曲线时,发动机 B 就不能适应而需换挡,而发动机 A 还可稳定在 n_{2A} 下工作,并且转速从 n_1 下降到 n_{2A},还可更多地利用内部运动零件的动能来克服短期超负荷,所以发动机 A 比 B 克服障碍的潜力大。因此,与最大转矩 $T_{tq\,max}$ 相应的转速 n_2 越低,即转速储备系数(n_1/n_2)越大,在不换挡情况下,发动机克服阻力的潜力越强。汽油机转速储备系数为 1.15 ~ 2.0,柴油机为 1.5 ~ 2.0。

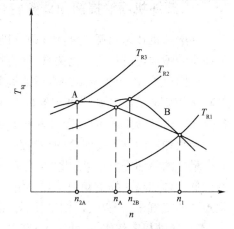

图 6-25 最大转矩时转速对克服阻力的影响

3. 非电控柴油机转矩校正

为了防止柴油机的负荷超过冒烟限值,在喷油泵的油量调节机构上均有一触止装置,限制每循环的最大供油量。这个最大供油量的调整,必须在最大工作转速工况下进行。如图 6-26 上的 A 点,以避免在其他转速下超过冒烟界限供油量。冒烟界限时 Δb 随 n 变化的关系如图 6-26 的曲线 1,它相当于不同转速下的负荷特性上冒烟界限的连线,其变化趋势与 ϕ_c 随 n 的变化近似(每一点 ϕ_a 大致相同)。曲线 2 是未经校正的标定功率供油量曲线。可以看出,由于油泵速度特性的影响,曲线 2 在转速降低时空气得不到充分利用,使按充气量来计算可能发出的转矩没能发挥出来,而且它的变化趋势也不适应汽车对转矩储备的要求。上述问题的产生是由油泵速度特性造成的,因此,柴油机中都采用油量校正装置来改造外特性转矩曲线。

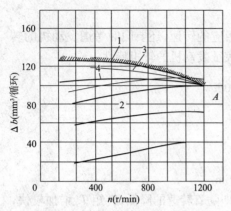

图6-26 油量校正装置对循环供油量的影响
1-冒烟极限；2-未校正的标定功率供油量曲线；
3-用弹簧校正器的供油量曲线；4-带阀式校正器
的供油量曲线

油量校正装置的作用是：当发动机在标定工况下工作时，如果转速因外界阻力矩不断增加而下降，则喷油泵能自动增加循环供油量，以增大低速时的转矩，提高转矩储备系数。常用的转矩校正方法有两种：①出油阀式校正机构。②附加在调速器上的弹簧校正机构。出油阀式转矩校正方法由于对选择供油提前器不利以及加工误差等原因，目前采用不普遍。

经过校正的 $\Delta b - n$ 曲线与 $\phi_c - n$ 曲线相似，就能使 $T_{tq} - n$ 曲线相似于 $\phi_c - n$ 曲线，即随转速下降，循环供油量增加。由于充分利用了不同转速下的进入汽缸的空气量，T_{tq} 变化趋势就能适应汽车对转矩储备的需要。

第五节 调整特性

发动机的调整特性一般包括汽油机点火提前角调整特性、柴油机喷油提前角调整特性和柴油机调速特性，其中，汽油机点火提前角调整特性在第四章已经介绍。

一、柴油机喷油提前角调整特性

在柴油机转速和喷油泵油量调节机构位置不变的条件下，柴油机有效功率和有效燃油消耗率随喷油提前角的变化关系，称为喷油提前角调整特性，如图6-27所示。

由图可见：由于测定柴油机喷油提前角调整特性时，柴油机的转速和喷油泵油量调节机构的位置不变，所以每小时耗油量 B 为常数，喷油提前角的改变对 B 没有影响。

与汽油机的点火提前角调整特性一样，对应每一种工况，均有一最佳的喷油提前角 θ_0，此时，有效功率最大，有效燃油消耗率最低。增加喷油提前角过大时，由于燃料将喷入压力和温度都不高的空气中，着火延迟期增长，导致速燃期的压力升高率过大，造成柴油机工作粗暴，使 P_e 下降和 b_e 增加。喷油提前角过小时，燃烧推迟到膨胀过程中进行，因而使压力升高率降低，最高压力大大降低，同时排气温度升高，热损失增加，热效率显著下降，也使 P_e 下降和 b_e 增加。

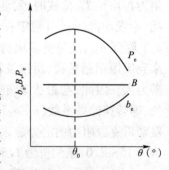

图6-27 柴油机喷油提前角特性

柴油机在一定负荷下以不同转速工作时，其最佳喷油提前角也是不同的，一般应随转速的提高，适当增大喷油提前角。为满足上述要求，在传统的柴油机燃料供给系统中，通常装有离心式喷油角提前器。采用柴油机电控技术，能根据柴油机转速和负荷的变化，及时并准确地控制喷油提前角，从而使柴油机的性能能达到最佳。

二、柴油机的调速特性

1. 柴油机装置调速器的必要性

发动机稳定工作的条件是其发出的转矩与外界阻力矩相等，如图6-28中的 A 点。如果发动机转矩曲线能随转速增加而迅速下降,则当外界阻力矩有暂时变化时,这种曲线便具有自动保持稳定工作的能力,如图 6-28a)所示。如果转矩曲线变化平缓,甚至微微上倾,则在阻力变化急剧时,理论上虽可恢复稳定工作,实际上转速变化很大,恢复稳定也慢,难以满足正常工作的需要。这样曲线实际上不具备自动保持稳定工作的能力,如图 6-28b)所示。由速度特性曲线可知,汽油机工作稳定性好,而柴油机较差。

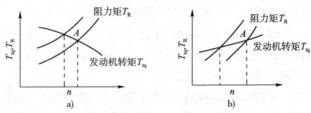

图 6-28 发动机稳定工作条件
a)转矩曲线随转速增加而迅速下降;b)转矩曲线变化平坦

汽车发动机还经常遇到负荷突变的情况,可能引起发动机转速很快上升,甚至超过允许的限度,即所谓飞车。对于汽油机,转速升高时,因 ϕ_c 急剧下降,转矩迅速降低,超速不会过高;而且超速时混合气成分变化不大,对工作过程影响较小;运动零件也轻巧,所以短时间超速的危害不大,常允许超速10%。对柴油机来说,超速就很危险,因转矩曲线平坦,使转速大幅度上升,循环供油量又随转速增高而加大,混合气变浓,工作过程恶化,排气冒黑烟,零件过热,同时由于运动零件较重,超速时产生很大的惯性力,可能引起零件损坏。因此,柴油机上必须有防止超速的装置。

汽车低速空转频繁,如短暂停车、起动、暖车等。如果发动机经常熄火,将会给驾驶员带来极大的困难。低速空转时,喷油泵只供给很少的燃油,这些燃油发出的能量只能克服发动机本身运转的机械损失,这时发动机运转的稳定性主要取决于发动机机械损失与汽缸内发出指示功之间的相互配合关系,如图 6-29 所示。汽油机怠速(能稳运运转的最低空车转速)工作时,由于节气门开度很小,造成强烈节流,使平均指示压力 p_{mi} 随转速升高而迅速下降。这时,如果平均机械损失压力稍有变化(如因温度改变而使全损耗系统用油黏度变化),引起转速变化(从 n_1 改变到 n_2 或 n_3)是不大的,可以认为是稳定运转(图 6-29a)。但柴油机情况不同,如图中 6-29b)所示,由于每循环供油量是随转速增加而略有增加,因而 p_{mi} 也随之稍有增加。不难看出,如果 p_m 稍有变化,会引起转速很大的波动,柴油机极易熄火或过速,因此必须有保证怠速稳定运转的装置。

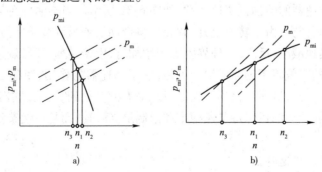

图 6-29 低速空车运转情况
a)汽油机;b)柴油机

总之,为了怠速稳定和高速不飞车,在柴油机上必须装置调速器。调速器可以根据外界负荷的变化,通过转速感应元件,自动调节喷油泵供油量,使柴油机转速保持在极小的变化范围内稳定工作。

汽车柴油机上所用调速器,可分为两极式和全程式两类。按其构造又分机械式、气动式、液压式和电气式,最常用的是机械式调速器。近年来,采用微机控制的电控调速器也在增多。

2. 全程式调速器的调速特性

柴油机装置全程式调速器后,在所有的转速范围内,调速器都能根据外界负荷的变化,通过转速感应元件,自动调节喷油泵供油量,保证在驾驶员选定的任何转速下,使柴油机在极小的转速变化范围内稳定运转。在矿区、林区、大型建筑工地使用的车辆,所遇到的行驶阻力变化很大,这类车辆宜采用全程式调速器。

在调速器起作用时,保持喷油器调速手柄位置一定,柴油机性能指标(主要指 T_{tq}、P_e、b_e、B 等)随转速或负荷变化的关系称为调速特性。调速特性一般有两种表达形式,一种以负荷作为横坐标,相当于负荷特性的形式。按负荷特性所述,其横坐标可以用 P_e、T_{tq} 或 p_{me} 表示,如图 6-30 所示。这种方式对分析装有调速器柴油机的经济性是很方便的。另一种方式是以转速为横坐标的调速特性,相当于速度特性的形式,如图 6-31 所示。

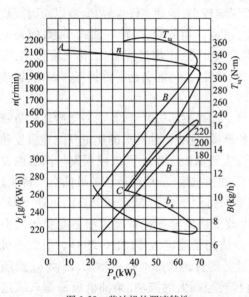

图 6-30　柴油机的调速特性

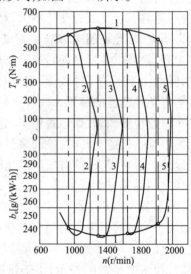

图 6-31　6120 柴油机的调速特性
1-外特性;2~5-不同负荷时的调速特性

装有全程式调速器的柴油机调速特性,如图 6-31 所示。当柴油机在某一工况下稳定运转时,若外界阻力矩减少,由于转速上升,调速器将带动供油量调节装置使供油量减少,柴油机输出有效转矩迅速减小;反之,若外界阻力矩增加时,由于转速下降,调速器使循环供油量增加,柴油机输出的有效转矩迅速增加。可见,由于调速器的作用,使柴油机在较小的转速变化范围内,有效转矩可从零变化到最大值或从最大值变化到零,从根本上改善了柴油机的转矩特性,它不仅能使柴油机保持怠速稳定和限制最高转速,而且可使柴油机在任意转速下保持稳定运转。

3. 两极调速器的调速特性

两极调速器只在柴油机最低转速和最高转速时起作用,以防止怠速熄火和高速飞车。调速器在中间转速不起作用,由驾驶员根据需要直接操纵油量调节机构来控制。

装有两极调速器的柴油机调速特性,如图 6-32 所示。由图可见,只有在最低转速和最高转速附近两个很小的转速范围内,在调速器的作用下,使柴油机的转矩曲线产生急剧变化;在中间转速范围内,调速器不起作用,转矩曲线按速度特性变化。

对于一般汽车来说,行驶阻力变化幅度较小而且缓慢,但车速却需不断变化,加上车身的振动,加速踏板不可能稳定在一个确定位置,汽车惯量又大,所以由驾驶员不断调节加速踏板压下的程度直接操纵油量调节机构,可以保持汽车相当稳定地行驶。另外,当车速变化时,两极式和全程式调速器响应方式不同,其效果也有区别,工作情况如图6-33所示。对于全程式调速器,踩了加速踏板相当于加大弹簧预紧力,调速器起作用,很快加大供油量,转矩迅速上升,然后再下降达到新的平衡点。这样,加速踏板稍有变动,汽车便以很大加速度移向新的平衡点,这往往使客车等交通工具上的乘客感到不舒适,加速时也易冒黑烟,操作时要十分小心。此外,感应不直接,弹簧力直接由加速踏板操纵,加速踏板较重,会产生操纵不快感。对于两极式调速器,驾驶员直接操纵油泵齿条,达到新平衡点的加速度小,反应快,加速性能好,操纵方便,所以除重型汽车外,一般汽车上常用两极式调速器。

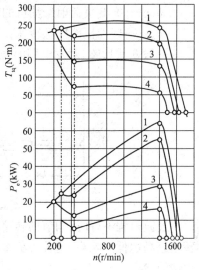

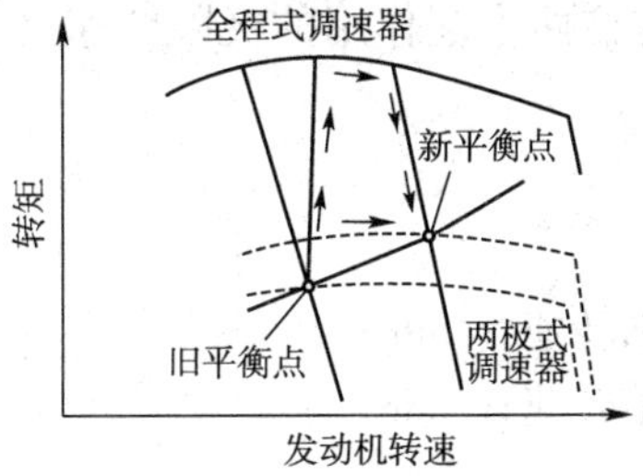

图6-32 装有两级调速器的柴油机调速特性
1~4-不同负荷时的调速特性

4. 调速器的工作指标

1) 调速率

调速器的工作好坏,通常用调速率来评定。调速率可通过柴油机突变负荷试验测定。试验时,先让柴油机在标定工况下运转,然后突卸全部负荷,测定突变负荷前后的转速而得。根据测定条件不同,调速率可分稳定调速率和瞬时调速率两种。

(1) 稳定调速率 δ_2,其计算公式为:

$$\delta_2 = \frac{n_3 - n_1}{n_b}$$

图6-33 两极式和全程式调速器的比较(使平衡点移动时)

式中:n_1——突变负荷前柴油机的转速,r/min;

n_3——突变负荷后柴油机的稳定转速,r/min;

n_b——柴油机的标定转速,r/min。

稳定调速率表明柴油机实际运转时的转速波动相对于全负荷转速的变化范围。如果稳定调速率太大,不仅对工作机械的稳定工作不利,而且对于空转时柴油机零件的磨损也是有害的。一般规定,对于农业排灌及工程机械用的柴油机,要求 $\delta_2 < 8\%$;对于汽车、拖拉机柴油机,$\delta_2 \leq 10\%$;对于交流发电机组用柴油机则要求高一些,希望 $\delta_2 < 5\%$。

(2) 瞬时调速率 δ_1。它是评定调速器过渡过程的指标。柴油机在负荷突然变化时,转速经过数次波动后,如果要求它能在新的转速下稳定工作,就必须使调速器推力盘移到一个新的平衡位置,这个过程称为过渡过程。图6-34为突卸负荷时,转速变化的情况。瞬时调速率 δ_1 是表示过渡过程中转速波动的瞬时增长百分比,其计算公式:

$$\delta_1 = \frac{n_2 - n_1}{n_b}$$

式中：n_2——突变负荷时柴油机的最大（或最小）瞬时转速，r/min；
n_1——突变负荷前柴油机的转速，r/min；
n_b——柴油机的标定转速，r/min。

一般 $\delta_1 \leq 12\%$，对发电用的柴油机，要求 $\delta_1 \leq 8\%$。

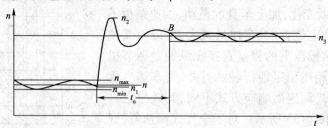

图 6-34　突卸负荷调速过程的转速变化

过渡过程不好时，调节的转速不能稳定在某一转速下，有较大的波动，严重时还会发出转速忽高忽低的响声，这种现象常称"游车"。调速器一旦发生"游车"，工作就会失灵，必须设法消除。

2）不灵敏度

调速器工作时，调速系统中有摩擦存在，需要有一定的力来克服摩擦，才能移动调整油量机构。不论柴油机转速增大或减小，调速器都不会立即得到反应以改变供油量，因为机构中的摩擦力阻止着推力盘的运动。例如，发动机转速为 2300r/min 时，调速器可能对转速 $n_1' = 2270$r/min 到 $n_2' = 2330$r/min 范围内的变动都不起反应，这样两个起作用的极限转速之差对发动机平均转速之比就称为调速器的不灵敏度 ε，即：

$$\varepsilon = \frac{n_2' - n_1'}{n}$$

式中：n_2'——当柴油机负荷减小时，调速器开始起作用时的曲轴转速，r/min；
n_1'——当柴油机负荷增大时，调速器开始起作用时的曲轴转速，r/min；
n——柴油机的平均转速，r/min。

不灵敏度 ε 主要是由于调速系统中存在摩擦力所致，因而它还可用下式表示：

$$\varepsilon = \frac{F_R}{F_E}$$

式中：F_E——调速器起作用时，作用在推力盘上的推动力；
F_R——调速器推力盘移动时所受的摩擦力。

不灵敏度过大时，会引起柴油机转速不稳，在极端的情况下，甚至会导致调速器失去作用，有使柴油机产生飞车的危险。低速时调速器的推动力小，喷油泵调节杆移动时的摩擦力增大，结果调速器不灵敏度 ε 显著地增加。一般规定 ε 在标定转速时不超过 2%，最低转速时不超过 13%。

第六节　万有特性

发动机的万有特性又称综合特性或多参数（组合）特性。

由于负荷特性和速度特性只能用来表示某一转速或某一齿条位置（或节气门开度）时发动机参数随负荷或转速的变化规律，而汽车的工况变化范围很广，要分析各种工况下的性能就需要许多张负荷特性或速度特性图,这样做极不方便,也不清楚。

为了能在一张图上较全面地表示发动机的性能,经常应用多参数的特性曲线,称为万有特性。应用最广的万有特性是以转速 n 为横坐标,以平均有效压力 p_{me}(或转矩 T_{tq})为纵坐标,在图上画出许多重要特性参数的等值曲线族,其中最重要的是等燃油消耗率曲线和等功率曲线,根据需要还可以画出等过量空气系数曲线、等进气管真空度曲线、冒烟极限等。图 6-35 所示为汽油机万有特性举例。

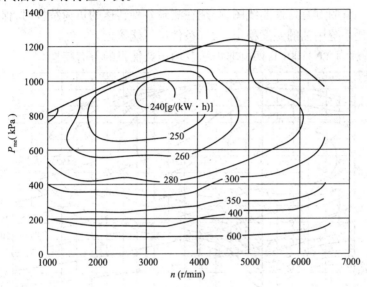

图 6-35 汽油机万有特性

等燃油消耗率曲线可以根据各种转速下的负荷特性曲线用作图法得到。具体方法如图 6-36 所示。

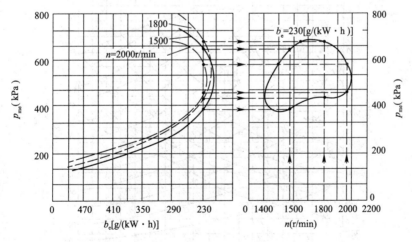

图 6-36 万有特性的做法

(1)将不同转速的负荷特性以 p_{me} 为横坐标,b_e 为纵坐标,用同一比例尺画在一张坐标图上。

(2)在万有特性图的横坐标轴上,以一定比例标出转速数值。纵坐标 p_{me} 的比例应与负荷特性 p_{me} 的比例相同。

(3)将负荷特性图横放在万有特性图左方,并将与负荷特性曲线上燃油消耗率 b_e 相等的各点移至万有特性图中,标上记号,再将 b_e 值相等的各点连成光滑曲线,即等燃油消耗率线。各条等燃油消耗率曲线是不能相交的。

等功率曲线根据 $P_e = \dfrac{p_{me} V_s ni}{120} \times 10^{-3} = K p_{me} n$ 公式作出,在 $p_{me} - n$ 中,它是一组双曲线。将外特性(或标定功率速度特性)中的 p_{me}(或 T_{tq})曲线画在万有特性图上,构成上边界线,见图 6-35 中的粗实线。

要想获得光滑的万有特性曲线图,必须在测录各种转速的负荷特性时,保持发动机冷却液温度和全损耗系统用油的温度稳定,大气条件尽可能接近。

图 6-37 所示为 YN4100QB 四缸非增压及增压柴油机的万有特性。

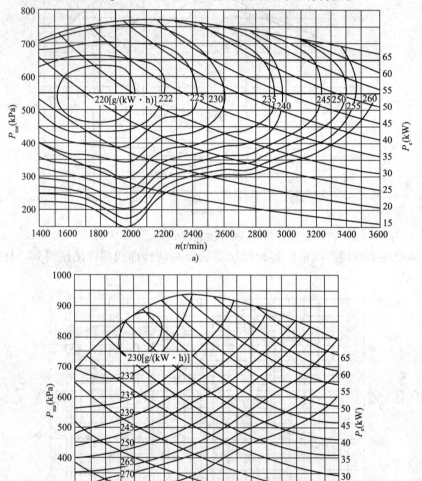

图 6-37　YN4100QB 系列柴油机万有特性
a) 非增压;b) 增压

在万有特性图中,最内层的等燃油消耗率曲线是最经济的区域,耗油率最低。曲线越向外,经济性越差,从中很容易找出最经济的负荷和转速。

第七节 发动机与车辆的匹配

一、概述

发动机是车辆的一个重要组成部分,是汽车动力的来源。因此,整车的动力性和经济性既取决于发动机自身的性能,又依赖于发动机与汽车的合理匹配。前面已经学过的发动机的各种特性,是分析发动机与车辆匹配的有效工具。

同样的汽车底盘,可以匹配不同类型以及不同排量的发动机。在发动机与车辆的匹配中,应根据具体的使用要求以及发动机的特点进行选型,并在匹配中进行进一步的必要调整。

图6-38表示了2000年欧洲市场上匹配不同类型发动机(汽油机、直喷式与非直喷式柴油机)的轿车质量与其燃油经济性关系的统计数据。一般而言,随着车质量的增加,轿车的百公里油耗也有上升的趋势,近似呈线性变化关系。但从图中也可以看到,匹配不同类型的发动机对轿车燃油经济性的影响是十分明显的。在同样的车质量下,以柴油机为动力的轿车的百公里油耗要较汽油机的低1/3左右,而直喷式柴油机的燃油经济性又要好于非直喷柴油机,这一差距至少在10%以上。匹配增压直喷式柴油机的轿车"Lupo"和"Smart"代表着目前轿车燃油经济性的最好水平,百公里油耗达到或接近3L/100km。

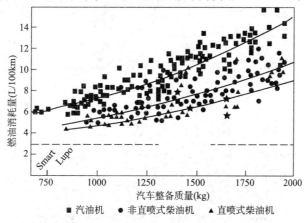

图6-38　不同发动机类型的轿车车重与燃油经济性

在发动机与车辆的匹配中,始终存在着车辆动力性与经济性之间的矛盾。从匹配发动机的排量上来看,匹配的发动机排量越大,则动力性越好,而经济性则会变差;反之则经济性会提高,而在动力性方面则要做出一定程度的牺牲。

在匹配中,应分析发动机工作点的变化,尽量使发动机的常用工况位于经济性较好的运行区域内。在不能满足要求时可考虑对发动机进行必要调整。例如,通过调整发动机配气相位改变充气效率的变化规律,进而达到改变发动机特性的目的。

同时,在匹配中应具有全局、系统的观点。局部的最优并不一定表示着全局的最优。例如,发动机的一些附件驱动改为电驱和电控后,并不一定使其经济性提高,因为若不做其他变动,这意味着发动机负荷率的降低,可能使发动机工作于经济性更差的运行区域。在匹配中,变速系统也起到十分重要的作用。为了提高汽车的性能就需要将汽车动力装置,即发动机与变速器的集成,作为一个整体来进行设计与优化。

汽车发动机的工作环境复杂多变,同一类型的汽车在不同地区将面临道路、气候等条件的很大差别。我国国土辽阔,地形复杂,不同的气候地理条件对汽车发动机提出了一些特殊的要求。例如在高原地区,希望采取增压等功率恢复的措施或匹配更大排量的发动机;寒冷地区需特别注意冷起动性能;而在气候炎热地区,则要保证发动机有足够的冷却能力。

二、汽车万有特性

汽车万有特性是以发动机万有特性为基础建立的。在发动机等油耗、等功率的万有特性曲线上,绘出不同挡位的驱动功率线、等百公里油耗线,以及车速与发动机转速的对应关系线,从而把发动机的万有特性和汽车的行驶特性结合起来,以便更全面地反映汽车的各项性能指标。图 6-39 是一辆轻型载货汽车的万有特性曲线。图中上部是发动机的等油耗和等功率(虚线)万有特性曲线,中部是不同挡位的驱动功率线(图中Ⅰ、Ⅱ、Ⅲ、Ⅳ为原车四个排挡线,Ⅰ′、Ⅱ′、Ⅲ′、Ⅳ′为改进后四个排挡线)以及等百公里油耗线(图中竖向凹曲线),下部则是不同挡位的车速与发动机转速的对应关系线。从汽车万有特性曲线上可以很方便地确定发动机的运行工况和动力、经济性指标。在已知车速与挡位的前提下,在汽车万有特性的下部可确定该车运行点位置,从而确定发动机的转速,然后从该点引垂直线向上,在中部与该挡位对应的牵引力(由牵引力转化成发动机的平均有效压力绘成)曲线相交,此交点即为发动机的工况点,从而可以得到发动机此时的 b_e、P_0 和整车的 g_{100}。

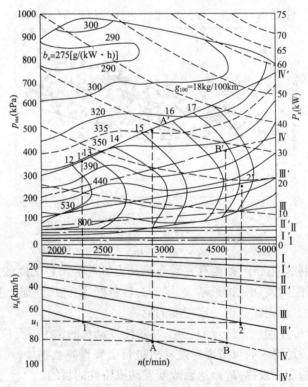

图 6-39 某轻型载货汽车的万有特性

在汽车万有特性图上,要求常用挡的道路阻力曲线即驱动功率曲线靠近发动机低油耗区,且范围要大,这是判断发动机与整车在经济性能匹配方面是否成功的最直接的方法。在可能的情况下,可适当减小主减速器传动比 i_0 或略加大轮胎半径 r,以降低整车使用油耗。

从汽车万有特性曲线上可以看出,等 g_{100} 线与等 b_e 线大相径庭,g_{100} 随车速增加而增大。

在车速不变(如取 $u_1 = 73$ km/h)的情况下,两种排挡(Ⅳ'挡和Ⅲ'挡)对应的 g_{100} 差别较大(1'点和2'点)。显然,在相同的车速条件下,高挡的 g_{100} 低于抵挡的 g_{100},这是因为在发动机等功率线上(此处1'和2'点接近 $P_e = 18$ kW 等功率线),低挡2'点处于发动机高速、低负荷区,燃料消耗率 b_{e2} 约为 460 g/(kW·h),而高挡1'点则处于发动机低速、中低负荷区,燃料消耗率 b_{e1} 仅为 350g/(kW·h),大大低于2'点的燃料消耗率。因此,汽车在行驶时应尽量使用高挡,在高挡不能行驶时才换入抵挡。

从图6-39中还可以看出,由于改进前四挡的变速器传动比 i_g 分别为 5.56、2.77、1.64 和 1,各挡间隔太小,导致各挡的利用率降低,其驱动功率曲线位于发动机万有特性偏下部位,使用油耗偏高。而改进后四挡的 i_g 分别为 5.08、2.57、1.28 和 0.834,挡位分布较为合理,使得 g_{100} 显著降低。以四挡、车速80 km/h 为例,改进前(B'点)$g_{100} = 16.8$ kg/100 km,改进后(A'点)$g_{100} = 15.3$ kg/100km,可节油9%。显然,各排挡传动比 i_g 的分配和取值对 g_{100} 有直接影响。

三、发动机与车辆的动力性匹配

1. 动力性匹配

整车动力性是各类车辆行驶性能中最基本、最重要的性能。从获得尽可能高的平均行驶速度的观点出发,汽车的动力性可由最高车速(km/h)、加速时间(s)、最大爬坡能力三方面的指标评价。

由于汽车驱动力来源于发动机的输出转矩,考虑到变速器各挡有不同的传动比,可将发动机外特性转换成不同挡位的车速—驱动力曲线。另一方面,汽车行驶需克服各种阻力(包括滚动阻力、空气阻力、坡道阻力及加速阻力),将不同坡度的行驶阻力曲线与驱动力的平衡关系画在一张图上,即可确定某一汽车在发动机节气门全开时可能达到的最高车速、加速能力和爬坡能力。图6-40为某一2L级轿车的驱动力与行驶阻力平衡图。横坐标为汽车的行驶速度,纵坐标为驱动力和行驶阻力,并将发动机转速作为另一个纵坐标给出。图中的三族曲线分别是随坡度变化的行车阻力线、随挡位变化的驱动力线以及发动机转速与车速关系线。由图看出,该车在5挡的驱动力与平道阻力曲线的交点为最高车速,在180km/h 以上,在1挡能爬上的最大坡度为55%,相应地还能计算其加速时间。

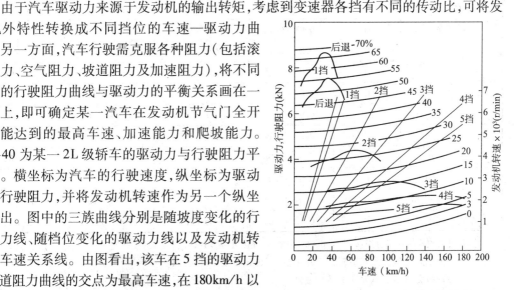

图6-40 某轿车驱动力—行驶阻力平衡图

汽车行驶时,不仅驱动力和行驶阻力相平衡,发动机功率与汽车行驶的阻力功率也总是平衡的。图6-41所示为发动机外特性功率曲线与汽车行驶阻力功率的关系。曲线1表示行驶阻力功率,曲线2表示外特性的功率曲线,A点表示在该道路条件下所能达到的最高车速,图中阴影部分表示发动机所拥有的后备功率。汽车行驶需要有一定的后备功率,后备功率越大,爬坡、加速性能越好。现代高级轿车着重于动力性能,要求加速性能好,最大车速高,有很强的超车能力,因而常选用高速、强化、大排量的发动机,例如,V8缸,排量可能在 4.0~5.5L 以上,并具有很大的后备功率,但行驶中负荷率极低,因而行驶的经济性差。

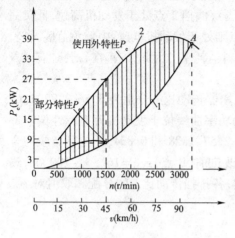

图 6-41 后备功率

对于不同种类、不同排量的车辆,不可能用驱动力—行驶阻力平衡图直接比较其动力性的好坏,必须把驱动力与汽车质量结合起来,而且还必须考虑到它们在行驶中遇到的空气阻力的差异。将单位汽车质量的受力状况整理成一个无因次量(称为动力因数 $D=(F_t-F_w)/M_v$),其中 F_t——驱动力、F_w——迎风阻力、M_v——整车质量),用以比较不同车辆的动力性。表 6-2 中列出了不同类别汽车在直接挡的动力因数 D_0,其中轿车的 D_0 值最高,而且与各类车辆比较,最高车速、比功率、比转矩也是最高的。通过选择合适的比功率与汽车总质量的乘积,可以估算出应配备的发动机功率。

表 6-2 汽车动力性能参数一般范围

汽车类别		发动机类别	直接挡动力因数 D_0	最高车速(km/h)	比功率(kW/t)	比转矩[(N·m)/t]
微型轿车		G	0.07~0.14	95~145	25~38	50~60
轿车(不包括赛车)		G	0.10~0.18	135~240	30~90	70~238
		D	0.07~0.12	110~165	22~40	60~75
载货汽车	轻型	G	0.07~0.10	105~165	24~48	56~90
	轻型	D	0.05~0.08	85~120	9.6~15	34~64
	中型	D	0.04~0.06	75~110	7.5~12	30~60
	重型	D	0.04~0.06	70~110	7.5~12.6	30~70
大客车	轻型	G	0.07~0.10	105~165	24~48	56~90
	轻型	D	0.05~0.08	80~120	14~24	45~80
	大、中型	D	0.04~0.06	70~100	7~12	30~60
	特大型	D	0.04~0.06	55~85	4.5~8	20~40
矿用自卸车		D	0.03~0.05	45~70	4.5~6	20~32

注:1. 载货汽车总质量分级:轻型 1.6~6t,中型 6~14t,重型>14t。
2. 大客车总长度分级:轻型 3.5~7m,中型 7~10m,重型>10m。
3. 发动机类别:G 为汽油机,D 为柴油机。

2. 从提高动力性的角度改善发动机与车辆的匹配

从整车匹配的角度看,发动机的动力性直接关联着发动机结构的紧凑性及质量指标(如体积功率与比质量)。所谓体积功率,是指发动机功率与其外形尺寸(长×宽×高)所决定的体积之比,它影响到发动机在车辆中的安装空间。比质量即单位功率的质量,发动机相对质量的减轻,意味着整车自身质量的减少,对整车性能至关重要。因此,增大体积功率及减轻比质量,一方面依赖于发动机结构设计的紧凑化、轻量化;另一方面靠发动机强化使升功率不断提高。

从结构紧凑性及减轻比质量的角度看,汽油机明显优于柴油机。现代轻型车及轿车汽油机转速比同类柴油机高 1/3～1/4,汽油机的升功率一般比自然吸气柴油机高 45%～65%。因此,如果装用与汽油机等排量的柴油机,汽车的加速时间将增加一倍以上;如果装用等功率的柴油机,则其排量比汽油机大 40%,汽车的加速时间也要增加 10% 左右;柴油机升功率低,同时又引起比质量比汽油机高 50%～120%,同等功率的柴油机净质量约为汽油机的 160%,由汽油机派生的柴油机(同缸心距),其净质量为汽油机的 110%。

提高发动机动力性(增加升功率、降低比质量)的有效措施是采用增压。以排量为 1.2L 级增压柴油机的转矩外特性为例,与其基本上等功率的自然吸气的柴油机(最大功率的偏差在 10% 以内),排量要在 1.6L 才能满足。如图 6-42 中,曲线 1 为 1.2L 涡轮增压机型的转矩外特性,曲线 2 为 1.6L 非增压机型的转矩曲线,可以认为两者基本上是接近的;而 1.2L 非增压机型的转矩外特性(曲线 3)明显地要低很多。同时看到,与涡轮增压机型相比,同排量的气波增压机型,无论是否带中冷(曲线 4、5),均具有较高的低速转矩储备,这对提高汽车动力性非常有利。柴油机采用增压以及增压中冷后,可接近或达到汽油机的强化程度。

图 6-42 不同增压方式的转矩外特性
1-1.2L 涡轮增压机型;2-1.6L 非增压;3-1.2L 非增压;4-1.2L 气波增压(带中冷);5-1.2L 气波增压;6-1.2L 机械增压

汽油机增压以及增压中冷,也可以使整机动力性大幅度提高,虽然目前应用还不广泛,但是一种发展趋势。如图 6-43 所示增压与自然吸气发动机与轿车匹配的比较,发动机体积、质量均可减小,而动力性(转矩、功率得到较大幅度提高)与经济性(发动机自身经济性好的区域的扩大以及通过变速系统匹配使汽车更多的运行于经济性好的区域)都得到提高,这也是增压技术得到越来越广泛应用的原因所在。

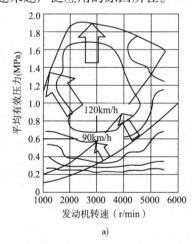
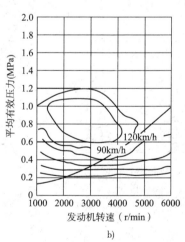

图 6-43 增压与自然吸气发动机与轿车的匹配
a)增压发动机;b)自然吸气发动机

四、发动机与车辆的经济性匹配

1. 燃油经济性匹配

在汽车与发动机匹配时,必须从发动机的排量、平均有效压力、有效燃油消耗率与底盘的主传动比、各挡传动比、轮胎半径等诸多方面进行考虑,才能获得良好的经济性能,实现发动机与汽车的经济性匹配。发动机自身具备较好的燃油经济性(百公里燃油消耗量)以及通过合理匹配使发动机经常工作于经济性好的运行区域,是改善整车燃油经济性的两个基本方面。

从车辆对动力选型的角度看,如图6-44所示,将柴油机轿车与汽油机轿车在不同汽车当量总质量下相比较,其柴油机轿车比汽油机轿车节油25%~35%。同时看出,由ECU控制的稀薄燃烧汽油机的行驶油耗已接近分隔式柴油机的水平;柴油机轿车要继续显示其经济性,进一步发展必然是直喷式燃烧系统,并普及增压及增压加中冷技术,以进一步提高热效率及升功率。

下面举例说明在同一辆轿车上选择不同机型的使用经济性,如图6-45所示。在同一辆轿车上分别装用50kW的1.5L汽油机,40kW的1.6L非增压分隔式柴油机,以及超过60kW的1.4L涡轮增压直喷式柴油机,并将该车行驶阻力曲线与各自的万有特性匹配。由于变速器差别很大,各机型的最高车速分别是:汽油机为160km/h,非增压柴油机为140km/h,增压柴油机

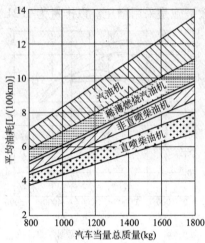

图6-44 各种轿车的行驶油耗

为180km/h。比较这三种机型均按同一车速120km/h时的等速行驶油耗(图6-44),汽油车为9L/100km,非增压柴油车为6.75L/100m,增压柴油车为4.5L/100km。此时,三种机型在万有特性上的配合点均为A(120km/h、22kW)。汽油机相应的油耗率为0.51L/(kW·h),非增压柴油机为0.37L/(kW·h),增压柴油机为0.255L/(kW·h)。由此可见,无论就发动机自身的特性,还是与车辆配合的结果,增压柴油机都是最省油的。

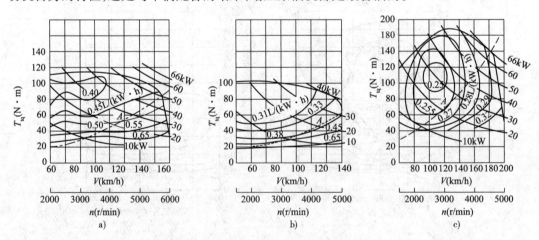

图6-45 同一轿车装用三种不同机型的匹配曲线
a)5L汽油机;b)1.6L非增压分隔式柴油机;c)1.4L涡轮增压直喷式柴油机

2. 从提高经济性的角度改善发动机与车辆的匹配

为了降低汽车行驶油耗,从整车技术的角度看,降低车辆自身质量,改进车辆的外形与结构,改善传动系统与发动机的匹配,使用子午线轮胎等,都是有效的措施。然而,降低发动机的燃油消耗是改善汽车行驶经济性的关键因素之一。

发动机自身节油是改善整车燃油经济性的基础。例如,在汽油机中提高压缩比(20世纪90年代国外轻型及轿车发动机压缩比多为8.2~10.3,目前已提高到12~13),实现稀燃,采用电喷技术,兼顾到高、低负荷及不同转速工况的可变技术,减少摩擦损失及附件损耗等;在柴油机中采用无涡流直喷式燃烧系统及泵喷嘴,采用高喷射压力提高喷油速率,采用增压及中冷技术,利用电控技术实现节能、排放及噪声的综合控制等,都为汽车节能开拓了广阔的前景。

为改善整车燃油经济性,发动机与传动装置的匹配十分重要。对于传统的手动变速器,发动机负荷调节(节气门开度)与变速器传动比(挡位)是分开调节的,因而很难根据车辆总质量、道路及运行工况进行组合调节,无法保证发动机经常处于经济运行区工作。为了降低车辆的燃油消耗,最理想的控制是利用ECU根据驾驶员操作加速踏板的信号,组合控制节气门开度及变速器传动比,使满足车辆行驶工况的发动机经常沿着理想的经济运行线运行。图6-46所示为发动机与无级变速传动时的经济运行线,同时还可看出使用手动变速器各挡阻力曲线与发动机万有特性的配合曲线。这些运行线都经常地远离了发动机在万有特性上的经济区。

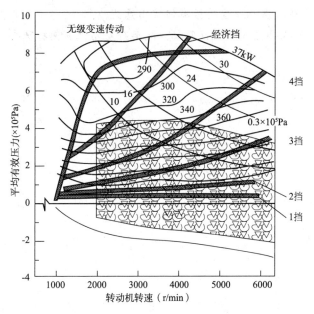

图6-46 发动机与传动系统的经济配合

值得强调指出的是,提高发动机的负荷率以改善车辆与发动机的匹配是节能的关键环节之一。从本章讲到的负荷特性曲线上看出,发动机经常使用负荷过低,燃油经济性极差。轿车经常使用的负荷很低,特别是使用在城内道路工况的车辆更是如此。随着各国所制定的油耗法规限值逐渐严格,迫使轿车选用发动机趋向小型化。为了提高车辆的负荷率,进而以轻量化为目标的微型车(一般排量<1L)或超微型车将显示出节能的优点。

发动机停缸(Cylinder Deactivation)控制技术已在一些汽车发动机产品中得到应用,该技术应用电控技术在汽车负荷率较低(车速较低且车辆加速度低于一定值)时停止一部分发动机汽缸的工作,仅由余下的部分汽缸工作,从而使这部分汽缸工作的发动机具有较高的负荷率。停缸控制技术特别适合于汽缸数为6缸或6缸以上的发动机,汽缸数过少,则在停缸转换时可能影响发动机工作的平稳性。另外,在车速过低时也不宜采用停缸。

复习思考题

1. 研究发动机特性的意义是什么？
2. 如何测量燃油消耗量并计算出燃油消耗率？
3. 发动机主要做哪些台架性能试验？
4. 为什么对发动机的性能指标要进行大气修正？怎样修正功率和燃油消耗率？
5. 试分析汽油机和柴油机负荷特性的区别。
6. 试分析汽油机和柴油机速度特性中转矩曲线的区别。
7. 根据试验条件的不同，发动机的外特性有几种形式？
8. 发动机转矩曲线陡，对车辆性能有什么影响？有什么办法改善转矩特性？
9. 为何汽油机不用调速器也能稳定怠速运转，而柴油机则不行？
10. 什么是发动机的万有特性和汽车的万有特性？它们有什么作用？
11. 万有特性、负荷特性和速度特性有何实用意义？
12. 发动机与汽车从哪些方面进行匹配？汽车对发动机有何特殊要求？

第七章 汽车新型燃料及新型燃烧方式

随着我国工业化进程的不断加速,国民经济将保持持续、快速、稳定的发展,我国汽车保有量将会大幅度上升,对原油的需求也将快速增长,能源安全将成为一个十分突出的问题。

环境保护将成为另外一个十分突出的问题,大量的原油消耗,将给我国的环境带来巨大的污染。

为了解决能源短缺和环境污染的问题,世界各国采用了许多措施。如:采用代用燃料、新的混合气形成及燃烧方式、电控喷射、混合动力等先进技术。

本章介绍的汽车代用燃料主要指在汽车上应用的非汽油和柴油燃料;汽车新型燃烧方式是指除均质点燃和非均质压燃以外的,在汽车发动机上正在进行研究或应用的其他混合气形成及燃烧方式。

第一节 发动机新型燃料

目前在发动机上比较常用的清洁代用燃料包括压缩天然气(CNG)、液化石油气(LPG)、甲醇、乙醇、二甲醚(DME)、氢气等。

一、天然气

天然气是一种高效、清洁、廉价的工业和民用燃料及重要的化工原料。其主要成分为甲烷(CH_4),含量为85%~99%。天然气分为气田气和石油伴生气。我国有丰富的天然气资源,总资源储量为38万亿m^3,探明储量为1.53万亿m^3,仅为总资源储量的4.02%。天然气主要为气田气,我国主要分布在四川、陕西及新疆等西部地区,近年来在近海也发现有大气田。石油伴生气主要分布在东部的油田。

天然气作为发动机燃料,具有低排放、低价格、储量丰富、无须加工等优点,应用时分为液化天然气(LNG)和压缩天然气(CNG)。与汽油燃料相比,有如下一些主要特点:

(1)天然气的体积低热值和质量低热值略高于汽油,但理论混合气热值比汽油低,甲烷含量越高,相差越大;纯甲烷的理论混合气热值比汽油低10%左右。

(2)抗暴性能高。天然气的主要成分是甲烷,甲烷的研究辛烷值为130,具有高抗暴性能。燃用天然气的专用发动机应采用的合理压缩比为12,允许压缩比可达15。采用高压缩比可大幅度提高发动机的动力性和燃料经济性。如:采用高压缩比,天然气发动机的燃料效率相当于柴油机,有利于减小CO_2的排放。装有电子控制燃料供给系统和三元催化转化器的轻型天然气汽车的尾气排放比最严格的加州超低排放车(ULEV)标准还低75%。

(3)混合气发火界限宽。天然气与空气混合后的工作混合气体有很宽的发火界限,其过量空气系数的变化范围为0.6~1.8,可在大范围内改变混合比,提供不同成分的混合气。通过采用稀薄燃烧技术可进一步提高发动机的经济性和改善排放。

(4)天然气的着火温度比汽油要高,火焰传播速度慢,因此需要较高的点火能量。

天然气比汽油和柴油更"清洁"。由于天然气的燃烧温度低,NO_x的生成量少;与空气同为气相,混合均匀,燃烧较完全,CO和微粒物质的排放很低。采用柴油—天然气双燃料工作的发动机,尾气的烟度值很低,为采用纯柴油的1/10左右,几乎显无烟状态运行。未燃烧的甲烷等成分性质稳定,在大气中不会形成有害的光化学烟雾,但对大气温室效应的影响比CO_2严重,应在发动机缸外烧掉或选用新的催化剂进行机外处理。

天然气由于具有上述优良的环保性能及经济性能,在汽车发动机上作为代用燃料得到了广泛的应用。

二、液化石油气(LPG)

液化石油气(Liquefied Petroleum Gas)简称LPG,其主要成分是丙烷(C_3H_8)、丁烷(C_4H_{10})、丙烯(C_3H_6)、丁烯(C_4H_8)等化合物的异构体。它在常温、常压下是一种无毒、无色、无味的气体,其来源有两种途径:一是在原油炼制过程中分离、生产出来的副产品;二是从天然气的气体精制过程中分离、生产出来。我国生产出来的LPG,其主要含量为丙烷和丁烷;车用LPG中,丙烷的含量(体积)占95%以上。

与柴油相比,LPG的质量热值比柴油高10%左右,但液态密度比柴油要低,故采用LPG与柴油的液态混合燃料向柴油机缸内直喷燃烧时,柴油机的功率将变化很小。LPG的沸点比柴油低得多,常压下为气体,但汽化潜热比柴油大,在柴油机上采用LPG与柴油液态混合燃料进行缸内直喷燃烧时,一方面可以使缸内混合气形成更加迅速和彻底,减少炭烟的形成;另一方面,通过汽化吸收大量的热量,使缸内燃烧的温度下降,控制NO_x的生成。同时,为了保证LPG在供油系统中不发生汽化,形成气阻,必须加大LPG供给的压力。常压下的着火极限LPG略比柴油大,以质量计的理论空燃比LPG也比柴油略大。LPG的自燃温度比柴油高约200℃,这说明LPG分子结构比柴油稳定,要破坏这种结构需要花更多的能量;另外LPG的十六烷值比柴油要低,所以混合燃料的着火延迟期比柴油要长。LPG的辛烷值比柴油高,辛烷值越高,其抗爆性越好,为进一步提高压缩比提供了可能性。LPG氢碳比(H/C)大,极易汽化,易燃烧,这决定了LPG是一种清洁燃料。各种实验研究表明,与汽油相比,在各种温度下,LPG的NO_x和HC+CO的排放都有大幅度的减少;总之,与汽油相比,LPG的特点可以概括如下:

(1)LPG的临界温度较高,在常温下为气态。以气态进入发动机,燃料与空气同相,混合均匀,燃烧较完全,可以显著降低CO和HC的排量,同时使微粒排放物得到彻底改善。另外,LPG的火焰温度明显偏低,可使NO_x的排放明显减少。因此,汽车采用液化石油气作燃料,可以极大地降低汽车对大气的污染。

(2)LPG的着火温度比汽油高,火焰传播速度比汽油低,所以燃用LPG时,应保证供应足够的点火能量,并适当加大点火提前角,以求可靠点火,提高发动机的动力性和经济性。

(3)LPG的着火极限范围比汽油宽,空燃比容易调整,能保持稳定良好的燃烧,从而能保证发动机运转性能比较稳定。

(4)LPG的辛烷值较高,有较好的抗暴性,不需要添加剂或加铅抗暴剂,可适当提高发动机的压缩比,从而提高发动机的动力性、热效率和燃料经济性。

(5)LPG 的燃点比汽油高,着火界限比汽油宽,不易产生火灾,比汽油安全。

三、醇类燃料

醇类燃料主要指甲醇(CH_3OH)和乙醇(C_2H_5OH)。醇分子结构中含有氧,易于燃烧,理化特性与汽油接近,但其热值比汽油低得多;其化学当量比所需的空气比汽油燃烧所需的空气少得多;醇类燃料的汽化潜热高,汽化时所需的热量也比汽油多。醇类燃料的饱和蒸气压比汽油低。低的蒸气压力和高的汽化潜热使其蒸发更困难,因而对混合气形成系统提出了更高的要求。醇类燃料的辛烷值高,允许发动机的压缩比高,这对点燃式发动机的燃烧特别有利。

甲醇是一种轻质、无色、略有臭味、低污染的燃料,与水能无限互溶,但甲醇本身有毒。凡是能得到 CO 和 H_2 的原料都能合成甲醇,其原料丰富、工艺成熟,但设备投资大。目前主要是用天然气和煤生产甲醇。甲醇只有一个 C 原子,无 C—C 键,含有 50% 的氧,热值低。与汽油、柴油相比,甲醇的着火温度高、辛烷值较高,抗爆性较好,且十六烷值很低,适用于点燃式发动机。甲醇燃烧时不易看到火焰,具有较宽的着火界限,闪点较高。从能源多元化和能源安全的角度出发,发展甲醇有重大的战略意义。另外,使用汽油—甲醇比使用汽油—天然气更为方便。

乙醇的来源很广泛,多由单糖类(如甘蔗、甜菜等)或淀粉类(薯类、各种谷物)植物制成,或由化学原料(如乙烯)合成,或由木质纤维素(如木屑、树枝、秸秆等)发酵生产。乙醇同样是含氧燃料,具有高的辛烷值,热值比甲醇高,汽化潜热则较低,乙醇比甲醇更易和汽油及柴油相溶和乳化。

醇类燃料的热值低,所需的循环供应量要大大增加;高的汽化潜热可提高充气效率,降低缸内温度,因而压缩比可以提高;燃烧速度加快可使热效率提高;醇类燃料的 C/H 值比汽油和柴油的小,完全燃烧时产生的 CO_2 较少,H_2O 较多。对于相同的燃烧热值,燃烧产物的比热相对较高,这有利于热效率的提高。此外,醇类燃料的着火界限较宽,燃烧速度快,在稀混合气中的火焰传播速度仍能保持较高,这使燃烧的定容部分增加,也有利于热效率的提高。循环压力的波动比汽油机小。

发动机燃用醇类燃料后,排气中的 NO_x、HC、CO、CO_2 及颗粒的排放量均会变化,总体来说是有改善。未燃烧的醇类燃料和醛类有所增加。因醇类燃料的汽化潜热大,混合气受到激冷时,燃烧可能不完全,会导致未燃烧的醇类燃料的排放增加。在高负荷、高温时,废气中未燃烧的醇较少。醛类排放物包括甲醛、乙醛、丙醛和丙烯醛等,是使用醇类燃料内燃机的主要排放物。

四、氢气

氢气是一种无色无味的气体,其分子式为 H_2,在常温、常压下为气态;沸点为 -253℃。氢气作为发动机的燃料主要有以下一些特点:

(1)氢是唯一不含碳的燃料,燃烧后生成 H_2O,不产生 CO、HC 及硫化物。由于没有 CO_2 的生成,可以减少全球温室气体的排放。在氢与空气的混合气体中,氧原子浓度大且氢燃烧时循环温度较高,燃烧产物中虽无 CO 和 HC,但 NO 的浓度较高。

(2)氢气的质量燃料热值高,为 120MJ/kg,是汽油的 2.7 倍,但理论空燃比为汽油的 2.5 倍;折算到理论体积混合气体发热量要小于汽油,为 3200kJ/m^3(汽油为 3700kJ/m^3),所要求的燃烧系统与汽油机有较大差别。

(3) 氢气极易点燃，所需的最小点火能量只有汽油的 1/3，火焰传播特性很好，易实现稀薄燃烧；但自着火温度（大气压下）为 850K，高于柴油（625K）和汽油（770K）。

(4) 氢气的沸点为 -253℃，常温、常压下为气体，携带性和安全性差。氢气在大气中的扩散系数为汽油的 8 倍（$0.63cm^2/s$），能很快形成可燃混合气体，由火花塞点燃后，其燃烧速度和燃烧温度都很高。

基于氢气燃料的以上一些特点，在发动机上使用氢气作燃料时具有明显的优点。由于氢气所需点火能量小，易实现稀薄燃烧，故可在更宽广的工况内得到较好的燃油经济性能。燃烧的主要产物是 H_2O 和 NO_x，不产生 CO 和 HC 及硫化物，只需采取降低 NO_x 排放的措施，是很好的洁净能源。

氢气在作为发动机的燃料在使用过程中也存在一些问题。氢气的沸点为 -253℃，储运性能差是其最大缺点。氢气应用的另外一个难点是制取困难。理论上可以从水、煤、天然气等原料中制氢，但到目前为止，制取氢的成本及消耗的能量还很高，不能大量满足作为发动机的燃料需求。由此只有解决氢的储存及生产成本问题，才能使氢燃料走向实用。

五、生物质燃料

生物质燃料主要是指由植物中获取的燃料。植物油的主要化学成分是甘油三酸酯及少量游离脂肪和非油脂物质，其性质主要取决于所含脂肪酸的种类、性质和数量。若非饱和脂肪酸多，在常温下呈液态，容易被氧化；若饱和脂肪酸多，在常温下则呈固态。因为含氧，植物油的化学当量比石油燃料低。常见的植物油有：菜籽油、棉籽油、大豆油、花生油、棕榈油、向日葵油、米糠油、桐油、茶油等。植物油的高黏度、低挥发性能、低十六烷值、高不饱和酸含量使植物油在长期使用过程中存在以下缺陷：

(1) 流动性差、闪点较低、着火性能不好，容易形成爆震。

(2) 植物油低温起动性能差，雾化效果不好，容易堵塞喷油口、过滤器。

(3) 植物油中的不饱和脂肪酸在高温燃烧时容易聚合从而使润滑油变厚、凝结。

(4) 长期使用会使活塞、发动机头部积炭。

(5) 植物油长期储存时易氧化。

为了提高植物油的燃烧特性，需要对植物油进行酯化或酯交换反应，得到脂肪酸单酯，即生物柴油（biodiesel）。该产物燃烧性能接近轻柴油，开口闪点高；以植物油作为原料，具有可再生性能；燃烧后排放性能大大优于轻柴油，对大气、土壤和水源不会造成任何毒害和污染。

生物柴油的主要成分是脂肪酸甲酯或脂肪酸乙酯，具有以下的燃烧排放特性：

(1) 方法简单，不仅可以单独使用，也可与石油柴油以任何比例掺混使用。生物柴油不仅可作为燃料，也可作为润滑剂或柴油添加剂来使用。

(2) 可生物降解，3 周内可降解 98%，而石油柴油只能降解 70%。

(3) 分子量、黏度、密度与轻柴油基本接近，十六烷值含量接近甚至超过轻柴油，着火性能比植物油大为改善，可与轻柴油相媲美。

(4) 残炭和灰分可降至很低，分别在 10^{-5} 和 10^{-6} 级。

(5) 与石油柴油相比，生物柴油燃烧后可减少 78% 的 CO_2 的排放，可减少 90% 的颗粒排放物、碳氢化合物；含有 11% 的氧，燃烧更充分，噪声更小，排放的气体无异味；基本不含硫，可减少 99% 的硫化物、70% 的铅等有毒物质的排放，从而可以大大改善环境质量。

(6)热值比石油柴油低约7%;氮氧化物排放物会微量增加;低温起动性能略低于石油柴油,只能使用到 -8℃。

六、二甲醚(DME)

二甲醚是最简单的醚类化合物,分子式为 CH_3-O-CH_3,只有 C-H 和 C-O 键,没有 C-C 键,又是含氧燃料(含氧量为34.8%),容易燃烧完全,在燃烧时不会像柴油那样产生炭烟,即有利于减少燃烧生成的烟度和微粒,微粒排放物几乎为零。二甲醚无毒,常温、常压下是无色气体,比空气重,加压至0.5MPa时,由气体变为无色透明的液体。其蒸气压力特性与LPG相近,可采用与LPG相同的方式运输和储存。使用二甲醚时,还可使用更大的废气再循环(EGR),降低 NO_x 的排放。其物性参数及燃烧、排放性能特点如下:

(1)二甲醚的十六烷值为55~60,一般柴油只有40~55,比柴油高,远高于其他代用燃料。二甲醚的着火温度为235℃,低于柴油的250℃,着火性能优于柴油。在柴油机上燃用二甲醚不需采用助燃措施。

(2)二甲醚不发生光化学反应,对人体无毒,当体积分数超过10%时,才会产生轻微的麻醉作用,因此对环境和人体无害。

(3)二甲醚是一种可再生燃料,不仅可以从石油及天然气中提取合成,而且可从煤、植物、生活垃圾中提取合成。

(4)二甲醚的低热值只有柴油的64.7%,质量密度也小于柴油,为达到柴油机的动力性,必须增大二甲醚的循环供应量,相同能量时所喷射的体积是柴油的1.8倍。

(5)二甲醚在常温、常压下的饱和蒸气压力为0.5MPa。随温度的升高,其饱和蒸气压增大,为防止气阻现象发生,燃料供给系统的压力远高于柴油机燃料供给系统的压力。

(6)发动机燃用二甲醚时,在中低负荷下的效率高于柴油机,而在高负荷时则稍低于柴油机。

(7)二甲醚的排放特性与燃烧特性有关,其放热规律与柴油机燃烧时有明显区别。二甲醚的着火延迟期明显短于柴油,初始燃烧速率及放热峰值低于柴油。扩散燃烧部分大于预混和燃烧部分,整个燃烧持续期和柴油相当。二甲醚燃烧时缸内温度比柴油低,NO_x 排放明显降低,约为柴油的一半。二甲醚含氧,快速扩散燃烧抑制了炭烟的生成。在任何工况下,二甲醚发动机都可实现无烟排放。二甲醚发动机无 CH_4 排放,其 CO 和 HC 的排放量比柴油机低,这与二甲醚含氧、低沸点、易蒸发混合等特性相关。CO_2 排放也比柴油机低。

(8)由于二甲醚的沸点是 -25℃,在常温下呈气态,润滑性差;且二甲醚的黏度很低(其动力黏度系数仅为柴油的1/10),需要解决诸如油箱密封、供油系统成本高,为防止油泵柱塞和喷油器针阀等精密偶件磨损、卡死,应改善运动件的材料或加入添加剂,以及燃料的泄漏量很大等问题。

第二节 气体燃料汽车

可以燃烧产生热量的气体燃料的品种很多,但产量多、能作为发动机燃料的主要是天然气、液化石油气、沼气及氢气。本节主要介绍压缩天然气(CNG)、液化天然气(LNG)及液化石油气(LPG)燃料汽车。为简化起见,本节将上述几种汽车统称为气体燃料汽车,将NG、CNG、LNG及LPG统称为气体燃料。

一、天然气汽车的技术方案

研究、开发的天然气汽车的类型很多,按系统及工作方式的不同可概括为表 7-1 中所列的多种类型。

不同类型气体燃料汽车的优缺点   表 7-1

序号	类 型	优 点	缺 点
1	化学计量空燃比,机械式控制、自然吸气,火花点燃、化油器式	结构简单;价格低	功率损失 10%;热效率低,热损失大;排放高;火花塞需维修
2	化学计量空燃比,电控自然吸气、火花点火、电控燃油喷射,三元催化转化	较适合汽油机;中等价格;排放很低	功率损失 10%;热效率低,热损失大;火花塞需维护
3	增压、稀燃、薰蒸法;火花点燃;空燃比电控;化油器、单个混合器	热效率得到改善;降低冷却系统热负荷;低排放	部分负荷时热效率低;整个能耗比柴油机高 20%,火花塞需维护
4	增压、稀燃、进气道喷射、火花点燃;空燃比电控;电控燃气喷射	降低冷却系统热负荷;低排放;改善部分负荷热效率	总能耗比柴油机高 10%;冷却系统的热负荷比柴油机高
5	增压、稀燃、进气道喷射,预燃室火花点火;空燃比电控;电控燃气喷射	改善热效率;低排放;低热负荷	总能耗比柴油机高 5%;价格增加;火花塞需维护
6	增压稀燃、薰蒸、压燃	价格低,充分利用原柴油机;功率和原柴油机一样,全负荷时排放低及热效率高;冷却系统热负荷低	引燃时间无法调节,使柴油代替量受到敲缸的限制,低负荷时油耗及排放高;全负荷时排放和柴油机一样
7	增压、稀燃、双燃料、电控压燃、电控燃气喷射,电控柴油引燃喷射及空燃比	利用原柴油机,功率和柴油机一样;低排放及热负荷、热效率高,和柴油机一样	结构复杂,价格高;全负荷时排放和柴油机一样,未能降低
8	增压、稀燃、双燃料,燃气高压喷入缸内,没有预混合、电控	没有敲缸限制,热效率高	结构复杂,价格高;需要有高压燃气供应,比稀燃预混合的排放高
9	增压、稀燃、微量柴油引燃压燃、电控进气道喷射、电控引燃柴油喷射,电控空燃比	与原柴油机比,排放低,冷却系统的热负荷一样,热效率一样,99% 为气体燃料,1% 为柴油	结构复杂,价格高
10	增压、稀燃、微量柴油引燃、电控喷油入预燃室,空燃比电控	热效率提高,排放低,其余同上	增加了预燃室,结构更复杂些,价格高

二、气体燃料汽车的布置

1. 天然气汽车

气体燃料汽车在总体布置及结构上,与液态燃料汽车有所不同。图 7-1 为日本本田天然气小客车布置示意图,图7-2为日野自动车客车及货车上使用的天然气发动机系统。

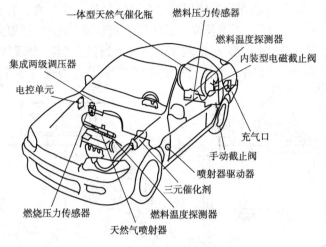

图7-1 日本本田天然气小客车布置图

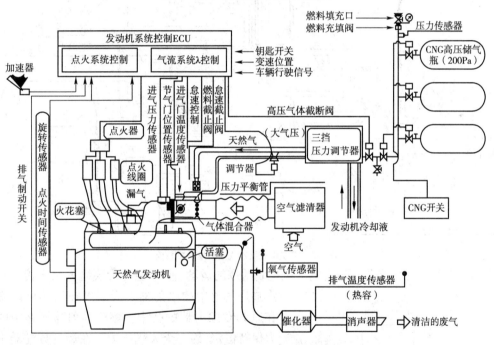

图7-2 日野天然气发动机系统图

天然气汽车燃料供给系统包括高压气瓶或液化气瓶、充气口、输出燃料阀及截止阀、调压阀、气体燃料喷射器或混合器、监控燃料压力、温度及流量的仪表、安全阀等。在小客车上,将一个包括主要阀门、仪表在内的整体型气瓶布置在车后的行李舱内。轻型客、货车使用三个气瓶,而在大客车或货车上则将6个以上的气瓶布置在底盘的车架上。

现代气体燃料汽车采用喷射器单点或多点喷射,或者在总的进气管上采用混合器,如图7-2所示。ECU通过各种传感器控制燃料的供给及点火时刻等。为了达到很低的排放标准,需采用三元催化转化器或者其他后处理技术。

低排放多点电控天然气喷射发动机系统组成如图7-3所示。这是荷兰TNO道路及车辆研究所与大众汽车公司联合开发的天然气专用车辆,采用 Koltec/Necam MEGAd 多点顺序可燃气喷射系统。该系统原先是为使用液化石油气(LPG)开发的。为了使该系统适合使用天然气,采用了 Impco 高压减压阀及改进后的压力调节器。此外,还加大了燃气分配器中计量狭缝的流通截面,以适应 CNG 流量较大的需要。通过高压压力调节器将 CNG 气瓶中的压力由 20MPa 降低到 0.85MPa,然后经过低压调节器,将压力进一步降低到 195kPa。

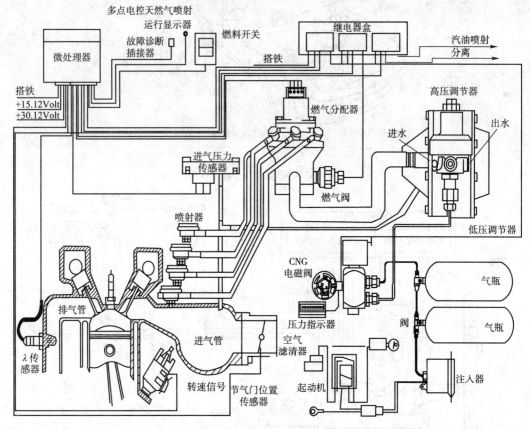

图 7-3 多点电控天然气喷射发动机系统

图 7-4 为燃气分配器。步进电动机控制活塞的运动,使 V 型计量狭缝按顺序接到每个汽缸进气道中的喷射器。天然气喷射器可以安装在原 LPG 喷射器的孔中。燃气喷射器管路中的压力保持恒定,约一个大气压力。在燃气分配器中还设计有由微处理器控制的燃气截断阀。

为了提高燃气计量的精度,IMPCO 高压减压阀及 MEGA 压力调节器采用冷却系统中的热水加热,使精度由 ±5% 提高到 ±2%,但是这样的加热使燃气密度下降,从而使功率下降约 0.7%。

2. 液化石油气汽车的供油系统

汽车改用天然气后,燃料通常存储于高压气瓶中,汽车的燃料容积耗量很大,续航里程受到影响,对于发动机排量较大的重型汽车,这一问题更加突出。如果使用液化天然气,将燃料以液态储存于油

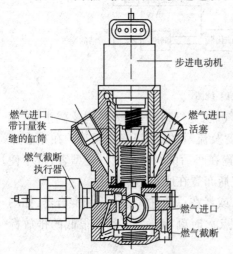

图 7-4 MEGA CNG 分配器

箱中,则比较有利。

图 7-5 所示为液化天然气汽车供油系统。液态天然气由油箱经过蒸发—调节器后,再进入膜片阀及混合器。

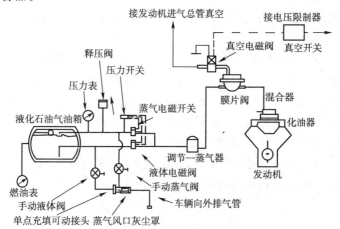

图 7-5　液化天然气汽车的供油系统图

将汽车改用液化石油气的方法和天然气汽车基本一样,该汽车的供油系统也可如图7-5所示,大多数小客车和轻型车是在原汽油机基础上改用液化石油气,将混合器与空滤器设计为一体,或将混合器安装在化油器的上面。

第三节　燃料供给系统

气体燃料汽车与液体燃料汽车在总体布置及结构上的主要区别是燃料供给系统。除了双燃料发动机以外,燃料供给系统可分为三大类:

(1)采用燃气与空汽缸外混合的混合器供气系统。

(2)在进气总管或进气歧管上采用单点或多点喷射的燃料供给系统。

(3)向缸内直接喷射可燃气体的燃料供给系统。

电控燃料喷射器是气体燃料汽车供气系统的重要部件,系统中还需要高压气瓶及减压调节器等部件。使用液化天然气和石油气时,在系统中还需要夹层绝热的气瓶和减压调节器等部件。

一、混合器

为了使气体燃料与空气混合均匀后进入发动机汽缸内燃烧,比较简单的办法是采用类似汽油机化油器的混合器,但其结构比化油器简单得多。

对车用混合器的主要要求是:

(1)气体燃料与空气均匀混合。

(2)混合器空燃比的控制精度尽可能高。

(3)流阻小,对进入缸内混合气的充量影响不大。

(4)体积较小,便于在发动机上布置。

(5)加工精度高,当 V 形发动机的两排汽缸分别各用一只混合器时,应保证两排汽缸的气体燃料充量在同一工况下,尽可能均匀一致。

(6) 进入混合器的燃气及空气的压力要能互相适应。

(7) 要能满足汽车发动机怠速及负荷工况下对混合气流量的要求。

1. 混合器的结构形式

混合器的结构形式很多,下面介绍几种商品化、且较适用的形式。

1) 文杜里管式混合器

这是一种结构比较简单的混合器,如图 7-6 所示。在收缩喉管的四周有输入燃气的孔,形成的环形气流促进燃气与空气的混合。为了进一步改善混合均匀性,将环形的收缩喉管设计成机翼形,当燃气从喉管周围的腔室流入机翼形通道时,流阻增加很小,强化了混合过程。在燃气管道中有主调节螺钉,用来调节流入混合器的燃气流量;为了使混合器结构紧凑,混合气节气门通常是和文杜里喉管设计成一体。

假定混合器中的气流是不可压缩的,按白努利方程,混合器入口处的压力 p_1、气流速度 u_1 与喉口处的压力 p_2 及速度 u_2 可建立如下关系式:

$$p_1 + \frac{1}{2}p_1 u_1^2 = p_2 + \frac{1}{2}p_2 u_2^2$$

喉管处压力 p_2 低于 p_1,而速度 u_2 则高于 u_1,并可用下式表示:

$$u_2 = \sqrt{\frac{2}{p_2}\left(p_1 + \frac{1}{2}p_1 u_1^2 - p_2\right)}$$

气流经过节流后的压力降 Δp 经简化处理后,可以下式表示:

$$\Delta p = k_v \frac{1}{2}\rho u^2$$

式中:k_v——流阻系数;

ρ——气体密度;

u——气流速度;

p——气流压力。

在燃气供应管道中,经过主调节螺钉(图 7-7)的压力降等于 $p_1 + 1/2\rho_1 u_1^2 - p_2$,而在空气速度 u_2 与燃气速度 u_3 之间需存在线性关系,这就需要一个所谓零压控制器,让 $p_3 = p_1 + 1/2\rho_1 u_1^2$。

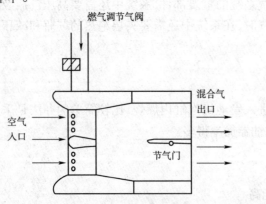

图 7-6 文杜里管式混合器图

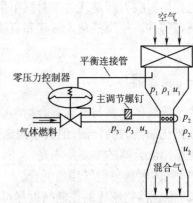

图 7-7 文杜里管式混合器原理图

实际上空气及燃气的密度是随其压力及温度的变化而变化的;在上面的分析中,为了简化起见,假定它们是不变的,使用文杜里管式混合器,在给定条件下,可以大致实现发动机所需的空燃比。

2) 可变节流混合器

这是一种空气及燃气流量都可调节的混合器,如图7-8所示。通过改变空气及燃气的节流程度,使混合气的空燃比发生变化。图中所示的燃气调节阀形状的改变可以改变燃气与空气节流程度的比例。

为了使燃气与混合气的流量等于零,通过机械作用,弹簧力迫使燃气调节阀及调节空气流量的膜片落座。当发动机起动时,燃气调节阀处于开启状态,在混合气出口处产生压力降,通过连接管输入真空室的压力降,使膜片及燃气调节阀向上移动,从而加大了空气及燃气的流通截面与流量。

此外在混合器的燃气输入管道中有一燃气流量调节阀,用来调节较大混合气流量范围内的空燃比,此时节流通道是开得最大的。改变燃气输入压力也可以在较小的程度上改变混合气的空燃比。在实现混合气空燃比自动调节的系统中可以加上燃气或空气的旁通装置,但这种方案会产生混合气均匀性及调节稳定性的问题。另一种设计方案是采用伺服电动机控制燃气调节阀的位置,针对空气节流情况控制燃气调节阀,以改变混合气的空燃比。

3) 涡旋混合器

在进气道内有8块叶片(图7-9),强行使径向气流变成环形运动气流。在涡旋中心部分,高的环向流速产生一个压力降,这样能促使气体燃料的流动,使沿同一轴线作环向流动的空气及气体燃料在流向混合器出口的过程中,能够很好地混合。在节气门的上游安装一个固定的涡旋缓冲器,使环流的径向分速度转变成轴向速度,以避免过多的压力损失。这种混合器控制混合气空燃比的原则也是在考虑过滤器流阻损失的前提下,将天然气压力控制在所需用的数值上。同时可以通过改变入口处叶片的角度以及变动燃气入口处调节芯轴舌头的位置,改变混合气的空燃比。

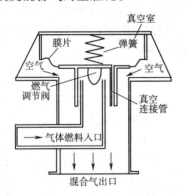

图7-8 可变节流混合器

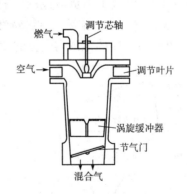

图7-9 涡旋混合器

4) 环形流道式混合器

图7-10所示为这种混合器的原理结构图。空气流与燃气流互相垂直,燃气与空气在空气流扩压管的末端处混合,空气及燃气各自通过截面可调的通道流入混合腔。空气流通截面的改变是手动的,能根据发动机的需要改变空气流量。可用伺服电动机改变燃气的流通截面,以适应自动控制空燃比的需要。还可以在气体流道中加入金属丝网,提高混合气的紊流程度。

2. 混合器的流量特性

混合器的流量应能满足发动机各种工况的要求,并根据不同需要实现混合器空燃比的调节。对于在混合气理论空燃比下工作的发动机而言，在整个流量范围内，空燃比应能保持不变。而对于稀燃发动机，通常空燃比应能随负荷变化而变化，为了使发动机性能良好，混合器应能实现比较准确的空燃比调节过程，而且重复性良好。

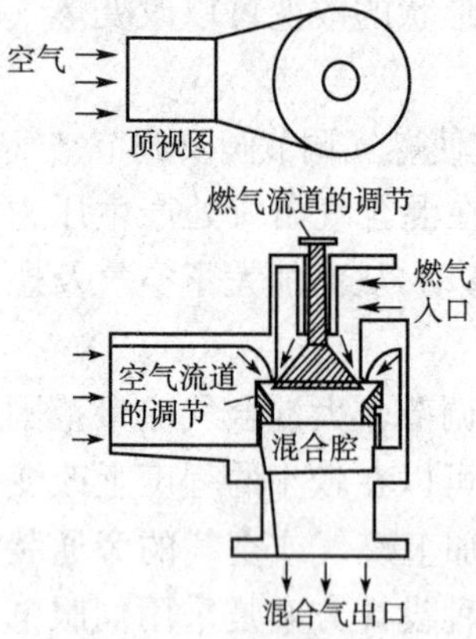

大多数固定式稀燃发动机为了使 NO_x 排放不超过允许值，在节气门全开、全负荷运行时需使用最稀的混合气体。当负荷减少时，过量空气系数应适当减少，否则，发动机难以维持稳定的燃烧。起动时混合气流量低于额定值的 25%，混合气的空燃比应该接近于理论空燃比。

1) 文杜里管式混合器的空燃比特性

根据图 7-6 所示，应该希望混合器流阻尽可能小，以便能适应稀燃发动机的要求。因此试验研究时，应使全负荷时的空燃比为 1.5。根据混合器工作原理分析，在低流量时连接到零压调节器的出口压力调节到大气压，而在 100% 流量时，改变主调节螺钉的位置使空燃比为 1.5。

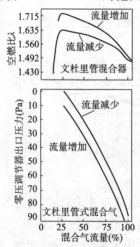

图 7-10 环形流道式混合器

图 7-11 所示为空燃比 λ 与流量的关系曲线。这并不是所希望的特性曲线，因为减少流量的过程与增加流量的调节过程相比，λ 值偏小，混合气浓度偏高。此外，增加流量与减少流量调节过程中，λ 值之间的差值过大。

上述 λ 值差值过大的现象是由零压调节器的滞后现象引起的。随着流量的增加混合气变浓的特性并不能满足特定的要求，主要是由可燃气及空气的可压缩性及调节螺钉处的流阻现象引起的。通俗的描述，就是在喉口处燃气将空气推向一边，减少了空气的流量。

图 7-12 所示为稍许改善了的特性曲线，将零压调节器出口压力提高了 70Pa，稍许减少主调节螺钉的开度，以减少高负荷范围内的燃气流量。然而，这种流量特性对于负荷小于 25% 全负荷的工况混合气又偏浓。这种特性能满足常以恒速运转的发动机的要求，而不能满足负荷在 10%~100% 的范围内变化的发动机的要求。

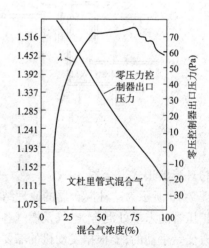

图 7-11 空燃比及零压调节器出口压力与混合器的流量关系图

图 7-12 空燃比及零压调节器出口压力与混合器的流量关系图

要使文杜里管式混合器的流量特性满足变工况气体燃料发动机的要求，需要使用弹力较强的调节弹簧，使零压调节器与混合器设计为一个整体，并用伺服电动机自动控制主调节螺钉的开度。此外,这种混合器的燃气流量明显地受喉管处燃气流入的流通截面及流阻的影响。

2) 可变节流混合器的空燃比特性

图 7-13 为可变节流式混合器的流量与空燃比 λ 变化的特性曲线。这是在主调节螺钉开度大的情况下获得的特性,当流量小于 15% 额定流量时,控制燃气阀处于全关闭的边缘,所以 λ 曲线陡直上升,混合气过稀。在 15%~60% 的流量范围内,混合气逐步变得更稀,而在 60%~100% 的额定流量范围内,λ 值基本上变化较少,这种流量特性受燃气控制阀的形状的影响较大,同时适用于转速及流量变化较少且采用催化器需要 λ 值基本不变的发动机。

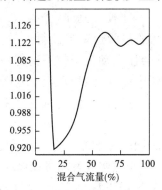
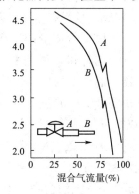

图 7-13　可变节流式混合器空燃比曲线图

3) 涡旋式混合器的空燃比特性

图 7-14 为涡旋式混合器流量与 λ 的关系曲线,在进气道中叶片角度(图 7-9)为 51°时获得该曲线。在试验中调整叶片的角度,使流量特性与文杜里管式的比较接近。在流量为 30%~100% 额定流量范围内,λ 是相当平坦的。改变燃气入口处舌形阀的位置(图 7-9),可以改变空气与燃气流量的比例。即使将混合气流量扩大到额定值的 140%,也不会出现大的 λ 值的偏差。

4) 环形流道式混合器的空燃比特性

环形流道式混合器流量与空燃比的关系曲线如图 7-15 所示。

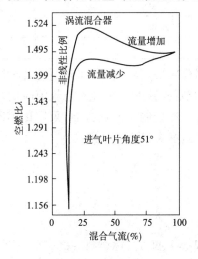
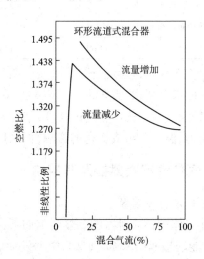

图 7-14　涡旋式混合器空燃比曲线图　　图 7-15　环形流道式空燃比曲线图

将零压调节器与环形流道式混合器一起进行实验,则如同文杜里管式混合器一样,较难获得 λ 变化平坦的特性曲线。大约从 15% 额定流量开始,流量增加时 λ 变小,混合气逐渐变浓。同样在流量增加与减少的过程中,λ值出现较大的偏差,当流量大于75%额定值以上时,则λ值的差异变得稍小一点。

通过伺服电动机及芯轴电动机可以改变燃气流通截面,这样较能适应闭环自动控制λ的要求。由于空气流通截面也可以调节,所以λ值调节的范围是很宽的,这与单独用一个调节螺钉调节燃气流量相比,适应发动机对不同λ值的要求更为有利。

3. 混合器中混合气的均匀性及流阻损失

通过混合器向汽车发动机供给气体燃料与空气的混合气,其混合均匀性对发动机的燃油经济性、排放及工作稳定性都有重要的影响。为了使三元催化转化器转化效率高,需要控制混合气空燃比在一个狭窄的范围内工作。稀燃过程也要求控制λ值。循环与循环及汽缸与汽缸之间混合气不均匀和λ值的变动,都会使发动机工作不稳定,甚至导致失火与爆震现象产生。混合器中混合气的均匀性受结构形式、加工精度及调节控制空燃比方法的影响。通过试验可评价混合器中的混合气均匀度,规定一个名义的平均λ值,测定不同流量下λ值波动情况,以衡量其混合均匀性。

气体燃料汽车的动力性受进入发动机汽缸中的混合气充量影响较大,混合器流阻损失的大小就会影响气体燃料充入汽缸的容积效率。自然吸气发动机如果混合气在混合器中压力损失达1000Pa,那么功率大约会降低1%。对于增压发动机这一关系较复杂。另一方面,流阻能量的损失会强化气流的紊流程度,有利于提高混合气的均匀性。上述几种混合器的压力及流阻等参数列于表7-2中。

几种混合器试验的压力及流阻等参数　　　　　　　表7-2

混合器形式	燃气压力参数(Pa)	压力降(Pa)	压力损失(Pa)	混合气流速(m/s)	流阻系数 k_V
文杜里管式	4290	2485	2045	27.8	4.6
环形流道式	3575	2770	2200	32	3.9
涡旋式叶片角度40°	2120	2350	1520		1.8
涡旋式叶片角度51°	4330	3020	2160		2.5
涡旋式叶片角度60°	4750	4120	3240		3.7
可变节流式	6000	4915	215		0.06

现代汽车发动机对混合气质量及空燃比控制精度要求较高,上面介绍的几种简单的混合器并不能满足要求,需要进一步研究改进。例如要改善燃气在进入空气流时的均匀分布特征,延长燃气与空气混合腔的长度,增加紊流等。在控制空燃比方面,采用传感器要考虑燃气的压力、温度及组成变化的影响,如采用电控是更为理想的方式。

二、气体燃料喷射器及其控制

1. 气体燃料喷射器

设计气体燃料喷射器的一般要求如下:

(1) 能动态地调节喷射时间,根据发动机工况要求调节气体燃料流量。

(2) 在所控制的同样喷射时间内各次流量一样,随喷射器使用时间的延长,流量变化不大。

(3) 能适应车用发动机转速及喷射频率较高、喷射时间短的要求。

(4) 能承受汽缸内及喷射器内部最高压力,针阀不会自动开启。
(5) 能在缸盖高温及燃气腐蚀条件下工作。
(6) 能随同汽车电控系统一起工作。
(7) 密封性良好,不会泄漏燃气。
(8) 在外形尺寸及寿命上满足汽车发动机的要求。

图 7-16 所示为加拿大多伦多大学在 20 世纪 80 年代后期研制的天然气喷射器,外形尺寸是根据发动机要求制定的。喷射器由喷射头部、喷射器本体,带电枢盘的针阀及嵌入线圈的喷射器盖 4 个主要部分组成。

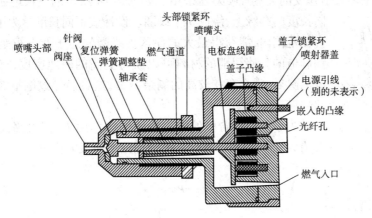

图 7-16 天然气喷射器原型图

喷射器本体及针阀座用不锈钢制造。本体与头部用螺栓连接,并用锁紧环固定,可调节本体相对头部的位置及电枢盘相对线圈的行程,改变调整垫圈的厚度可改变弹簧的预紧力。针阀头部与阀座的配合角度为 60°。轴承套用浸了油的青铜制造,四周有 6 个 $\phi 2.4mm$ 的天然气流道。针阀在满足抗拉强度的要求下,应和电枢盘一起制得细小,以减轻运动零件的质量。

图 7-17 为日本本田汽车公司设计的天然气喷射器,用于排量为 1.6L4 缸发动机上。为了降低噪声并使柱塞有较长的寿命,在其上、下设有橡胶挡块及橡胶垫。为喷射器配置驱动器,其作用是提高喷射器动作的灵敏度,维持并控制流量。

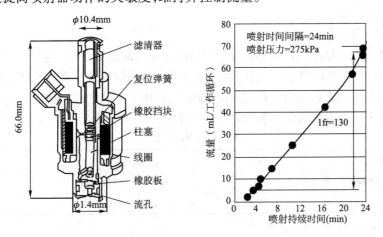

图 7-17 日本本田小客车天然气发动机用喷射器及流率图

该天然气喷射器与汽油喷射器的比较见表 7-3。

天然气喷射器与汽油喷射器的比较　　　　　　　　　表 7-3

项　目	天然气喷射器	汽油喷射器	项　目	天然气喷射器	汽油喷射器
静态流率(L/min)	177.7	0.23	燃料压力(kPa)	275.0	245.0
线性流速比（最大/最小）	13.0	18.0	驱动器形式	流量高峰维持	饱和型
质量(g)	120.0	82.5		控制型	

2. 喷射器电磁线圈

加拿大多伦多大学开发的天然气喷射器采用了如图 7-18 所示的三极电磁线圈。在不同长度的凸缘上,绕成 3 个线圈。设计成不同长度是为了在受控制的直径范围内,能获得最大的面区。线圈的芯子及电枢是用退火的软钢制造的。使用别的材料可以获得更高的磁通密度,然而当线圈电流消除后,常会存在较高的剩余磁力,这容易导致电枢缓慢的或错误的响应。

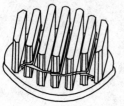

图 7-18　喷射器三级电磁线圈图

为了获得所希望的电磁线圈的净作用力,假设高能线圈的效率大约为 0.3,可用下式计算线圈理论上的最大作用力：

$$F = \frac{B^2 A}{2\mu_0}$$

式中：F——作用力,N；

B——磁通密度,Wb/m^2；

A——吸力面区,m^2；

μ_0——自由空间的磁导率,$4\pi \times 10^7$ Wb/A·m。

如果假定在软钢中产生的饱和磁场为 1.7Wb/m^2,那么为了得到大小一定的作用力,利用上式可以算出所需的电磁线圈的面区 A 值。

为了产生一定的饱和磁场,可用下式算出大概的安培—圈数 Ni：

$$Ni = \frac{Bl}{\mu_0}$$

式中：N——每极的线圈圈数；

i——电流,A；

l——空气间隙的长度,m。

如何选择 N 及 i 是存在矛盾的。理想的情况是使线圈匝数 N 少,电流 i 大,这样在小的时间常数下,可获得所需要的力。然而高电流需要较粗的电线及昂贵的元件,同时还要考虑绕线的方便。在上述天然气喷射器的电磁线圈中,选用了 24AWg 的电线。

该天然气喷射器电磁线圈的参数列于表 7-4 中。

电磁线圈参数　　　　　　　　　表 7-4

每极线圈数	55	凸缘厚度(mm)	3.2
电线规格(AWg)	24	电枢盘子直径(mm)	46
线圈凸缘高度(mm)	11.5	盘子厚度(mm)	2.4

3. 喷射器的控制

过去对气体燃料喷射器的控制方法是利用原有柴油机上的高压油泵的液压进行控制,如果将柴油机改装为用少量柴油引燃混合气的双燃料发动机或者在汽油机上使用气体燃料,则需加装一个液压油泵,燃气喷射量是根据从控制油泵输出控制油的时间长短加以控制的。这种办法不仅使供油系统及喷射器结构复杂,而且也难以适应现代电控的要求,因此现在着重研究的是电控喷射器。

在柴油机上还未能大量推广应用电控喷射器的主要原因是快速动作。将定量的油喷入缸内,针阀要能及时地打开和关闭,而不能有提早或滞后的现象。在气体燃料发动机上,设计将燃料直接喷入缸内的喷射器的难度更大,因为还需要满足在外形尺寸及质量方面的严格要求。

按常规设计电控喷射器,可能会出现如图 7-19 所示的延迟现象。这种针阀开启和关闭的延迟现象破坏了严格的供气规律要求。解决问题的办法之一是采用强力的大线圈。但是这样既难以满足外形尺寸小的要求,又会使针阀的质量、惯性及加速度增加,对工作不利。

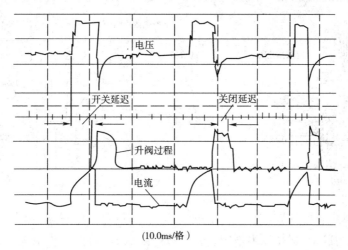

图 7-19　电控喷射器针阀开启及延迟现象图

另一种解决方案是设计尺寸小的强力线圈,以便安装在原来喷油器的位置上,采用特殊的开关电路,以及喷射器主要参数和材料的优化设计。在控制喷射器的电路中,采用高电压及短的通电时间,线圈的额定电压为12V。在大电流及小的工作负载循环下进行试验,结果表明线圈内部的隔热部件在36V 电压下短时间使用时未过热。

三、减压调节器

液化天然气及压缩天然气都需要先转变成接近大气压的气态后,才能应用于汽车发动机上。因此需要减压调节器(简称为减压器)让气体燃料从高压降到大气压左右,另外液态石油气需要外界热量才能变成气态;压缩天然气的温度在降压时也要下降,为了保持一定温度也要加热。为此可以单独设计一种热交换器来给气体燃料供热,然而为了减少零部件,布置紧凑,现代汽车都使用加热器与减压器设计成一个整体的结构,称之为蒸发减压器或减压加热器。

减压器可分为不同类型:

(1)按压力大小可分为高压和低压减压器。

(2)按减压级数分为一级、二级和三级,级数多则更容易使出口压力保持稳定不变,但结构复杂,尺寸较大,一般压力高的天然气采用三级减压器,而液化石油气采用两级减压器。

(3)按传力方式分膜片式和膜片杠杆式。

减压器应起下列作用:
(1)将燃气的压力由气瓶中的压力降到大气压力。
(2)根据发动机不同的工况向发动机供给必要数量的燃气。
(3)发动机停止工作时,关闭输出燃气的通路。

蒸发—减压器的典型结构如图 7-20 所示,为日本本田汽车公司集成两级减压器的结构,图 7-21 为其工作示意图。为了结构紧凑,体积小、质量轻,将两级减压器、电磁截止阀及燃气压力传感器组合为一体,这样还可以减少连接部分,提高可靠性。燃气压力传感器及燃气温度探测器是为了考虑压力及温度的变化对燃气质量的影响,以供精确控制燃气喷射量使用。

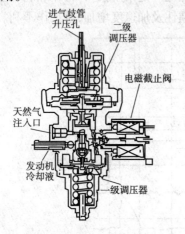
图 7-20 集成减压器的结构图

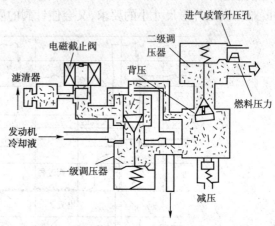
图 7-21 减压器工作示意图

为了抑制压力脉动,保持压力恒定,将经各减压器减压后的压力引至减压阀的背后,其结果可获得恒定的压力,如图 7-22 所示,并可使最后减压的压力变化控制在 22.0kPa 以内。为了防止因焦耳—汤姆逊效应而产生的温度过度下降,可利用发动机冷却液对一级减压器进行加热。该加热系统中设有热动开关,当燃气温度超过 70℃ 时,热水会停止流动。

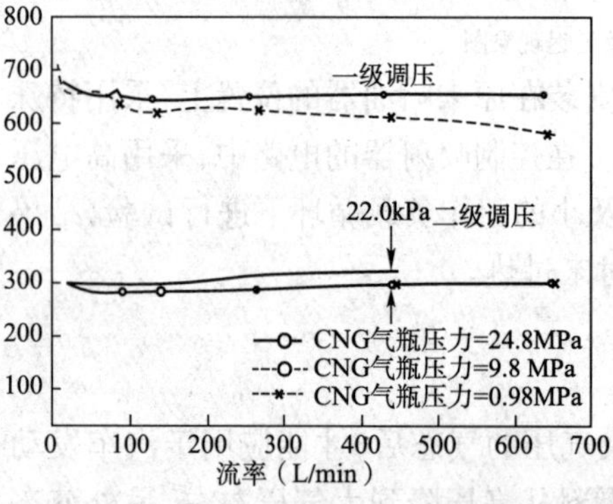

图 7-22 减压器的压力与流率的关系图

四、气瓶

1. 高压气瓶

汽车上必须将高压储存或液化的燃料,储存在特制的油箱中,气瓶常用充气压力高达 20~25MPa。深冷液化的气体燃料还必须储存在双层壁能隔热的油箱中。

气瓶设计、制造及使用必须考虑质量轻、强度高、安全密封性好以及适合车载的需要。气瓶过去一般使用钢或合金钢制造,为了减轻质量,现代气瓶大多采用铝制造,外部再缠绕纤维复合材料,或者全部用纤维复合材料制造,自身质量及容积比可达到 0.5kg/L,而一般钢制的气瓶为 1kg/L。

气瓶是离心浇铸的铝合金筒,壁厚为 1.27cm,外部用加强塑料纤维(FRP)缠绕,厚度为 2.22cm。每个气瓶安装有使用低熔点金属膜片的两个热释气阀,当气瓶接近火源,温度高达100℃时,气阀即打开进行减压。另外还安装有安全膜片式释气阀,在气瓶中当压力达到 38.6MPa 时即开始放气。在供气系统中有截止阀,可将每个气瓶与整个系统断开,并有电磁开关阀,供起动及停车时开始或停止供气。

2. 双层绝热气瓶

当天然气及石油气以液态储存时,因其温度较低需要存储于双层绝热气瓶中,图 7-23 所示为其结构示意图。该种气瓶要求隔热性能很好,因此需加工成具有真空夹层,其中真空度应小于 0.13MPa。为了能长期保持真空度,有的还采用化学吸气剂,并用发射性能良好的材料如铝薄膜覆盖在壁上。

为了保证气瓶的安全性能,气瓶在生产时要进行 100% 的静液压试验,进行破坏性试验的压力不小于常用压力的 2.5 倍。将气瓶浸在火中,以检查高温、高压释气阀的工作可靠性,此外还要进行气瓶的疲劳试验以及装在汽车上进行碰撞试验等。

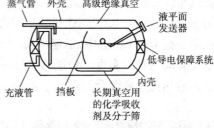

图 7-23 液化石油气用油箱图

第四节 发动机新型燃烧方式

为了摆脱车用内燃机所面临的"生存危机",内燃机工程界正努力开发新型超低排放节能型的车用内燃机。由于传统内燃机很难同时达到汽车法规的低排放、低能耗要求,近年来对传统内燃机的改良技术纷纷涌现,其中最具代表性的有两种技术:汽油机直喷技术(Gasoline Direct Injection,GDI)和柴油机均质压燃技术(Homogeneous Charge Compression Ignition,HCCI)。

一、柴油机均质压燃技术(HCCI)

近年来,随着电控技术的发展和柴油机自身的设计改进,机内机外净化措施已经极大地改善了柴油机的排放水平,但是柴油机不均匀油气混合气的压缩自燃方式很难从根本上显著减少碳氢燃油脱氢碳化而生成的炭烟微粒,而降低其 NO_x 排放的措施往往与降低微粒排放和燃油消耗相矛盾,在工程实践中不得不局限于寻求最佳折中值。在现有的燃烧方式和使用燃料的情况下,这种折中也是有一定限度的。针对这种情况,人们逐渐把焦点聚集在新型燃烧方式的研发上面,希望可以成功解决这个问题。

均质充量压燃(Homogeneous Charge Compression Ignition,HCCI)作为一种新型燃烧方式,近年来引起广泛的重视和研究。它以其均质、压燃、低温燃烧等特点,用预混合燃烧代替传统柴油机的扩散燃烧,能同时解决 NO_x 和微粒排放的问题,满足日益严格的排放法规。1989 年 Thring 用一台楔形燃烧室、压缩比 8:1、预混、汽油混合物温度 640K、EGR 为 13% ~ 33% 的 labeco Cooperative Lubricant Research(CFR)发动机测出了允许的运行参数,并提出了 HCCI 这一描述此种燃烧过程的名词。美国西南研究院(Southwest Research Institute,SWRI)最先在柴油机上开展"预混稀燃"研究。由于意识到 HCCI 在解决 NO_x 和微粒排放方面的巨大潜力,国内外都做了大量的相关研究,2001 年我国决定把"新一代内燃机燃烧理论及石油燃料替代途径的基础研究"列为国家重点基础研究计划(973)项目之一。

1. HCCI 原理简介

一般来说，HCCI 燃烧采用稀薄均匀混合气多点同时着火及分布燃烧的方式，燃烧持续时间短。由于它在多处同时开始燃烧，没有明显的火焰前锋，避免了局部高温区域。在 HCCI 燃烧中，燃料和空气的混合物在着火前已经在缸内充分混合，它的燃烧速率依赖于化学反应速率。

图 7-24 所示为传统柴油机喷雾扩散燃烧与 HCCI 燃烧的对比，从图中可以看出，HCCI 燃烧并没有传统扩散燃烧的明显火焰传播，其燃烧是多点同时进行，火焰颜色较暗。近年来，通过大量的 HCCI 燃烧机理研究，人们发现 HCCI 燃烧过程是被局部的化学反应速率所控制。在 HCCI 燃烧中，迅速形成多点自燃点火而不是传统的单点火焰扩散燃烧。因为化学反应动力学对温度十分敏感，汽缸内很小的温度差异也会对燃烧产生巨大影响，这使点火之前的热传递和混合很重要。而由于 HCCI 燃烧非常迅速，它们在 HCCI 燃烧期间影响却不大。

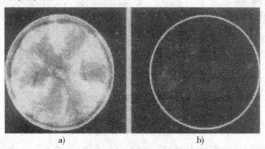

图 7-24 柴油机传统燃烧和 HCCI 燃烧的比较
a) 传统燃烧方式；b) HCCI 燃烧方式

在某种程度上，HCCI 综合了汽油机的火花塞点火和柴油机压缩点火的两大优势。既像火花塞点火发动机一样，油气混合的很好，使微粒排放减到最少；又像柴油机一样采用压燃方式，从而避免节流损失并提高机械效率。

如何在较大的速度和负荷范围内实现发动机的 HCCI 燃烧，是当前所面临的最大的障碍。虽然 HCCI 发动机在中低负荷下运行得很好，但在高负荷时会遇到一些困难，如燃烧过程变得异常迅速并引起强烈的噪声，对发动机产生潜在性损害，排放恶化等。比较理想的状况是发动机应该采用双模燃烧的 HCCI 系统。发动机冷起动时，采用传统燃烧模式；在怠速或中低负荷下运行时再转变到 HCCI 燃烧模式；在高负荷下工作时，发动机会再一次被转变到传统燃烧模式下工作。研究结果表明，HCCI 技术具有广阔的发展前景，可以被广泛应用于运输领域中，小到摩托车发动机，大到船舶推进发动机。HCCI 能够在有限范围内使速度和负荷达到最佳化而传统的燃烧模式则不能，因此 HCCI 可以很好地应用于无级变速汽车，这对将来汽车工业的发展方向具有指导意义。

2. HCCI 应用现状

虽然 HCCI 技术已被提出很多年，全世界范围都将其作为热点研究，但仍然有许多技术问题需要解决，离商业化还有一定的距离。下面对目前世界上几种主要的 HCCI 燃烧系统做一下介绍。

1) Nissan MK 燃烧系统

MK (Modulated Kinetics) 是 Nissan 公司提出来的，以低温、预混合燃烧为特征，可以同时降低柴油机 NO_x 和微粒排放的一种燃烧方式。其主要特点是：

(1) 通过 EGR 降低缸内氧气浓度和混合气温度，实现低温燃烧。

(2) 通过推迟燃油喷射时刻延长滞燃期，使燃料和空气有足够的时间充分混合。

(3) 燃烧室采用了无挤流口的 W 形状，改善了燃料的空间分布，使燃料和空气快速混合形成均质混合气。

(4)采用大的涡流比抑制了 HC 和可溶性有机物成分(SOF)排放的增加。

与稀薄预混合不同,HCCI 的目标是直至开始着火前,尽可能使燃料分布在氧分子周围。因此,这种预混合燃烧要依靠燃烧室的形状和涡流比来控制气体的流动,以此来促进燃料的分散,而且要在滞燃期中结束喷油。在实现 MK 燃烧时,因为大幅度延迟喷油定时,所以燃烧开始时间比通常要晚,燃烧率上升极低,故汽缸内压力升高率低,燃烧噪声低。另一方面,初期燃烧虽然缓慢,但其后期燃烧变得剧烈起来,在燃烧持续期内和通常的直喷柴油机燃烧大致相同。而且,MK 燃烧的燃烧率曲线形状与通常的直喷式柴油机不同。通常直喷式柴油机的燃烧由初期的预混合燃烧和扩散燃烧两部分组成,而 MK 燃烧全部是预混合燃烧。

2)本田 AR 摩托车发动机

本田 Active Radical(AR)发动机是二冲程单缸摩托车用商业发动机,工作在双模式下。它在冷起动、怠速和高负荷下作为一个火花塞点火的发动机操作;在低负荷时转变为 HCCI 燃烧模式。AR 的压缩比比较低(6.1:1),HCCI 是通过排气控制阀调节缸内的残余废气来实现的。残余废气量大,则压缩开始时汽缸内的压力就高,同时温度也升高,着火定时就要提前,从而导致过早着火。反之,如果残余废气量少,汽缸内的压力就低,温度也不会上升,从而导致不正常燃烧。所以残余废气量是决定自燃定时的关键。当负荷增加,缸内残余废气量降低,直到最后不能维持发动机在 HCCI 模态下的操作,此时发动机切换到传统的火花塞点火工作模式。

AR 在实用区的油耗等于或低于相同排量相同缸数的四冲程发动机的油耗。HC 的排放量降低约 50%,并且提高了摩托车的驾驶性能等。当以时速 60km/h 行驶时,燃油比原二冲程发动机约节省 29%,比原四冲程发动机约节省 28%。

3)UNIBUS 燃烧系统

UNIBUS 是丰田公司开发的燃烧系统,该系统的主要思想是燃料和空气在燃烧室中充分混合,在着火前,混合气部分被氧化,发生冷焰反应,而不是发生热裂解,形成支链状中间产物。随后的主燃烧过程能被合理地控制,这样可以同时减少 NO_x 和炭烟排放。

UNIBUS 燃烧系统采取了如下的技术措施:

(1)增大喷油提前角,以改善燃油的空间分布。

(2)采用蓄压式喷油器,喷油压力维持在可以雾化的最低值,燃油经由大直径的喷嘴喷入压力很低的缸内空间。

(3)使用中空锥形喷雾以缩短喷雾贯穿距离,由于射流的贯穿度小,完全避免了燃油撞击到缸壁上。为降低射流速度,喷嘴的末端有一射流导向凸缘,喷嘴结构如图 7-25 所示。燃油得到了一定的雾化,并在最短的持续期内喷入汽缸,以便快速形成混合气,防止压缩过程中燃油分解。

(4)为控制着火时刻和燃烧速度,使主燃时刻发生在 TDC 附近,使用了大 EGR 率的废气再循环技术。

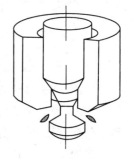

图 7-25 喷嘴结构

4)PREDIC 和 MULDIC 燃烧系统

PREDIC 燃烧系统是日本 NEW ACE 研究所提出的。它采用早的燃油喷射定时,具有很低的 NO_x 排放;但由于过早的燃油喷射,使许多的燃油撞击到缸壁上,导致 HC 排放和燃油消耗率上升,同时很难对压燃着火时刻进行控制。PREDIC 燃烧系统采用了两个呈对角布置喷油器的射流碰撞系统(图 7-26a),两个喷油器的射流在汽缸中央相互碰撞,形成可燃混合物,通过控制每个喷油器的喷射定时来控制可燃混合气形成的空间位置。

由于 PREDIC 燃烧受到运行工况的限制,具有局限性,所以在 PREDIC 燃烧技术的基础上,又提出了 MULDIC 燃烧系统。它加装了一个中央喷油器(图 7-26b),燃料分两阶段喷入汽缸。第一阶段喷油是由位于汽缸两侧的两个喷油器在 150°BTDC 时将燃料喷入燃烧室的中央区域,形成均质预混合气,进行预混合燃烧;第二阶段是在压缩过程后期的预混合燃烧过程中,由中央喷油器将燃料喷入,进行扩散燃烧。第一阶段喷射压力是 120MPa,第二阶段喷射压力是 250MPa。为了降低 HC 和 CO 排放,MULDIC 燃烧系统改进了喷嘴,缩短了喷油束最大贯穿距离以避免油束撞壁现象;在第一道活塞环上增加一道顶环以减少环岸狭缝容积。此外 MULDCI 燃烧系统还采用了废气再循环(EGR)技术,以控制燃烧速度。

5) PCI 燃烧系统

PCI 燃烧系统由日本三菱发动机公司 Yoshinori Iwabuchi 等提出,可以实现高效、低排放的稀薄燃烧。它的主要技术特点是使用了射流碰撞式喷嘴(图 7-27),这种喷嘴能降低燃油喷射的贯穿度,防止油束附在汽缸壁和燃烧室壁上,改善了燃油的空间分布,提高了喷油速率,使 NO_x 和炭烟排放明显降低。PCI 燃烧系统采用了降低柴油机压缩比的措施,再加上着火时刻发生在 BTDC,因而使柴油机燃油经济性有轻微的恶化;同时由于汽缸壁面、燃烧室壁面冷激效应和缝隙的狭隙效应,使 HC 排放有所增加。为此系统使用后期催化氧化处理的措施,来减少 HC 排放。为使 PCI 燃烧区域扩大到全负荷的工况,还使用了进气增压和 EGR 技术。PCI 燃烧是一种稀混合气燃烧,在整个燃烧室中都不伴随有辉焰产生,可以实现很低的 NO_x 和炭烟排放。

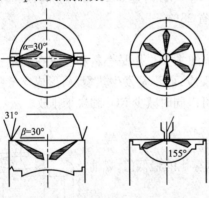

图 7-26 PREDIC 和 MULDIC 的油束位置

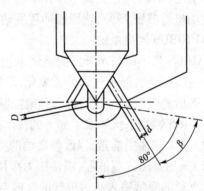

图 7-27 PCI 燃烧系统

3. HCCI 面临的技术挑战

HCCI 燃烧是通过控制温度、压力和油气混合程度来实现的,现代电子技术的发展为实现这些控制提供了保证,使 HCCI 发动机商业化成为可能。即便如此,要将 HCCI 广泛用于大型交通工具上,仍需克服一些技术上的障碍,这也是当前 HCCI 技术所面临的最大挑战,它主要表现在以下四方面。

1) 控制速度和负荷在大范围内变化的点火时间

减小 HCCI 发动机受速度和负荷工作范围的约束,是 HCCI 发动机所面临的最大的障碍。HCCI 点火是由混合气浓度和温度所决定的。改变 HCCI 发动机的输出功率需要改变混合气中的油气比,同时温度要被调整到可以维持适当燃烧的范围。由于改变发动机转速就等于改变与活塞运动相关的自燃化学反应的时间,因此,混合气的温度要随之得到补偿性调整,要在瞬态情况下解决这些控制问题是十分困难的。

为此,采用了一些新的控制方法来降低由于速度和负荷的改变所带来的影响。如控制废气再循(EGR)、可变压缩比(VCR)、可变气门正时(VVT)等。VCR通过使压缩比随负荷变化最终达到改变上止点附近混合气温度的目的;VVT技术可改变有效压缩比及汽缸残余废气温度。VCR和VVT技术由于可以及时准确地处理瞬态情况,其应用前景引起了人们很大的关注。但是,由于它们在应用的费用、可靠性等问题上仍然未被完全证明,因而还需要进行广泛的研究。

2) 扩大高负荷工作范围

虽然HCCI在中低负荷下运行良好,但在高负荷情况下,燃烧非常迅速和强烈,引起较大的燃烧噪声,同时排放急剧恶化。初步研究表明,若要实现高负荷下正常工作,必须采用燃料的分层吸入以延长热量释放过程。目前,通过采用一些技术可以实现分层效应,例如改变汽缸内燃料喷射形式、向缸内喷射水、改变缸内混合气形成过程来获得非均匀的燃料等。因为高负荷下实现HCCI比较困难,所以在高负荷下通常要转换到传统的SI或CI燃烧模式。双模式燃烧虽然发挥了HCCI的优势,但由于引入了"转换功能",使发动机更加复杂了。

3) 提高冷起动能力

在冷起动时,一方面缸内温度较低,另一方面由于汽缸壁的快速传热作用,使缸内压缩终了时混合气温度较低。如果没有进气预热设备,较低的压缩气体温度会使HCCI发动机起动困难。因此,人们为解决HCCI模式在冷起动下着火困难的问题,采用了各种技术措施。例如使用预热塞;采用不同的燃料或燃料添加剂;使用VCR或VVT来增加压缩比等。最实用的方式是在开始的几个循环中用火花塞点火,进行暖机,而后转变为HCCI工作模式。对于有VVT的发动机,它同样可以在开始的几个循环中用火花塞点火,并把这个阶段作为暖机阶段。

4) 控制碳氢化合物和一氧化碳排放

HCCI燃烧模式的发动机其NO_x和微粒的排放较低,但其碳氢化合物(HC)和一氧化碳(CO)的排放相对较高。通过采用燃料缸内直喷方式,使进入汽缸内的燃料部分层化,可以减少中低负荷下HC和CO的排放。虽然控制HC和CO排放的催化转换技术已被广泛应用于汽车之上,且已成为汽车的标准配置,但HCCI发动机较低的排气温度使催化剂起燃困难。为此需要开发出能在低温排气情况下起燃的氧化催化剂。HC和CO排放控制装置比较简单可靠,而且比NO_x和微粒排放控制装置更少的依赖稀有金属,因此,处理HC和CO比处理NO_x和微粒容易。

二、充量分层和缸内直喷燃烧系统

1. 分层燃烧

一般来说汽油机采用的工质是较浓、空燃比变化在非常狭窄的范围内($A/F = 12.6 \sim 17$)的均质混合气。这样的燃烧系统具有以下缺点:

(1) 汽油机功率变化时,混合气浓度必须在着火界限内,使空燃比不可能变化很大,这就决定了汽油机功率不可能用变质调节,而只能用进气管节流的变量调节。由于节流引起较大的泵吸损失,造成低负荷的经济性较差。

(2) 较浓的混合气要比较稀的混合气容易引起爆震。

(3)汽油机始终以着火界限内的混合比工作,使热效率低,如果能以稀混合气工作,可提高循环的热效率。与化学计量比14.8比较,如采用空燃比20和27工作,发动机的热效率将相应提高8%和12%。

(4)排气污染严重。汽油机排气中的有害成分(CO、HC、NO_x)的数量与混合气的浓度有密切关系。一般汽油机所使用的混合比范围正是排放高的范围。如果汽油机能以稀的混合气工作,特别是空燃比超过23时能正常工作,就可以达到很低的排放水平。

燃用已进入一般汽油机失火范围的过稀混合气的主要困难是难以形成火核。采用大能量点火,可以点燃较稀的混合气,但当混合气过稀时,大能量的电火花虽可点火,出现火核,但在微小体积内的燃料量太小,产生热量过少,不足以聚集来形成火焰而传播,从而导致失火。但是只要一旦形成火焰,在火焰传播过程中,即使是相当稀的混合气,还是能够正常燃烧。

为合理组织燃烧室内的混合气分布,即在火花间隙周围局部形成具有良好着火条件的较浓混合气,空燃比为12~13.4,而在燃烧室的大部分区域是较稀的混合气。两者之间,为了有利于火焰传播,混合气浓度从火花塞开始由浓到稀逐步过渡,这就是所谓的分层燃烧系统。

实现汽油机分层燃烧可分成两大类,即进气道喷射的分层燃烧方式和缸内直喷分层燃烧方式。

(1)进气道喷射的分层燃烧方式。

①轴向分层燃烧系统。此燃烧系统利用强烈的近气涡流和进气过程后期进气道喷射,使利于火化点火的较浓混合气留在汽缸上部靠近火花塞处,汽缸下部为稀混合气,形成轴向分层(图7-28),它可以使在空燃比22下工作,燃油消耗率可比均燃降低12%。

②横向分层燃烧系统。横向分层稀燃系统是利用滚流来实现的,图7-29所示为四气门横向分层燃烧系统示意图。在一个进气道喷射的汽油生产浓混合气,在滚流的引导下经过设置在汽缸中央的火花塞,在其两侧为纯空气,活塞顶做出有助于生成滚流的曲面。此燃油系统经济性比常规汽油机提高6%~8%,NO_x含量(体积分数)下降80%。

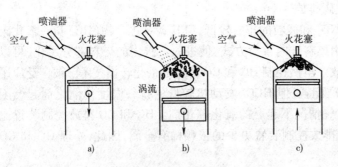

图7-28 轴向分层燃烧系统

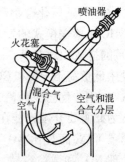

图7-29 横向分层燃烧系统

(2)缸内直喷分层燃烧方式。缸内直喷(GDI)燃烧系统可实现均质混合气燃烧、分层混合气燃烧以及均质混合气压燃燃烧(HCCI)。以下主要介绍缸内直喷分层混合气燃烧系统。

缸内直喷分层混合气燃烧主要依靠由火花塞处向外扩展的由浓到稀的混合气,目前实现方法有三种,即借助于燃烧室形状的壁面引导方式、依靠气流运动的气流引导方式和依靠燃油喷雾的喷雾控制方式。前两种方式都有可能形成壁面油膜,是造成碳氢排放高的主要原因;后一种方式则与喷雾特性、喷射时刻关系密切,但控制起来比前两种要难。

GDI发动机部分负荷时在压缩行程后期喷油,形成分层混合气,空燃比A/F为25~40

或更大;高负荷时在进气行程早期喷油,形成均质混合气,A/F 为 20~25 或理论空燃比,或最大功率空燃比。

CDI 发动机具有以下优点:

(1)燃油经济性提高,部分负荷经济性改善可达 30%~50%,一般为 20%,并相应降低 CO_2 排放。

(2)由于燃油直接喷射到缸内,发动机瞬态响应改善。

(3)起动时间短。

(4)冷起动 HC 排放改善。

GDI 发动机燃油经济性的改善主要原因是:

(1)混合气采用变质调节,无节气门装置,泵气损失降低。

(2)部分负荷使用稀混合气,混合气等熵指数 K 增加。

(3)燃油缸内早期喷射,燃油蒸发吸热使进气温度下降,充量系数提高。

(4)燃油蒸发使末端混合气浓度降低,许用压缩比提高。

(5)分层混合气燃烧,外围空气起到隔热层作用,壁面传热损失降低。

然而,GDI 发动机存在以下问题和困难,需要进一步改进:

(1)难以在所要求的运转范围内使燃烧室内混合气实现理想的分层。分层燃烧对燃油蒸气在缸内的分布要求很高,通常喷油时刻、点火时刻、空气运动、喷雾特性和燃烧室形状配合必须控制得十分严格,否则很容易发生燃烧不稳定和失火。

(2)喷油器内置汽缸内,喷孔自洁能力差,容易结垢,影响喷雾特性和喷油量。

(3)低负荷时 HC 排放高,高负荷时 NO_x 排放高,有炭烟生成。

(4)部分负荷时混合气稀于理论空燃比,三元催化转化器转化效率下降,需采用选择性催化转化 NO_x。

(5)汽缸和燃油系统磨损增加。

2. 典型缸内直喷燃烧系统简介

1)缸内直喷轴向分层燃烧系统

在这种燃烧系统中,由进气形成较强的进气涡流,燃油是在进气行程的后期通过喷油器直接喷入汽缸,从而在汽缸上部形成易于点燃的浓混合气,由上至下形成由浓到稀的分层混合气。研究表明这种分层状态可一直维持到压缩行程的末期。

2)三菱缸内直喷分层充量燃烧系统

三菱缸内直喷分层充量燃烧系统(图 7-30)是采用纵向直进气道在缸内形成强烈的滚流,其滚流旋转方向为顺时针,与通常的缸内滚流方向正好相反,故称之为反向滚流。燃烧室为半球屋顶形,借助于滚流运动在火花塞周围形成浓混合气,火花塞至燃烧室空间形成由浓至稀的混合气分层现象。采用电磁式旋流喷

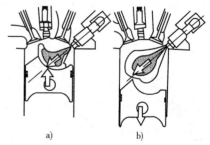

图 7-30 三菱缸内直喷分层充量燃烧系统
a)晚喷;b)早喷

油器,喷雾呈中空的伞状,喷雾锥角大(70°~80°)以保证充分的空间分布和油束扩散,贯穿距离短以减少燃油碰撞活塞顶面,喷射压力 5MPa 保证良好的燃油雾化。此燃烧系统在部分负荷时采用分层混合气燃烧以提高燃油经济性,全负荷时采用均质混合气以保证功率输出。

在部分负荷时,燃油在进气行程后期喷向半球形的活塞凹坑。喷到凹坑的燃油向火花

塞方向运动,在缸内滚流的帮助下,在火花塞附近形成浓混合气。燃烧室内整体为较稀的分层混合气,稳定运转时的空燃比可达40,燃油消耗率大幅度降低。

在高负荷时,燃油在进气行程的早期喷入汽缸,形成化学计量比或稍浓的均质混合气。油束不接触活塞顶面,燃油的蒸发将使缸内充量温度下降,充量系数提高,所需辛烷值下降,压缩比可达12∶1;同时采用EGR降低NO_x排放。

3)丰田缸内直喷分层充量燃烧系统

图7-31 丰田汽油直喷燃烧系统

丰田汽车公司开发的D-4缸内直喷汽油机(图7-31)通过涡流、燃油喷雾和活塞顶面燃烧室凹坑的共同作用形成分层混合气。

早期的喷油器也采用旋流式喷油器,后来采用斜巢喷孔式的喷油器,这种喷油器利用其特有的喷雾特性,巧妙地控制了混合气的形成。在进气侧安装的喷油器面向活塞顶面凹坑喷射出贯穿力强、形状扁平的高压喷雾,利用喷雾自身具备的强的动量完成燃料的输运。喷雾呈扇形,与空气接触面积大,能充分保证均质混合气燃烧时燃料与空气的混合。

1. LPG、CNG燃料燃烧时各有什么特点?
2. 液态LPG与柴油混合在柴油机上进行缸内直喷燃烧时有何特点?
3. HCCI的含义是什么?有何特点?
4. 分层燃烧系统的定义是什么?有何特点?

第八章 车用发动机废气涡轮增压

第一节 概 述

一、发动机增压技术简介

发动机所能发出的最大功率主要是由汽缸内燃料有效燃烧所放出的热量决定的,而这受到每循环吸入汽缸内实际空气量的限制。如果空气在进入汽缸前得到压缩,发动机的进气密度会增大,则在相同汽缸工作容积的条件下,可以有更多的新鲜空气进入汽缸,增加循环供油量,就能获得更大的发动机输出功率。所谓增压就是利用增压器将空气或可燃混合气进行压缩,再送入汽缸的过程。

增压技术可以提高发动机的动力性能和经济性能。目前,绝大部分的大功率柴油机、半数以上的车用柴油机以及相当比例的高性能汽油机均采用了增压技术。一般而言,增压后的功率可比原机提高40%~60%,甚至更多,发动机的平均有效压力最高可达3MPa。例如,一台6缸的柴油机采用增压技术以后,有效功率比原机提高了58%,燃油消耗率下降了4.3%。相比较而言,燃油消耗率降低的幅度比有效功率提高的幅度要小。

发动机增压主要具有以下优点:

(1)增压后增大了进气密度,提高了升功率,降低了单位功率成本,提高了材料的利用率;功率相同时,发动机的空间尺寸减小,质量减轻。

(2)排气能量得到回收利用,热效率显著提高。由于平均有效压力提高,机械损失相对值小;且在相同结构的前提下,增压发动机在达到额定输出功率时,摩擦损失相对更小。因而,效率提高,经济性改善。

(3)发动机和排气噪声降低。柴油机增压后,缸内压力和温度都提高,滞燃期缩短,因此压力升高率和燃烧噪声降低。排放废气冲击增压器的涡轮机产生能量损耗,使排气噪声显著降低。

(4)使有害排放物降低。增压后,缸内压力升高率降低使 NO_x 排放量降低,废气在涡轮机内的后燃使 HC、CO 值降低;对于增压柴油机,由于空气更加过量,使 HC、CO 和烟度有所下降。

(5)对补偿高原功率损失十分有利。发动机随海拔升高而导致的功率下降(海拔每上升 1000m,功率约下降10%)可通过增压来弥补。

但是车用发动机增压仍然存在着一些缺点和需要解决的问题,主要表现为:

(1)增压后汽缸压力和温度明显提高,机械负荷和热负荷加大,影响发动机工作可靠性和耐久性,所以必须限制缸内最大爆发压力。

(2) 废气涡轮增压发动机在低速时,由于排气能量不足,造成增压效果差。须通过增压器的合理设计与匹配,将发动机转矩特性改进为低速高转矩,以适应车用发动机的要求。

(3) 废气涡轮增压从排气能量的变化到进气压力的建立需要一定的时间,所以加速响应特性不如自然吸气式。

二、基本概念

1. 增压度 ϕ

增压度是指发动机在增压后增加的功率与增压前的功率之比。增压度反映了发动机增压后功率提高的程度。其计算公式为:

$$\phi = \frac{P_{e-k} - P_{e-0}}{P_{e-0}}$$

式中:P_{e-k}——增压后的功率;

P_{e-0}——增压前的功率。

四冲程柴油机可高达 $\phi = 3.0$;车用柴油机 $\phi = 0.1 \sim 0.6$。

2. 增压比

增压比 π_k 是指增压后气体压力与增压前气体压力之比,增压比反映了气体在压气机中的压缩程度。即:

$$\pi_k = \frac{p_k}{p_0}$$

式中:p_k——压气机后的空气压力;

p_0——压气机前的空气压力。

三、发动机的增压方式及特点

增压分类的方法有两种:一种是按增压比分类,将 $\pi_k < 1.6$ 的称为低增压;$\pi_k = 1.6 \sim 2.5$ 的称为中增压;$\pi_k > 2.5$ 的称为高增压。另一种是根据压气机能量的来源分类,可以分为机械增压、废气涡轮增压、气波增压和复合增压(图 8-1)。

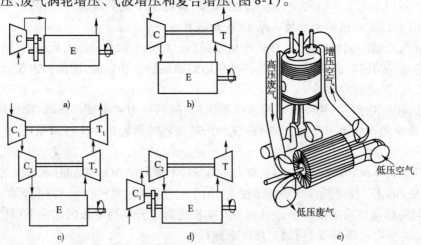

图 8-1 发动机增压的几种基本形式

a) 机械增压;b) 一级涡轮增压;c) 二级涡轮增压;d) 复合增压;e) 气波增压

E-发动机;C-压气机;T-涡轮机

1. 机械增压

发动机曲轴直接驱动增压器实现对进气充量的压缩(图8-1a)。车用发动机增压器一般是挤压式的压气机,有螺杆式、离心式、滑片式、涡旋式、转子活塞式等结构,其工作原理都是通过工作容积的减少对空气进行压缩。

机械增压的优点是响应速度快、低速增压效果好、增压器与发动机匹配容易、结构比较紧凑。主要缺点是要消耗发动机的部分功率,维护成本也高。近年来,机械增压重新得到了重视和发展,主要用于实现小排量发动机的增压,其压气机出口压力一般不超过170kPa。

2. 废气涡轮增压

压气机与涡轮机同轴相连,构成涡轮增压器,涡轮在发动机排气能量的推动下旋转,带动压气机工作,实现进气增压(图8-1b)。发动机废气涡轮增压系统包含压气机、涡轮机、中冷器等部件。按排气能量利用方式又可分为定压和脉冲涡轮增压两种。废气涡轮增压的特点是回收了原具有一定热能、压力能以及噪声的废气能量,缺点是在发动机起动和低速时响应性差、能量回收率低。废气涡轮增压目前已经在车用发动机上获得了较广泛的应用。

为了更好地利用废气能量,出现了二级涡轮增压方式,其主要是利用两个废气涡轮增压器来提高增压效果,一般用于大排气柴油车上。根据两个增压器的连接方式不同,二级增压又分为二级直列增压(图8-1c)和二级并列增压两种系统。二级直列增压系统一般由一个小型增压器和一个大型增压器组成,并根据发动机的转速通过切换电磁阀的控制分别使用:低速时小型增压器工作,以改善低速转矩特性;中高速时大型增压器工作。二级并列增压系统主要用在多缸发动机中,如六缸发动机1、2、3缸和4、5、6缸分别采用一个相同的增压器。与六缸采用一个增压器相比,二级并列增压通过废气涡轮机的排气量减少了一半,因此可以使用小型增压器,达到兼顾低速转矩特性和中高速在高效率区的良好匹配,并可避免各缸排气干扰现象。

近年来还发展了一种电动机驱动耦合涡轮增压方式,当发动机低速排气能量不足时,电动机带动增压器工作;当排气能量超过涡轮增压器正常工作范围时,涡轮机带动电动机发电,避免了增压器超速或增压压力过高。

3. 气波增压

利用排气系统中的压力波动效应来压缩进气以提高进气压力的一种增压方式(图8-1e)。气波增压器(Comprex)内设特殊形状的转子,由发动机曲轴直接驱动。在转子中发动机排出的废气直接与空气接触,利用排气气波使空气受到压缩,以提高进气压力。气波增压器结构简单,加工方便,工作温度不高,不需要耐热材料,也无须冷却。与废气涡轮增压相比,其低速转矩性能好,但体积大,噪声水平高,安装位置受到一定的限制,所以车用发动机上不常用。

可变长度进气管可以直接利用进气压力波和气流惯性来增加缸内进气量,某种意义上也是一种气波增压。

4. 复合增压

复合增压是指不同增压方式的组合,如机械增压和废气涡轮增压的组合(图8-1d);或涡轮机与废气涡轮增压的组合(图8-2)。

机械增压和废气涡轮增压的组合又称为机械辅助增压废气涡轮增压系统。废气涡轮增压可以使发动机具有高的比功率,机械增压可以在低转速区使用,机械辅助增压废气涡轮增压系统可以使两者的优点都充分发挥。机械增压器由曲轴通过带传动装置驱动。在低转速区,当涡轮增压器需要得到支持时机械增压器参与工作。在高转速区,涡轮增压器能单独提供足够的增压压力,机械增压器就会脱离曲轴带传动装置不转。

根据涡轮回收废气量的方式不同,废气涡轮复合增压系统又可分为串联前复合增压、串联后复合增压及并联复合增压等三种方式(图8-2)。串联前复合增压是在废气涡轮增压器前串联一个涡轮机,发动机排出的废气先流过前置涡轮机回收部分能量后,在排入到涡轮增压器中进行增压,可充分利用废气的能量,并避免增压器转速过高。串联后复合增压是在增压器后在串联一个废气涡轮机,其主要的目的是进一步回收利用经增压器排出后的废气能量,以提高整机的效率。并联复合增压是将发动机排出的废气分为两路,同时排入一个废气涡轮机和涡轮增压器中;对排量较大的发动机通过这种复合系统来提高废气能量的再回收利用,以提高整机的热效率,同时减轻废气涡轮增压器的负担。

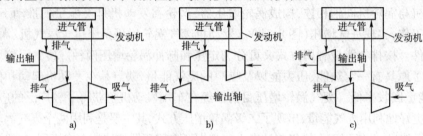

图 8-2 废气涡轮复合增压系统
a) 串联前;b) 串联后;c) 并联

第二节 废气涡轮增压器的工作原理与特性

废气涡轮增压器根据废气在涡轮机中不同的流通方向,可分为径流式涡轮与轴流式涡轮两类。大中型柴油机多采用轴流式涡轮增压器,而车用发动机则采用径流式涡轮增压器,以适应高转速及较快响应的要求。

图 8-3 为径流式涡轮增压器的结构图。它主要由同轴的离心式压气机和径流式涡轮机,以及支撑装置、密封装置、冷却系统、润滑系统等组成。

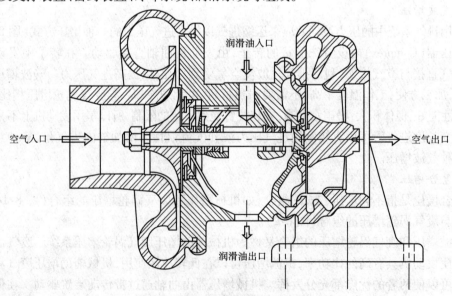

图 8-3 径流式涡轮增压器结构图

目前,各国绝大多数径流式涡轮增压器均具有大同小异的结构,即两叶轮悬臂布置;总布置呈哑铃形,轴承体为油冷,采用径向进油、双列全浮动轴承和活塞式密封装置;压气机端采用后弯叶轮和无叶扩压器,蜗牛形压气机壳;涡轮端采用星形盘式涡轮和双梨形,360°全进气无叶涡轮。为适应增压器与车用发动机匹配,在增压器上常设置放气阀。

部分小型径流式废气涡轮增压器的主要参数见表8-1。

部分小型径流式废气涡轮增压器　　　　　　　　表8-1

型号	制造厂	流量范围 (在 $\pi_k=2$ 时) (kg/s)	最高压比	压气机 叶轮直径 (mm)	最高转速 (r/min)	质量 (kg)	配机功率 范围 (kW)
J60	(中)凤城、黎明	0.03~0.16	2.0	60	140000	6.5	60~80
J65	(中)黎明、无锡	0.005~0.25	2.9	65	130000	8.0	45~125
J70	(中)凤城、黎明	0.1~0.3	3.0	70	130000	9.0	59~147
K0	(德)K.K.K	0.015~0.13	2.7	45		3.0	10~80
K1	(德)K.K.K	0.02~0.18	2.7	40~55	220000		15~110
K2	(德)K.K.K	0.06~0.29	3.4	60~87	160000	5.2~1.09	40~220
H1A	(英)Holset	0.048~0.23	2.9	60~65	125000	5.8	75
H1B	(英)Holset	0.108~0.25	2.9	65	125000	10.0	130
H1C	(英)Holset	0.074~0.21	3.2	65~72	140000		60~130
T04B	(美)Garrett	0.115~0.396	3.0	70	130000	7.3	40~180
TD02	(日)三菱重工	0.01~0.05	2.2	34	260000	2.0	6~30
TD05	(日)三菱重工	0.05~0.22	2.9	58	170000	5.0	30~130
TD06	(日)三菱重工	0.08~0.28	3.0	68	145000	6.5	50~170
RHB3	(日)石川岛播磨	0.014~0.09	2.9	35~38	250000	1.9~2.1	8~36

一、离心式压气机的工作原理

1. 增压器的工作过程

如图8-4所示,离心式压气机主要由进气管1、工作轮2、扩压器3和出气蜗壳4等组成。

在图8-5中,发动机排气经过涡轮机后,废气的热能、压力能和动能转换成为涡轮机轴的机械能;涡轮机与压气机同轴,从而涡轮机的机械能传递给压气机;在压气机中,压气机的机械能转化为气体的压力能,从而提高新鲜气体的压力。

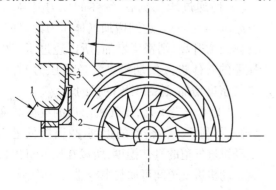

图8-4 离心式压气机简图
1-进气管;2-工作轮;3-扩压器;4-出气蜗壳

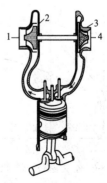

图8-5 废气涡轮增压器工作示意图
1-排气口;2-涡轮;3-压气机;4-进气口

通过压气机后,气体的温度 T、压力 p 和速度 c 均有所提高,为降低气体温度,进一步提高气体的密度,可加装中冷器。

2. 空气在压气机中的流动

1) 空气在进气管中的流动

进气管前端的大气参数为温度 T_0、压力 p_0、速度 c_0;进气管后端的大气参数为温度 T_1、压力 p_1、速度 c_1。空气沿收敛的轴向进气管流入,速度升高。

根据伯努利定理:

$$p + \frac{c^2}{2} = 常数$$

所以进气管内空气压力降低,并且根据状态方程:

$$pV = RT$$

式中:V——气体体积;
$\quad\quad R$——气体常数。

所以进气管内空气温度略有降低。

因此,$c_1 > c_0, p_1 < p_0, T_1 < T_0$

2) 空气在工作轮中的流动

工作轮出口端气体参数为温度 T_2、压力 p_2、速度 c_2。工作轮高速旋转,空气进入工作轮叶片流道后,受离心力压缩甩向工作轮外缘。空气在工作轮上获得能量,将工作轮的机械能转换为气体的动能、压力能和势能。

因此,$c_2 \gg c_1, p_2 > p_1, T_2 > T_1$

3) 空气在扩压器中的流动

扩压器出口端气体参数为温度 T_3、压力 p_3、速度 c_3。扩压器流通截面逐渐增大,导致气体流速迅速降低,压力急剧升高,温度相应升高,气流的大部分动能转变为压力能。

因此,$c_3 \ll c_2, p_3 \gg p_2, T_3 > T_2$

4) 空气在出气蜗壳中的流动

出气蜗壳出口端气体参数为温度 T_4、压力 p_4、速度 c_4。蜗壳流通截面增大,导致气体流速进一步降低,压力和温度升高。

因此,$c_4 < c_3, p_4 > p_3, T_4 > T_3$

如图 8-6 所示,有以下结论:

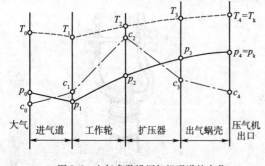

图 8-6 空气参数沿压气机通道的变化

(1) 通过压气机后,气体的压力升高,$p_4 > p_0$,$p_K = p_4 > p_0$,达到增加气体压力的目的。气体压力升高,则密度增加,所以经过压气机压缩的气体进入发动机进气道后压力升高,进气密度增加,达到增压的目的。

(2) $T_K = T_4 > T_0$,压气机出口的气体温度升高,不利于气体密度的提高,故需降低进入发动机进气道的气体温度,所以在压气机出口到发动机进气道间可加装中冷器,冷却气体。

3. 扩压器的工作原理

扩压器通常由无叶扩压器与叶片扩压器组成(图 8-7)。

无叶扩压器实际是工作轮与蜗壳两侧壁形成的环形空间,高速气流在此环形空间中沿对数螺线运动,气流速度与圆周切线之间的夹角 α_2 总是保持不变,它的流动轨迹较长,扩压比较缓慢。为此,在无叶扩压器外侧设置叶片扩压器,这时空气的流动轨迹是由叶片所限定的。叶片的存在迫使空气不能沿对数螺线直线运动,而使其沿着比 α_2 角向增大的方向偏移,因而在相同的直径下,可以获得较大的扩压比,减小了气流运动轨迹的长度和摩擦损失,提高了扩压器效率。

4. 压气机的热效率

压气机的绝热效率是评价压气机性能的基本指标。

图 8-8 为压气机的压缩过程。途中的 0 点 (p_0, T_0) 表示压气机进口处的空气状态;点 4' $(p_4' = p_k, T_4')$ 表示空气按绝热过程压缩后压气机出口处的状态;点 4 表示 $(p_4 = p_k, T_4)$ 空气按多变过程压缩后压气机出口处的状态。

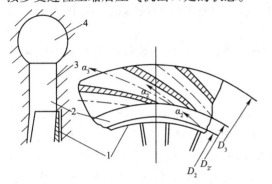

图 8-7 扩压器原理图
1-工作轮;2-无叶扩压器;3-叶片扩压器;4-蜗壳

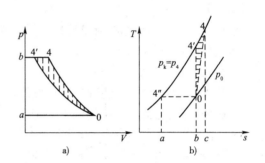

图 8-8 空气压缩过程
a) $p-V$ 图; b) $T-s$ 图

1) 压缩功

按理想情况,将 1kg 空气从压力 p_0 压缩到压力 $p_4(p_k)$ 耗功最小的为可逆绝热过程,所需的绝热压缩功(J/kg)为:

$$h_{ad-k} = \frac{K}{K-1} R T_0 \left[\left(\frac{p_k}{p_0} \right)^{\frac{K-1}{K}} - 1 \right] = C_p (T_4' - T_0)$$

式中:K——绝热指数;

C_p——等压热容,$J/(K \cdot kg)$。

绝热压缩功在 $p-V$ 图上相当于面积 $a04'ba$,在 $T-s$ 图上相当于 1kg 气体在等压下从温度 T_4'' 加热到 T_4' 所需的热量,相当于面积 $a4''4'ba$。

实际压缩是个多变过程,伴随有摩擦及流动损失,所以将 1kg 空气从 p_0 压缩到 p_k 消耗的实际压缩功(J/kg)为:

$$h_k = C_p (T_4 - T_0)$$

实际压缩功在 $T-s$ 图上相当于面积 $a4''4ca$,也可以理解为 1kg 空气在等压下从温度 T_0 加热到 T_4 所需的热量。

2) 绝热效率

实际压气机工作过程完善的程度是通过与理想压气机相比较来评定的。通常以绝热效率 η_{ad-k} 来评定,也即压缩到同一压力时,在理想压气机中压缩空气的绝热压缩功与在实际压气机中消耗的实际压缩功之比:

$$\eta_{\text{ad-k}} = \frac{h_{\text{ad-k}}}{h_k}$$

目前在涡轮增压器上应用的离心式压气机,其绝热效率为:

$$\eta_{\text{ad-k}} = 0.60 \sim 0.80$$

3)压气机功率

如果已知 1kg 空气的绝热压缩功为 $h_{\text{ad-k}}$(J/kg),空气的质量流量为 q_{mk}(kg/s),压气机的绝热效率是 $\eta_{\text{ad-k}}$,则压气机功率 P_k(W)为:

$$P_k = \frac{q_{\text{mk}} h_{\text{ad-k}}}{\eta_{\text{ad-k}}}$$

5. 压气机的特性曲线

1)定义

压气机流量特性指压气机的转速不变时,压气机增压比 π_k 和绝热效率 η_k 随空气流量的变化关系。

将压气机不同转速的流量特性表示在同一幅图面上,并将效率线转换成等效率线,可得到压气机的特性曲线。

2)压气机特性曲线分析

从图 8-9 可以看出,随着空气流量的减小,初始阶段增压比增加,达到某一最大值以后,增压比便下降,当流量减小到低于一定数值时,压气机工作开始变得不稳定,流过压气机的气流开始出现强烈的脉动,引起压气机产生强烈的振动,并有可能导致压气机的破坏,这个现象称为压气机的喘振。将各种转速下的喘振点连接起来就可确定一条压气机不稳定的工作边界线,称为喘振线。在增压发动机上,如果遇到压气机喘振,发动进气管压力便不稳定,发动机转速也不稳定,并在进气管中发出"轰隆"的响声。因此,增压发动机绝对不允许在压气机喘振的条件下工作。

压气机只能在喘振线右边的范围内工作,左边为非工作区。从特性曲线的等效率曲线看,中间是高效率区,高效率区一般比较靠近喘振边界线,沿高效率区向外,效率逐渐下降,特别是在大流量及低压比区,效率下降很多。通过采用具有无叶扩压器的压气机或后弯式叶片工作轮(又称后掠式工作轮),使之更符合气流在工作轮流道中的流动规律,可以增大压气机高效率的工作范围。当压气机工作轮转速 n_k 升高时,流量与压比均有增加,但转速受到材料机械应力及轴承可靠工作的限制,最高转速只能在某个允许的范围之内。

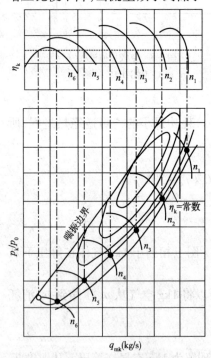

图 8-9 离心式压气机特性曲线

3)通用特性曲线

上述压气机特性曲线中的参数(p_k/p_0, $\eta_{\text{ad-k}}$, n_k 及 q_{mk})都是在实验条件的外界大气状况下测得的。当大气状况变化时,这些参数以及由这些参数作出的压气机特性曲线也跟随变化。为了使实验曲线与实践应用一致,引进了相对的折合参数的概念,就是把实验测得的上述参数根据气流动力相似理论来换算成标准大气状况(标准大气压 $p=101.33\text{kPa}$,标准大气温度 $T=293\text{K}$)下的参数值,换算后的质量流量称为折合流量:

$$q_{mk-np} = q_{mk}\frac{101.33}{p_0}\sqrt{\frac{T_0}{293}}$$

换算后的转速称为折合速度,即:

$$n_{k-np} = n_k\sqrt{\frac{293}{T_0}}$$

式中:p_0——试验测量时的大气压力,kPa;
T_0——试验测量时的温度,K。

至于增压比 π_k 和绝热效率 η_{ad-k} 是无因次参数,仍保持不变。由这些无因次参数整理的曲线称为通用特性曲线(图8-10)。

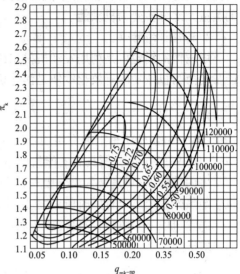

图8-10 通用特性曲线

二、径流式涡轮机的工作原理

1.燃气在涡轮机中的流动

径流式涡轮机主要由进气蜗壳1、喷嘴环2、工作轮3以及出气道4等组成,如图8-11所示。

进气蜗壳的作用是引导发动机的排气均匀的进入涡轮。根据增压系统的要求,蜗壳可以有一个、两个甚至更多进气口。

由发动机排气管中排出的气体具有压力 p_T、温度 T_T、并以速度 c_T 经进气蜗壳流入喷嘴环。在喷嘴环上均匀的安装了具有一定角度的叶片,这就使燃气经过叶片间的通道后更具有方向性,使气流更加均匀且有秩序的流入涡轮机工作轮。叶片间的通道面积是渐缩的,使部分压力势能转变为气体的动能,即气体的压力降低到 p_1,温度降低到 T_1,气体流动的速度增加到 c_1(图8-12)。

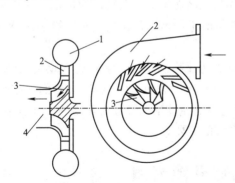

图8-11 径流式涡轮机简图
1-进气蜗壳;2-喷嘴环;3-工作轮;4-出气道

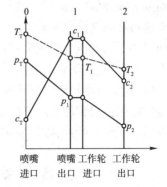

图8-12 涡轮机中气流参数的变化

由于气流在工作轮中是向心流动的,所以在工作轮叶片之间的通道也是呈渐缩的形状,气体在通道中继续膨胀,在工作轮出口处压力下降到 p_2,温度降低到 T_2,此时气体的绝对速度下降到 c_2,工作轮后气体的绝对速度 c_2 远小于 c_1,这说明燃气在喷嘴中膨胀所获得的动能已大部分传给了工作轮。

燃气离开工作轮时还具有一定的速度 c_2,即还有一部分动能未能在涡轮机中得到充分利用,这部分动能损失称为余速损失 $c_2^2/2$。

由图 8-12 看出,具有一定热能及压力能的燃气,在喷嘴环通道中仅部分得到加速而转变为燃气的动能;而从喷嘴环中流出的具有一定动能及压力能的燃气,在工作轮中将所具有的能量大部分转变为机械能。

2. 涡轮机的特性

增压器的涡轮机是利用发动机排出的废气能量转换为机械功的一种动力机械。将废气能量转换为机械功的有效程度便是涡轮机效率,即:

$$\eta_T = \frac{W_T}{H_T}$$

式中:W_T——涡轮机轴上的有用功,J/kg;

H_T——1kg 废气所具有的能量(以可用焓降表示),J/kg。

可用焓降 H_T 可理解为 1kg 废气在涡轮机入口处具有的状态内能的总和。当它在涡轮机中绝热膨胀至出口背压时所做之功,实际上是废气可用能量转换为机械功的最高限额。

涡轮机效率一般很少直接测定,而是通过测定涡轮增压器总效率来确定的,涡轮增压器的总效率为:

$$\eta_{Tk} = \eta_{ad-k} \eta_T \eta_m$$

现代废气涡轮增压器的涡轮机效率为:

$$\eta_T = 0.65 \sim 0.85$$

如果已知 1kg 废气的可用焓降为 H_T,废气的质量流量为 q_{mT},涡轮机效率为 η_T,机械效率为 η_m,则涡轮机发出的功率是:

$$P_T = q_{mT} H_T \eta_T \eta_m$$

燃气可用焓降的转换是通过在涡轮机中的膨胀过程来实现的,因此,膨胀比也是涡轮机特性中的一个重要参数。膨胀比是指燃气在涡轮机前后压力之比。

涡轮机作变工况运行时,燃气在涡轮机中流动,随着膨胀比增大,流量跟随增加,当膨胀比增加到某一临界值时,流量达到最大值,不再增加,该现象即为涡轮机的阻塞。一般来说,涡轮机流量特性虽然受阻塞现象的限制,但涡轮机的工作范围常比压气机大得多,一种涡轮机可以和多种不同的压气机配套使用。

最近,小型径流式涡轮机开始采用结构简单的无喷嘴涡轮机。它将进气蜗壳与喷嘴环简化为一体,气流自半径大的环形截面流向半径小的环形截面,环形通道自然的形成收敛,气流在其中膨胀而得到加速。它的渐缩进气蜗壳能把经过排气管分为几路的废气从整个圆周范围内引入工作轮叶片,以适应多缸机脉冲系统的需要。

第三节 废气能量的利用

一、废气涡轮增压系统的两种基本形式

废气涡轮增压系统有以下两种基本形式。

1. 恒压系统

如图 8-13a)所示,这种增压系统的特点是涡轮前排气管内压力基本恒定。它把发动机所有汽缸的排气管都连接于一根排气总管,而排气总管的截面尽可能大。排气管实际上起了集气箱的作用,这时虽然各汽缸的排气时间是岔开的,但是由于集气箱的稳压作用,因而

排气总管内的压力振荡较小。

2. 变压系统(脉冲系统)

如图8-13b)所示,这种增压系统的特点是使排气管中的压力造成尽可能大的压力变动。为此,把涡轮增压器尽量靠近汽缸,把排气管做得短而细,并且几个汽缸(通常2缸或3缸)接一根排气管。这样在每一根排气管中就形成几个连续的互不干扰的排气脉冲波(或称排气压力波)进入废气涡轮机中。同时把涡轮的喷嘴环,根据排气管的数目分组隔开,使它们互不干扰。

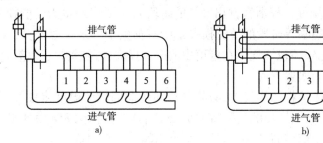

图8-13 涡轮增压系统的两种基本形式
a)恒压系统；b)变压系统

二、恒压增压系统废气能量的利用

恒压系统四冲程涡轮增压柴油机的理论示功图(图8-14)说明了发动机废气能量的利用情况。图中 $3-a$ 是柴油机的吸气过程,进气压力为 p_k。$a-c-z'-z-b$ 是柴油机汽缸中的压缩、燃烧、膨胀过程。由于废气涡轮的存在,排气背压为 p_T。面积 $3a54$ 为充量更换正功。图上 $23a0$ 为压缩进入柴油机汽缸空气所需的能量。$ig'32$ 则为压缩扫气空气所需的能量(φ_s 为扫气系数),故压气机消耗的总能量为 $ig'a0$。因为在废气涡轮增压柴油机中,压气机由涡轮驱动,而与柴油机无任何机械联系,因此压气机消耗的功率 P_K 必须等于涡轮机发出的功率 P_T。

排气阀开始打开时,汽缸中燃气状态 b。如果让这些燃气在理想的发动机或涡轮机中(所谓理想的发动机或涡轮机指燃气在其中能实现等熵膨胀而不出现任何损失的理想动力机)完全膨胀到大气压力时,燃气所具有的作机械功的最大能力可在 $p-V$ 图上以三角形面积 $1bf$ 表示之,即称此面积为废气拥有的可用能量。从物理概念上看,它实际上是代表了废气涡轮理论上有可能从废气中取得并用来作功的最大能量。

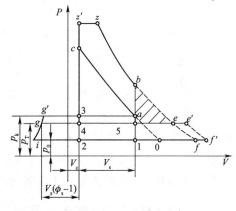

图8-14 四冲程增压柴油机的理论示功图

恒压涡轮前的燃气参数以 e 点表示。这是由于汽缸中的燃气经过排气阀节流和排气管中不可逆的自由膨胀到 p_T 所产生的结果。恒压涡轮的功以面积 $24ef$ 表示,面积 $ig42$ 为扫气空气在涡轮中所做的功,因此恒压涡轮的总功为 $igef$。

涡轮所做功的能量来源由三部分组成的:

(1)面积 $ig42$ 是扫气空气提供的能量。

(2)面积 2451 是活塞强制推出废气所做的推出功,系发动机活塞所给予。

(3) 真正自废气中取得的能量仅为面积 $15ef$，而废气拥有的可用能量为 $1bf$，因此，在恒压系统中面积 $5be$ 的可用能量是损失掉了。

在恒压系统中排气管中维持着恒定的压力 p_T。在排气阀刚打开时，压力 p_b 远高于 p_T。随着气体自汽缸中排出，汽缸中的压力不断下降。在汽缸压力下降至 p_T 以前，气流通过排气阀将产生强烈的节流作用。节流损失在超声速阶段表现为流出气门时的高速气流进入排气管后由于管子较粗，流速大大降低，大量的动能通过气体分子相互撞击、摩擦和形成涡流而损失，这就是可用能量损失的主要原因；还包括流入排气总管时，所产生的不可逆膨胀损失；在亚临界阶段（包括排气行程活塞推出废气的阶段），主要表现也为动能损失，亦即流出排气阀时的摩擦损失。超临界阶段的节流损失是所有损失中的最主要部分，亚临界流动时的动能损失数值不大，此外还包括气体在管道中的摩擦损失和通过排气管壁的散热损失，但是它们在数量上更是属于次要方面。

损失能量所产生的热量将加热气体，必将导致涡轮前的燃气温度将较等熵膨胀后 e 点的温度为高，以 e' 点表示。涡轮功的面积将增加 $ee'ff'$，这就是损失 $b5e$ 中的复热回收部分。不过它仅是损失中的一小部分而已，恒压系统中可用能量的损失为：

$$W_K = 面积\ b5e$$

根据能量平衡：

$$W_K = G_T C_P \Delta T$$

式中：ΔT——涡轮前废气温升；
G_T——燃气流量。

因此，涡轮做功能力的增加值为：

$$\Delta W_T = 面积\ ee'ff' = G_T G_P \Delta T \left[1 - \left(\frac{p'_0}{p_T}\right)^{k-1/k}\right]$$

这样复热回收部分占损失能量 $5be$ 的比例为：

$$\frac{\Delta W_T}{W_K} = 1 - \left(\frac{p'_0}{p_T}\right)^{k-1/k}$$

由上式可知，在恒压系统中，p_T 越高，则复热回收的比例越大，也就是恒压系统越有效。

在实际情况下，涡轮实际所做之功将等于面积 $ige'f'$ 乘以涡轮机有效效率 η_T，而压气消耗的功却是面积 $ig'a0$ 除以压气机效率 η_K。因此在增压压力 p_k 较低，而涡轮增压器的综合效率 $\eta_T \eta_K \eta_M$ 又不高时，恒压系统就较难实现压气机和涡轮机的功率平衡要求。究其原因，就是在于面积 $b5e$ 那块能量没有很好地加以利用。

三、脉冲增压系统废气能量的利用

设计变压系统的目的，就是在于尽量改善面积 $b5e$ 那部分能量的利用情况。图 8-15a)表示排气管容积相当小的情况。当排气阀开启后，随着气体流出，汽缸中压力 p 从 p_b 很快下降。开始是超临界流动，但由于变压系统排气管容积小，因此排气管中的压力 p_T 迅速提高，此后随着燃气流出涡轮，汽缸压力 p 和排气管压力将一起下降。从图 8-15 可以看到，在排气最初阶段，因为 p 和 p_T 的压差很大，因此节流损失也很大，但由于 p_T 上升很快，节流损失很快减少；同时由于排气管截面较细，排气管中气流速度也较高，因而部分气流的动能也可以在涡轮中加以利用，使涡轮机的拥有能量增加，增压压力 p 得以提高。反之如果增大排气管容积，这时排气管中压力 p_T 的建立减慢，p_T 的数值降低，从而增大了节流损失，降低了增压压力。

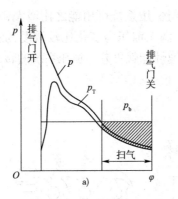
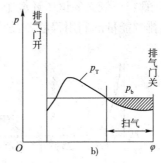

图 8-15 排气脉冲波
a)排气管容积小；b)排气管容积大

从以上分析中可以看到,变压系统比恒压系统可以较好地利用柴油机的废气能量。排气管容积较小,废气能量利用也就较好。一般当排气系统正确设计时,在恒压系统中损失的可用能量 $b5e$ 中有 40%～50% 可以在变压系统中获得利用,因此涡轮的拥有能量就大,建立的 p_k 就可高。反之,如果要求同样的 p_k,那么在变压系统就可以放大喷嘴环的截面积,加快排气管排空,减少活塞推出废气所做之功,使充量更换正功更大,从而改善柴油机机械效率,使柴油机比油耗 g_e 进一步下降。

四、恒压系统与脉冲系统的比较

恒压系统及脉冲系统的优缺点比较如下所述。

(1)由于脉冲系统部分利用了废气的脉冲能量,所以系统的可用能量比恒压系统大。如果按脉冲能量 E_1 的 50% 得到利用进行计算,则脉冲系统可用能与恒压系统可用能之比为：

$$K_E = \frac{E_2 + 0.5E_1}{E_2} = 1 + \frac{0.5E_1}{E_2}$$

显然,K_E 表示脉冲能量利用的程度,当废气温度 $T_T = 350$℃ 时,系数 K_E 与增压压力 p_k 的关系如图 8-16 所示。由图可知,从增加可利用能量的角度看,在低增压时,例如 $p_k/p_0 < 1.5$ 时,采用脉冲系数效果比较显著；当 $p_k/p_0 \geq 2.5$ 时,$0.5E_1/E_2$ 的比值较小,采用脉冲增压的优点就不明显了。

(2)脉冲增压系统对汽缸中扫气有明显的好处。由图 8-17 可以看出,在柴油机扫气期间,脉冲系统的 p_T 正处于波谷,因此即使在低增和高增压的部分负荷工况,仍能保持足够的扫气压力差 $p_k - p_T$,保证汽缸内良好的扫气。而在恒压系统中,由于 p_T 波动小,扫气压力差就大为减小(比较图 8-17 中两系统的阴影区),所以不容易保证汽缸的扫气。

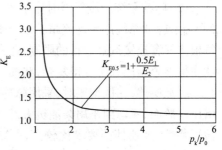

图 8-16 系数 K_E 与 p_0 的关系

(3)在脉冲系统中,由于排气管容积较小,当柴油机负荷改变时,排气的压力波立刻发生变化,并迅速传递到涡轮机,引起增压器转速较快地变动,所以脉冲系统的加速性能较好。

此外,在柴油机转速降低时,脉冲系统可用能与恒压系统可用能之比增大,有利于柴油机的转矩特性。在排气管容积较大的恒压环境中,涡轮前压力变化比较缓慢,加速性就比较差,特别在低增压时,排气能量的利用程度差,加速性能就更差。恒压系统的转矩特性显然也不如脉冲系统。

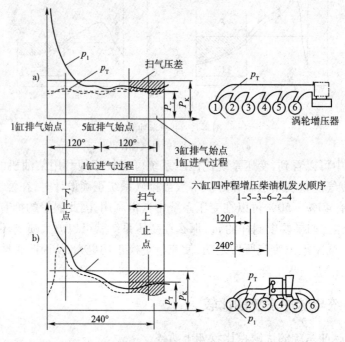

图 8-17 涡轮增压柴油机的排气管连接和压力曲线
a) 恒压系统; b) 脉冲系统

(4) 从废气涡轮的效率来看,脉冲系统的涡轮平均绝热效率比恒压环境的略低。这是因为在柴油机开始排气时,废气以很高的流速进入涡轮。流动损失很大,特别是涡轮前的废气压力和温度都在周期性的变化,进入工作轮叶片的废气方向也周期性的改变,而工作轮叶片的安装角都是固定的,所以气流和叶片不断发生冲击和气流分离,造成比较大的撞击损失。此外,在有些情况下,涡轮机还存在着部分进气损失。

(5) 脉冲系统的废气瞬时流量也是周期性变化的,其瞬时最大流量比恒压系统的流量(相当于脉冲系统的平均流量)大。因此,脉冲涡轮的尺寸较大,其排气管的结构也复杂,受每根排气管连接汽缸数目的限制,在一台柴油机上有时不得不采用几个废气涡轮增压器,这就使得整个增压系统变得复杂,柴油机的轮廓尺寸加大。

综上所述,在低增压时,采用脉冲涡轮增压较为有利,而在高增压时,则宜采用恒压涡轮增压。然而,考虑到车用柴油机大部分时间在部分负荷(此时增压压力较低)下工作,对其转矩特性、加速性能要求比较高,所以即使是在高增压的车用柴油机上仍常采用脉冲增压系统。

五、可变增压系统

一般的增压器的喷嘴叶片是固定的,即不论发动机的工况如何变化,喷嘴排气流通面积和排气出口速度方向是不变的,这就造成在发动机低速工况时,系统增压压力降低,动力性下降,发动机的加速响应差,而高速高负荷时又需要放气,以保护增压器避免出现超速或系统超压。不可变的增压系统不仅影响发动机的低速动力性能,而且影响发动机排放性能的改善。

可变流通截面涡轮增压器(Variable Nozzle Geometry Turbocharger,VNT 或 VGT)的喷嘴叶片则是可以调节的,可以通过电子控制单元控制叶片角度来改变排气流通面积(图8-18)。随着喷嘴叶片角度的改变,涡轮机最小流通截面积以及排气进入涡轮的角度和速度都将发生变化,从而改变了涡轮机的转速和压气机出口端的增压压力。在发动机低速运转时,喷嘴截面积减小,涡轮速度上升,增压压力增加,保证了低转速时的增压压力和进气量;发动机高速运转时,喷嘴截面积增大,涡轮转速下降,防止增压器超速。发动机加速时,为了提高增压器的响应速度,可减小喷嘴截面积,提高增压器转速,从而提高增压压力和进气量,可满足瞬态工作时的进气要求。可变流通截面涡轮增压器可调节范围广,在低速时增压器的总效率最高。

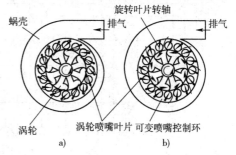

图8-18 可变流通截面涡轮增压器
a)发动机低速时;b)发动机高速时

第四节 车用增压柴油发动机的性能

从事车辆设计研究的人员总是把增压发动机作为一个总成,与底盘配套。因此,掌握增压发动机的整机性能是至关重要的。可是,涡轮增压器与活塞式发动机是两种不同性质的动力机械,它们靠进、排气管道连接,构成增压系统。在联合使用时,各自性能的相互影响以及它们之间的配合,对整机性能将产生深刻的影响。

一、涡轮增压器与柴油机联合运行的基本特点

1. 特点

在涡轮增压器与柴油机联合工作时,彼此没有机械联系,它们通过空气流或燃气流来传递能量。整个系统存在这样一个工作关系:发动机不同工况要求压气机有不同的供气能力,涡轮机做功能量来源于发动机排出废气的合理组织,而涡轮机的功率则全部为压气机所消耗,压气机又为发动机不同功率提供其所需的空气流量与压比。为了使涡轮增压器与车用发动机能够良好地配合,使它们在各种工况下合理工作,首先是根据发动机的特定工况(如额定工况或最大转矩工况)确定其在压气机特性曲线上的位置(即根据发动机选用合适型号的增压器);其次是要解决发动机在整个运行区与增压器实现良好的配合。所以选好增压器是前提,增压器选择不当,发动机可能达不到预期的增压效果。

选用增压器时,可根据发动机特定工况时所需的空气流量(包括扫气空气量)及压比,判断该工况在某一压气机特性曲线上的位置,使该工况点落在压气机特性曲线的高效率区,即可初步选定增压器型号。

与活塞式发动机不同的是,在涡轮及压气机这类叶片机械中,叶片前缘的结构角由设计工况的气流参数决定。由工况变化引起的气体流量变化将使气体流入的方向偏离叶片前缘结构角,发生撞击损失,使叶轮机的高效率区变窄。所以不可能使发动机所有工况都处在压气机的高效率区,只能顾及柴油机的某些特定的工况,例如车用发动机选配增压器时,常以

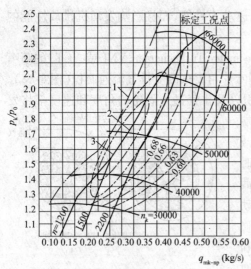

图 8-19 按最大转矩点匹配
1—喘振线；2—外特性；3—最大转矩点

最大转矩工况作为设计工况，把最大转矩工况点放在高效率区，而额定工况常偏离在高效率区之外（图 8-19）。

每一种涡轮增压器都有确定的工作范围。在小流量范围，压气机受喘振限制；在大流量范围，压气机因效率下降过多，亦受到限制；在增压器的高速、高负荷范围内，可能由于废气能量过高，使涡轮增压器超过机械强度允许的转速，或者由于排气温度过高，超过了涡轮机叶片所能承受的温度，使涡轮增压器受到了超速或超温的限制。由此可以大致确定涡轮增压器的工作范围（图 8-20）。

在此允许的工作范围之内，根据与发动机联合运行的位置，可以判断增压器与柴油机的配合是否良好。图 8-21 所示为一台车用增压发动机的联合运行区。对于车用增压发动机来说，其负荷与转速都在较大范围内变化，该联合运行区在压气机特性曲线上占有面积偏大，配合的困难相对较大。

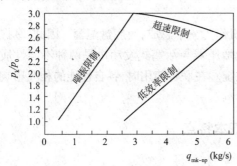

图 8-20 涡轮机增压器的工作范围

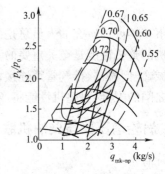

图 8-21 车用增压发动机的联合运行区

如果联合运行区与压气机特性曲线配合不够理想，则需要进行局部调整。常用的办法是改变涡轮喷嘴环出口截面积或改变压气机通道截面积。例如，减小喷嘴环出口截面积可以使联合运行线从压气机低效率区移向高效率区（向喘振线靠近）。但上述调整是有限的，如果联合运行线与压气机的最佳匹配相差很远，则只能以更换增压器型号为宜。

2. 根据特性曲线进行匹配

根据特性曲线匹配主要考虑以下因素：

(1) 增压器选型确定，即可得压气机特性曲线（图 8-19）。

(2) 将发动机的速度特性和负荷特性转换为空气流量与压比的关系，表示到压气机特性曲线上。

(3) 压气机的工作范围（图 8-20）主要考虑以下限制：喘振限制、超速限制和低效率限制（一般取 $\eta_k = 55\%$）。

(4) 联合运行的范围（图 8-21）主要考虑发动机的工况范围应在压气机的工作范围内以及发动机常用工况在高效率区。

通过以上方法便可确定发动机与增压器的联合运行区。

二、增压柴油机在结构上的变动

对于增压度很高的车用发动机,其结构上的变动可能是很大的,甚至需要为适应高增压而重新进行设计。这时,机体和主要零件在结构上要加强,活塞可能要通油冷却,供油、配气、冷却、润滑等各部分都要重新考虑。

目前多数车用增压发动机的增压度不高,它在基本结构方面与非增压机型同属一个系列,这样便于对增压与非增压两种机型的主要零件在同一条加工流水线上组织生产。但是为了适应增压后功率增长的要求,降低其机械负荷与热负荷,仍然需要对这种增压机型作必要的改动。

1. 增大供油量、调整供油系统

为了增加循环供油量,如果仍采用非增压的喷油泵,势必增加供油持续角,使燃烧过程拉长,经济性变坏。缩短供油持续时间的方法有:增大柱塞直径、增加供油速率(使喷油泵凸轮廓线变陡)以及加大喷油嘴孔径等。提高喷油压力和加大喷孔直径还可以增加油雾的穿透能力,保证在汽缸空气密度增大的情况下有足够的射程,从而适应油束、气流及燃烧室尺寸之间配合的需要。

从限制最高爆发压力的角度考虑,应适当减小喷油提前角,即减少上止点前燃烧的燃料量。但过多地减小喷油提前角,可使燃烧大量地延续至膨胀线上,以致发动机经济性和涡轮工作条件变坏。

2. 改变配气相位

合理地增加气阀叠开角,可加强汽缸的扫气作用,有助于降低燃烧室零件的表面温度,增加充量系数,改善涡轮的工作条件。气阀叠开角也不宜过大。研究表明,当气阀重叠角超过80°曲轴转角以后,其扫气冷却效果将不会进一步改善;叠开角过大将使扫气空气量增加,加重压气机的工作负担,引起发动机在低速、低负荷时废气倒流,影响整机的加速及变工况性能;当叠开角过大,为了避免气阀与活塞碰撞,要在活塞顶上挖过深的凹坑,使得燃烧恶化。

3. 减小压缩比、增大过量空气系数

为了降低爆发压力,宜适当减小压缩比 1~2 个单位。过多地减小,不仅会恶化整机经济性,也会使起动性能变差。增大过量空气系数,可降低热负荷,改善经济性。一般适宜将过量空气系数增大 10%~30%。

4. 设置分支排气管

在脉冲增压系统中,为了充分利用脉冲能量,使各缸排气互不干扰,排气管必须分支。分支的原则是一根排气管所连各缸排气必须不互相重叠(或重叠很少)。例如,一般四冲程柴油机排气脉冲延续时间为 240°曲轴转角,这时一根排气管所连接汽缸的数目不宜超过三个,同时应该使相邻发火的各缸排气相互隔开,如发火次序为 1—5—3—6—2—4 的六缸机,就可采用 1、2、3 缸及 4、5、6 缸各连一根排气管。表 8-2 为脉冲增压柴油机排气管分支的例子。

表 8-2 中所列一根排气管连接两个汽缸的情况:例如直列 4 缸或 V8 缸,由于所连接汽缸的发火间隔大于一个汽缸的排气延续角,所以排气管有一段时间并不向涡轮机的喷嘴环供气,此时工作轮叶片产生鼓风作用而损耗能量,称为鼓风损失(或称为脉冲涡轮的部分进气损失)。所有汽缸数目为三的倍数的柴油机,一般安排一根排气管连接三个汽缸。这样,涡轮机虽在脉冲压力下工作,但涡轮机各段喷嘴环的进气都是连续的。

表 8-2　四冲程脉冲增压系统排气管分支实例

汽缸数	排气管的连接	排气管数	发火顺序
4	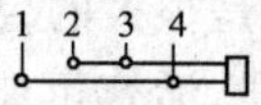 1 2 3 4	2	1-3-4-2 1-2-4-2
6	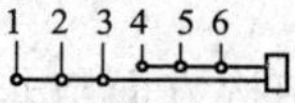 1 2 3 4 5 6	2	1-5-3-6-2-4
V8	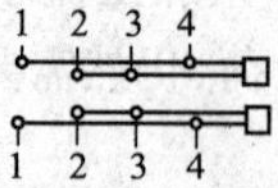 1 2 3 4 / 1 2 3 4	4	(见图)
V12	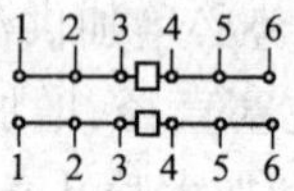 1 2 3 4 5 6 / 1 2 3 4 5 6	4	(见图)

5. 冷却增压空气

将增压器出口的增压空气加以冷却，一方面可以提高充气密度，从而提高柴油机功率；另一方面也可以降低柴油机压缩始点的温度和整个循环的平均温度，从而降低柴油机的热负荷和排气温度。实践表明，增压空气每降低 10℃，柴油机的循环平均温度可降低 25～30℃。在压力比为 1.5 到 2 时，供气量可以比不采用增压空气冷却的增压柴油机提高 10%～18%。

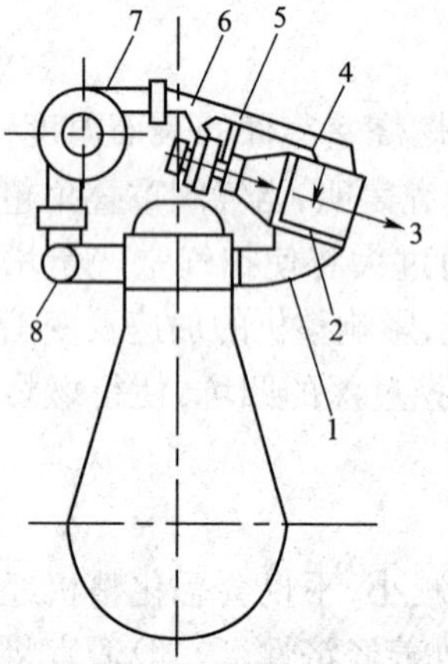

图 8-22　车用增压柴油机的一种空气冷却的方案
1-进气管；2-中冷器；3-冷却空气；4-吸入空气；5-空气涡轮风扇；6-抽气管道；7-涡轮增压器；8-排气管

冷却增压空气的方法一般是用水或空气在中间冷却器中进行间接冷却。采用独立水冷却系统使结构庞大而复杂，在汽车上布置困难，而采用空气冷却的方案比较可取。如图 8-22 所示。被涡轮增压器压缩的空气经一中冷器 2 后进入柴油机，冷却空气 3 由一个空气涡轮所驱动的轴流式风扇 5 所提供，而驱动空气涡轮的压缩空气就取自涡轮增压器 7 所压缩的工质（由图中抽气管道 6 引出）。为了使结构紧凑，空气涡轮的叶片就装在风扇的边缘，两者合为一体，称为轮缘空气涡轮风扇。

冷却增压空气尽管是降低热负荷量合理的措施之一，但它只有在增压压力较高时（例如 $p_k \geq 200\text{kPa}$）才是合适的。在低增压时没有必要设置中间冷却器。

6. 其他改动部分

对于不同的增压机型，可能还会作若干有针对性的结构改进，例如加粗进气管，加强冷却系统等。

三、车用增压发动机性能

增压发动机具有升功率高、油耗较低、排污较少等优点。可是从车辆应用的角度而言，对增压发动机在不同运行工况的整机性能还需要作进一步分析。

1. 低速转矩性能变化

正如前面所述，车用柴油机沿外特性运行时要求低速转矩储备高，但是一般涡轮增压柴油机在低速时转矩性能差,这正是早期车用增压柴油机发展的主要困难之一。其主要原因是由于在低速时增压压力不足,致使循环供气量不足。采用脉冲增压,充分利用低速时的脉冲能量,使增压器与柴油机在较低转速下实现最佳配合以及用低速气门定时等,可以改善其低速转矩。如图 8-23 所示,近代各种增压机型可以获得较好的转矩储备,但增压后最大转矩所在的转速比非增压机型均有所增加,这对改善载货车的牵引性能仍有不利之处。

增压发动机的转矩储备不好,也受高速、高负荷区的废气能量过高,或压气机供气量过多影响。在发动机高速运行时放掉涡轮机前一部分废气,或者放掉压气机后一部分增压空气,即所谓放气调节,可以大大改善低速转矩(图 8-24)。近年来,在车用增压发动机上采用放气调节方案的日渐增多,有的将放气阀与增压器设计在一起,使结构大为紧凑。图 8-22 所示为放掉压气机后一部分增压空气,并利用放气空气驱动冷却风扇的方案。

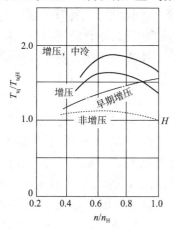

图 8-23 增压与非增压机型的转矩曲线

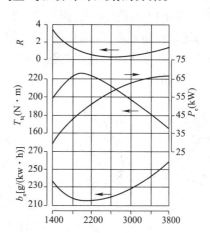

图 8-24 Sofim 四缸增压柴油机外特性曲线(采用放气调节)

2. 加速性能变差

发动机若能对负荷与转速作出迅速响应,这对车辆行驶安全性、经济性都是有利的。可是由于涡轮增压器与发动机没有机械联系,增压器自身的惯性使其对突变负荷的响应能力变差。因此,增压发动机的加速性比非增压发动机差。图 8-25 所示为增压柴油机带负荷加速时各项参数的变化情况。在加速过程中增压压力上升缓慢。使柴油机转速及平均有效压力的增加都要经历一段较长的时间,而且在加速过程中导致烟度增加。为了防止在加速过程中冒烟,需加装在增压压力未到达规定值时限制供油量的装置,结果进一步减缓了整个加速过程。

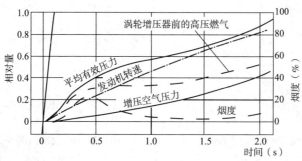

图 8-25 增压柴油机带负荷加速时各参数的变化情况

为了改善加速性,采用脉冲增压系统,减少进、排气管道容积;采用放气调节或可变喷嘴;减少转子的转动惯量;采用较小的气阀叠开角等都是有利的。另外,利用车辆上的制动空气系统的高压空气向压气机工作轮进行喷射,可以起到帮助增压器加速的作用,也是简单而且有效的。

3. 经济性有所改善

车辆采用增压柴油机可以改善车辆的经济性。但是增压柴油机在不同运行区的经济性是不同的,一般非增压柴油机在最大转矩点的平均有效压力大致为 $p_{me}=800\sim900\text{kPa}$,进一步提高 p_{me},将由于空气量不足而受到冒烟的限制,对于同一排量的增压柴油机来说,p_{me} 可以达到 $1100\sim1300\text{kPa}$。增压提高了指示功率及有效功率(即提高机械效率),可以明显改善高负荷区的运行经济性。图 8-26a)所示为对于同一排量增压与非增压机型的经济性比较,增压不仅使功率范围扩大,而且高负荷的经济运行范围也扩大了;但是在低负荷区涡轮增压器的能量转换不好,柴油机进、排气阻力及换气损失增加,此时增压对低负荷经济性已没有明显的好处。增压柴油机的这一特点,对经常处于高速满载运行的长途运输的重型载货汽车是有利的。

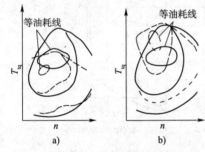

如果对同一功率的增压与非增压发动机进行比较,采用增压可以减少排量(减少缸数或缸径),使同一功率的机械损失降低,因而在广阔的运转范围内,增压机的油耗都比非增压机低,等油耗的经济运行区域扩大(图 8-26b),而且由于同等功率的增压发动机排量、体积、质量减小,给车辆带来的好处也是明显的。增压发动机的这一特点,对中、轻型载货汽车及经常处于中等或部分负荷运转的车辆来说,也是有利的。

图 8-26 增压与非增压经济性比较
a)同一排量;b)同一功率

增压促使经济性改善,还在于可以在保持原有功率和较高转矩的情况下,适当降低发动机转速,因为降低转速,可以减少机械损失和减少磨损,不仅改善了整机的经济性,而且使其可靠性及寿命提高,维修费降低。因此,一般非增压机型改增压以后,转速均有所降低,不过此时车辆后桥传动比宜作相应改动。

增压促使经济性改善,是需要通过重新组织发动机工作过程,并与车辆参数合理配合才能实现的。就增压本身来说,例如,增压空气中间冷却(图 8-27),改善压气机效率(图 8-28)等,对于改善增压柴油机经济性也有一定好处。

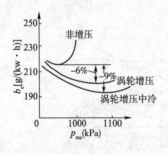

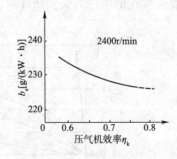

图 8-27 增压加中冷对经济性的影响　　　　图 8-28 压气机效率对经济性的影响

4. 降低了排气污染及噪声

增压柴油机通常在较充裕的过量空气下工作,使高负荷冒烟的可能性,排出 CO 及 HC

等有害成分大为减少。增压柴油机有害气体的排放量一般为非增压的 1/3~1/2,如果措施得当(例如采用高喷射率并延迟喷射),NO_x 排放量也可明显降低,尤其在采用增压及中冷以后,对减少排放物更为有利。

增压柴油机着火的滞燃期缩短,压升率降低,可以减少燃烧噪声;涡轮增压器的设置,可以减少进、排气噪声。在稳定的高负荷工况,增压柴油机总的噪声级比非增压机低 A 声级 3~5dB;但在低负荷降低噪声的效果没有这么明显。

5. 起动与制动有一定困难

柴油机起动时,因无高温排气驱动涡轮机工作,所以压气机也不能供气。这时增压柴油机在起动瞬时的进气压力及温度均不高,加上增压柴油机的压缩比较低,使起动时压缩终点的温度降低,造成着火与起动的困难。

重型车下坡时,常采用不脱档发动机制动。按汽车总质量配用的非增压柴油机,其制动力与汽缸排量成正比。但增压柴油机升功率的提高,使得按增压后功率配置的载货汽车发动机的制动力有所降低。为此,在使用发动机制动时,应借助一定的自动装置,在活塞压缩行程终了时将排气阀打开,从而减少气体膨胀功而增大发动机制动力。

第五节 汽油机增压概述

增压技术应用于汽油机有较多困难,这是因为汽油机混合气形成与燃烧的特殊性制约了废气涡轮增压在汽油机上的应用。近年来,由于电控技术的广泛应用,小型增压器耐高温能力及自身特性的改善,对爆震控制能力的提高等,大大地推动了汽油机增压技术的发展。

一、汽油机增压的困难

1. 爆震倾向增大

增压使压缩终点及燃烧气体的温度与压力升高,致使爆震的倾向增大。

2. 热负荷增高

受爆震限制,汽油机压缩比较低,因而燃烧的膨胀比亦低,致使排气温度较高;其次,因为汽油机混合气的浓度范围窄($\alpha = 0.85 \sim 1.05$),与柴油机相比,燃烧时的过量空气少,造成单位数量混合气的发热量大,再加上汽油机又不能用加大扫气来冷却受热零件。因此导致增压后的热负荷偏高。

3. 汽油机增压系统比柴油机复杂

车用汽油机的转速和功率范围宽广,工况变化频繁,转矩储备大,这些在采用涡轮增压后,如不采取特殊措施,很难保证车用发动机的正常运转。

4. 存在着"反应滞后"现象

非增压汽油机的加速性一般比柴油机好,但采用增压后,反应滞后的现象却比柴油机严重,因为增压器在进气系统中与进行负荷调节的节气门串接在一起,当节气门突然开启,要求混合气量迅速变化时,增压器供气往往跟不上,特别是从节气门关闭到全开,空气流量变化很大,也促使涡轮机的反应滞后。随着增压汽油机强化水平的提高,发动机加速性问题更加突出。

二、汽油机增压系统的常用措施

(1) 电控汽油喷射系统在增压汽油机上应用,为汽油机增压技术奠定了基础。通过电控技术的应用,为在汽油机增压系统中实现爆震控制、放气控制、排放控制、增压器可变技术的应用等综合控制带来了方便。另外,现代汽油机上多气门机构的普遍采用(如双顶置凸轮轴四气门机构 $DOHC_4$),更加充分地发挥了增压技术的优势,对促进整机高速动力性起了重要的作用。

(2) 为克服因增压而带来爆震倾向的增大,可采用为消除爆震的点火提前角自适应控制。

(3) 增压空气进行中冷,对增加充量、降低热负荷和消除爆震均十分有利。

(4) 采用增压压力控制系统。与柴油机相比,汽油机运转的转速范围宽,从低速到高速的流量变化范围大,使得涡轮增压器的选配变得困难,可能出现低速时增压压力不足,高速时增压压力过高的情况;另一方面,汽油机混合气浓度范围窄,其空燃比接近化学当量比,即使在满负荷时也比柴油机小得多,从而造成排温高,涡轮入口的废气可用能大。因此,为了避免爆震及限制热负荷,汽油机容许的增压压力常比柴油机低。为此必须对汽油机增压压力进行控制。对增压压力进行控制的方案很多,例如,采用进气或排气的放气系统、进气或排气的节流控制、可变喷嘴环截面的涡轮等。采用机械增压器+废气涡轮增压器的二级增压系统可以改善汽油机的瞬态响应特性,扩大汽油机的增压范围,得到了较广泛的应用。

复习思考题

1. 试分析发动机增压的优势。
2. 比较发动机不同增压方式的结构和性能特点。
3. 分析废气涡轮增压系统的能量转化过程。
4. 分析废气涡轮增压器中气体性能参数在压气机和涡轮机中的变化情况。
5. 何谓压气机特性曲线?为什么要采用通用特性曲线?
6. 分析废气涡轮增压器发生喘振的原因。
7. 分析废气涡轮增压系统废气的利用方式,并进行比较。
8. 分析恒压涡轮增压四冲程柴油机的理论示功图。
9. 简述增压器匹配的原则以及工作范围的确定方法。
10. 分析增压柴油机在结构上的变动。
11. 分析增压柴油机的性能特点。
12. 分析汽油机增压的困难和解决方案。

第九章 发动机排气污染及其控制

第一节 概　述

环境保护与节能是当今车用动力技术发展的两个主要着眼点。以发动机为动力的汽车是城市大气污染的主要来源。据世界一些主要大城市的统计表明,在未治理前,汽车排放中的主要有害成分占城市大气该污染物总量中的比例是很高的。其中:CO 占 88% ~ 99%,HC 占 63% ~ 95%,NO_x 占 31% ~ 53%。此外,还有微粒、硫化物、铅、磷及醛等污染,这些污染物对人体的危害很大。

例如:CO 主要是在缺氧环境下的不完全燃烧产物,是一种无色无臭无味的气体,它与血色素的结合能力比 O_2 大 300 倍,人体吸入微量,将破坏造血功能,呈中毒症状;吸入含体积分数 0.3% 的 CO 气体,则可在 30min 内使人致命。

NO_x 主要是指 NO 和 NO_2 发生在与燃料燃烧反应相伴的高温与富氧的环境中,NO 的毒性比 NO_2 小,但 NO 在大气中缓慢氧化形成 NO_2,NO_2 是褐色有刺激性的气体,空气中含 10×10^{-6} ~ 20×10^{-6} 可刺激口腔及鼻道黏膜;50×10^{-6} ~ 300×10^{-6} 则头痛出汗、损伤肺组织;在大于 500×10^{-6} 时,几分钟就可使人出现肺浮肿而死亡。

HC 包括未燃和未完全燃烧的燃油、润滑油及其裂解产物和部分氧化产物,如多环芳香烃、醛、酮、酸等在内的 200 多种成分。HC 中的大部分对人体健康不产生直接影响,但其中的某些醛类和多环芳香烃对人体有严重危害,如甲醛等损伤眼睛、上呼吸道及中枢神经;3·4苯并芘是一种强致癌物质。另外,HC 可在阳光作用下与 NO_x 进行光化学反应,形成一种毒性较大的光化学烟雾。其中最主要的生成物是臭氧 O_3 它具有很强的氧化力和特殊的臭味,使橡胶裂开,植物受损,可见度降低,并刺激眼睛及咽喉。

排气中的微粒是指经空气稀释后的排气,它是在低于 52℃ 温度下,在涂有聚四氟乙烯的玻璃纤维滤纸上沉积的除水以外的物质,如柴油机的炭烟粒子,汽油机的铅及硫酸盐等。当温度低于 500℃ 时,这些微粒被有吸附性和凝聚性的碳氢化合物所覆盖,这些覆盖物可通过溶解和加热的方法分离掉,又称为微粒的可溶性有机成分。可溶性有机成分是微粒威胁人体健康的主要因素,特别是柴油机排出的微粒要比汽油机高出数十倍,所以要求对排气中的微粒进行限制。限制微粒法规的实施,已成为柴油机与汽油机竞争中的一个最主要的弱点。

汽车有害排放物对城市大气污染构成严重影响,因此制定法规对其进行控制十分必要。不过影响有害排放物生成的因素很复杂,特别是由于汽油机与柴油机在燃烧机理上的差异,使这两类机型的有害排放物的生成显示出不同的特点。本章着重介绍以下内容:

(1)介绍有害排放物的生成,重点分析影响汽油机、柴油机排放物生成的主要因素。
(2)介绍排气净化的治理措施,着重介绍在车辆上常用的机外处理方法。
(3)说明排放法规与试验方法。

第二节 有害排放物的生成

一、氮氧化物

发动机排出的氮氧化物(NO_x)主要是 NO,NO_2 排出量较少。

NO 的产生:可以认为,氮的氧化反应发生在燃料燃烧反应所形成的环境中,其主导反应过程是:

$$O + N_2 \underset{逆向}{\overset{正向}{\rightleftharpoons}} NO + N$$

$$N + O_2 \underset{逆向}{\overset{正向}{\rightleftharpoons}} NO + O$$

促使上述反应正向进行而生成 NO 的因素有三个:

(1)温度。高温时,NO 的平衡浓度高,生成速率也大。在氧充足时,温度是生成 NO 的重要因素。

(2)氧的浓度。在高温条件下,氧的浓度是生成 NO 的重要因素。在氧浓度低时,即使温度高,NO 的生成也受到抑制。

(3)反应滞留时间。由于 NO 的生成反应比燃烧反应慢,所以即使在高温下,如果反应停留的时间短,则 NO 的生成量也受到限制。

不过,在实际发动机中,因为燃烧过程经历的时间极短(ms 级),温度上升和下降都很迅速,尽管 NO 的生成(正向反应)没有达到平衡浓度,可是 NO 分解(逆向反应)所需的时间也不足,从而使缸内 NO 的实际浓度由于逆向反应速率太低而几乎没有下降。这种反应"冻结"使实际排出 NO 的浓度大大高于排气温度相对应的平衡浓度。在柴油机中发生冻结,比在汽油机中更快。

二、一氧化碳

一氧化碳(CO)是碳氢燃料在燃烧过程中生成的重要的中间产物。CO 生成的机理比较复杂,但一般认为,燃料分子(RH)经高温氧化生成 CO 要经历如下步骤:

$$RH \rightarrow R \rightarrow RO_2 \rightarrow RCHO \rightarrow RCO \rightarrow CO$$

这里 R 代表碳氢根。CO 在火焰中及火焰后,以缓慢的速率氧化成 CO_2。

从化学当量的角度看,CO 的生成率主要受混合气浓度的影响。对于浓混合气而言($a<1$)没有足够的氧使燃油中的碳完全燃烧成 CO_2。不过,即使在稀混合气中($a>1$),由于燃烧产物 CO_2 及 H_2O 的高温离解反应,也可能生成一部分 CO。在膨胀过程后期,随着燃烧气体温度的降低,CO 的氧化过程也有冻结现象,不过 CO 的冻结温度比 NO 低。

三、未燃碳氢化合物

未燃碳氢化合物(HC)的生成与排出有三个渠道:其中 HC 总量的 60% 以上由废气(尾

气)排出,另外的 25% 由曲轴箱窜气,从油箱、化油器等处油蒸气漏泄占 15%~20%。

在燃烧过程中 HC 的生成,主要有以下途径:

(1)在压缩与燃烧过程中,汽缸内压力升高,把一部分未燃混合气压入与燃烧室相通的狭缝(例如:活塞顶环上面和汽缸壁形成的狭缝)。由于燃烧时火焰不能进入狭缝,因此不能完全燃烧,在膨胀和排气行程中,在汽缸压力降低后,以未燃 HC 的形式进入排气。这是生成 HC 的主要来源,被称为缝隙效应。

(2)相对冷态的汽缸壁对火焰产生的热与活化基物质起着吸收的作用,火焰在汽缸壁表面产生激冷与淬熄现象,于是在离汽缸壁小于 0.1mm 的薄层内留下未燃 HC。

(3)存在于汽缸壁、活塞顶以及汽缸盖底面上的一层润滑油膜,有可能在燃烧前、后吸收或放出燃料中的 HC 成分。

(4)在发动机加、减速等瞬态工况运行时,点火定时、空燃比以及排气再循环值均不处于最佳状态,有可能使燃烧品质恶化,使 HC 排放增加。特别是在减速及急速工况,HC 排放量很高。

四、微粒

柴油机排气中微粒的主要成分是炭烟粒子,见表 9-1。炭烟粒子形成过程如图 9-1 所示。它是燃料在燃烧过程中经历了一系列物理化学变化后形成的。首先燃料分子在高温中裂解或氧化裂解,所生成的裂解产物主要是乙炔,乙炔是生成炭烟的重要中间物,接着形成炭烟核心,以上为成核阶段,成核后同时经历表面增长和凝聚两个过程。当炭烟粒子长大到某一尺寸时,增长速度急剧下降。以后便以集聚方式形成链状结构物。从核的萌发到成长、集聚这一系列生成过程,都伴随着炭烟的氧化。因此,排气管排出的炭烟浓度是炭烟生成和氧化相竞争的结果。

表 9-1 柴油机微粒的组成

成　分	质量分数
干炭烟(DS)	40%~50%
可溶性有机成分(SOF)	35%~45%
硫酸盐	5%~10%

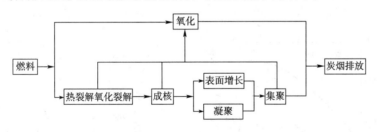

图 9-1 燃烧系统中炭烟粒子的形成过程

第三节 影响汽油机有害排放物生成的主要因素

影响汽油机有害排放物生成的因素很多,其中与发动机运转有关的主要因素如下所述。

一、混合气成分

正如前面章节所述,汽油机是一种预混燃烧,它靠电火花进行外源点火,火核形成以后,以火焰传播为特征,其可燃混合气浓度范围比较窄,而且在一些工况下(如急速、满负荷等)

经常处于浓混合气工作,因而混合气成分是影响排放的最主要的因素。从图9-2可以看到,由于CO是一种缺氧条件下的不完全燃烧产物,随着空燃比 A/F 增加,CO 浓度逐渐下降;在大于理论 A/F 以后,CO 浓度已经很低了。

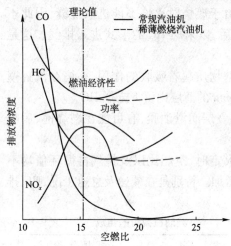

图9-2 汽油机有害排放物浓度与 A/F 的关系

同时看到,NO_x 浓度两头低,中间高,NO 浓度峰值出现在理论 A/F 靠稀的一侧,反映出高的 NO 生成率必须兼具高温、富氧两个条件,缺一不可。

HC 的走向则是两头高,中间低,与燃油消耗率的变化趋势基本一致。当浓混合气逐渐变稀,在缝隙容积与激冷层中混合气燃料比例减少,因此 HC 量减少。处于最佳燃烧的 A/F 范围内,HC 及油耗均为最低。但当混合气过稀,燃烧因而失火,致使 HC 及油耗又重新回升。

从图9-2中的虚线看出,为了兼顾降低排放(减少 CO、HC、NO)与节能(减少油耗),最有效的措施是组织好汽油机在较大 A/F(例如 A/F > 20)下的稀薄燃烧。组织稀薄燃烧还有些特定的困难,但这是当代汽油机燃烧组织的重要方向。

二、点火正时

减少点火提前角对降低 NO 及 HC 均有利(图9-3及图9-4),但以牺牲动力性为代价。从示功图上看出(图9-5),减小点火提前角,不仅降低燃烧最高温度、减少燃烧反应滞留时间,对降低 NO 十分有利;而且由于点火推迟,膨胀时的温度及排气温度均上升,这对降低 HC 也很有利。

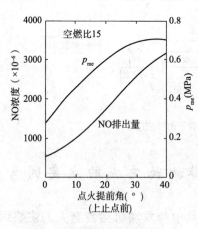

图9-3 点火提前角与 NO 的关系

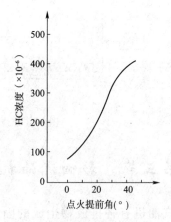

图9-4 点火提前角与 NO 的关系

三、吸入废气量的影响

为了抑制燃烧的最高温度,将一部分排气回送至燃烧室,将有利于抑制 NO 的生成。由图9-6看出,随着吸入废气量的增大,NO 浓度逐渐下降,但燃烧的有效性降低。动力性变差。

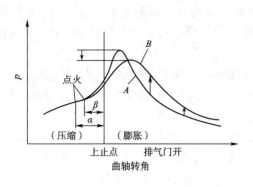

图 9-5 不同点火提前角的示功图

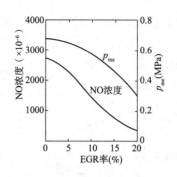

图 9-6 吸入废气量对 NO 生成及动力性的影响

四、工况

从表 9-2 看出,对于不同的运行工况,各种有害排放物的差异很大。例如,急速与减速工况,是 HC 生成的主要工况。在急速工况下,燃烧环境温度比较低,缸内残余废气量比较大,混合气比较浓,致使燃烧恶化,HC 排放浓度增加;在减速工况下,很高的进气管真空度使进气管内沉积的燃料油膜大量蒸发,这是 HC 增加的重要原因。

不同工况下的排气成分   表 9-2

排气成分	急速	加速	定速	减速
HC($\times 10^{-6}$)	800	540	485	5000
(以正己烷计算)	3000~10000	300~800	250~550	3000~12000
NO_x($\times 10^{-6}$)	23	1543	1270	6
(以 NO_x 计算)	10~50	1000~4000	1000~3000	5~50
CO(%)	4.9	1.8	1.7	3.4
CO_2(%)	10.2	12.1	12.4	6.0

汽油机 HC 及 CO 的排放特性如图 9-7 所示。

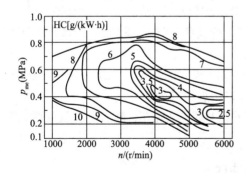
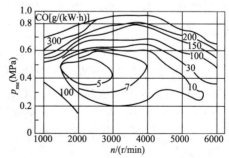

图 9-7 汽油机 HC 及 CO 的排放特性

第四节 影响柴油机有害排放物生成的主要因素

一、柴油机燃烧及排放物生成的特点

柴油机燃烧是一种多相非均匀混合物的不稳定的燃烧过程,从喷雾过程、油束形成、混

合气的浓度与分布以及燃烧室形式等,对排放物生成均有复杂的影响。由于油束在燃烧室空间的浓度分布、着火部位及局部温度各处都不一样,可以对油束人为地分区并将其与排放物生成的关系作一说明。

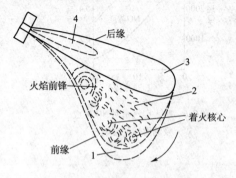

图9-8 油束各区的燃烧情况
1-稀燃火焰熄灭区;2-稀燃火焰区;3-油束心部;
4-油束尾部和后喷区

如图9-8所示,当油束喷入有进气涡流的燃烧室中时,由于油雾及油蒸气在空间浓度分布不同,可大致分为稀燃火焰熄灭区、稀燃火焰区、油束心部,油束尾部和后喷部以及壁面油膜,从油束边缘到油束核心部分,局部空燃比可从无穷大变到零。根据负荷不同,各区排放物生成的性质也不一样。

未燃HC:在低负荷时,由于喷油量少,混合气稀,缸内温度低,HC主要产生在稀燃火焰熄灭区;在高负荷时,混合气浓,HC主要产生在油束心部、油束尾部和后喷部及壁面油膜处。

CO:低负荷时,缸内温度低,部分燃油难以氧化形成CO_2,主要在稀燃火焰熄灭区及稀燃火焰区的交界面上生成CO;高负荷时,在油束心部、油束尾部及后喷部,因局部缺氧而产生CO。

NO_x:在燃烧完全、供氧充分及温度较高的稀燃火焰区及油束心部产生较多。

炭烟:高负荷时,在油束心部、油束尾部和后喷部的氧浓度低,气体温度高,燃油分子容易发生高温裂解而形成炭烟。

醛类:主要在稀燃火焰熄灭区,由于低温氧化而产生醛类中间产物。

二、混合气成分

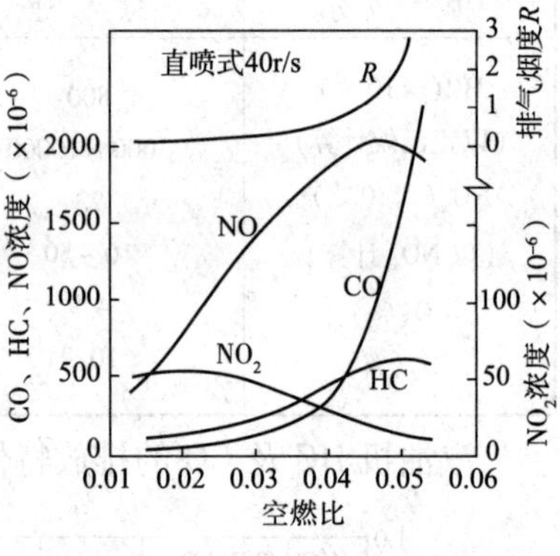

从宏观上讲,柴油机在运转总有一定数量的过量空气,加上柴油蒸发性比汽油小,因此柴油机的HC及CO排放浓度一般比汽油机低得多(图9-9)。但在接近满负荷时(A/F减小),CO浓度骤增。

图9-9 柴油机混合气成分与排放的关系

如图9-9所示,NO生成率最高处仍出现在油量较大的高负荷工况。与汽油机不同的是,柴油机NO的生成浓度较高。NO浓度随A/F增加而减少。

柴油机排气中有炭烟排出,随着混合气变浓,排烟浓度增多。

三、喷油时刻

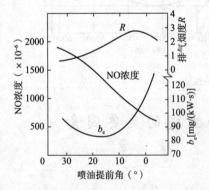

图9-10 喷油定时对排放的影响

延迟喷油是降低NO_x的主要措施之一。如图9-10所示,延迟喷油可减少NO的生成,但减小喷油提前角将导致燃烧变差,最高爆发压力降低,因而使油耗及排气烟度增加。为了在延迟喷油以后燃烧不致恶化,加强缸内气流运动、促进混合气形成、提高喷油速率以及改善喷雾质量是很有必要的。实践证明,延迟喷油的同时提高喷油速率,要比单纯延迟喷油定时的效果好。在各种工况下,NO 排放浓度都随喷油速率的增加而降低,CO 浓度亦随喷油速率的增加而降低,HC 的生成量则变化不大。

四、燃烧室类型

图 9-11 ~ 图 9-13 为直喷式及分隔室式两类燃烧室的排放特性。

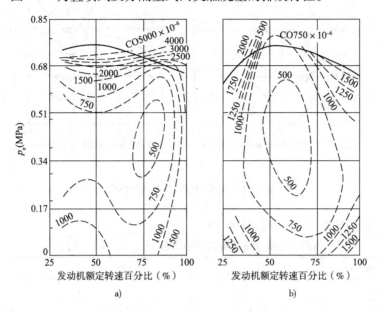

图 9-11 两类燃烧室的 CO 排放特性
a) 直喷式；b) 分隔式

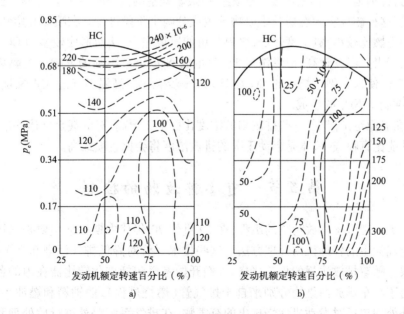

图 9-12 两类燃烧室的 HC 排放特性
a) 直喷式；b) 分隔式

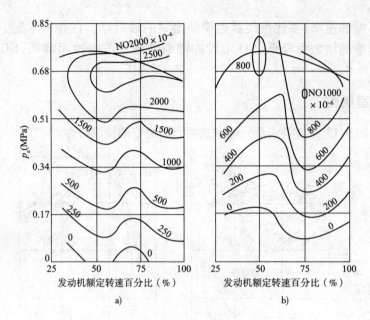

图9-13 两类燃烧室的NO排放特性
a) 直喷式；b) 分隔式

表9-3为两类燃烧室有害排放量的比较。

为两类燃烧室有害排放量的比较 [单位:g/(kW·h)]　　　表9-3

燃烧室类型	NO_x	CO	HC
直喷式	5.2~9	2~6	1.1~3
分隔式	3~6	1.5~4	0.4~1.5

由排放特性及表9-3可知：分隔式燃烧室生成的 NO_x、CO、HC 和炭烟的排放浓度均低于直喷式的，特别是 NO_x 排放浓度一般比直喷式燃烧室的低50%左右。分隔式燃烧室排放低的原因是，这种燃烧室的燃烧及排放物的生成分两个阶段进行。在喷油开始和燃烧初期，副燃烧室的空燃比较小，氧浓度较低，燃料不可能燃烧完全，从而形成较多的CO及未燃烃。副燃烧室在着火后温度较高，但氧浓度低，对生成 NO_x 仍有不利的影响。主燃烧室内有充足的新鲜空气，使来自副燃烧室的CO及HC进一步氧化。高温燃气进入主燃烧室后，温度有所下降，抑制了 NO_x 的生成。

然而，在非稳定工况下，一些排放物的浓度比稳定工况高，有的甚至高达6倍，分隔式燃烧室起动性能比直喷式差，于是起动工况的排放浓度将会比直喷式高。

第五节　有害排放物的控制

纵观人类治理汽车排放污染的历程，在20世纪70年代中期以前主要是采用以改善发动机燃烧过程为主的各种机内处理方法。这些技术尽管对降低排气污染起到了很大作用，但效果有限。随着排放法规的日益严格，人们开始考虑包括催化转化器在内的各种机外处理方法。由于汽车排放污染物分别来自于排气管（燃烧过程）、曲轴箱和燃油系统。因此，发动机机外处理包括对发动机燃烧排出的有害物，在排气系统等处进行后处理和对曲轴箱窜气或油蒸气部分进行处理。

下面以机外处理为对象，介绍几种常用的治理方法。

一、排气的后处理

排气的后处理是指气体排出发动机汽缸以后,在排气系统中进一步减少有害成分的措施,主要指催化转化器。它包括用来减少 HC 和 CO 排放的氧化催化转化器,减少 NO_x 排放的还原催化转化器和同时减少 HC、CO 及 NO_x 排放的三元催化转化器,用于减少 HC 和 CO 的热反应器。对于柴油机的炭烟微粒净化装置也属排气后处理。

汽油机工作过程中的不完全燃烧产物 CO 和 HC 在排气过程中可以继续氧化,但必须有足够的空气和温度以保证其高的氧化速率。如图 9-14 所示,在紧靠排气总管出口处装有热反应器,它有较大的容积和绝热保温部分,使反应器内部温度高达 600~1000℃;同时在紧靠排气门处喷入空气(即二次空气),以保证 CO 和 HC 氧化反应的进行。这种系统若设计匹配合理,对 CO 和 HC 可得到 50% 以上的净化效率,但对 NO_x 无净化效果。为保持较高的排气温度,一般要加浓空燃比以及推迟点火提前角,因而会导致燃油消耗率升高。

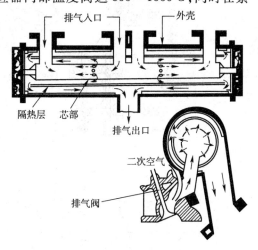

图 9-14 排气热反应器

在 20 世纪 70~80 年代,热反应器在国外汽油车上采用的较多,随着净化效率更高的催化器特别是三元催化器的普及,现在新生产的汽车上已很少采用热反应器。由于摩托车的排气后处理装置要求结构简单和成本低廉,且摩托车最主要的排放污染物是 CO 和 HC,因而热反应器在摩托车上仍有较好的应用价值和较广泛的实际应用。

各类催化转化器均由金属外壳和活性催化材料组成。常见的有两种结构形式(图 9-15):一类是整体陶瓷蜂窝结构,它在作为载体的多孔性氧化铝陶瓷表面渗一层活性催化剂;另一类是颗粒式结构,它将催化材料浸透在大量直径为 2~3mm 的多孔性陶瓷小球表面。这两类转化器均应保证排气流畅,并使气流与催化剂有较大的接触面积。但催化剂的材料不同,转化器的功能也不一样。

1. 氧化催化转化器

氧化催化转化器的作用是把排气中的 CO 和 HC 氧化成 CO_2 和 H_2O。由于贵金属内在活性高,低温时的活性损失小,同时抗燃料中硫污染的能力强,因此最适合于用作催化材料。目前应用最广泛的氧化催化材料是铂(Pt)和钯(Pd)的混合物。这些氧化催化剂的转化效率随温度而变化,如图 9-16 所示。在温度足够高时使用新的催化剂,对 CO 的转化效率可达 98%~99%,对 HC 的转化效率可达 95%,但在温度低于 250~300℃ 时,其转换效率急剧下降。

氧化催化转化器可用于汽油机及柴油机中,用于汽油机时需引入二次空气,以加强氧化作用。

2. 三元催化转化器

三元催化剂包含铂(Pt)和铑(Rh),Pt/Rh 在 2~17 的范围内,此外还含有 Al_2O_3、NiO、CeO_2(氧化铈),用氧化铝作为载体材料。使用三元催化剂时,应将混合气成分严格控制在理论空燃比附近（$\alpha \approx 1$），这样催化剂才能促使 CO 及 HC 的氧化反应和 NO_x 的还原反应同时进行，生成 CO_2、H_2O 及 N_2。而且，只有在接近理论空燃比的窄狭范围内（图 9-17），对这三种有害成分才有高的转化效率。这是目前车用汽油机上应用最广泛的机外净化措施。

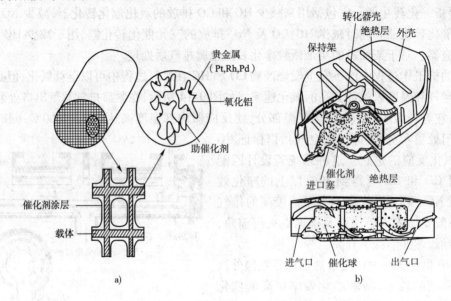

图 9-15 催化剂构成示意图
a) 整体式；b) 颗粒式

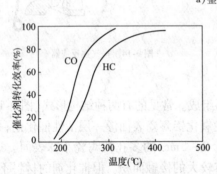

图 9-16 氧化催化转化器中 CO、HC 的转化效率和温度的关系

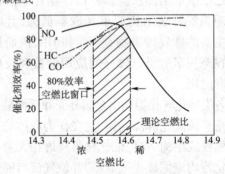

图 9-17 三元催化的转化效率

为了使空燃比保持在理论空燃比附近的狭窄空燃比范围内，使用了电子空燃比反馈控制系统。由排气系统安装的氧传感器，检出排出系统中的氧浓度，与同时得到的吸入空气量、冷却液温度等信息一起被送到控制单元处理，并同上述狭窄空燃比范围内的空燃比进行比较。通过电子控制的燃料供给系统向汽缸喷入适当的燃料量。

催化剂一般都在一定的温度下才起作用，对于发动机刚起动后的情况，由于排气温度很低，催化器将不能净化排气中的有害成分。试验表明，在发动机的排放试验规范中，约 80% 的有害排放物是在最初冷机时排出的。为了解决这一问题，一般采用电加热催化剂法 EHC（Electric-Heated Catalyst）和吸附剂法两种方案。

3. 柴油机微粒过滤及再生装置

微粒是柴油机排放的突出问题，对车用柴油机排气微粒处理，主要采用过滤法。在滤芯上存积的微粒需及时清除，过滤器再生的原理是，将微粒尽可能烧掉，变成 CO，随排气一起排入大气。针对这个问题,近10年来,国内外对过滤器再生技术进行了大量细致的研究工作提出了多种再生技术。根据利用能量形式的不同,再生技术可分为柴油机自身能量再生和利用外界能量再生两大类。自身能量再生分为:

(1)全负荷再生。柴油机的排气温度是随其运转状态而变化的,在高速全负荷的情况下,排气温度可以达到400~500℃,在此温度下,沉积在滤芯内的微粒可自行燃烧,从而达到滤芯再生的目的,此系统不附加任何辅助系统,因此比较简单。但是,柴油机的排气温度只有在接近最高转速,全负荷的工况下在靠近汽缸盖排气口处,才能达到使滤芯内沉积的颗粒自燃的目的。但车用的柴油机很少在这工况下工作。

(2)催化再生。是指利用化学催化剂的方法降低颗粒的反映活化能,可在较低的排气温度下使排气颗粒过滤器利用排气的温度再生,同时也可使柴油机排气中的 CO 和 HC 在催化作用下氧化成 CO_2 和 H_2O,从而提高废气温度,使炭烟颗粒更容易自燃。催化的重点是寻找低温下有效的催化剂,并兼顾其他有害气体排放物的转化。方法主要包括:①将催化剂提前浸在滤芯上,以降低过滤时滤芯上颗粒的活化能;②采用燃油添加剂,即在燃油中加入金属有机化合物。图9-18所示为整体多孔陶瓷催化过滤器—燃烧器再生系统。微粒过滤器由多孔陶瓷材料制成,其过滤效率较高。在过滤器入口前,设置一燃烧器,靠泵及喷油器向燃烧器供给少量燃油,利用排气的氧或另外供给空气,用火花塞或电热塞点燃,由高温燃气再烧掉微粒。一般经过1~2min后,即可完成再生过程,燃烧器停止工作。

(3)节流再生。实际上是通过进气或排气节流的方法来控制柴油机的进气量以提高排气温度,是滤芯中的炭烟颗粒着火燃烧,目前研究较多的是排气节流,主要包括以下两种方法:提高排气压差,增加泵功损失和降低柴油机的容积效率。

而于利用外部能量再生则包括:

(1)喷油助燃再生。该方法发展比较早。它是通过一套专门的系统,适时的向滤芯上游空间喷入一定量的燃油和供给一定的空气,由点火系统将喷入的燃油点燃,使滤芯温度上升,颗粒着火燃烧,以实现滤芯的再生。

(2)电加热再生(图9-19)。与喷油助燃再生相似,只不过以电能代替喷油燃烧热能加热空气或废气,以实现滤芯的再生。

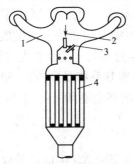

图9-18 整体多孔陶瓷催化过滤器燃烧器再生系统
1-排气管;2-燃油;3-电热塞;4-蜂窝陶瓷过滤器

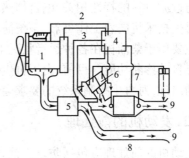

图9-19 旁通式喷油助燃再生系统
1-发动机;2-负荷;3-转速;4-控制器;5-消声器;6-燃烧器;7-压力;8-旁通通道;9-排气

(3)电自加热再生和微波再生(图9-20)。电加热再生是利用高导电性能的结晶 SiC 作为过滤材料。当需要再生时,将滤芯作为电加热元件直接通电加热,使沉积在上面的炭烟颗粒升温燃烧,实现滤芯自身的燃烧。微波再生是利用微波所独具的选择加热和体积加热特性,对沉积在滤芯上的对微波具有极强的吸收能力的颗粒及滤芯本身进行加热,使颗粒迅速燃烧。

(4)逆向喷气净化再生。

以上几种都是颗粒燃烧和滤芯没有分离。为了提高柴油机颗粒过滤器和再生系统的可靠性和使用寿命,将颗粒燃烧和滤芯分离是一个有效的途径。近年提出了一种新的叫逆向喷气再生技术。该技术最大的特点是将滤芯和颗粒燃烧分开,因此该系统不存在滤芯由于燃烧发热产生爆裂和烧熔的问题,也解决了不燃物质在过滤器内堆积的问题(图9-21)。虽然现在再生技术的方法很多,但是没有一种再生技术能够完全满足实用化的要求,主要存在下面两个问题:

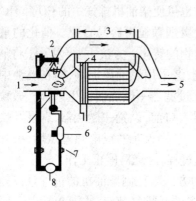

图9-20 电加热再生系统
1-排气;2-旁通阀;3-热电偶;4-加热器;5-排气;6-真空度调节器;7-真空开关;8-真空泵;9-进气门

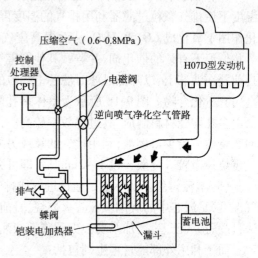

图9-21 带逆向喷气净化器的颗粒过滤装置

(1)目前过滤、再生系统的可靠性和使用寿命很难满足要求。

(2)过滤再生系统比较复杂,成本高,难以广泛推广使用。

过滤材料是过滤器的根本,开发新的耐高温,耐热冲击,导热性能好的过滤材料,对提高过滤器的使用寿命有极其重要的意义。再生技术是决定再生效果好坏的关键再生技术的使用又与过滤材料的特性相关,电自加热再生、微波再生技术等多种技术配合将具有良好的前景。再生技术将向着工作可靠,系统简单,易于操作,再生安全彻底等方向发展。再生控制系统主要用于柴油机在各种运行状况下的自动监视,再生过程的起动和再生过程的控制,另外还有自动诊断功能。目前,由于再生技术的限制,再生控制系统受到控制,随着新的再生技术的出现,对再生控制系统的要求会逐渐降低,控制系统将会逐渐简化,工作也更可靠。

二、发动机的前处理

发动机的前处理应包括防止汽油蒸发的措施,以及为降低NO生成而采取的废气再循环的措施。

1. 曲轴箱强制通风封闭系统(PCV系统)

如图9-22所示,从空气滤清器引出一股新鲜空气进入曲轴箱,再经流量调节阀(PCV阀)把窜入曲轴箱的气体和空气的混合气一起吸入汽缸烧掉。PCV阀是用真空操作和多个可变喷嘴控制的阀。其作用是在急速、低速小负荷时减少送入汽缸的抽气量,避免混合气过稀而造成失火。在节气门全开时,即进气管真空度低,汽缸窜气量大时,提供足够的流量。

这种系统在一些国家的法规上规定必须采用。

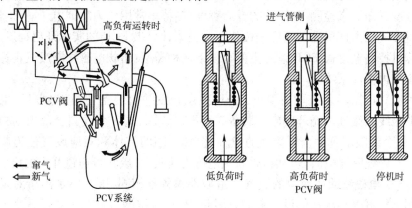

图 9-22　曲轴箱强制通风封闭系统

2. 油蒸气吸附装置

下面介绍一种常用的活性炭罐式油蒸气吸附装置（图 9-23）。从油箱蒸发出来的油蒸气，经储气罐流入炭罐被活性炭所吸附。当发动机工作时，由进气负压控制开启净化控制阀，在炭罐内被吸附的油蒸气与从炭罐下部流入的空气一起被吸入进气管。

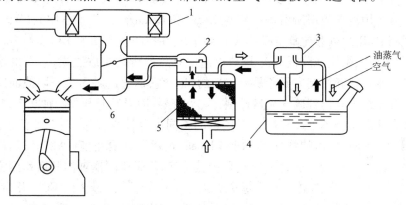

图 9-23　活性炭罐式油蒸气吸附装置
1-空气滤清器；2-控制阀；3-储气罐；4-油箱；5-炭罐；6-进气管

3. 废气再循环装置（EGR）

使少量废气（5%～20%）再次循环进入汽缸，降低燃烧温度，可抑制 NO_x 生成。对废气再循环量的控制方法有进气负压控制式、排气压力控制式、负荷比例式及电子控制式。应根据不同工况决定是否采用废气再循环，或确定废气再循环量的多少。

各大汽车公司所开发推出的 EGR 系统在控制方式上并不相同。按照工作方式分类主要有真空膜片式和全计算机控制电磁式。

真空膜片式 EGR 系统主要有以下几种类型：气道式废气再循环系统；正背压废气再循环系统和负背压废气再循环系统。以上类型的 EGR 系统主要在日本车系、Ford 车系和早期的 GM 车系上被广为运用。其主要通过电磁阀控制传送到 EGR 阀内部膜片上部控制管路中的真空，再结合发动机在不同工况下的排气压力和进气歧管绝对压力（MAP）差值综合控制 EGR 阀的开关程度。因为一般 EGR 电磁阀当发动机的冷却液温度达到 70℃ 以上，节气门开度大于 0 情况下，都被 ECM 控制开启，所以进气歧管上的真空可以说大多数时间是被作用于 EGR 阀内部的膜片上的，整个系统的控制近似于一种纯机械的方式。而且，作为发动机控制模块 ECM 接收到的 EGR 工作状况反馈信息也不是非常的精确。例如，日本车常用废气温度感知器来检测 EGR 阀的开启程度，福特车常用压力反馈电子感知器（PPE）通过监测流过废气压力计量孔节流后的废气压力值来计算出 EGR 的实际开启程度。

全计算机控制电磁式 EGR 系统主要有以下两种类型：指状电磁线圈废气再循环系统和线性控制废气再循环系统。

这两种废气再循环系统均由 Delco 公司独家开发并仅装备在通用公司所生产的汽车上。指状电磁线圈废气再循环阀内部装备 3 个电磁线圈，这 3 个线圈全部由动力控制模块 PCM 控制，每个线圈配有 1 个可移动的枢轴，枢轴下端的锥体和对应废气信道阀座密封配合。当任一电磁线圈通电时，可动枢轴就被电磁力所吸引，废气可通过开启的废气信道进入进气管路。3 个电磁线圈所对应的废气信道截面积各不相同，这主要是出于对发动机不同工况时控制废气再循环流量的设计考虑。因此，PCM 能够同时操控 1、2 或 3 个电磁线圈工作，保证在发动机大部分工况下，NO_x 排放水平的最优控制。这种 EGR 系统主要被装备在 Buick 和 Chevrolet 早期的 3.1 和 3.3 多点燃油喷射发动机上。随着科技水平的进步，脉宽调制技术（或称占空比 Duty cycle 控制技术）的日趋成熟，原先指状电磁线圈 EGR 系统被更先进的单电磁线圈线性控制带位置感知器（PPS）反馈 EGR 阀所代替，并装备到现在几乎所有的 GM 主打车型上，例如经典设计的 Cadillac NorthStar4.9L 发动机、Buick ParkAvenu 3.8L 发动机乃至被通用汽车公司所引进的别克 Regal 和 Century 车型上的 L46、LW9 发动机上。指状电磁线圈 EGR 阀虽然比真空膜片式的 EGR 阀在控制方式和工作可靠性方面有了大大的改善，但为了更大限度地降低 NO_x 排放以适应日趋严厉的排放法规，它在发动机全工况的废气再循环流量精确控制方面还是有欠缺的，尽管它是通过对 3 个不同截面废气再循环信道的不同开闭组合来达到废气流量控制，因为电磁线圈只有开和关两种状态，它所能控制的流量在控制上还是突变的（根据 3 个信道的不同组合计算，只存在 6 种信道面积）。目前，世界上只有 Delco 公司的线性 EGR 阀（Linear EGR），才真正能够胜任发动机全工况下 NO_x 排放水平的最佳控制。先进的脉宽调制技术使得 EGR 阀枢轴的开启程度完全是线性渐变的，PCM 根据各种感知器所传送的发动机运行参数计算出最优的 EGR 开启程度，并通过脉宽调制信号来控制 EGR 线圈。特别是线性 EGR 阀中嵌入的 EGR 枢轴位置感知器 PPS，马上就能够将实际枢轴的移动位置反馈给 PCM，实现了对废气再循环流量的精确死循环控制。

在汽油机暖机过程中，在息速及低负荷时，在高负荷、高转速或节气门全开时，一般不进行废气再循环，并要求随着负荷增加，废气再循环量应增加到允许的限度。根据工况不同，利用计算机控制废气再循环（EGR）阀的开度，可以获得较高的控制精度（图 9-24）。在严格控制 NO 排放的国家，废气再循环（EGR）装置已成为净化 NO_x 的主要方法。

就形式而言一般可分为机械式、气电式和电控式其中机械式类似于前文所提及的传统真空 EGR，而电控式 EGR 最具典型性代表 EGR 技术的发展方向。下面重点介绍气电式和电控式 EGR 系统。

1) 气电式

气电式 EGR 系统主要由 EGR 阀、真空源、真空管路、ECU、EGR 电磁阀和部分传感器等组成。其控制系统简图如图 9-25 所示。

在气电式系统中，阀的开度是通过改变 EGR 阀上部真空室内真空度来调节，其真空源的选取由节气门附近或使用真空泵来提供，此系统中 EGR 阀与 EGR 电磁阀通过真空管路相连。EGR 电磁阀在关闭状态下，真空管路与大气相连，而在开启状态下，真空管路与真空源相连，ECU 通过改变 EGR 电磁阀的开启关闭时间比，达到调节真空管路中的真空度的目的，从而控制废气再循环流量。气电式 EGR 系统可以根据传感器信号判断发动机工作状态，相对准确计算出废气再循环的时机和最佳控制量。然而气电式 EGR 系统只能根据发动机工况在一定范围内对 EGR 率进行粗率控制，控制精度不高，但系统柔性有了较大改善。

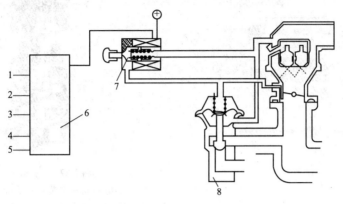

图 9-24　电控式废气再循环（EGR）装置
1-冷却液温度传感器；2-空气流量传感器；3-曲轴转角及转速传感器；4-怠速开关；5-节流阀位置传感器；6-计算器；7-电磁阀；8-EGR 阀

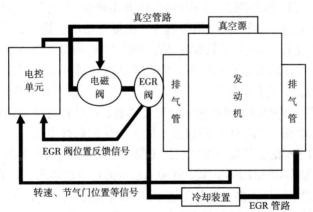

图 9-25　气电式 EGR 控制系统

2）电控式

EGR 系统由 EGR 阀、EGR 冷却器、混合腔、节流阀、一根或多根 EGR 管组成（图 9-26）。EGR 阀结构如图 9-27。根据使用需要有时包含旁通阀和节流阀，电控 EGR 系统则还包含 ECU 控制器。汽缸排气经过排气管，通过 EGR 控制阀部分进入 EGR 系统，高温气体经过 EGR 冷却器，最终到达混合腔与新鲜空气混合进入汽缸。在某些特定工况下，部分循环废气可以不经过 EGR 冷却器，而直接由旁通阀进入混合腔。

现阶段电控式 EGR 系统可以分为以下三种。

(1) 普通电控式 EGR 控制系统。

普通电控式 EGR 系统主要由 EGR 阀、电磁阀、节气门位置传感器、曲轴位置传感器、冷却液温度传感器、起动信号和电控单元等组成。发动机工作时，电控单元根据各个传感器反馈的电信号，确定发动机目前在哪种工况下运行。发动机在各种工况下运行，电控单元向 EGR 电磁阀发出接通信号，电磁阀通电，其阀门关闭切断 EGR 真空通道，EGR 阀关闭，EGR 系统停止工作。否则，ECU 使 EGR 电磁阀断电，其阀开启真空通道，EGR 阀打开，EGR 系统开始工作。

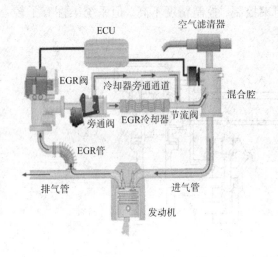

图 9-26　电控式 EGR 系统

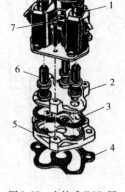

图 9-27　电控式 EGR 阀
1-电磁阀和安装板总成；2-EGR 基座板；3-EGR 基座衬垫；4-绝缘片；5-EGR 基底；6-电枢总成；7-螺钉总成

(2) 可变电控式 EGR 控制系统。

可变电控 EGR 控制系统主要由电控单元、EGR 电磁阀、节气门位置传感器、EGR 阀、节气门、曲轴位置传感器、定压阀和调压阀等组成。根据发动机台架试验确定的 EGR 率与发动机转速、负荷的对应关系，将有关数据存入发动机 ECU 内微机的 ROM 中。发动机工作时，微处理机根据各种传感器送来的信号，确定发动机在哪种工况下工作，经查表和计算修正，输出适当的指令，控制电磁阀的开度，以调节排气再循环的 EGR 率。

当发动机工作时，微处理机根据曲轴位置传感器、节气门位置传感器、冷却液温度传感器、点火开关和电源电压等，给 EGR 阀提供不同占空比的脉冲电压，使其具有不同打开关闭频率，调节进入调压阀的空气量，得到控制 EGR 阀不同开度所需各种真空度，从而获得为适应发动机工况所需不同的 EGR 率。脉冲电信号的占空比越大，电磁阀打开时间越长，进入调压阀负压室的空气量越多，真空度越小；EGR 控制阀开度越小，EGR 率越小；当小至某一值时，EGR 阀关闭，排气再循环系统停止工作。反之，脉冲电信号的占空比越小，EGR 率越大。

(3) 闭环控制式再循环系统。

开环控制式排气再循环系统中，EGR 率只受微处理机预先设置好的程序控制，不检验发动机各种工况下 EGR 率，因此，无反馈信号。而在闭环控制式排气再循环系统中，微处理机以 EGR 率作为反馈信号实现闭环控制。新鲜空气经 EGR 阀进入稳压箱，稳压箱中设置有 EGR 率传感器，它对稳压箱中新鲜空气与废气所形成的混合气中的氧气浓度不断地进行检测，并将检测结果输入微处理机。微处理机经过分析计算后向 EGR 阀输出控制信息，不断地调整 EGR 率，时刻在微处理机的控制下保持在理想状态，从而有效地减少 NO_x 的排放量。

总之，机外净化措施可以按表 9-4 所示分为排气后处理技术和发动机前处理技术两类。

机外净化技术的分类及应用 表9-4

分类			处理对象	国外应用现状
排气后处理	汽油机	热反应器	CO、HC	汽车已不用,主要用于摩托车
		氧化催化器	CO、HC	轿车上已较少,重型汽油车有应用
		还原催化器	NO_x	已很少应用
		三元催化器	CO、HC、NO_x	应用最广泛,轿车和轻型车必备装置
	柴油机	氧化催化器	SOF、CO、HC	少量开始应用
		还原催化器	NO_x	研制开发中
		微粒捕集器	PM	研制开发及中试阶段
		碳纤维吸附净化	NO_x	基础研究中
发动机前处理	汽油机、柴油机	曲轴箱强制通风装置	HC	法规要求必备装置
	汽油机	燃油蒸发控制系统	HC	法规要求必备装置
	汽油机、柴油机	废气再循环装置(EGR)	NO_x	应用广泛

第六节 排放法规与试验方法

一、各国排放法规简介

排放法规的核心内容有两个,即试验方法和排放限值。由于大量汽车的有害排放物对大气环境已构成严重的污染与危害,从20世纪60年代开始,世界各国及地区相继以法律形式对汽车排出的有害成分予以强制性限制。其中,美国、日本及欧洲经济委员会(ECE)对汽车排放的限制尤为严格。目前,这些国家的法规中对排放测试的装置、分析仪器、取样方法等,大都取得了一致,所不同的是,车辆试验的规范(即行驶循环的工况曲线)及对有害排放物的最大容许限值不同。下面从排气污染物的测量方法、排放限值和取样方法、气体成分分析仪器等来加以说明。

(一)排气污染物的测量方法

排气污染物的测量方法有怠速法、工况法、烟度法和汽车曲轴箱污染物测量方法。

1.怠速法

怠速法是测量汽车在怠速工况下排气污染物的方法,一般仅测CO和HC,测量仪器采用便携式排放分析仪。

2.工况法

工况法是将汽车于常用工况和排放污染较重的工况组合在一起测量污染物排放,以期综合全面地评价车辆排放水平。又根据轻型车和重型车之分而具体试验方法不同。对于轻型车与重型车的定义各国不完全统一,但一般将总质量在400~3500(或4000)kg范围内,乘员在9~12人以下的车辆作为轻型车,为了与农用车区别,还规定最高车速应达到50km/h以上;而总质量在3500(或4000)kg以上的作为重型车。

轻型车的排放检测要求以整车在底盘测功机上进行(也有在发动机台架上进行的),被检车辆按规定的测试循环运转,试验结果用单位行驶里程的排放质量(g/km)表示。

重型车的排放检测只要求在发动机台架上进行,其结果用发动机的比排放量[g/(kw·h)]表示,因为能进行重型车试验的底盘测功机价格太昂贵。

3. 烟度法

由于柴油机排出的炭烟微粒要比汽油机高出30~80倍,故一般仅对柴油机的排烟浓度进行监测。烟度法分为稳态和非稳态两种。

稳态烟度测定除用以监测汽车柴油机烟尘对环境的污染外,还常常用来研究燃烧过程,按烟度标出额定功率或对产品进行调整验收以及燃油品质的比较等。根据这些用途所进行的稳态烟度测定,一般不单独进行,只是作为柴油机台架和道路试验的一个测量项目,而不是在单一的全负荷工况下进行。每一部分负荷下的排气烟度是以柴油机实际转速范围内的最大烟度值来表示的。稳态烟度通常在全负荷稳定运转时测量,亦称为柴油机全负荷烟度测定(稳态)。

稳态烟度测量适用于在台架上进行,但较难在汽车、拖拉机上测定;对于那些高度强化和增压柴油机,由于在突然加速等过程中排烟浓度很高,稳态烟度测量就不能反映出柴油机的全部冒烟特性。因此,后来又发展了非稳态烟度测定。

目前,非稳态烟度测定有自由加速法和控制加速法两种规范。

4. 汽车曲轴箱污染物测量方法

世界各国对汽油车燃油蒸发污染物的测量方法有两种,即收集法和密闭室法。其测量单位均为g/测量循环。

(二)排放限值和取样方法

工况法检测的排放限值一般分为两类,即型式(类型)认证试验限值和产品(生产)一致性试验限值。型式(类型)认证试验是指对新设计车型的认证试验。产品(生产)一致性试验是指对批量生产车辆的试验,要求从成批生产的车辆中任意抽取一辆或若干辆进行试验。一般而言,型式(类型)认证试验限值严于产品(生产)一致性试验限值,但这两种排放限值今后有合二为一的趋势。

在取样方法上,目前我国、美国、日本、欧盟等的轻型车试验法规中均规定采用 CVS 法取样。定容取样法经常用英文 Constant Volume Sampling 的词头 CVS 表示,CVS 法是一种稀释取样方法,该法有控制地用周围空气对汽车排气进行连续稀释,因而是一种接近于汽车排气向大气中扩散这一实际过程的取样方法,又称为变稀释度取样法。该法易于进行连续测量以及对有害成分质量排放率的自动实时计算。

世界各国的排放法规中,对测试装置、取样方法和分析仪器的规定基本是一致的,但测试循环和排放限值的差别较大。美国采用 FTP 测试循环;日本采用 10.15 测试循环;欧洲则采用 ECE15 + EUDC 测试循环。例如,目前美国对于轿车及轻型车采用的试验规范是美国环保局 EPA LA-4CH 冷热起动工况法,日本现行的排放法规是 10 工况热起动行驶循环法和 11 工况冷起动行驶循环法,欧洲经济委员会现行采用的是 ECE-15 工况法。下面分别加以介绍。

1. 美国排放试验规范

世界上最早的排放测试规范是由美国加利福尼亚州1966年制定的称之为加利福尼亚标准的测试规范。该规范已于20世纪70年代初被美国联邦试验规范 FTP-72(Federal Test Procedure)所代替,FTP-72 是通过对美国洛杉矶市早上上班的公共汽车的运行工况实测得到的,试验平均车速为34km/h(其中最高车速为90 km/h),当量里程数为17.8km。1975 年后已被改进为称之为 FTP—75 的测试规范。

EPA(Environmental Protection Agency)城市(测功机上)行驶工况(也称 LA—4 工况)图如图9-28 所示,FTP—72 规范指按照 EPA 城市行驶工况(图9-28)连续运行1372s 此工况常称为 LA—4C 工况,变速器置于最高挡,尾气排放物和环境空气分别取样到两组袋中的试验规范。FTP—75 规范则按照 EPA 城市行驶工况(图9-28),连续运行,此工况常称为 LA—4CH 冷、热起动工况。

试验工况概要:室温停12h,按 LA—4C 工况规范冷态起动,运行一个循环,在室温下间隔10min 再按 LA—4CH 冷热起动工况规范运行。

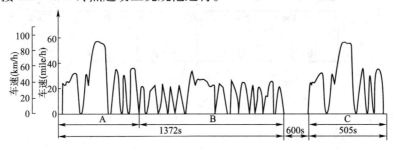

图9-28　EPA(测功机)城市行驶工况图

2. 日本排放试验规范

日本的试验循环有10·15模式循环、11 模式循环和13 模式循环三种。10·15 模式循环试验用于模拟汽车在城市道路的平均行驶状况。11 模式循环用于模拟汽车冷起动后由郊外向市中心前进的平均行驶模式。13 模式循环用于重型汽油货车、柴油货车及液化石油气货车及巴士的排放值测量。

(1)11 工况循环(图9-29)。11 工况冷起动试验:11 况循环需运行4 次,4 个循环全部计量。冷起动后怠速26s,对3 挡和4 挡变速器使用指定的挡位,对特殊变速器使用的变速比需单独规定,如为自动变速器只能选择 D 挡。排放分析使用 CVS 系统。

试验每循环里程为1.021km,每次试验循环次数为4,总里程为4.084km,总试验时间为505s,每循环持续时

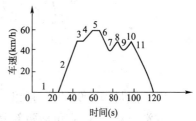

图9-29　日本11 模式循环

间为120s,平均车速为30.6km/h(不包括怠速时为39.1km/h),最高车速为60km/h,怠速时间占21.7%。

(2)10·15 工况循环(图9-30)。该试验规范自1991 年11 月1 日生效,对进口车自1993 年4 月1 日生效。

进行10·15 热起动试验时,预处理以60km/h 运行5min,接着进行怠速工况排放试验,然后再以60km/h 运行15min 并进行一个15 工况循环。预处理后接着开始10·15 工况试验,即10 工况循环3 次,加15 工况1 次,同时测量排放。

每次试验循环次数为1,总试验时间为660s,总里程为4.16km,平均车速为22.7km/h(不包括怠速时33.1km/h),最高车速70km/h,怠速时间占31.4%。

3. 欧洲排放试验规范

欧洲经济委员会(ECE)/欧洲经济共同体(EEC)的行驶工况:1992 年以前的 ECE 行驶

工况包括15个试验阶段(急速、加速、等速、减速),其行驶工况图如图9-31中的第一部分ECE所示。试验时需运行4个循环,总试验时间为13min。每循环持续时间为195s,总里程为4.052km,每循环里程为1.013km,平均车速为18.7km/h(不包括急速时为27.01km/h)最高车速为50kin/h,急速时间占31%。

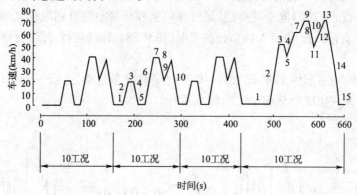

图9-30 10·15工况循环

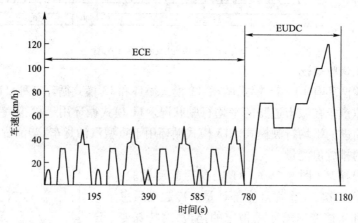

图9-31 ECE行驶工况试验

EEC成员国1992年7月以后的行驶工况(适于总质量<2500kg 小客车称之为新的EEC欧洲行驶工况,它包括两部分:第一部分为传统的ECE行驶工况(城市道路);第二部分为附加的市区行驶工况(EUDC),详见图9-31。总试验时间为1220s,试验里程为11.007km,平均速度为32.5km/h(不包括急速时为42.6km/h),最高车速为120km/h,急速时间占26.2%。取样开始时刻为试验开始40s后。

为了评定2.7t以上重型车用柴油机的排放水平,美国制定了13工况法,这原是一种稳态的台架试验规范,但实际上车用发动机在起动、瞬态等工况下的排放比稳态时严重,从1984年12月起,美国重型柴油机排放试验改用瞬态过渡试验规范。日本对车用柴油机原采用6工况法,目前也广泛使用美国的13工况法。欧洲1980年在ECE法规中提出了对重型柴油机车辆的排放限制,试验循环为13工况法,与美国的13工况法十分相近。

由于各国试验法规不同,因而允许排放的限值及使用单位也不一样。各国排放法规虽历经多次修改,但总的趋势是排放限值日趋严格。

在美国,联邦政府在不同年代的排放限值见表9-5,到2000年,HC的限值仅为原始限值的0.7%,CO为1.4%,NO_x为5.8%,而且增加了对微粒及醛类的限制。美国加利福尼亚州的法规比联邦政府的更为严厉。

美国联邦政府在不同年代对排放的限值[单位:g/km(g/mile)]   表9-5

年代	HC	CO	NO$_x$	微粒	乙醛
1968年以前	10.48(16.8)	78(125)			
70年代	2.56(4.1)	17.48(28)	2.12(3.4)		
80年代	0.256(0.41)	2.12(3.4)	0.62(1)	最初0.37(0.6)	
90年代	0.156(0.25)	2.12(3.4)	0.25(0.4)	后0.125(0.2)	
2000年	0.078(0.125)	1.06(1.7)	0.125(0.2)	0.05(0.08)	0.009(0.015)
2000年限值/原始值	0.70%	1.40%	5.80%		

在欧洲,欧洲经济委员会(Economic Commission for Europe,ECE)于1974年开始实行汽车排放标准,1992年以后欧盟(EU)轻型汽车开始实行的四个标准分别称之为欧Ⅰ、欧Ⅱ、欧Ⅲ、欧Ⅳ标准,对于各种轻型乘用汽车统一于一个排放限值标准。

具体来讲,从排放限值的变化上看(表9-6),在1992年欧盟开始实施相对严格的排放法规 ECE R83-01(即欧Ⅰ标准)或 MVEG-1("机动车排放组织"英文字头的缩写:Motor Vehicle Emission Group),它是在 ECE R83-00 的基础上对测试方法、CO 和 HC 排放标准等方面进行了修订而来,见表9-6,其对柴油车排放的要求只是在汽油机排放的标准上加上对柴油车微粒(PM)排放量的限制。而 MVEG-2(欧Ⅱ标准),对柴油车 HC+NO$_x$ 排放的限值降低为欧Ⅰ的71%~91%,PM 排放的限值更是比欧Ⅰ降低了近一半。2000年实施的 MVEG-3(欧Ⅲ标准),对 NO$_x$、HC、CO 及 PM 的限值分别降低为欧Ⅱ的71%、60%、53%和67%,其中 PM 的限值变化接近60%。而到2005年,MVEG-4(欧Ⅳ标准)规定各污染物要在欧Ⅲ限值的基础上再减少50%左右。

EU乘用汽车柴油机排放标准(单位:g/km)   表9-6

指标	欧Ⅰ	欧Ⅱ(IDI)	欧Ⅱ(DI)	欧Ⅲ	欧Ⅳ
CO	2.72	1.0	1.0	0.64	0.50
HC	—	—	—	—	—
HC+NO$_x$	0.97	0.7	0.9	0.56	0.3
NO$_x$	—	—	—	0.50	0.25
PM	0.14	0.08	0.10	0.05	0.025

注:试验规范为,IDI表示非直喷;DI表示直喷。

回顾欧洲汽车排放法规的实施过程,可以认为执行欧Ⅲ标准的2000年是其排放法规进行第二次重大修订的一年,除了排放限值对比欧Ⅱ有所加严外,法规认定的形式认定试验程序也发生了明显变化。如在型式认证试验中,新增了Ⅵ型试验(确定冷起动后低环境温度-7℃下排气中 CO 和 HC 平均排放量)和车载诊断(OBD)试验。

(三)气体成分分析仪器

各国采用的分析仪器大致相同。测定 CU 及 C 浓度的标准方法是采用不分光红外线分析仪(NDIR),测定 HC 含量的标准方法是氢火焰离子分析仪(FID),测定 NO 的标准方法是化学发光分析仪(CLD)。

1. 不分光红外线吸收型分析仪(NDIR)

红外线是波长为 $0.8\sim600\mu m$(工业上多用 $2\sim15\mu m$)的电磁波。多数气体对一定波长的红外线具有吸收能力,其吸收能量与气体浓度有关,例如 CO 能吸收波长 $4.5\sim5\mu m$ 的红外线。由此,NDIR 的基本原理如图 9-32 所示。由光源发出两束能量相等的平行红外线,其波长为 $2\sim7\mu m$,进入左右两室,左室为基准室,充满不吸收红外线的标准气体如 N,右室为分析室,测量开始前也充入与左室相同的气体,这样红外线穿过两室,射入检测电容器的能量相等。测量时将待测气体通过分析室,由于待测气体吸收红外线,使穿过右室的红外线能量减少,则检测器中金属薄膜右侧的压力减小,薄膜向右凸起,电容量减少,并且正比于待测气体的浓度;然后把电容量调制为超低频交流电压的信号,经放大、整流后在记录仪上显示。

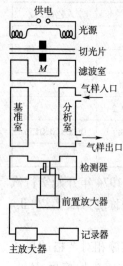

图 9-32 NDIR 原理

由于 NDIR 具有对吸收红外波长的选择性,从而不干扰组成浓度的变化,对待测组成浓度测量没有影响,不需要预先提纯,把被测气体与非被测气体分开,而且它还具有灵敏度高、测量精度高、能连续分析等优点,可测量浓度很大或微量($\times10^{-6}$级)的气体。

2. 氢火焰离子型分析仪(FID)

FID 工作原理是利用有机 HC 在氢火焰的高温(约 2000℃)中燃烧,一部分分子或原子就会离子化而生成自由离子;在外加电场作用下,离子向两极移动,形成离子电流,其电流大小与待测气体的流量和浓度成正比。据此原理制成的 FID 简图如图 9-33 所示。由于 HC 中各组成沸点不同以及为消除水的影响,在直接取样时应加热,一般汽油机为 150℃左右,柴油机在 200℃以上。

FID 分析仪可测从几个到 50000×10^{-6} 浓度的 HC,而且线性好,不受其他气体干扰,反应速度高。

3. 化学发光型分析仪(CLD)

化学发光法原理如下:

$$NO + O_3 \longrightarrow NO_2^* + O_2$$
$$NO_2^* \longrightarrow NO_2 + h_\nu$$

当气样中的 NO 和 O_3(臭氧)反应生成 NO_2 时,大约有 10% 的 NO_2 处于激化状态(以 NO_2^* 表示)。这些激态分子向基态过渡时,发射出波长 $0.59\sim2.5\mu m$ 的光量子 h_ν,其强度与 NO 量成正比。利用光电倍增管将这一光能转变为电信号输出,可推算出 NO 浓度。CLD 工作示意图如图 9-34 所示。排气中的 NO_2 要在 NO_2-NO 转换器中转换成 NO,再与 O_3 反应。

CLD 灵敏度高,响应性好,其感度可为 0.1×10^{-6}。在 10000×10^{-6} 范围内输出特性为线性关系,适用于连续分析。

近年来,我国汽车保有量迅速增加,排气污染日益严重,国家对汽车排气污染控制的强制性标准的项目逐渐增多,对排放限值也渐趋严格。例如,国家在 1993 年颁布的 8 项排放标准中,对汽油车急速污染物、柴油车自由加速烟度、汽车柴油机全负荷烟度等 3 项分别严格了限值并取代了 1983 年相应的标准;又对轻型汽车排气污染物、汽车曲轴箱污染物严格了限值并取代了 1989 年相应的标准;并且还增加了对车用汽油机排气污染物及汽油车燃油蒸发污染物的限制,制定了各自相应试验方法的国家标准。这些标准已于 1994 年 5 月 1 日起在全国强制性执行。1999 年 3 月又颁布了《汽车污染物排放限值及测试方法》(GB 14761—1999),比 1993 年的汽车排放标准加严了 80%。2001 年 4 月国家环境保护总局和国家质量监督检验检疫总局又发布了轻型汽车污染物排放限值国家标准。下面将以 2000 年后我国颁布轻型汽车污染物排放限值标准为重点,介绍我国汽车排放的有关法规。

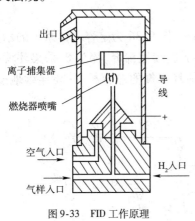

图 9-33 FID 工作原理

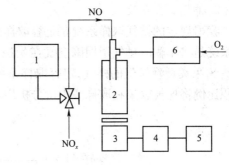

图 9-34 CLD 监测装置

1-NO_2-NO 转换器;2-反应器;3-光电倍增管;
4-放大器;5-记录器;6-臭氧发生器

二、我国汽车的排放法规

我国轻型汽车是指最大总质量不超过 3.5t 的 M1 类、M2 类和 N1 类车辆。M1 类车指至少有 4 个车轮,或有 3 个车轮且厂定最大总质量超过 1t,除驾驶员座位外,乘客座位不超过 8 人的载客车辆。M2 类车指至少有 4 个车轮,或有 3 个车轮且厂定最大总质量超过 1t,且厂定最大总质量不超过 5t 的载客车辆。N1 类车指至少有 4 个车轮,或有 3 个车轮且厂定最大总质量超过 1t,且厂定最大总质量不超过 3.5t 的载客车辆。

排气污染物的测试是在底盘测功机上进行的。

1. 试验规范

我国现在使用的规范是 1989 年颁布的轻型汽车排气污染物试验规范 GB 11642—1989,该规范基本上以 ECE-15 工况为框架,并结合我国国情作了若干具体规定。按规定,被试车应在 20~30℃室温下停放 6h 以上,冷起动后,先使发动机保持怠速运转 40s,然后按图 9-35 所示的 15 工况连续运转 4 个循环。每循环历时 195s,用定容取样法取样。

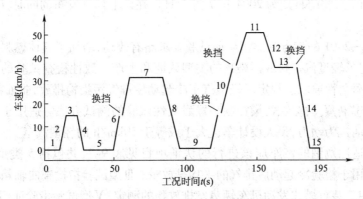

图 9-35 我国 15 段 4 循环工况

用 NDIR 分析仪测定 CO,用 FID 或 HFID(对压燃式发动机)检测器测定 HC,用 CLD 测试仪或不分光紫外线共谐吸收型(NDUVR)分析仪测定 NO_x,测出的排放污染物的单位为 g/试验,由于每次试验相当于汽车行驶的里程为 4.05km,故对测出的结果除以 4.05,即换算为 g/km。该试验规范主要用于 GB 14761.1—1993 中规定的污染物的测定。

2000 年起的轻型汽车排放试验规范改由市区循环和市郊运转循环组成,市区循环运行工况与现行规范相同。

2. 排气取样系统

我国规定的排气取样系统是定容取样系统(CVS)。图 9-36 为定容取样系统的示意图,该系统是将车辆的排气用周围空气在受控制的条件下连续地稀释,探头 S_1 采集环境空气,探头 S_2 采集稀释排气的样气,定容取样系统能计量稀释排气的总容积,并能连续地按规定容积比例将样气收集在取样袋中待分析用。

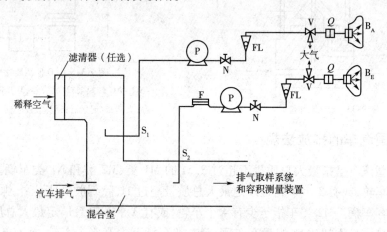

图 9-36 定容排气取样系统示意图

S_1、S_2-取样探头;F-滤清器;P-取样泵;N-流量控制阀;FL-流量计;V-快速动作阀;Q-气密式快速紧固接头;B_A-环境空气取样袋;B_E-稀释排气取样袋

3. 轻型车排放限值标准

2001 年 4 月 16 日发布的国家轻型汽车污染物排放限值标准,由 Ⅰ、Ⅱ 两部分组成,Ⅰ 的代号为 GB 18352.1—2001,名称为《轻型汽车污染物排放限值及测量方法(Ⅰ)》,实施日期为 2000 年 1 月 1 日;Ⅱ 的代号为 GB 18352.2—2001,名称为《轻型汽车污染物排放限值及测量方法(Ⅱ)》,实施日期为 2004 年 7 月 1 日。在以上标准发布的同时,废止了 1999 年相应的标准。

GB 18352—2001 的特点是类型认证试验要求略有改动,增加了气体燃料汽车的污染物排放限值,规定了轻型汽车排放污染物的类型认证和生产一致性检查试验的排放限值及污染控制装置的耐久性要求。规定了轻型汽车冷起动后排气污染物排放、曲轴箱气体排放、装点燃式发动机车辆蒸发排放、污染控制装置耐久性试验的测试方法。适用于以点燃式发动机或压燃式发动机为动力,最大设计车速大于或等于 50km/h 的轻型汽车。

该标准对适用范围的汽车应该进行的认证项目见表 9-7,共包括 5 类型式认证试验。表中 Ⅰ 型试验用于检验冷起动后排气的平均排放量;Ⅲ 型试验指检查曲轴箱的气体排放试验;Ⅳ 型试验用于装点燃式发动机车辆蒸发排放物的测定;Ⅴ 型试验指验证污染物控制装置耐久性用的时效试验;认证扩展指对同一型式车辆试验结果的可否扩展的认证。

车辆类型认证试验项目　　　　　　　表 9-7

类型认证试验	装点燃式发动机的车辆			装压燃式发动机的车辆
	汽油机	LPG/NG 车	两用燃料车	
排气排放物试验（Ⅰ型试验）	进行	进行	进行	进行
曲轴箱排放物试验（Ⅱ型试验）	进行	进行	进行	不进行
蒸发排放物试验（Ⅲ型试验）	进行	不进行	仅对燃用汽油时进行	不进行
耐久性（Ⅳ型试验）	进行	进行	进行	进行
认证扩展	有条件进行	有条件进行	有条件进行	有条件进行

该标准还把轻型汽车分为两类，第一类车指设计乘员数不超过 6 人（包括驾驶员），且最大总质量不大于 2.5t 的载客车辆；标准适用车辆中除第一类车以外的轻型汽车称为第二类车。基准质量（Rm）是指整车整备质量加 100kg 的质量。最大总质量（GVM）是指汽车制造厂规定的技术上允许的车辆最大质量。

（1）类型认证试验排放限值。

《轻型汽车污染物排放限值及测量方法（Ⅰ）》的类型认证限值见表 9-8，第一类车的类型认证限值的实施日期为 2000 年 1 月 1 日，第二类车的类型认证限值的实施日期为 2001 年 1 月 1 日。

类型认证Ⅰ型试验排放限值（GB18352）（单位：g/km）　　　表 9-8

车辆类型	基准质量 RW (kg)	限　　值					
		CO 质量 L_1 (g/km)		HC + NO 质量 L_2 (g/km)			微粒[①]（PM）质量 L_3 (g/km)
		点燃式发动机	压燃式发动机	点燃式发动机	非直喷压燃式发动机	直喷压燃式发动机	非直喷压燃式发动机	直喷压燃式发动机
第一类车	全部	2.72	0.97	1.36[②]	0.14	0.20[②]
第一类车	RW≤1250	2.72	0.97	1.36[②]	0.14	0.20[②]
	1250 < RW ≤1700	5.17	1.40	1.96[③]	0.19	0.27[③]
	RW > 1700	6.90	1.70	2.38[③]	0.25	0.35[③]

注：① 只适用于以压燃式发动机为动力的车辆。
　　② 表中所列的以直喷式柴油机为动力的车辆的排放限值的有效期为 2 年。
　　③ 表中所列的以直喷式柴油机为动力的车辆的排放限值的有效期为 1 年。

《轻型汽车污染物排放限值及测量方法（Ⅱ）》的类型认证限值见表 9-9，第一类车的类型认证限值的实施日期为 2004 年 7 月 1 日，第二类车的类型认证限值的实施日期为 2005 年 7 月 1 日。

（2）生产一致性检查试验及排放限值。

生产一致性检查可对Ⅰ型试验、Ⅲ型试验、Ⅳ型试验的全部或部分内容进行检查。《轻型汽车污染物排放限值及测量方法（Ⅰ）》的生产一致性限值见表 9-10，第一类车的生产一致性限值的实施日期为 2000 年 7 月 1 日，第二类车的生产一致性限值的实施日期为 2001 年 10 月 1 日。

类型认证Ⅰ型试验排放限值（GB 18352）（单位：g/km）　　　　表9-9

车辆类型	基准质量 RW (kg)	限值						
		CO质量 L_1 (g/km)		HC+NO质量 L_2 (g/km)				微粒[①] (PM) 质量 L_3 (g/km)	
		点燃式发动机	压燃式发动机	点燃式发动机	非直喷压燃式发动机	直喷压燃式发动机	非直喷压燃式发动机	直喷压燃式发动机
第一类车	全部	2.2	1.0	0.5	0.7	0.9	0.08	0.1
第一类车	RW≤1250	2.2	1.0	0.5	0.7	0.9	0.08	0.1
	1250<RW≤1700	4.0	1.25	0.6	1.0	1.3	0.12	0.14
	RW>1700	5.0	1.5	0.7	1.2	1.6	0.17	0.20

注：① 只适用于以压燃式发动机为动力的车辆。

生产一致性检查Ⅰ型试验排放限值（单位：g/km）　　　　表9-10

车辆类型	基准质量 RW (kg)	限值						
		CO质量 L_1 (g/km)		HC+NO质量 L_2 (g/km)				微粒[①] (PM) 质量 L_3 (g/km)	
		点燃式发动机	压燃式发动机	点燃式发动机	非直喷压燃式发动机	直喷压燃式发动机	非直喷压燃式发动机	直喷压燃式发动机
第一类车	全部	3.16	1.13	1.58[②]	0.14	0.25[②]		
第一类车	RW≤1250	3.16	1.13	1.58[②]	0.14	0.25[②]		
	1250<RW≤1700	6.00	1.60	2.243[③]	0.19	0.3[③]		
	RW>1700	8.00	2.00	2.80[③]	0.25	0.41[③]		

注：① 只适用于以压燃式发动机为动力的车辆。
② 表中所列的以直喷式柴油机为动力的车辆的排放限值的有效期为2年。
③ 表中所列的以直喷式柴油机为动力的车辆的排放限值的有效期为1年。

《轻型汽车污染物排放限值及测量方法（Ⅱ）》的生产一致性限值为类型认证限值（表9-9）乘以表9-11所示的劣化系数之值。第一类车的生产一致性限值的实施日期为2005年7月1日，第二类车的生产一致性限值的实施日期为2006年7月1日。

劣 化 系 数　　　　表9-11

车辆类别	劣化系数		
	CO	HC+NO_x	PM[①]
以点燃式发动机为动力的车辆	1.2	1.2	—
以压燃式发动机为动力的车辆	1.1	1.0	1.2

注：① 只适用于以压燃式发动机为动力的车辆。

（3）蒸发排放物限值≤2g/次试验。
（4）污染控制装置的耐久性规定。
对标准适用范围内的所有车辆，其污染控制装置的耐久性要求为80000km。

4. 重型商用车用发动机排放限值标准

由于欧美日三大汽车排放体系中,欧洲法规在排放的松严程度、道路交通情况等方面相对较适用于我国的实际情况,故中国在充分吸收欧洲的经验后,全面等效采用欧盟(EU)指令、欧洲经济委员会(ECE)技术内容和部分采用欧共体(EEC)法规的基础上形成了中国汽车排放法规体系。

为适应我国加入WTO后与国际接轨的需要,为我国国民经济的持续发展和改善环境,我国对制定、公布和实施车用柴油机的排放标准非常重视。国家技术监督局于1999年3月10日曾颁布GB 17691—1999《压燃式发动机和装用压燃式发动机的车辆排气污染物限值及测试方法》排放标准(即国Ⅰ、国Ⅱ标准,相当于欧Ⅰ、欧Ⅱ)。随后于2001年4月16日国家环保总局、国家技术监督检验检疫总局重新发布了此标准,即GB 17691—2001《车用压燃式发动机排气污染物的排放限值及测量方法》排放标准(表9-12、表9-13),将实施国Ⅱ标准的时间提前16个月。2005年5月3日,国家环保总局、国家技术监督检验检疫总局联合发布GB 17691—2005《车用压燃式、气体燃料点燃式发动机与汽车排气污染物排放限值及测量方法(中国Ⅲ、Ⅳ、Ⅴ阶段)》排放标准(表9-14、表9-15),并于2008年7月1日正式实施国Ⅲ排放标准。

重型商用车用发动机型式认证试验排放限值(GB 17691—2001)　　　　表9-12

阶段	一氧化碳(CO) [g/(kW·h)]	碳氢化合物(HC) [g/(kW·h)]	氮氧化物(NO$_x$) [g/(kW·h)]	颗粒物(PM)[g/(kW·h)]	
				≤85kW[①]	>85kW[①]
Ⅰ	4.5	1.1	8.0	0.61	0.36
Ⅱ	4.0	1.1	7.0	0.15	0.15

注:①指发动机功率。

重型商用车用发动机生产一致性试验排放限值(GB 17691—2001)　　　表9-13

阶段	一氧化碳(CO) [g/(kW·h)]	碳氢化合物(HC) [g/(kW·h)]	氮氧化物(NO$_x$) [g/(kW·h)]	颗粒物(PM)[g/(kW·h)]	
				≤85kW[①]	>85kW[①]
Ⅰ	4.9	1.23	9.0	0.68	0.40
Ⅱ	4.0	1.1	7.0	0.15	0.15

注:①指发动机功率。

ESC和ELR试验限值(GB 17691—2005)　　　　表9-14

阶段	一氧化碳(CO) [g/(kW·h)]	碳氢化合物(HC) [g/(kW·h)]	氮氧化物(NO$_x$) [g/(kW·h)]	颗粒物(PM) [g/(kW·h)]	烟度(m^{-1})
Ⅲ	2.1	0.66	5.0	0.10　0.13[①]	0.8
Ⅳ	1.5	0.46	3.5	0.02	0.5
Ⅴ	1.5	0.46	2.0	0.02	0.5

注:①对每缸排量低于0.75dm³及额定功率转速超过3000r/min的发动机。

ESC试验循环:在规定试验循环的每个工况中,从经过预热的发动机排气中直接取样,并连续测量。在每个工况运行中,测量每种气态污染物的浓度、发动机的排气流量和输出功率,并将测量值进行加权。

表 9-15

ETC 试验限值（GB 17691—2005）

阶段	一氧化碳 （CO） [g/(kW·h)]	非甲烷碳氢化合物 （NMHC） [g/(kW·h)]	甲烷 （CH_4）[1] [g/(kW·h)]	氮氧化物 （NO_x） [g/(kW·h)]	颗粒物 （PM）[2] [g/(kW·h)]
Ⅲ	5.45	0.78	1.6	5.0	0.16　0.21[3]
Ⅳ	4.0	0.55	1.1	3.5	0.03
Ⅴ	4.0	0.55	1.1	2.0	0.03

注：[1]仅对 NG 发动机。

[2]不适用于第Ⅲ、Ⅳ和Ⅴ阶段的燃气发动机。

[3]对每缸排气量低于 0.75 dm^3 及额定功率转速超过 3000 r/min 的发动机。

在整个试验过程中，将颗粒物的样气用经过处理的环境空气进行稀释。用适当的滤纸收集颗粒物。

ELR 试验循环：在规定的负荷烟度试验中，采用不透光烟度计测量经过预热的发动机的排气烟度。试验包括三个不同恒定转速下，将发动机的负荷由 10% 突加到 100% 的试验循环。此外，还需运行任选的第四个加负荷过程，并将第四个加负荷过程的烟度测量值与上述三个加负荷过程的烟度测量值进行比较。

ETC 试验循环：在规定的瞬态试验循环期间，发动机的全部排气用经过调节的环境空气稀释，并从经过稀释的排气中取样测量排气污染物。使用测功机的发动机转矩和转速的反馈信号，积分计算循环时间内的发动机的输出功率。通过分析仪的积分方法测量整个循环中的 NO_x 和 HC 浓度；CO、CO_2 和 NMHC 浓度，可以通过分析仪的积分方法或袋取样的方法测量；颗粒物通过用适当滤纸按比例收集样品。应测量整个循环过程的稀释排气流量，用于计算污染物的质量排放值。用质量排放值机发动机积分功率值计算出每种污染物的比排放量。

1）发动机排放试验点的确定

重型商用车用压燃式发动机的排放试验采用 13 工况法进行 ESC 试验和 ELR 试验，试验前需要确定 A、B、C 三个转速（图 9-37）。

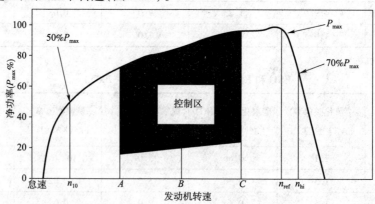

图 9-37　试验循环的定义

发动机转速 A、B 和 C 应由制造厂按照下列规定确定：

高转速 n_{hi} 是最大净功率 $P_{(n)}$ 70% 下的转速，功率线上此功率对应的发动机最高转速定义为 n_{hi}。

低转速 n_{lo} 是最大净功率 $P_{(n)}$ 50% 下的转速,功率曲线上此功率对应的发动机最低转速义为 n_{lo}。

发动机转速 A、B 和 C 应按下列公式计算:

$$转速\ A = n_{lo} + 25\%(n_{hi} - n_{lo})$$
$$转速\ B = n_{lo} + 50\%(n_{hi} - n_{lo})$$
$$转速\ C = n_{lo} + 75\%(n_{hi} - n_{lo})$$

A、B 和 C 三个转速确定后,分别取各转速下的 100%、75%、50% 和 25% 负荷点,再加上急速总共 13 个排放测试点。

试验过程中需要注意:试验室的大气因子 f_a 满足 $0.96 \leq f_a \leq 1.06$ 的条件时,试验结果是可信的。

2) 国Ⅲ阶段以后采用的排放控制技术

国Ⅰ、国Ⅱ排放阶段,发动机采用机械泵就可以达到排放标准。到国Ⅲ阶段后,由于排放法规日趋严格,采用以前的技术发动机将难以到达排放要求。为到达国Ⅲ排放标准,国内有两条技术路线:①机械泵 + EGR 技术;②电控高压共轨技术。而为达到国Ⅳ排放要求,则需要采用电控高压共轨 + SCR;理论上采用机械泵 + EGR + DPF 可以达到国Ⅳ排放要求。到国Ⅴ阶段,采用机械泵就无法达到排放要求,因此只能采用电控高压共轨技术和相应的后处理技术;同时为改善燃烧过程,还需要采用 VGT 技术。

(1) 机械泵 + EGR。机械泵 + EGR 技术在国Ⅲ阶段被称为非主流技术,其工作原理是在国Ⅱ机械泵的基础上,利用电磁铁控制机械泵的齿条、出油阀,做成简易电控喷油泵外加 EGR 废气再处理系统,减少废气排放。该技术油耗偏高、一致性差,无法适应更高的排放要求,其中最大的缺陷是无法兼顾燃油经济性和排放指标,即达到排放要求时燃油耗将高出 15%。同时机械泵 + EGR 技术对燃油的含硫量有很高的要求。进入 EGR 管道的废气是直接从排气管中引出的,温度很高,进入燃烧室前需要对其进行冷却。废气中的含硫产物在冷却时与水蒸气作用形成酸,容易腐蚀废气再循环的管道和阀门。

颗粒捕集器 (DPF)。柴油机颗粒捕集器借助惯性碰撞、截留、扩散和重力沉降等机理将 PM 从气流中分离出来。目前最常用的是壁流式蜂窝陶瓷捕集器,其原理为通过捕集器孔道前后交替封堵,使排气从壁面穿过而达到捕集颗粒的目的。壁流式蜂窝陶瓷捕集器的过滤效果可达到 60%~90%,是降低柴油机 PM 排放最有效的方法。

一般 DPF 只是一种降低排气颗粒的物理方法,随过滤下来颗粒的积存,过滤孔逐渐堵塞,使排气阻力增加,导致发动机动力性和经济性的恶化,因此必须及时除去 DPF 中的颗粒,这称为捕集器的再生。目前围绕 DPF 的主要研究方向是:捕集器的再生、过滤载体耐久性的提高和背压的降低、润滑油灰烬的处理。

(2) 电控高压共轨技术。由于柴油机的负荷和转速调节是在没有进气节流的情况下直接通过改变喷油量来达到的,因此喷油系统必须以 35~200MPa 的压力将燃油喷入柴油机汽缸内,并形成均匀的可燃混合气。其间喷油量的计量必须尽可能精确,对喷油过程中的喷油压力、喷油时刻和喷油次数的控制必须非常灵活,而且必须能够随运转工况而任意变化。因此,继续沿用机械调节式喷油系统或喷油压力较低而控制功能有限的电子控制式分配泵已无法满足这些要求,电控高压共轨喷油系统则是最佳选择。因此近几年来,电控高压共轨喷油系统在车用柴油机上得到迅速推广。

①主要特点。电控高压共轨喷油系统(图 9-38)与传统的凸轮驱动的机械调节式喷油

系统相比,其与柴油机匹配的灵活性要大得多,主要表现在以下几个方面。

　　a. 宽广的应用领域(用于小型乘用车和轻型载重车,每缸功率可达30kW;用于重型载货汽车、内燃机车和船舶,每缸功率可达200 kW 左右)。

　　b. 喷油压力可达160MPa,甚至更高。

　　c. 喷油始点可变。

　　d. 可实现预喷射、主喷射和后喷射。

　　e. 喷油压力可随柴油机运转工况而变化。

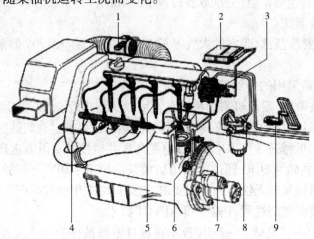

图9-38　电控高压共轨系统的主要组成

1-空气流量计;2-ECU;3-高压油泵;4-共轨;5-喷油器;6-曲轴位置传感器;7-冷却液温度传感器;8-柴油滤清器;9-加速踏板传感器

　　②功能。在共轨喷油系统中,喷油压力的建立与喷油量互不相关,喷油压力不取决于柴油机的转速和喷油量。在高压燃油存储器(即"共轨管")中,始终充满着高压燃油。而喷油量、喷油正时和喷油压力由电控单元(ECU)根据其中存储的MAP(脉谱图)和传感器采集的柴油机运转工况信息算出,然后控制每缸喷油器的高速电磁阀开闭来实现。

　　共轨喷油系统的控制部分和传感器部分包括:ECU、曲轴转速传感器、凸轮轴相位传感器、加速踏板传感器、增压压力传感器、空气质量流量计、共轨压力传感器及冷却液温度传感器。

　　ECU借助于传感器得知驾驶员的要求(加速踏板位置)以及柴油机和车辆的实时工作状态。它处理由传感器产生并经数据导线输入的信号,对柴油机进行控制和调节。曲轴转速传感器测定柴油机的转速,凸轮轴相位传感器确定发火顺序和相位。加速踏板传感器是一种电位计,它通过电压信号告知ECU关于驾驶员对转矩的要求。空气质量流量计告知ECU柴油机实时的进气空气质量流量,以根据排放法规的要求来匹配相应的基本喷油量。在带有增压压力调节的增压柴油机上,增压压力传感器用以测定增压压力。在低温和柴油机处于冷态时,ECU可根据冷却液温度传感器和进气空气温度传感器的信号值确定合适的喷油始点、预喷射油量和其他参数的额定值。

　　a. 基本功能。其基本功能是在正确时刻以精确的数量和合适的压力控制燃油的喷射,从而保证柴油机的平稳运行,并获得低燃油消耗、废气排放和运转噪声。

　　b. 附加功能。附加的控制和调节功能用于减少废气排放和燃油消耗,或提高安全性和舒适性。例如用来实现废气再循环(EGR)、增压压力调节、车速控制和电子防盗锁等。

CAN 总线系统可与车辆的其他电子系统(例如 ABS 系统、变速器电子控制系统)进行数据交换。诊断接口可在车辆检修时方便的与诊断仪器进行连接。

③共轨喷油系统的喷油特性。对理想的喷油特性,除了普通喷油特性的要求之外,还有下列要求:

a. 对发动机的任何一个工况点,喷油压力和喷油量的确定都可以是互为独立的。

b. 喷油开始初期(即在喷油开始到燃烧开始之间的点火延迟期内)的喷油量应尽可能小。

共轨喷油系统采用模块式结构,喷油特性主要决定于下列组件:

a. 电磁阀控制的喷油器,用螺纹拧装在汽缸盖上。

b. 压力存储器(共轨)。

c. 高压泵。

d. ECU。

e. 曲轴转速传感器。

f. 凸轮轴相位传感器。

喷油器通过高压油管与共轨相连,它主要由一个喷油嘴和一个电磁阀构成。ECU 对电磁阀通电,喷油器开始喷油。在一定压力下,喷入的燃油量与电磁阀的接通时间成正比,而与发动机或泵的转速无关(时间控制的喷油方式)。喷油量可通过电磁阀控制的相应设计,并在 ECU 中采用高电压和大电流来控制,以提高电磁阀的响应特性。

喷油正时是通过电控系统中的角度—时间系统来控制的。为此在曲轴上装有一个转速传感器,并且为了识别缸序或相位,在凸轮轴上也装有一个相位传感器。

燃油喷射主要有以下几种:

a. 预喷射。预喷射可在上止点前 90°内进行。如果预喷射的喷油始点早于上止点前 40°曲轴转角,则燃油可能喷到活塞顶面和汽缸壁上使润滑油稀释到不允许的程度。预喷射时,少量燃油($1 \sim 4 \text{ mm}^3$)喷入汽缸,促使燃烧室产生"预调节",从而改善燃烧效率。压缩压力由于预反应或局部燃烧而略有提高,因此缩短了主喷油量的着火延迟期,降低了燃烧压力上升幅度和燃烧压力峰值,燃烧较为柔和。这种效果减小了燃烧噪声和燃油耗,许多情况下还降低了排放。

在无预喷射时的压力特性曲线(图 9-39)中,在上止点前的范围内,压力上升尚较平缓,但随着燃烧的开始压力迅速上升,达到压力最大值时,形成一个较陡的尖峰。压力上升幅度的增加和尖峰导致柴油机的燃烧噪声明显提高。而在有预喷射的压力特性曲线(图 9-40)中,在上止点前范围内,压力值略高,但燃烧压力的上升变缓。预喷射间接地通过缩短着火延迟期而有助于发动机转矩的增加。根据主喷射始点和预喷射与主喷射之间的时间间隔的不同,燃油耗降低或增加。

b. 主喷射。主喷射提供了发动机输出功率所需的能量,从而基本上决定了发动机的转矩。在共轨喷油系统中,整个喷油过程的喷油压力近似恒定不变。

c. 后喷射。后喷射对于那些催化 NO_x 的催化器而言,后喷射的燃油充当还原剂,用于还原 NO_x。它在主喷射之后的做功行程或排气行程中进行,其范围一般在上止点后 200°内。

与预喷射和主喷射不同,后喷射的燃油在汽缸中不会燃烧,而是在废气中剩余热量的作用下蒸发,带入 NO_x 催化器中作为 NO_x 的还原剂,以降低废气中 NO_x 的含量。

(3)SCR 技术。SCR(Selective Catalytic Reduction)即选择性催化还原反应,其反应原理

是:尿素在高温下分解成 NH_3 和 H_2O,在高于 300℃ 的环境中(柴油机的排气温度一般在 300～500℃,满足了 NO_x 还原所需的温度条件),NH_3 和 NO_x 在催化剂的作用下迅速反应,生成 N_2 和 H_2O。

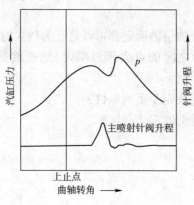

图 9-39　无预喷射的喷油嘴针阀升程和压力特性曲线

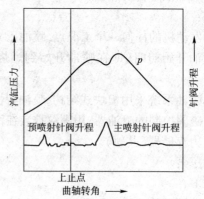

图 9-40　无预喷射的喷油嘴针阀升程和压力特性曲线

选择性催化还原反应中氧化剂是 NO_x,真正的还原剂是氨气,其间经历的化学反应相当复杂,但主要的反应有下面几个:

①氨气的生成。在排气管和 SCR 催化器中,氨气的生成是分三步实现的:

第一步:尿素水溶液蒸发析出尿素颗粒:

$$(NH_2)_2CO(水溶液) \longrightarrow (NH_2)_2CO(固态) + H_2O(气态)$$

第二步:尿素热解成等摩尔的氨气和氰酸(HNCO):

$$(NH_2)_2CO(固态) \longrightarrow NH_3(气态) + HNCO(气态)$$

第三步:氰酸进一步水解生成等摩尔的氨气和二氧化碳:

$$HNCO(气态) \longrightarrow NH_3(气态) + CO_2(气态)$$

②NO_x 的催化还原。NO_x 的催化还原反应中主要的反应有如下两个,其化学反应式为:

$$4NH_3 + 4NO + O_2 \longrightarrow 4N_2 + 6H_2O \quad (标准反应) \tag{9-1}$$

$$2NH_3 + NO + NO_2 \longrightarrow 2N_2 + 3H_2O \quad (快速反应) \tag{9-2}$$

柴油机排放的氮氧化物中 NO 含量通常占 85%～95%,因此在 NO_x 的催化还原中化学方程式(9-1)是最主要的反应,但是化学方程式(9-2)的反应优先级比化学方程式(9-1)高,废气中的 NO_2 和一部分 NO 能够通过化学方程式(9-2)快速地被消除。经过化学方程式(9-1)和(9-2)的反应,大部分 NO_x 被转化为无害的氮气和水。

(4) VGT 技术。VGT(Variable Geometry Turbo)(可变截面涡轮增压器)是一种全新的电子控制涡轮增压器。它的工作方式与传统废气涡轮增压器相同,都是利用废气驱动涡轮轴,带动压气机将新鲜空气强制压入汽缸,以增加汽缸进气量和供油量,从而使单位汽缸容积能够产生更大的做功能量,提高发动机的功率,并降低发动机的排放污染。

传统废气涡轮增压器的缺陷非常明显。尤其是当发动机低速运转时,由于排气量小,气流速度慢,驱动涡轮的力小,造成压气机转速低,增压空气压力低,发动机充气量不足(空气质量与气压成正比,与空气温度成反比),产生冒烟现象和发动机功率的增加相对于非增压发动机而言并不明显等缺点。VGT 的独特之处就是在涡轮机壳体内设置可以改变涡轮室进气通道截面积的装置(图9-41)。

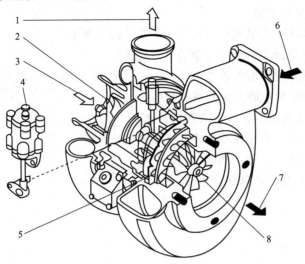

图9-41 VGT机构图

1-进入进气歧管的压缩空气;2-压气机;3-新鲜空气进口;4-驱动器;5-废气调速器(滑套);6-废气进口;7-废气出口;8-涡轮

驱动器端部有空气管接口。在空气压力的作用下(此压力由VGT的控制系统提供,其值为变量),驱动器4内的活塞驱动活塞杆和摆臂机构,带动废气调速器5(为带散热片的滑套,它不围绕其自己的轴线旋转)沿涡轮轴方向作轴向运动。空气压力的大小决定驱动器的活塞行程,也就决定了滑套的轴向滑动行程。排气气流必须通过滑套上的开口才能进入涡轮室,然后再驱动涡轮轴。这样,滑套在涡轮轴上左右移动时,就改变了涡轮室进气通道的截面积。

当发动机转速较低时,排气量也比较少,驱动器在VGT控制系统的作用下向右移动滑套,减小涡轮室进气通道截面积。发动机转速越低,进气通道截面积就越小。这样,即便废气量较少,也会形成较快的气流速度,从而保证涡轮轴仍然具有较高的转速,压气机的转速相应地得到提高,保证发动机有足够的充气量。

随着发动机负荷的增加,发动机的转速也随之提高。此时,驱动器在VGT控制系统的作用下向左移动滑套,增大涡轮室进气通道截面积。尽管废气流量增加了,但其流速没有迅速增加,涡轮轴和压气机的转速没有急剧增加,而是保持在一个适当的转速上。

这样,无论在发动机处于什么样的工作状态,VGT在发动机ECU的控制之下,始终能够保证发动机进气量与发动机的需要形成最佳匹配,使发动机的动力性、经济性和环保性能同时保持在很高的运行水平上。

 复习思考题

1.NO的生成主要受哪些因素影响?

2.发动机中HC的生成有几条途径,其中哪一条为HC的主要来源?

3.分析空燃比、点火时间对汽油机排放的影响?

4.汽油车的蒸发及曲轴箱漏气通常采取什么办法控制?

5.汽油机怠速、常用工况及全负荷时排气温度大致范围为多少?

6. 画出汽油机三种有害排放污染物（CO、HC、NO_x）生成量与过量空气系数之间的关系曲线，并对曲线走势进行分析。

7. 三元催化器在理论空燃比附近转换效率最高的原因是什么？

8. 与汽油车相比柴油车的排气污染物有何特点？

9. 柴油机的排气污染物有哪些？简述 NO_x 形成机理，分析喷油提前角、转速、负荷等因素对 NO_x 的影响，降低 NO_x 的具体措施有哪些？

10. 举例说明降低柴油机排放污染物的措施。

11. 简述柴油机 EGR 系统的结构并说明各部分的作用。

12. 画图说明 NDIR 测量仪的工作原理。

13. 简述汽车排放分析的取样方法。

第十章 新型汽车动力装置

第一节 概 述

内燃机从发明到现在已经有 100 多年的历史,这期间随着技术的不断进步经历了诸多改进。特别是电子控制技术在内燃机上的成功应用,使内燃机由一种简单机械产品发展成为集高新技术于一体的高科技产品。内燃机的效率和排放性能也得到了很大提高,并且从单纯依靠石油燃料扩大到多种燃料来源。然而,随着汽车保有量的急速攀升,石油能源的日渐紧张和环境污染的日益严重,内燃机作为汽车主要动力已经不能解决这种越来越严重的矛盾。能够满足社会与自然和环境协调发展要求的新型汽车动力装置成为人们研究的重点。能源问题、环保问题和安全问题成为困扰汽车业发展的三大难题,所以,未来适应市场需求的必定是多能源、高效率、少污染和高安全性的汽车。

在多种能源消耗模式方面,电动汽车动力装置因其效率高和清洁性成为未来汽车动力的主要发展方向。发展电动汽车作为有效减缓环境污染和解决石油危机的一项有效、可行的途径,已经被世界各国所关注;同时,伴随现代高技术的发展、各种新材料的诞生以及电子、电动机和计算机技术的广泛应用,也极大地促进了电动汽车自身技术的更新与发展,电动汽车正在世界范围内迎来一个全新的发展时期。

电动汽车除了在能源、环保和节能方面显示出优越性和具有强大的竞争力外,在车辆性能方面也显示出了巨大的优势。电动汽车的转矩响应迅速、加速快,比内燃机汽车高出 2 个数量级,电动机可分散配置,通过线控技术直接控制车轮转速,易实现四轮独立驱动和四轮转向。由于网络技术、信息技术和线控技术的广泛应用,使智能交通系统(Intelligent Transport Systems,ITS)的实现也变得非常简单,还可以实现再生制动和能量回收,因此提高了电动汽车制动的安全性和可靠性。

电动汽车在广义上可分为三类,即纯电动汽车(Battery Electrical Vehicle,BEV)、混合动力电动汽车(Hybrid Electrical Vehicle,HEV)和燃料电池电动汽车(Fuel cell Electrical Vehicle,FCEV)。目前,这三种电动汽车都处于不同的发展阶段,面临着不同的困难和挑战。BEV 受到续驶里程的限制,现在一次充电后的续驶里程一般为 100～300km,比起传统燃油汽车而言电动汽车的较短续驶里程成为其致命的弱点,因而只适用于低速短距离的运行;而 HEV 的性能既能够满足用户的需求,又实现了低油耗、低排放。在目前的技术水准和应用条件下,HEV 是比较理想的交通工具,但它必须具备两个动力源,因此价格较高。FCEV 具有很大的潜力,可望在 10～15 年以后实现实用化。本章将对这三种电动汽车的动力装置进行详述。

第二节　纯电动汽车动力装置

纯电动汽车是指以车载电源为动力,用电动机驱动车轮行驶,符合道路交通、安全法规各项要求的车辆。纯电动汽车的动力装置主要包括动力电源、电池管理系统、电动机和电动机控制器等。它利用蓄电池等车载电源作为储能动力源,通过电池向电动机提供电能,驱动电动机运转,从而推动汽车前进。电动汽车在运行时不直接对环境造成污染,可以说是零排放。

一、纯电动汽车动力装置原理

现代电动汽车是融合了电力、电子、机械控制以及化工技术等多种高新技术的综合产品。按照传动系统的不同,纯电动汽车可以分为:传统驱动式电动汽车、简化传统驱动式电动汽车和电动轮驱动式电动汽车。

纯电动汽车动力装置的原理如图10-1所示。其能量来源主要为外部的充电,外部电能通过车载充电动机给二次电源(如蓄电池等)充电,供给车辆能量。同时,还有一部分能量来自于制动能量回收。在汽车制动时,电动机可以充当发电机,通过功率转换单元给二次电源进行充电。

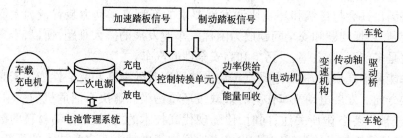

图 10-1　电动汽车工作原理

在电动汽车运行时,加速踏板发送信号给控制转换单元,二次电源通过控制转换单元向电动机供电,在电动机中电能转化为机械能,并依次传递给变速机构、传动轴、驱动桥,最后至车轮,驱动车辆前进。在车辆制动时,制动踏板发制动信号给控制转换单元,驱动电动机变成发电机进行发电制动,发电机把车轮经由驱动桥、传动轴和变速机构传递来的动能转化为电能,所发出的电能经控制转换单元反向给二次电源充电,完成制动能量回收。控制转换单元包括控制器、DC/DC 变换器和 DC/AC 逆变器。

以上为传统驱动式电动汽车的工作原理,对于简化传统式电动汽车,根据需要情况,去掉了变速机构,有的甚至去掉了传动轴。因此,在动力和能量的传递路线上,也去掉相应的变速机构和传动轴。对于电动轮驱动式电动汽车,动力和能量的传递路线变化较大,它去掉了变速机构、传动轴和驱动桥,电动轮安装在车轮上,省去了所有的传动机构。在驱动上由于没有差速器,所以采用电子差速,就是根据车辆转弯时的转向运动方程,由控制器控制内外车轮的转速差,以保持车辆转弯时的平稳运行。

二、动力电源

纯电动汽车的动力装置依靠电源来提供能量,电动机将电源的电能转化为机械能,通过传动装置或直接驱动车轮和工作装置。目前，电动汽车上应用最广泛的电源是铅酸蓄电池，但随着电动汽车技术的发展，铅酸蓄电池由于比能量较低，充电速度较慢，寿命较短，逐渐被其他蓄电池所取代。电动汽车上最有前途的应用电源主要有镍—氢电池、锂电池和超级电容等，这些新型电源的应用，为电动汽车的发展开辟了广阔的前景。

1. 动力电源的主要性能指标

电动汽车用电池的主要性能指标有比能量(E)、能量密度(E_d)、比功率(P)、循环寿命(L)和成本(C)等。电动汽车具有足够竞争力的关键就是要开发出比能量高、比功率大、使用寿命长的高效电池。车用动力电池的常用评价指标如下：

(1) 电池的容量，指电池在一定放电条件下所能放出的电量。它分为实际容量和额定容量，用C表示，单位为$A \cdot h$(安时)。实际容量指电池在一定条件下所能输出的电量，它等于放电电流和放电时间的乘积。额定容量也称公称容量，指在一定标准所规定的放电条件下电池应该放出的最低限度的电量。

(2) 电池的能量，指在一定标准所规定的放电条件下，电池所能输出的电能，单位为$W \cdot h$(瓦时)或$kW \cdot h$(千瓦时)。它分为实际能量和标称能量，实际能量等于电池的实际容量与平均工作电压的乘积，标称能量等于电池的额定容量与其额定电压的乘积。

(3) 能量密度，它分为质量能量密度和体积能量密度。质量能量密度指电池单位质量所能输出的电能，单位为$W \cdot h/kg$(瓦时/千克)。体积能量密度指电池单位体积所能输出的电能，单位为$W \cdot h/L$(瓦时/升)。

(4) 循环使用寿命，指在规定条件下，电池的有效寿命。由于电池的内部短路或容量达不到额定要求而造成电池使用实效，称为寿命终止。电池充电和放电一次称为一个循环，按一定的测试标准，电池容量降到某一规定值之前，电池所能承受的充放电循环次数，称为电池的循环使用寿命。

(5) 电池的功率，指在规定的放电条件下，单位时间内电池所能输出的电能，单位为W(瓦)或kW(千瓦)。单位质量的电池所能输出的功率称为质量功率密度，又称为质量比功率，单位为W/kg。单位体积的电池所能输出的功率为体积功率密度，又称为体积比功率，单位为W/L。

表10-1为常用电动汽车动力蓄电池的性能比较。

常用电动汽车动力蓄电池的性能比较　　　　表10-1

种类	能量密度		功率密度(W/kg)	寿命(充电次数)	成本	特点	缺点
	[($W \cdot h$)/kg]	[($W \cdot h$)/L]					
密封铅酸	35	80	200	400~800	低	功率密度较大，安全	能量密度低
镍—氢	65	155	200	600~1200	较高	功率密度和能量密度大	成本高，温度特性差
镍—锌	70	130	200	300~400	较高	功率密度和能量密度大	寿命低
锂离子	110	160	200	500	很高	高电压，高能量密度	成本高

2. 常用的动力电源

1) 铅酸蓄电池

铅酸蓄电池是目前应用最多的电动汽车电池。铅酸蓄电池的正极采用二氧化铅(PbO_2),负极采用海绵状铅(Pb),电解液是稀硫酸溶液(H_2SO_4),单体电池标称电压为2V。其充放电化学反应方程式为:

$$PbO_2 + Pb + 2H_2SO_4 \rightleftharpoons 2PbSO_4 + 2H_2O$$

放电时正极板上的PbO_2和负极板上的Pb都变成$PbSO_4$,电解液中的H_2SO_4减少,密度相对下降。充电时上式反向,正负极板上的$PbSO_4$分别还原为原来的PbO_2和Pb,电解液中的H_2SO_4增加,密度相对上升。

铅酸蓄电池性能可靠,技术成熟,价格低,但质量重,过充电和过放电性能差,且容易自放电,比能量、能量密度和寿命都不够理想,快速充电困难。

电动汽车采用铅酸蓄电池的主要原因是它价格便宜,目前,在电动汽车商业化中最有前途的也是铅酸电池。

2) 镍—氢蓄电池

镍—氢蓄电池正极的活性物质为$Ni(OH)_2$(充电时)和NiOOH(放电时),负极的活性物质为H_2O(充电时)和H_2(放电时),电解质采用30%的氢氧化钾溶液。其充放电化学反应方程式为:

$$Ni(OH)_2 + M \rightleftharpoons NiOOH + MH_x$$

其中,M为储氢合金,MH_x为储有氢的储氢合金。

蓄电池充电时,正极的氢进入负极的储氢合金中,放电时产生反向过程,充放电过程不会发生电解液的增加或减少现象。其单体电池标称电压为1.2V。镍—氢蓄电池的特性介于铅酸蓄电池和锂离子蓄电池之间,能量密度和功率密度均高于铅酸蓄电池,循环使用寿命在实际电动汽车用蓄电池中最高,充放电效率较高。但其成本较高,价格为相同容量铅酸蓄电池的3~4倍;单体电压低(1.2V),有"记忆效应",自放电损耗大;对环境温度敏感,电池组热管理要求较高。目前,镍—氢蓄电池在电动汽车中有较多应用,有很好的发展前景。

3) 锂离子蓄电池

锂离子电池是一种新型高能量蓄电池。其正负极均由可嵌入或脱出锂离子(Li^+)的化合物或材料组成,正极是锂化过渡金属氧化物,负极是球状石墨或球状石墨与片状石墨的锂碳化合物,电解质是有机溶液或固体聚合物。其充放电化学反应方程式为:

$$C + LiMO_2 \rightleftharpoons Li_xC + Li_{(1-x)}MO_2$$

其中,M代表Co、Mn或Ni等跃迁金属。

在电池充电时,Li^+从正极脱出,经过电解质嵌入负极;电池放电时,Li^+则从负极脱出,经过电解质再回到正极。电池的充放电过程实际上是Li^+在两极之间来回脱出和嵌入的过程,所以,锂离子蓄电池又称为"摇椅式电池"。锂离子电池的比能量和比功率高,充放电性能好,已在便携式信息产品中获得推广应用;并且,由于具有工作电压高、循环寿命长、自放电率低、无记忆效应、无污染等其他动力电池无与伦比的优越性。现已经成为世界公认的电动汽车动力电池的研发重点。

电动汽车用锂离子电池推广应用的障碍之一是其价格太高,其中正极加隔膜的成本占锂离子电池总成本的60%以上。因此,如何努力降低隔膜及正极的成本将是今后努力的方向。同时,锂离子电池的安全性对其在电动汽车中的应用也非常的关键,在过充或过放电情况下,锂离子电池可能发生火灾或爆炸。其安全性与散热密切相关,因此,对电池管理系统要求很高。

4）超级电容

超级电容是一种介于传统电解质电容器和电化学电池之间的新型储能组件,其储能方式与传统电解质电容不同。传统电容器是通过电极间的电解质在电势能作用下产生极化效应而存储能量,而电化学电容器是依靠电解质与电极间形成特有的电双层结构(Electric Double Layers)和电极表面的氧化还原反应来存储能量。电化学电容的容量远大于传统电容,达到 $10^3 \sim 10^4$ 法拉级,因此得名超级电容。

如图10-2所示,当导体电极插入电解液中时,由于库仑力、分子间作用力(范德华力)或原子间作用力(共价力)的作用,其表面上的静电荷将从溶液中吸引部分不规则分配的带异种电荷的离子,使它们在电极/溶液接口的溶液一侧,离电极一定距离排成一排,形成一个电荷数量与电极表面剩余电荷数量相等而符号相反的接口层,从而形成了一层在电极上,另一层在溶液中的两个电荷层,称为双电层。由于接口上存在一个位垒,两层电荷都不能越过边界彼此中和,双电层结构将形成一个平板电容器。其电容量为:

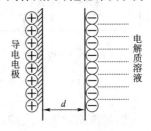

图 10-2 双电层结构示意图

$$C = \frac{Q}{\Delta \varphi_{M-S}} = \frac{Q}{\Delta \varphi_\alpha}$$

式中:$\Delta \varphi_{M-S}$——固体与液体之间双电层的电位差,$\Delta \varphi_{M-S} = \Delta \varphi_M - \Delta \varphi_S$;

Q——双电层的电荷量;

φ_α——从零电荷电位算起的电极电位。

电容器存储能力为:

$$E = \frac{1}{2}CV_w^2$$

式中:V_w——电容器的最大工作电压。

超级电容存储量大,而且能在短时间内大电流充放电(一次充放电只需几分钟),循环寿命长(反复充放电使用寿命10000次,极限寿命达10万次),充放电效率高,能够工作在正常温度(-35~75℃)目前,超级电容已开始应用于电网的负载调配和电动汽车的动力装置以及其他需要的不间断电源(UPS)。

3. 电池管理系统

电池技术的进步与性能的提高对于电动汽车用动力电源具有非常重要的意义,现在的研究主要在两个方面,一是开发高性能的电池,另一方面就是采用电池管理系统,在使用方面进行优化,充分发挥电池的性能,提高电池的寿命。

电池管理系统应有的主要功能为:显示荷电状态(State of Charge,SOC)、电池温度管理、显示电解液状态、电池性能异常报警、提供电池老化信息、记录电池关键数据。一个好的电池管理系统可以大大提高动力电源的使用寿命。为此,电动汽车界进行了不懈的研究,比较实用的电池管理系统主要功能有:数据采集、电池状态估计、能量管理、热管理和安全管理,如图10-3所示。

(1)数据采集。数据采集系统所采集的数据是电池管理系统算法的基础,采样频率、精度和滤波特性是影响电池管理系统的重要指标。电动汽车电池管理系统采样频率一般要求大于200Hz。

(2)电池状态估计。电池状态估计包括 SOC 和 SOH(state of health)两方面。SOC 显示电池的荷电状态,依此可以估计汽车的行驶里程;SOH 显示电池的寿命信息。SOC 和 SOH 是进行电池能量管理的基础。最常用的 SOC 估计方法是 Ah 计量结合效率补偿。但由于电池的荷电状态与电池的使用状况密切相关,一般的 SOC 算法准确度都不太高,可以作为一个相对量来作参考。

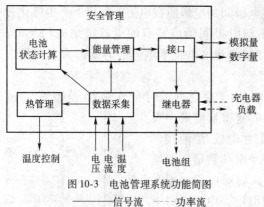

图 10-3 电池管理系统功能简图
—— 信号流　---- 功率流

(3) 能量管理。在能量管理中,电流、电压、温度、SOC 和 SOH 等参数作为输入来控制充电过程,保持均衡充电;用 SOC、SOH 和温度信息限制电池放电电流。

(4) 安全管理。安全管理主要监测电池的电压、电流是否超过限制;防止电池过渡放电,尤其是防止个别电池单体过渡放电;防止电池过热而发生热失控。

(5) 热管理。热管理系统主要是使电池单体温度均衡,保持在合理的范围之内,对高温电池实施冷却,对低温电池实施加热等。该功能对于大功率放电和高温条件下使用的电池尤为重要。

4. DC/DC 变换器

纯电动汽车一般用蓄电池作为动力电源,电动汽车在加速和大负荷运转时,瞬时放电电流比较大,这种大电流放电会使蓄电池产生很大的瞬间电压降,进而造成较大的电压波动,这种电压波动对于电动机和其他电气设备是非常不利的。另一方面,设计较高的动力总线电压等级有利于提高驱动系统的效率和减小驱动系统的体积及质量。所以,必须在蓄电池的输出端串接各种 DC/DC 变换器,进行升压变换及稳压调节,以满足不同电器模块和电动机的电压变换需求。升压变换的 DC/DC 变换器一般有两种:Boost 型和全桥逆变型。

1) Boost 型变换器

Boost 型变换器也称为并联开关型变换器,其电路原理如图 10-4 所示,由开关管 V_1、二极管 VD_1、储能电感 L_1 和输出滤波电容 C_1 组成。当 V_1 导通时,能量从输入端 AO 流入,并储存于电感 L_1 中,由于 V_1 导通期间正向饱和管压降很小,二极管 VD_1 反偏,变换器输出由 C_1 提供能量。当 V_1 截止时,电感 L_1 中的电流不能突变,它所产生的感应电势阻止电流减小,感应电势的极性为右正左负,二极管 VD_1 导通,电感中存储的能量经二极管 VD_1 流入电容 C_1,并供给输出端 BO。如果开关管 V_1 周期性的导通和截止,开关周期为 T,其中导通时间为 t_{on},截止时间为 $T-t_{on}$,则 Boost 型变换器输出电压 U_{BO} 和输入电压 U_{AO} 之间的关系为:

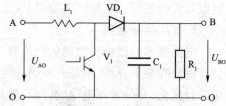

图 10-4 Boost 型变换器电路原理图

$$U_{BO} = U_{AO} \times \frac{T}{T - t_{on}}$$

由此可知,当开关周期 T 不变,改变导通时间 t_{on} 时就能获得所需的上升电压值。Boost 型变换器的效率高达 90% 以上,并且其电路结构简单、器件少、质量轻、体积小等,所以,常被用作车载变换器。

2) 全桥逆变型变换器

如图 10-5 所示,全桥逆变型变换器主要由开关管 $V_1 \sim V_4$、中频升压器 TR 和输出整流二极管 VD_1、VD_2 组成。开关管 $V_1 \sim V_4$ 构成全桥逆变电路,需要两组相位相反的驱动脉冲进行控制:当 V_1 和 V_4 同时导通、V_2 和 V_3 同时截止时,输入电压 U_{AC} 通过 V_1 和 V_4 加到中频变压器 TR 的一次线圈上,一次电压 $U_{TR} = U_{AC}$;当 V_1 和 V_4 同时截止、V_2 和 V_3 同时导通时,输入电压 U_{AC} 通过 V_2 和 V_3 反向加到中频变压器 TR 的一次线圈上,一次电压 $U_{TR} = -U_{AC}$;当开关管 $V_1 \sim V_4$ 同时截止时,$U_{TR} = 0$。这样通过开关管 $V_1 \sim V_4$ 的交替导通和截止,将输入的直流电压转换成交流电压加到变压器上,其二次电压通过 VD_1 和 VD_2 的整流,输出直流电压。如果开关管 $V_1 \sim V_4$ 的开关周期为 $2T$,其中导通时间为 t_{on},变压器一次、二次线圈比为 n,则全桥逆变型变换器输出电压 U_{BD} 与输入电压 U_{AC} 之间的关系为:

$$U_{BD} = U_{AC} \times n \times \frac{t_{on}}{T}$$

由此可知,当采用升压变压器时,$n > 1$,可获得变换器的升压特性;当开关周期 T 不变,改变导通时间 t_{on} 就可以调节输出的电压值。

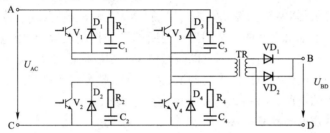

图 10-5 全桥逆变式变换器电路原理图

全桥逆变式变换器的输入和输出是通过中频变压器隔离的,由于变压器具有一定的频率响应带宽,在变换器输入端和变压器一次电路产生的部分高频干扰信号不能传输到变换器的输出端。因此,作为车载变换器,全桥逆变式变换器比 Boost 型变换器具有较好的电磁兼容性。

电动汽车中用到的 DC/DC 变换器还有很多其他种类,另外,对于交流电机驱动的电动汽车还需要 DC/AC 逆变器,把蓄电池的直流电变换为交流电供给交流电动机。带有制动能量回收的电动汽车还需要 AC/DC 变换器,把交流发电机发出的电能变换为直流电,向蓄电池充电。对于这两种变换器,此处不作介绍。

三、电动机驱动系统

电动机驱动系统的作用是通过电动机将电源的电能转化为机械能,通过传动装置或直接驱动车轮和工作装置。其基本构成主要有两部分:电动机和控制器。电动机由控制器控制,可以将电能转化为机械能。控制器的作用是将动力源的电能转变为适合于电动机运行的另一种形式的电能,所以控制器本质上是一个电能转换控制装置。

电动汽车用电机通常要求能频繁地起动、停车、加速和减速。低速行驶或爬坡时要求电动机高转矩运行;高速行驶时要求电动机低转矩运行,变速范围要大。对电动汽车驱动电动机要求过载能力能满足短时内加速行驶与最大爬坡度的要求;最高转速应能达到基速的 3~5 倍;电动机功率密度高,在较宽的转速和转矩范围内都有较高的效率;可控性高,稳态精度高,动态性能好;能在较恶劣的环境中正常工作等。

目前电动汽车主要采用的电机驱动系统有:直流电动机驱动系统、三相交流感应电动机驱动系统、永磁电动机驱动系统和开关磁阻电动机驱动系统。

1. 直流电动机驱动系统

直流电动机驱动系统具有控制简单、调速性能好、技术成熟和成本低等优点,在中小功率电动汽车中有广泛应用。

电动汽车直流电动机驱动系统中的直流电动机通常采用串励电动机(起动转矩大)或他励电动机(效率高)。利用直流电动机可以从电动机运行状态平滑地转换到发电状态这一特性,当电动汽车制动和减速时,很容易采用再生制动。此时,电动机转矩方向与转速方向相反,电动机吸收机械能,把机械能转化为电能储存于动力电源中。

但由于直流电动机存在电刷和机械换向器,限制了电动机过载能力与速度的进一步提高,而且如果长时间运行,势必要经常维护和更换电刷和换向器。另外,由于损耗存在于转子上,使得散热困难,限制了电动机转矩质量比的进一步提高。因此,其最高转速较低、体积大、功率密度低、成本高,需要定期维护。鉴于直流电动机存在以上缺陷,在大功率的电动汽车上很少使用。

直流电动机常采用 PWM 的控制方式,其控制器称为斩波控制器(又称电压斩波器),它是直流电源和负载电动机之间的一个周期性通断的开关控制装置,利用电力电子元件的可控性能,采用脉宽调制技术,直接将恒定的直流电压调制成极性可变,大小可调的直流电压,用于实现直流电动机电枢端电压的平滑调节,构成直流脉宽调速系统。它的作用是通过改变供给直流电动机的电压,来控制电动机的转速和转矩。

2. 三相交流感应电动机驱动系统

交流感应电动机驱动系统主要由三相功率逆变器、三相交流感应电动机、电动机控制器、辅助系统组成。交流系统比相同峰值功率的直流他励电动机系统更小、更轻,效率更高。

三相功率逆变器一般采用绝缘栅极晶体管 IGBT 以及驱动、自检测、自保护功能融合在一起的智能功率模块 IPM。其主要作用是把车载动力电源的直流电逆变为交流电,供给三相交流感应电动机。

三相交流感应电动机是应用得最广泛的电动机。其定子和转子采用硅钢片叠压而成,在转子和定子之间没有相互接触的集电环、换向器等部件。结构简单,运行可靠,经久耐用。交流感应电动机的功率覆盖面很广,转速达到 12000 ~ 15000r/min。

感应电动机可采用空气冷却或液体冷却方式,冷却自由度高,对环境的适应性好,并能够实现再生反馈制动。与相同功率的直流电动机相比,具有效率高、质量减轻一半左右、价格便宜、维修方便等优点。

由于感应电动机没有独立的励磁绕组,其电枢绕组(定子绕组)既是励磁绕组又是转矩绕组。因此感应电动机属于多变量、强耦合的非线性系统,其励磁与转矩之间的耦合使得感应电动机的控制比较困难。

目前,感应电动机主要用在中大功率的驱动系统中,其转速公式为:

$$n = \frac{60f}{p_n}(1-s)$$

式中:n——转速;

f——供电频率;

p_n——极对数;

s——转差率。

由该式可知,为了调节电动机的转速,可以采用变极、变转差率和变频调速等方式。其中,变频调速具有调速范围宽、转速可以连续调节、效率高、转矩特性好等优点,更适合电动汽车使用。

感应电动机变频驱动的关键是能为电动机提供变压变频电源,同时,其电压和频率应该按照一定的控制策略进行调节,使得驱动系统具有良好的转矩转速特性。其变频系统可以采用不同的控制方式,主要有标量控制和矢量控制两种。在高性能电动汽车上,更倾向于采用矢量控制。

矢量控制的基本原理是通过测量和控制感应电动机定子电流矢量,根据磁场定向原理分别对感应电动机的励磁电流和转矩电流进行控制,从而达到控制感应电动机转矩的目的。具体是将感应电动机的定子电流矢量分解为产生磁场的电流分量(励磁电流)和产生转矩的电流分量(转矩电流)分别加以控制,并同时控制两分量间的幅值和相位,即控制定子电流矢量,所以称这种控制方式为矢量控制方式。

目前,由于交流电动机的变频调速控制器价格较高,在一定程度上限制了交流电动机驱动系统的应用。

3. 永磁电动机驱动系统

永磁无刷电动机包括永磁无刷直流电动机和永磁无刷同步电动机两种。

永磁无刷直流电动机的最大特点就是具有直流电动机的外特性而没有换向器和电刷组成的机械接触结构。它采用永磁体转子,没有励磁损耗;发热的电枢绕组又装在外面的定子上,散热容易。因此,永磁无刷直流电动机没有换向火花,没有无线电干扰,寿命长,运行可靠,维修简便。此外,它的转速不受机械换向的限制,如果采用空气轴承或磁悬浮轴承,可以在每分钟高达几十万转运行。永磁无刷直流电动机与其他电动机系统相比具有更高的能量密度和更高的效率,在电动汽车中有着很好的应用前景。

永磁无刷同步电动机的恒转矩区比较长,一直延伸到电动机最高转速的 50% 处左右,这对提高汽车的低速动力性能有很大帮助;电动机最高转速较高,能达到 10000 r/min。永磁无刷同步电动机功率密度高、调速性能好,在宽转速范围内运行效率高(90% ~95%),是理想的电动汽车驱动电动机之一。

典型的永磁无刷直流电动机是一种准解耦矢量控制系统,由于永磁体只能产生固定幅值磁场,因而永磁无刷直流电动机系统非常适合于运行在恒转矩区域,一般采用电流滞环控制或电流反馈型 SPWM 法来完成。为进一步扩充转速,永磁无刷直流电动机也可以采用弱磁控制。弱磁控制的实质是使相电流相位角超前,提供直轴去磁磁势来削弱定子绕组中的磁链。

永磁同步电动机低速时常采用矢量控制,包括气隙磁场定向、转子磁链定向、定子磁链定向。其中电动汽车用中小容量电动机常用转子磁链定向控制,高速时用弱磁控制。由于永磁同步电动机的转子励磁磁场由永磁体产生,不能像异步电动机一样直接减弱转子磁场,所以弱磁控制便成了永磁同步电动机的研究热点。其弱磁控制原理是通过增加定子直轴电流,利用直轴电枢反应使电动机气隙磁场减弱,达到等效于减弱磁场的效果,从而达到弱磁增速的目的。

永磁电动机受到永磁材料工艺的影响和限制,使得永磁电动机的功率范围较小,最大功率仅几十千瓦。永磁材料在受到振动、高温和过载电流作用时,其导磁性能可能会下降或发生退磁现象,将降低永磁电动机的性能,严重时还会损坏电动机,在使用中必须严格控制,使其不发生过载。永磁电动机在恒功率模式下，操纵复杂，需要一套复杂的控制系统，从而使得永磁电动机的驱动系统造价很高。

4. 开关磁阻电动机驱动系统

开关磁阻电动机由磁阻电动机和开关电路控制器组成。它具有结构简单、可控相数多、实现四象限控制方便、成本低、效率高等优点。开关磁阻电动机采用集中绕组结构，转子无任何绕组，适合用于频繁正反转及冲击的负载。功率电路采用的功率开关元件较少，电路较简单。功率元件与电动机绕组串联，不易发生短路，因此成本较低，工作可靠，控制电路较简单，能够实现宽调速、低速大转矩和制动能量反馈等特性。整个系统效率高，起动转矩大，电流小。

由于开关磁阻电动机具有高度的非线性，因此，它的驱动系统较复杂。它由SRM电动机、功率变换器、控制器、位置检测器四大部分组成。位置检测器是开关磁阻电动机的关键器件，其性能对开关磁阻电动机的控制操作有重要影响。由于开关磁阻电动机为双凸极结构，不可避免地存在转矩波动，噪声是开关磁阻电动机最主要的缺点。但近年来的研究表明，采用合理的设计、制造和控制技术，开关磁阻电动机的噪声完全可以得到良好的抑制。另外，由于开关磁阻电动机输出转矩波动较大，功率变换器的直流电流波动也较大，所以在直流母线上需要装置一个很大的滤波电容器。

第三节 混合动力电动汽车动力装置

混合动力电动汽车是指由两种或两种以上的储能器或能量转换器作为驱动能源，其中至少有一种能提供电能的车辆。一般意义上的混合动力电动汽车是指在一辆汽车中同时采用了电动机和内燃机作为动力装置的汽车。它采用内燃机和电动机两种动力，将现有内燃机与一定容量的储能器件，如高性能电池或超级电容器，通过先进控制系统相结合，提供车辆行驶所需要的动力。

一、混合动力电动汽车动力装置分类

混合动力电动汽车动力装置有多种分类方法，可以按照驱动系结构划分，按照混合度大小划分，按照是否依赖电网充电划分等。

1. 按驱动系结构分类

混合动力电动汽车动力装置按照驱动系结构可以分为：

(1) 串联式混合动力装置，它是指发动机输出的机械能首先通过发电机转化为电能，转化后的电能一部分用于给蓄电池充电，另一部分经由电动机和传动装置驱动车轮。

(2) 并联式混合动力装置，它采用发动机和电动机两套独立的驱动系统驱动车辆。

(3) 混联式混合动力装置，它在结构上综合了串联式和并联式的特点，与串联式相比，它增加了机械动力的传递路线，与并联式相比，它增加了电能的传输路线。

2. 按混合度大小分类

按电池在混合动力装置中的作用可分为轻度混合动力和全混合动力两种。轻度混合动力装置中电池的能量有限，一般不提供纯电动行驶范围，电动机不能单独驱动车辆前进；在全混合动力装置中电池可以提供车辆一定的纯电动行使范围，电动机可以单独驱动车辆前进。

3. 按照是否依赖电网充电分类

按照是否依赖电网充电可以分为电量依赖型混合动力装置和电量维持型混合动力装置。电量依赖形混合动力装置依赖于来自外部电网的电能,当电池能量耗尽时车辆无法继续行驶,只有在重新充电后才能继续行驶,车载内燃机发电只能进行部分电量补充,达到延续行驶里程的目的,但并不能达到自我电量平衡。电量维持型混合动力装置虽然也可利用外界电网的电能,但可以不依赖来自电网的电能,而通过车载内燃机进行电量补充,并且可以达到自我电量平衡。

二、混合动力电动汽车汽车动力装置工作模式

1. 串联式混合动力装置

按照辅助动力源(发动机/发电机组)功率值的大小不同,串联式混合动力装置有两种典型的类型:

(1)电力主动型(电量消耗型),发动机功率占整个系统功率的百分比较小,不足以维持电池组的荷电状态(SOC),因此属于电量消耗型。车辆行驶后的电池组 SOC 低于初始值时,需外界能源补充充电。

(2)发动机主动型(电量维持型),发动机功率占整个系统功率的百分比较大,电池组仅提供车辆行驶时的峰值功率。车辆行驶前后,电池组 SOC 基本维持不变,相应的车载电池组容量较小。

如图10-6所示,典型的串联式混合动力装置工作模式有以下几种:

(1)车辆起步、加速行驶,以及高速和爬坡行驶工况时,发动机和蓄电池组共同向车辆提供功率输出,工作模式如图10-6a)所示。

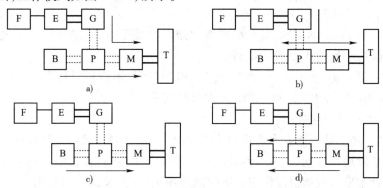

图10-6 典型串联式混合动力装置工作模式

B-车载电池组;E-内燃机;F-燃油箱;G-发电机;M-电动机;P-功率转换器;T-变速器;━━-机械连接;┄┄-电缆连接;⟶-功率流

(2)车辆正常行驶(中等功率需求)以及车辆滑行工况时,发动机向蓄电池组和车辆提供功率输出,同时弥补 SOC 的衰减,工作模式如图10-6b)所示。

(3)车辆行驶于对排放要求较高的路段时,整车功率需求全部由蓄电池供给,车辆为纯电动工作,这时车辆的 SOC 降低较快,工作模式如图10-6c)所示。

(4)车辆在减速/制动工况,当车载蓄电池组电量偏低时,驱动电动机回收车辆部分动能存储到蓄电池组,同时发动机—发电机组的全部功率输出到蓄电池组,工作模式如图10-6d)所示。

2. 并联式混合动力装置

在典型的并联式混合动力装置中,发动机以常规模式(传统汽车的工作模式)工作,但只承担部分车辆驱动行驶功率。

如图10-7所示,典型的并联式混合动力装置工作模式有以下几种:

(1)车辆起动、轻载行驶时,发动机关闭,车辆由电动机单独驱动,工作模式如图10-7a)所示。

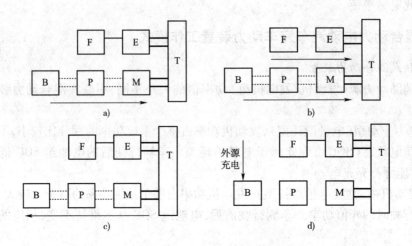

图10-7 典型并联式混合装置工作模式

B-车载电池组;E-内燃机;F-燃油箱;M-电动机;P-功率转换器;T-变速器;═-机械连接;┄-电缆连接;→-功率流

(2)车辆正常行驶时由发动机单独驱动,加速、爬坡时,电动机和发动机同时工作,工作模式如图10-7b)所示。

(3)车辆在减速/制动工况,当车载蓄电池组电量偏低时,电动机回收车辆部分动能以向蓄电池组充电,工作模式如图10-7c)所示。

(4)典型并联式混合动力系统在电池组SOC过低时,不能利用发动机对其随车充电,只能采用外界电源补充充电,工作模式如图10-7d)所示。

3. 混联式混合动力装置

混联式混合动力装置兼有串联式和并联式混合动力装置的特点,其控制方式一般可分为两种,一种是发动机主动型,另一种是电力主动型。车辆运行时,前一种主要是发动机起作用,而后一种主要是电动机起作用。下面以丰田Prius混合动力装置为参照形式,对混联式混合装置进行分析。

丰田Prius混合装置为典型的单轴驱动并联式(双轴联合式)混合动力装置,如图10-8所示,其工作模式有以下几种:

(1)车辆起动或轻载工况,此时由于发动机很难保证在经济区工作,所以发动机处于关闭状态,而由电动机单独驱动车辆,工作模式如图10-8a)所示。

(2)车辆正常行驶或节气门全开、车辆加速工况时,发动机和电动机一起工作,共同提供车辆所需功率。两种工况的区别在于,车辆正常行驶的功率仅由发动机提供,同时驱动发电机;而节气门全开加速行驶时,其功率由蓄电池组和发动机共同提供,通常用行星齿轮机构分流发动机的输出功率,一部分用于驱动车辆,一部分用来驱动发电机,工作模式如图10-8b)、c)所示。

(3) 车辆制动或减速行驶时,电动机工作于发电模式,在蓄电池组电量较低时回收车辆部分动能,工作模式如图 10-8d) 所示。

(4) 车辆行驶中当蓄电池组电量较低时为其充电,发动机一部分功率用于驱动车辆,另一部分功率用于给蓄电池组充电,工作模式如图 10-8e) 所示。

(5) 车辆驻车时,发动机在蓄电池电量较低时通过发电机为蓄电池组充电,工作模式如图 10-8f) 所示。

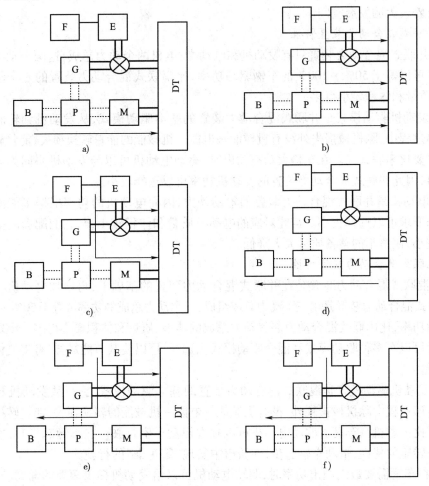

图 10-8 丰田混合动力电动汽车 Prius 工作模式

B-车载电池组;E-内燃机;F-燃油箱;G-发电机;M-电动机;P-功率转换器;DT-双轴输入变速器;══-机械连接;┈┈-电缆连接;──-功率流

三、混合动力装置特性比较

1. 串联式混合动力装置特性

(1) 发动机—发电机组所发出的电能向电池组充电,用于补充电池组的电量损耗,大大延长了续驶里程。

(2) 串联式混合动力装置的发动机并不跟随外界工况而大范围波动,能够保持在稳定、高效和低排放的经济区工作,可以获得较高的燃油经济性和低的排放。

(3) 串联式混合动力装置采用电动机直驱的动力驱动方式,实现了车辆的无级变速,具有良好的操作性和加速动力性。

(4)两大原动力没有机械连接,一方面使其在车辆的布置上有较大自由度,另一方面免去了两者的动力合成,这也是其他形式的混合动力系统的一大难点,从而使得串联式混合动力装置控制相对简单。

(5)串联式混合动力装置依靠电动机驱动,可以以电池组为主动力源,使其在城市中实现"零污染"状态的行驶。这对于在工况比较复杂的城市道路下有频繁起步加速的城市车辆来说有着较大的发展空间。

2. 并联式混合动力装置特性

(1)并联式混合动力装置只有发动机和电动/发电机两个动力总成,这两个动力总成本身的功率可以等于50%~100%的车辆驱动功率,比串联式混合动力装置的三个动力总成的功率、质量和体积要小得多。

(2)发动机驱动模式是并联式混合动力装置的基本驱动模式,从发动机到轮胎之间的动力传递过程中,除机械损失外没有机械能—电能—机械能的能量转换损失,能量转换中的综合效率要比串联式高。在车辆大功率输出时,驱动电动机可以与发动机协同为车辆提供动力输出,因此并联式混合动力装置的发动机功率可以选择较小。

(3)电动机是并联式混合动力装置的辅助动力,因而电动机的功率根据多能源动力总成匹配的要求可以选择较小。与此对应的电动机质量和体积较小,与它们配套的电池组的容量也较小,使整车的整备质量大大降低。

3. 混联式混合动力装置特性

(1)混联式混合动力装置是在并联式混合动力装置的基础上,再增加电动机/发电机,因此混联式混合动力装置是由三个动力总成组成,三个动力总成的功率可等于50%~100%的车辆驱动功率,比串联式混合动力装置动力总成的功率、质量和体积要小得多。混联式混合动力装置可以有多种驱动模式和混合驱动模式供选择,可以使其节能最佳,有害气体的排放达到最低。

(2)发动机驱动模式是混联式混合动力装置的基本驱动模式之一,从发动机到车轮之间动力传递过程中除机械损耗外,没有机械能-电能-机械能的转换损失,能量转换中的综合效率要比内燃机汽车高。驱动电动机可以独立驱动车辆行驶。在车辆起步时,发挥电动机低速大转矩的特性,带动车辆起步,在城市中实现"零污染"的行驶。

(3)在车辆需要最大输出功率时,驱动电动机可以给发动机提供额外的辅助动力,因此混联式混合动力装置的发动机功率可以选择较小,燃油经济性比串联式混合动力装置要高。

第四节 燃料电池汽车动力装置

燃料电池是一种将氢和氧的化学能通过电极反应直接转换成电能的装置。由于其转换过程不经过燃烧,不受"卡诺循环"的限制,转换效率可高达60%~70%,实际热效率是内燃机的2倍左右。转换效率高是燃料电池的主要特点之一。

燃料电池在工作过程中将外界供给的活性物质的化学能用电化学方式直接转换为电能,只要外部活性物质的供给不间断,燃料电池就会持续输出电能。质子交换膜燃料电池(proton exchange membrane fuel cell,PEMFC)作为燃料电池的一种,被认为是最有前途的汽车驱动电源。它的燃料是氢和氧,生成物是清洁的水,它本身工作不产生CO和CO_2,也没有硫和微粒排出,没有高温反应,也不产生 NO_x;燃料电池本身工作没有噪声,没有运动性,没有振动,其电极仅作为化学反应的场所和导电的通道,本身不参与化学反应,没有损耗。所以说,质子交换膜燃料电池为21世纪最有前途的电动汽车动力装置。

一、燃料电池的基本原理

燃料电池(Fuel Cell)本质上不是一种电池,而是一种"发电装置",它通过电化学反应将燃料电池的化学能不经过燃烧直接转换为电能。这种能量转换是通过氧化还原反应来完成的。氢氧燃料电池装置可以说是水电解的一个"逆"装置。氢和氧通过电化学反应生成水,并释放出电能。燃料电池的基本结构主要由阳极、阴极、电解质和外部电路四部分组成,其阳极为氢电极,阴极为氧电极,两电极间是电解质。通常,阳极和阴极上都含有一定量的催化剂,以加速电极上发生的电化学反应。

燃料电池工作时要持续的向电池内供应燃料和氧化剂,使用的燃料和氧化剂均为流体。通常在电动汽车中应用的燃料电池和氧化剂均为气体,常用的燃料为纯氢气或富含氢气的气体,常用的氧化剂为经过净化的空气。燃料(还原剂)在阳极氧化,氧化剂在阴极还原,从而完成上述由两部分的组合而成的化学反应。如图10-9所示,氢气通过管道或导气板到达阳极,在阳极催化剂的作用下发生氧化反应,一个氢分子分解为两个氢离子,并释放出两个点子,阳极的反应为:

$$H_2 \longrightarrow 2H^+ + 2e^-$$

在电池的另一端,氧气(或空气)通过管道或导气板到达阴极,同时阳极产生的氢离子经

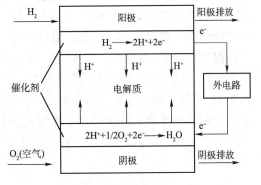

图10-9 燃料电池基本原理示意图

电解质迁移至阴极,而电子则通过外部电路(负载)也到达阴极。在阴极催化剂的作用下,氧和氢离子与电子发生还原反应生成水,阴极反应为:

$$\frac{1}{2}O_2 + 2H^+ + 2e^- \longrightarrow H_2O$$

与此同时,电子在外电路的连接下定向流动形成电流,通过适当处理,可以向负载输出电能。还原反应中产生的水,随气体排出。在燃料电池中,阳极即为电池的负极,阴极即为电池的正极。

燃料电池的工作原理和普通的电化学原电池有类似之处,都是通过电化学反应将化学能转换成电能,但两者之间还是有着本质的区别。普通的原电池或充电电池是一个封闭的系统,封装后,它与外界只存在能量交换,不存在物质交换。当电池内部的化学能耗尽或反应条件发生变化时,系统就无法继续输出能量。而燃料电池是一个开放的系统,参与反应的化学物质,如氢和氧,是由燃料电池的外部供气系统供给的,只要保证气体供应的连续性,就可以保证电能输出的连续性。这正是燃料电池与普通电化学原电池的最大区别。

二、燃料电池的分类

燃料电池的种类很多,根据所使用的电解质类型的不同,可以把目前正在开发的商用燃料电池分为以下五类:碱性燃料电池(Alkaline Fuel Cell, AFC)、磷酸燃料电池(Phosphoric

Acid Fuel Cell,PAFC)、熔融碳酸盐燃料电池(Molten Carbonate Fuel Cell,MCFC)、固体氧化物燃料电池(Solid Oxide Fuel Cell,SOFC)、质子交换膜燃料电池(Proton Exchange Membrane Fuel Cell,PEMFC),具体性能参考表10-2。

五种类型燃料电池对比表 表10-2

类型	电解质	导电离子	工作温度	燃料	氧化剂
碱性燃料电池	$KOH - H_2O$	OH^-	80℃	纯氢	纯氧
质子交换膜燃料电池	含氟质子交换膜	H^+	80~100℃	氢气、重整氢	空气
磷酸燃料电池	H_3PO_4	H^+	200℃	重整气	空气
熔融碳酸盐燃料电池	Na_2CO_3	CO_3^{2-}	650℃	净化煤气、天然气、重整气	空气
固体氧化物燃料电池	$ZrO_2 - Y_2O_3$	O^{2-}	1000℃	净化煤气、天然气	空气

其中,碱性燃料电池是最早进入实用的燃料电池之一,美国在20世纪60年代就曾将碱性燃料电池用于阿波罗飞船,现在航天飞机和潜艇上也广泛应用碱性燃料电池,它是目前技术最为成熟的燃料电池。磷酸燃料电池是目前使用最多的燃料电池,以天然气和甲醇为燃料的磷酸燃料电池多用于分散的发电站等。熔融碳酸盐燃料电池和固体氧化物燃料电池的工作温度都较高,而且燃料转换效率较高,余热利用率也高,主要用作电厂。质子交换膜燃料电池以比功率与比能量高、结构紧凑、质量轻、无腐蚀性、可室温快速起动、不受二氧化碳的影响、可按负载要求快速改变输出功率等优点,成为电动汽车选择较多的燃料电池。质子交换膜燃料电池最大的优势是工作温度较低,其最佳工作温度是80~90℃,但在室温下也可以正常工作,所以特别适合用作交通车辆的移动电源。下面将对质子交换膜燃料电池作详细的介绍。

三、质子交换膜燃料电池

质子交换膜燃料电池单体主要由膜电极(阳极和阴极、质子交换膜)和集流板组成。如图10-10所示,PEMFC工作时,经加湿的H_2和O_2分别进入阳极室和阴极室,经电极扩散层到达催化层和质子交换膜的界面,分别在催化剂作用下发生氧化和还原反应。阳极反应生成的质子(H^+)通过质子交换膜传导到达阴极,阳极反应产生的电子通过外电路到达阴极。产生的水以及水蒸气或冷凝水的形式随过剩的阴极反应气体从阴极室排出。

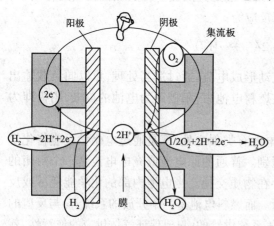

图10-10 燃料电池基本原理示意图

1. 质子交换膜

质子交换膜(Proton Exchange Membrane,PEM)是质子交换膜燃料电池的核心部件,它与一般化学电源中使用的隔膜不同,是一种厚度为50~180μm的薄膜片。PEM不仅仅是一种隔膜材料,它还是电解质和电极活性物质(催化剂)的基底;另外,PEM还是一种选择透过性膜,而通常的隔膜则属于多孔薄膜。PEM通过其复杂的微观结构,在一定的温度和湿度条件下,具有选择透过性,即只允许H^+离子(质子)透过,不允许H_2分子和其他离子透过。

对于 PEM 的微观结构,一种大家比较容易接受的理论为"离子簇网络模型"。质子交换膜主要由高分子母体、离子簇和离子簇间形成的网络结构组成。离子簇之间的间距一般是 5nm 左右,各离子簇间形成的网络结构是离子和水分子迁移的唯一通道。由于离子簇间的通道窄而短,因而对带负电的 OH^- 离子的迁移阻力远大于 H^+ 离子。所以,H^+ 离子容易透过 PEM 到另外一侧,而 OH^- 离子和其他离子和分子被隔在 PEM 的这一侧,这样就形成了带正电的 H^+ 离子和带负电的 OH^- 离子分处 PEM 两侧,形成 PEMFC 的正负两极。

用作 PEM 的材料,应当满足以下条件:

(1) 良好的离子导电性,可以降低电池内阻并提高电流密度。

(2) 材料的分子量充分大,即材料的互聚和交联程度高,以减弱高聚物的水解作用。

(3) 水分子在膜中的电渗作用小,H^+ 在其间的迁移速度高,防止膜中的浓度梯度过大。

(4) 水分子在平行离子交换膜表面的方向上有足够大的扩散速度,避免电池局部缺液。

(5) 气体(尤其是氢气和氧气)在膜中的渗透性尽可能小,以免氢气和氧气在电极表面发生反应,造成电极局部过热,影响电池的电流效率。

(6) 膜的水合/脱水可逆性好,不易膨胀,否则电极的变形将引起质子交换膜局部应力增大和变形。

(7) 膜应对氧化、还原和水解具有稳定性,能够阻止聚合链在活性物质氧化/还原和酸性作用下降解。

(8) 足够高的机械强度和结构强度,可以将质子交换膜在张力下的变形减至最小。

(9) 膜的表面性质适合于与催化剂结合。

由于膜的结构、工艺和生产批量问题,PEM 的成本到目前为止还是非常的高,它占到 PEMFC 成本的 20%~30%,随着技术的进步和工艺的发展,PEM 的成本正在大幅下降,使人们看到了商业化的希望。

2. 催化剂

催化剂是 PEMFC 的另一项核心技术。PEMFC 的阳极反应为氢的氧化反应,阴极为氧的还原反应。为了加快电化学反应的速度,气体扩散电极上都含有一定量的催化剂。电极催化剂包括阴极催化剂和阳极催化剂两类。阴极催化剂和阳极催化剂总的选用原则是,要有足够的催化活性和稳定性。但阳极催化剂,应具有足够的抗 CO 中毒能力。因为 PEMFC 对燃料气中的 CO 非常敏感。对于直接使用甲醇(DMFC)或其他烃类燃料重整的 PEMFC 系统,在阳极参与反应的燃料不可避免的含有 CO,其阳极催化剂尤其要注意有足够的抗 CO 中毒的能力。

目前,PEMFC 主要采用铂作为 PEMFC 的催化剂,它对于两个电极反应均具有催化活性,而且可长期工作。由于铂的价格昂贵,资源匮乏,使得 PEMFC 成本居高不下,限制了其大规模应用。PEMFC 催化剂研究的两个主要方向是:

(1) 提高铂的利用率,降低其用量。

(2) 寻找新的价格较低的非贵重金属催化剂。

另外,除了催化剂本身的性质对电极反应起决定性的作用外,其他一些因素如电池工作温度、电极制作工艺、催化剂制备方法和催化剂载体的选择等对催化剂的催化效果也有很大的影响。

3. 膜电极和集流板

1) 膜电极

膜电极(Membrane Electrode Assembly,MEA)为 PEMFC 的心脏,它由质子交换膜和其

两侧的多孔气体扩散电极(阳极和阴极)复合而成。其结构示意图如图10-11所示。膜电极主要由五部分组成,即阳极扩散层、阳极催化剂层、质子交换膜、阴极催化剂层和阴极扩散层。

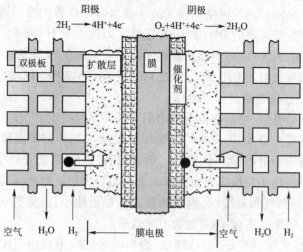

图10-11 膜电极结构示意图

在 PEMFC 工作过程中,增湿后的氢气$[H_2(H_2O)_n]$穿过阳极扩散层,到达阳极催化剂层,并吸附于催化剂层中,然后,在阳极铂催化剂作用下解离为 H^+ 离子(质子)和带负电的电子,氢离子以水合质子$[H^+(H_2O)_n]$的形式,在质子交换膜中从一个磺酸基($-SO_3H$)转移到另一个磺酸基,最后到达阴极,实现质子导电。与此同时,阴极增湿的氧气也穿过阴极扩散层,到达阴极催化剂层,吸附于阴极催化剂层中,氧分子(O_2)与催化剂激发产生的电子发生反应,变成氧离子,使得阴极变成带正电的端子(正极),其结果就是在阳极的带负电终端和阴极的带正电终端之间产生了一个电压。如果此时通过外部电路将两极相连,电子就会通过回路从阳极流向阴极,从而产生电能。同时,氢离子与氧离子发生反应生成水。

MEA 是影响 PEMFC 性能、能量密度分布和工作寿命的关键因素。而组成 MEA 的电极材料、电极的制备工艺和方法等则决定了其基本性能。同时,电池工作过程中环境条件的选择与控制,对发挥 MEA 中电催化剂和质子交换膜的功能及气体分子扩散、质子传递速度都有较大的影响。MEA 的性能除了决定于制备工艺外,还受以下电极参数的影响:①电极结构;②碳载体类型;③导电网类型;④聚四氟乙烯(PTFE)含量;⑤全氟磺酸(Nafion)含量;⑥极板类型。

2) 集流板

集流板放置在膜电极的两侧,有阳性集流板和隐性集流板,所以又称双极性集流板,简称双极板和集流板。集流板的主要作用除了导电外,还包括导流燃料、氧气以及冷却水。

集流板主要有石磨集流板、金属集流板和复合型集流板等几种形式。集流板面向电极表面的一侧表面刻有用于燃料和氧气(空气)流动的沟槽,中间则是导流冷却水的沟槽。集流板的设计主要是考虑导电性能、密封、气体分布和水、热的排出等。目前用来制作集流板的主要材料有石磨、表面改性的金属、炭黑—聚合物合成材料等,其制作工艺已经比较成熟。现在对于汽车用 PEMFC 主要采用碳或碳的合成材料,成本相对来说较低。

4. 质子交换膜燃料电池的工作特性

燃料电池的效率在理论上可以达到83%,在实际中由于受到电池内阻和电极工作时极化现象等的影响,效率为50%~70%。质子交换膜燃料电池对工作环境的要求比较苛刻,必须把其工作条件严格控制在一个合理的范围之内,才能使其发挥最佳的工作特性。

因为PEMFC的燃料(H_2)和氧化剂(O_2或空气)均为气体,要想获得更高的功率密度,PEMFC必须在更高的压力下工作。通常来说,压力越高,PEMFC的性能约好。另外,为了减少燃料(H_2)和氧化剂(O_2或空气)通过质子交换膜相互扩散,要尽量减少两侧气体的压力差。

PEMFC在工作时,随着温度的升高,电池内阻减小,在相同电流密度条件下,工作电压随之增大,即燃料电池的功率增大。温度的升高,还可以加快反应气体向催化剂层的扩散,加速质子从阳极向阴极的运动以及生成物水的排出,这些都会对电池性能的提高起到积极的作用。但是,为保证质子交换膜具有良好的质子传导性能,必须保持其具有适当的湿润条件,因此,反映生成的水应尽量为液态。受此限制,PEMFC在常压下工作温度不能超过80℃,在0.4~0.5MPa下不能超过102℃。

燃料气体中CO的含量对燃料电池性能的影响非常大,CO_2的含量也同样有很大影响,这主要是因为阳极催化剂上吸附的H_2与CO_2相互作用生成了CO。氧化剂用空气替代O_2同样会造成燃料电池性能的大幅下降。

PEMFC中水管理系统和热管理系统非常重要,随着进入燃料电池的气体增湿程度、工作温度、气室压力、气体流速和电流密度的变化要随时调整水、热的管理。以保证燃料电池处于最佳性能状态。

图10-12所示为某1kW PEMFC电堆以H_2作为燃料,空气作氧化剂,工作压力为0.3MPa/0.3MPa,ϕ燃料/ϕ氧化剂为70%/20%条件下的电压、电流及功率特性。

从图中可以看出,随着电流增大(即电流密度增大),工作电压下降,但功率增大。电流增至100A(电流密度500mA/cm^2)时,达到设计的最高功率1.2kW(0.3W/cm^2)。由于燃料电池的效率主要与工作电压有关,在燃料电池工作电压高时,能力效率高,但功率低。对燃料电池电动汽车用的PEMFC,要求高功率密度和低成本,这只有在大电流密度的情况下才能实现。

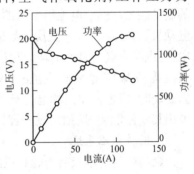

图10-12 PEMFC的电压、电流和功率特性

四、燃料电池汽车动力装置

燃料电池电动汽车的动力装置按驱动形式可分为纯燃料电池驱动和燃料电池与蓄电池混合驱动两种;按照能量来源可分为车载纯氢和燃料重整两种。

纯燃料电池驱动系统只有燃料电池一个动力源,汽车的所有负荷都由燃料电池承担,要求燃料电池功率大,对燃料电池的动态特性和工作可靠性提出了很高的要求,并且成本高和不能进行制动能量回收。所以,现在比较可行的方案是燃料电池加蓄电池或超级电容的方案。该方案在车辆起动时,蓄电池可以向空气压缩机、加热器、加湿器等需要供电的设施供电,蓄电池可以回收制动能量。在车辆加速、爬坡和最高车速等大功率需求时,燃料电池与蓄电池共同工作,可以降低燃料电池的设计功率,对燃料电池的动态特性和可靠性要求也有所降低。

1. 燃料电池汽车动力装置的基本结构

燃料电池与蓄电池混合驱动型动力系统主要由整车控制器、燃料电池、燃料电池控制器、DC/DC变换器、DC/AC逆变器、电动机/发电机、电机控制器、蓄电池、电池管理系统等组成。如图10-13所示。系统中采用的电动机可以是直流电动机,也可以是变频交流电动机。对于DC/DC转换器、电动机、蓄电池等的介绍可以参考纯电动汽车动力装置一节,这里不再赘述。

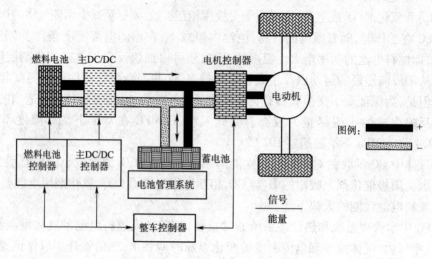

图10-13　燃料电池汽车动力装置示意图

该系统的整车控制器按照驾驶员的操作指令,确定动力系统应提供的动力大小或回收的制动能量。燃料电池组发出的电力经DC/AC逆变器后进入电动机驱动汽车行驶(交流电动机),或经DC/DC变换器后进入电动机(直流电动机)驱动汽车行驶,或者向蓄电池充电,当汽车行驶所需要的动力超过电池的发电能力时,蓄电池也参加工作,其电流经DC/DC变换器、DC/AC逆变器后进入电动机驱动汽车行驶(对于直流电动机不需DC/AC逆变器)。当制动时,发电机发出的电力经AC/DC变换器和DC/DC变换器向蓄电池充电。蓄电池也可用其他储能装置(如超级电容)替代。

2. 燃料电池系统

燃料电池电堆只有与燃料供给与循环系统、氧化剂供给与循环系统、水/热管理系统和控制系统有机结合成燃料电池系统(fuel cell system)才能对外输出功率。该系统由一套包括传感器、阀、泵、调节控制装置、管路、控制单元等组成的控制系统协调运作。

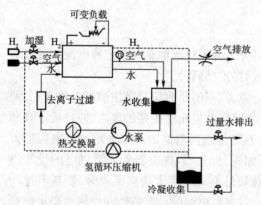

图10-14　典型PEMFC系统示意图

图10-14是一个典型的PEMFC系统示意图。由图可知,燃料供给与循环系统和氧化剂供给与循环系统主要是向PEMFC提供燃料和氧化剂,同时循环回收未反应完全的气体;水/热管理系统主要用来保证电池内部的水平衡和热平衡状态;控制系统则根据负载对电池功率的要求,或随电池工作条件(压力、温度、电压等)的变化,对反应气体的流量、压力、水/热循环系统的水流速等进行控制,保证电池正常有效地运行。

在PEMFC系统中,如果以纯氢为燃料,则该系统由氢源、稳压阀和循环回路组成,其中氢源可采用压缩氢、液氢或金属氢化物储氢;稳压阀控制燃料气的压力;循环回路用以循环利用过量的燃料气,燃料气的过量一方面是为了保证电化学反应的充分进行,另一方面也可以部分起到保持水平衡的作用,通常是采用一个循环泵或喷射泵将这部分氢送回到电池燃料气的入口处,在这种情况下,可认为由氢源系统所提供的氢100%被用来发电。

  PEMFC 的氧化剂可选用纯氧,其系统组成和控制与纯氢作燃料气相类似。然而,从实用化和商业化的角度来考虑,PEMFC 均采用空气作氧化剂,其中对应于不同的应用需要,空气可以是常压的,也可以是压缩的。通常,采用常压空气作氧化剂,可简化电池系统的结构,考虑到电池性能随氧压力的增大而升高,因而在获得同等电池性能的前提下,采用常压空气作氧化剂的 PEMFC 系统必须具有较大的尺寸和更高的制造成本。采用常压空气带来的另外一个问题是增加了电池系统水/热管理的难度,这种缺点对小型低功率电池系统的影响并不十分明显,但对大型商用电源来说,其负面影响不可忽视。正是由于上述原因,在 PEMFC 的众多应用中,均采用压缩空气作氧化剂,尽管这样增大了氧化剂及其循环系统的复杂性。通常,这样一个系统都包含一个由 PEMFC 驱动的压缩机和一个可从排放气中回收部分能量的超级压缩器。一般来说,采用何种形式的氧化剂,取决于特定应用场合下系统效率、质量及制造成本之间的平衡。

  水/热管理系统对于 PEMFC 系统的正常工作具有非常重大的意义。以压缩空气为氧化剂的 PEMFC 大部分的反应产物水通过过量的空气流从阴极排出。通常,氧化剂的流量是 PEMFC 发生反应所需化学计量流量的 2 倍。由于 PEMFC 的最佳工作温度为 70~90℃,反应产物均以液态形式存在,易于收集,因而相对其他类型的燃料电池而言(如磷酸型燃料电池),PEMFC 的水管理系统更为简单,另外,在其他的一些系统中反应产物水也可由阳极排出。

  在多数 PEMFC 系统中,反应产物水被用于系统的冷却和部分用来加湿燃料气和氧化剂。产物水首先通过燃料电池堆的反应区冷却电堆本身,在冷却的过程中水蒸气被加热至燃料电池的工作温度,被加热的水再与反应气体接触,起到增湿的效果。除了在增湿过程中,部分热量被反应气体带走外,还需要一个进一步的热交换过程,将水中多余的热量带走,防止 PEMFC 系统热量逐渐积累,造成电池温度上升,性能下降。这种热交换过程通常是采用一个水/空气热交换器来完成,当然在一些特殊的 PEMFC 系统中,这部分过多的热量也可用作空调(加热)和饮用热水来使用。

复习思考题

1. 电动汽车动力装置有哪些种类?各自的特点是什么?
2. 影响电动汽车发展的主要因素是什么?有哪些可能的解决途径?
3. 什么是混合动力电动汽车?
4. 混合动力电动汽车与传统汽车相比,具有什么优势?
5. 燃料电池有哪些种类?各自的特点是什么?
6. 燃料电池动力系统与燃料电池的区别是什么?
7. 质子交换膜的特点是什么?
8. 什么是质子交换膜燃料电池?
9. 电动汽车动力装置中为什么要用 DC/DC 变换器?
10. 21 世纪最有前途的汽车动力装置是什么?

参 考 文 献

[1] 董敬,等. 汽车拖拉机发动机. 3版. 北京:机械工业出版社,2001.
[2] 周龙保,等. 内燃机学. 2版. 北京:机械工业出版社,2006.
[3] 刘峥,等. 汽车发动机原理教程. 北京:清华大学出版社,2001.
[4] 倪计民. 汽车内燃机原理. 上海:同济大学出版社,1997.
[5] 张志沛. 汽车发动机原理. 北京:人民交通出版社,2003.
[6] 吴建华. 汽车发动机原理. 北京:机械工业出版社,2005.
[7] 刘永长. 内燃机原理. 武汉:华中科技大学出版社,2001.
[8] 蒋德明. 内燃机燃烧与排放学. 西安:西安交通大学出版社,2001.
[9] 何学良,等. 内燃机燃烧学. 北京:机械工业出版社,1990.
[10] 冯健璋. 汽车发动机原理与汽车理论. 2版. 北京:机械工业出版社,2005.
[11] 常思勤. 汽车动力装置. 北京:机械工业出版社,2006.
[12] 何仁,等. 汽车动力传动系统合理匹配的实用方法. 中国公路学报:2000,13(1).
[13] 魏庆曜,等. 发动机与汽车理论(汽车运用工程专业用). 北京:人民交通出版社,1998.
[14] 陆际清,等,汽车发动机燃料供给与调节. 北京:清华大学出版社,2002.
[15] 钱耀义. 汽车发动机电子控制系统. 北京:机械工业出版社,1999.
[16] 钱人一. 现代汽车发动机电子控制. 上海:上海交通大学出版社,1999.
[17] 邹长庚,等. 现代汽车电子控制系统构造原理与故障诊断(上). 北京:北京理工大学出版社,1995.
[18] 汽油机管理系统. 吴森,等译. 北京:北京理工大学出版社,2002.
[19] 李春明. 汽车发动机燃油喷射技术. 北京:北京理工大学出版社,2002.
[20] 陈家瑞. 汽车构造(上册),北京:人民交通出版社,1996.
[21] 《汽车工程手册》编辑委员会. 汽车工程手册(基础篇). 北京:人民交通出版社,2001.
[22] 蒋德明. 内燃机原理. 2版. 北京:机械工业出版社,1988.
[23] 陈全世,等,燃料电池电动汽车,北京:清华大学出版社,2005
[24] 李勤. 现代内燃机排气污染物的测量与控制. 北京:机械工业出版社,1998.
[25] 王建昕,等. 汽车排气污染治理及催化转化器. 北京:化学工业出版社,2000.
[26] 陈南. 汽车振动与噪声控制. 北京:人民交通出版社,2005.
[27] 边耀璋. 汽车新能源技术. 北京:人民交通出版社,2003.
[28] 张舟云,等. 用于电动汽车电机驱动器的驱动电源分析. 同济大学学报(自然科学版),2005. Vol.33(7). pp:952-956.
[29] Luca Solero, Alessandro Lidozzi, and Josè Antenor Pomilio. Design of Multiple-Input Power Converter for Hybrid Vehicles. IEEE TRANSACTIONS ON POWER ELECTRONICS, 2005, Vol.20(5),pp:1007-1016
[30] Mario Marchesoni, and Camillo Vacca. New DC-DC Converter for Energy Storage System Interfacing in Fuel Cell Hybrid Electric Vehicles. IEEE TRANSACTIONS ON POWER ELECTRONICS 2007,pp:301-308
[31] 解茂昭. 内燃机计算燃烧学. 大连:大连理工大学出版社,2005.

[32] 牛玲,等.汽车发动机燃烧代用燃料的主要问题.沈阳航空工业学院学报:Vol(17),No.1,2000.3.

[33] 史绍熙.汽车发动机燃烧技术的新进展.燃烧科学与技术:2001,7(10):1-4.

[34] 赵新顺,等.HCCI技术的研究现状与展望.内燃机工程:2004,25(40):73-77.

[35] 汪卫东.替代能源:未来汽车工业发展的新方向.中国内燃机学会2005年学术年会暨APC2005年学术年会论文集.武汉:2005,529-533.